आयुर्वेदिक चिकित्सा द्वारा रोगों का उपचार

आयुर्वेदिक चिकित्सा द्वारा रोगों का उपचार

डॉ० एम. सी. वर्मा

प्रकाशक

शिवांक प्रकाशन

नई दिल्ली-110002

लेखक : डॉ० एम. सी. वर्मा

प्रकाशक : **शिवांक प्रकाशन**
12B, प्रथम तल गोला कॉटेज, अंसारी रोड
दरियागंज, दिल्ली–2

ISBN : **978-81-908936-1-9**
दूरभाष : 011–43586184, 9811734184
E-mail : shivank.prakashan@gmail.com
मुद्रक : एशियन प्रिंटर्स, दिल्ली (9899442454)
शाहदरा, दिल्ली–32

प्रथम संस्करण : 2026

प्रस्तावना

विश्व साहित्य में वेद प्राचीनतम माने जाते हैं। उनमें भी ऋग्वेद प्राचीनतम ग्रंथ एवं ऐतिहासिक दृष्टि में महत्वपूर्ण माना जाता है। ऋग्वेद के समय के विषय में बहुत मतभेद है। लोकमान्य बाल गंगाधर तिलक ने 2000 ई. पू. माना है। मृगशिरा एवं पुनर्वसु नक्षत्र के आधार पर ऋग्वेद का काल 4000 या 6000 ई. पू. निर्धारित किया गया है। किन्तु विन्टरनित्स ने उसका समय 2500 ई. पू. माना है जो प्रायः सभी विद्वानों को मान्य है। समस्त ज्ञान का आदि स्रोत वेद है और आयुर्वेद वेद का ही अंग है अतः वेद की प्राचीनता के साथ ही आयुर्वेद की प्राचीनता स्वयंसिद्ध हो जाती है। आयुर्वेद एक प्रत्क्षमूलक शास्त्र है एवं इसकी प्रामाणिकता औषधियों के प्रत्यक्ष प्रभाव को देखने से सिद्ध है, इसी आधार पर वेद की भी प्रामाणिकता सिद्ध होती है। ऋग्वेद के एक मंत्र में कहा गया है कि भिषक औषधियों का ज्ञाता होता था और वह औषधियों का प्रयोग कर राक्षस कीटाणुओं का नाश तथा रोगों का निवारण करता था। वह रक्षोहा और अमीवचातन दोनों था।

आयुर्वेद स्वयमेव वेद है। आयुर्वेद में धर्म, कला, विज्ञान एवं साहित्य आदि समस्त ज्ञान समाहित है। जीवन सुख की उपलब्धि, आयु के हित, शरीर, इन्द्रिय-सत्व, आत्म संयोगरूपी जीवन के सौन्दर्य, भव्यता और ऐश्वर्य के लिए प्रस्तुत ज्ञानराशि आयुर्वेद है। यह ज्ञान का अपराध-

पयोधि है, यह आकाश की तरह सुविशाल है, यह जीवन का शास्त्र है, इसकी ज्ञानगंगा शाश्वत रूप से प्रवाहित होती रही है।

आयुर्वेद के प्रामाणिक ग्रंथ 'चरक संहिता' से मालूम होता है कि इन्द्र ने अपने भातृपुत्र अश्विद्वय से आयुर्वेद का ज्ञान प्राप्त किया था। इस बात को इंद्र ने स्वयं भी स्वीकार किया है कि वे आत्मीयों तथा प्रजाजनों के उपकारार्थ आश्रियों ने आयुर्वेद का ज्ञान उन्हें दिया। इसी बात का समर्थन 'सुश्रुत संहिता' में भी है। कविराज जी का कथन है कि आयुर्वेद का प्रदाता इंद्र अति प्राचीन काल में हुआ। उस समय अर्थात आज से करीब 12000 वर्ष पूर्व, आयुर्वेद का पुनीत ज्ञान संसार में विद्यमान था।

—लेखक

अनुक्रम

1

एक परिचय

आयुर्वेद शब्द की निरूक्ति, स्वरूप तथा अर्थ : आयुर्वेद शब्द दो शब्दों के योग से बना है–आयु + वेद। आयु के वेद को आयुर्वेद कहते हैं–आयुषो वेदः आयुर्वेदः। आयु एवं वेद शब्दों के अलग-अलग अर्थ ज्ञान के पश्चात ही आयुर्वेद शब्द का वास्तविक अर्थ जाना जा सकता है। शरीर, इन्द्रिय, मन और आत्मा के संयोग को आयु कहते हैं। वेद शब्द का अर्थ है–ज्ञान। संस्कृत के विद धातु से वेद शब्द बना है। 'विद' धातु का प्रयोग चार अर्थों में किया जाता है–

1. सता–जिससे अस्तित्व को बोध हो।
2. ज्ञान–जिससे जाना जाये।
3. विचार–जिससे आयु के विषय में विचार किया जाये।
4. प्राप्ति–जिससे आयु को प्राप्त किया जाये।

इस प्रकार आयु और वेद इन शब्दों की व्याख्या के पश्चात सुगमता से आयुर्वेद शब्द का अर्थ बुद्धिगम्य हो जाता है–-अर्थात जिस शास्त्र में आयु संबंधी विचार हो और जिससे आयु की प्राप्ति हो, उस शास्त्र को 'आयुर्वेद' कहते हैं।

जिस शास्त्र में हितायु, अहितायु, सुखायु, और दुःखायु, इन चार प्रकार की आयुओं का वर्णन आयु के लिए हितकर तथा अहितकर द्रव्य गुण एवं कर्म का वर्णन आयु के प्रमाण का विवेचन और आयु के स्वरूप का वर्णन किया जाता है, उसे 'आयुर्वेद' कहते हैं।

आयुर्वेद एक महत्वपूर्ण विज्ञान है। विज्ञान सार्वभौम तथा सार्वजनीन होता है, जिस पर किसी एक जाति का अधिकार नहीं होता। आयुर्वेद अनेकान्तवाद का समर्थक है, यह अनाग्रही है। विज्ञान एवं बुद्धि की किसी प्रकार की सीमारेखा निर्धारित नहीं की जा सकती और विज्ञान हमेशा प्रयोगावस्था में रहता है, अतः चिकित्सा-जगत के चैरन्तन ज्ञान भण्डार को, विश्व में प्रचलित नूतन रमणीय जीवनोपयोगी ज्ञान से नीर क्षीर विवेक बुद्धि का प्रयोग कर, सात्मीकरण-प्रक्रिया से समृद्ध करना चाहिए।

आयुर्वेद सनातन नित्यनूतन शास्त्र है। ऋषियों ने गोपाल, तापस, व्याध, मालाकार, वनेचरों तथा पशुओं से विभिन्न प्रकार के औषधों के प्रयोग ज्ञान को जाना। आज के वैज्ञानिक युग मे आरोग्यप्रद, सुपरीक्षित एवं दृष्टफल औषधियों को संगृहित करने में विज्ञ वैद्यजन को अनुरंजित होना चाहिए।

विश्व साहित्य में वेद प्राचीनतम माने जाते हैं। उनमें भी ऋग्वेद प्राचीनतम ग्रंथ एवं ऐतिहासिक दृष्टि में महत्वपूर्ण माना जाता है। ऋग्वेद के समय के विषय में बहुत मतभेद है। लोकमान्य बाल गंगाधर तिलक 2000 ई. पू. माना है। मृगशिरा एवं पुनर्वसु नक्षत्र के आधार पर ऋग्वेद का काल 4000 या 6000 ई. पू. निर्धारित किया गया है। किन्तु विन्टरनित्स ने उसका समय 2500 ई. पू. माना है जो प्रायः सभी विद्वानों को मान्य है। समस्त ज्ञान का आदि स्रोत वेद है और आयुर्वेद वेद का ही अंग है अतः वेद की प्राचीनता के साथ ही आयुर्वेद की प्राचीनता स्वयंसिद्ध हो जाती है। आयुर्वेद एक प्रत्क्षमूलक शास्त्र है एवं इसकी प्रामाणिकता औषधियों के प्रत्यक्ष प्रभाव को देखने से सिद्ध है, इसी आधार पर वेद की भी प्रामाणिकता सिद्ध होती है।

ऋग्वेद के एक मंत्र में कहा गया है कि भिषक औषधियों का ज्ञाता होता था और वह औषधियों का प्रयोग कर राक्षस कीटाणुओं का नाश

तथा रोगों का निवारण करता था। वह रक्षोहा और अमीवचातन दोनों था।

आयुर्वेद स्वयमेव वेद है। आयुर्वेद में धर्म, कला, विज्ञान एवं साहित्य आदि समस्त ज्ञान समाहित है। जीवन सुख की उपलब्धि, आयु के हित, शरीर, इन्द्रिय-सत्व, आत्म संयोगरूपी जीवन के सौन्दर्य, भव्यता और ऐश्वर्य के लिए प्रस्तुत ज्ञानराशि आयुर्वेद है। यह ज्ञान का अपराध पयोधि है, यह आकाश की तरह सुविशाल है, यह जीवन का शास्त्र है, इसकी ज्ञानगंगा शाश्वत रूप से प्रवाहित होती रही है।

आयुर्वेद के प्रामाणिक ग्रंथ 'चरक संहिता' से मालूम होता है कि इन्द्र ने अपने भातृपुत्र अश्विद्वय से आयुर्वेद का ज्ञान प्राप्त किया था। इस बात को इंद्र ने स्वयं भी स्वीकार किया है कि वे आत्मीयों तथा प्रजाजनों के उपकारार्थ आश्वियों ने आयुर्वेद का ज्ञान उन्हें दिया। इसी बात का समर्थन 'सुश्रुत संहिता' में भी है। कविराज जी का कथन है कि आयुर्वेद का प्रदाता इंद्र अति प्राचीन काल में हुआ। उस समय अर्थात आज से करीब 12000 वर्ष पूर्व, आयुर्वेद का पुनीत ज्ञान संसार में विद्यमान था।

वराहमिहिर की 'वृहत्संहिता' की टीका में उत्पलभट्ट ने शकुन शास्त्र पर पुरातन आचार्य ऋषिपुत्र का एक वचन उद्धत किया है। उसके अंत में लिखा है 'इत्याह भगवान इंद्रः' भगवान इंद्र ने यह कहा। इससे मालूम होता है कि शाकुनशास्त्र पर इंद्र ने एक ग्रंथ लिखा था, जो संप्रति उपलब्ध नहीं है।

एक जीवनोपयोगी शास्त्र होने के नाते आयुर्वेद ने यथेष्ट लोकप्रियता और प्रसिद्धि प्राप्त की। उसने अपना स्वतंत्र सर्वांगीण विकास किया और दूसरे शास्त्रों का प्रपूरक होने के कारण बड़ी मान्यता प्राप्त की। सांख्य एवं योग प्रभृति दर्शन के सम्प्रदायों से आयुर्वेद विषय का बौद्धिक पक्ष प्रभावित है। इसी प्रकार वेदान्त दर्शन ने उसको अध्यात्म बल दिया।

एक जीवनोपयोगी विषय के रूप में आयुर्वेद अति प्राचीन काल से ही सम्मान पाता रहा। ऋग्वेद, यजुर्वेद, सामवेद और अथर्ववेद के क्रमशः चार उपवेद कहे गए हैं—आयुर्वेद, धनुर्वेद, गांधर्ववेद तथा अथर्ववेद। पारलौकिक जीवन की सर्वाथ सिद्धि तो वेदों में एहिक जीवन की पूर्णता के समग्र साधन उपवेदों में वर्णित है। ऋगवेद में आयुर्वेद के जन्मदाता दिवोदास, भारद्वाज और आशिवनी कुमार आदि आचार्यों एवं परमर्षियों का वर्णन मिलता है। काश्यसंहिता में आयुर्वेद का उदभव 'अथर्व-उपनिषद' के रूप में कहा गया है। अर्थर्वाण मंत्रों के संबंध में कुछ विद्वानों का कहना है कि उनमें प्राचीन वैद्यकशास्त्र की विधियां वर्णित हैं। उनमें राक्षसों को रोग उत्पन्न करने वाला और मंत्रों द्वारा रोग निवृति के तरीके भी बताये गए हैं। इसी प्रकार महाभारत और बौद्धों के विनय पिटक में शल्य विद्या विशारद अनेक वैद्यों का उल्लेख हुआ है।

आयुर्वेद के उपयोगी ज्ञान से संस्कृत के सभी प्रमुख ग्रंथकारों की कृतियाँ प्रभावित हैं। पाणिनी, भास, अश्वघोष, कालिदास, विष्णुशर्मा, हाल, भारवि, शूद्रक, विशाखदत, दण्डी, बाणभट्ट, भवभूति, माघ, त्रिविक्रम श्रीहर्ष और पंडितराज जगन्नाथ के ग्रन्थों में आयुर्वेद विषयक जितनी चर्चाएँ हैं उनका निर्देश संस्कृत साहित्य में आयुर्वेद में किया गया है।

आयुर्वेद अथर्ववेद का अपांग है। केवल 'चरणव्यूह' में इसे ऋगवेद का उपांग कहा गया है इसके आदिम उपदेष्टा सृष्टिकर्ता ब्रह्मा थे। शुरूकाल में यह ज्ञान देवलोक तक ही सीमित था। बाद में प्राणिमात्र के हित की दृष्टि से इन्द्रादि देवों ने इस ज्ञान को प्राप्त कर इसका प्रसार मृत्युलोक में किया। इससे संबंधित कथा चरक में वर्णित है।

चरकसंहिता में लिखा है कि धर्मार्थ काममोक्ष आदि की सिद्धि में शरीर शक्तियों के दुर्बल हो जाने के कारण जब बाधा उत्पन्न हुई तो परम ज्ञानी दयालु ऋषि-मंडली इस बाधा को दूर करने के लिए पवित्र धाम हिमालय पर एकत्र हुए। उन्होंने ध्यान एवं चिन्तन द्वारा जाना कि

आयुर्वेदज्ञ देवराज इन्द्र ही मर्त्यलोक के इस रोशनमन का सर्वांगपूर्ण उपाय बता सकते हैं। तदर्थ ऋषि-मंडली ने इन्द्र से आयुर्वेद का ज्ञान प्राप्त कर उस त्रिस्कंधात्मक ज्ञान को मर्त्यलोक के लिए लाया।

किन्तु आयुर्वेद का यह महाज्ञान इतना जटिल साबित हुआ कि मर्त्यलोकवासियों की मेधाशक्ति उसको ग्रहण न कर सकी। फलतः ब्राह्मण ने ऋषियों के आग्रह पर युग के क्रम से मनुष्य की बुद्धि एवं आयु के रूप में विभाजित किया। इन आठ अंगों का नाम है—शल्य, शालाक्य, काय-चिकित्सा, भूतविद्या, कौमारभृत्य, अगदतंत्र, रसायन और वाजीकरण। आयुर्वेद के ग्रन्थों में ये नाम कुछ हेर-फेर एवं परिवर्तन से मिलते हैं।

युगक्रम के अनुपात से बुद्धिविवेक को दृष्टि में रखकर बाद में इन्द्र से भारद्वाज धन्वंतरि आदि ने जो ज्ञान प्राप्त किया था वह अष्टांगपूर्ण होता हुआ भी किसी एक अंग पर ज्यादा केन्द्रित था। उदाहरण के लिए धन्वंतरि ने भिषकक्रिया पर अधिक बल दिया तो पुनर्वसु ने कार्य चिकित्सा पर और कश्यप ने केवल कौमारभृत्य पर। भारद्वाज द्वारा लाये हुए उस अष्टांगविभाजित ज्ञान के एक शल्य-चिकित्सा विषयक अंग को धन्वंतरि ने सीखा। काय-चिकित्सा के ज्ञान का प्रथम विचारक आत्रेय पुनर्वसु हुआ। ये दोनों शीर्षस्थ विद्वान एक ही महाज्ञानी भारद्वाज के शिष्य थे। यदि आयुर्वेदशास्त्र से धन्वंतरि और पुनर्वस की प्रतिभा को अलग किया जाये तो आज की वैज्ञानिक पद्धतियों के सामने सारा भारतीय आयुर्वेद अत्यंत ही पिछड़ा प्रतीत होगा। इस दृष्टि से इन दोनों सहाध्यायी विद्वानों का आयुर्वेद के इतिहास में विशिष्ट स्थान है। भिषगविद्या के क्षेत्र में पुनर्वसु आत्रेय को संसार के सर्वोच्च वैज्ञानिकों की कोटि में गिना जाता है।

पुराणग्रन्थों में तो धन्वंतरि को ही आदि आयुर्वेद आगम को आठ अंगों में विभक्त करनेवाला बताया गया है। उनमें लिखा है कि प्रथम द्वापर के अंत में काशिराज शौनहोत्र के यहाँ धन्वंतरि का जन्म हुआ।

उसने भारद्वाज से आयुर्वेद का और विशेषतया भिषक क्रिया का ज्ञान प्राप्त कर पुनः उसको आठ अंगों में विभक्त किया और उसे अपने सुयोग्य शिष्यों को समझाया।

इन्द्र, बहुभुत विद्वान और ऐतिहासिक व्यक्ति थे। उनकी बहुश्रुत विद्वता और उनके व्यक्तित्व के संबंध में ऋग्वेद तथा 'शतपथ ब्राह्मण' जैसे प्राचीनतम ग्रंथों में विस्तार से चर्चाएं लिखी हुई मिलती हैं। इंद्र के कई शिष्य हुए, जिनमें भृगु, अंडिंरा, अत्रि, वशिष्ठ, कश्यप, अगस्त्य, पुलस्त्य, वामदेव, असित और गौतम आदि प्रमुख हैं। इन सभी महषियों ने दूसरी विद्याओं के साथ-साथ इन्द्र से आयुर्वेद का भी अध्ययन किया। नंदि भगवान का प्रिय शिष्य था। वह भी बहुश्रुत था। उसके सम्बंध में लिखा है कि उसने 'नाभियंत्र' नामक एक ग्रंथ लिखा था।

भृगु प्रथम प्रजापति थे। भारतीय इतिहास में 21 प्रजापति हुए हैं। भृगु, ब्रह्मा के मानस पुत्र थे। शतपथ ब्राह्मण की कथा में वरूण को भृगु प्रजापति का पुत्र बताया गया है। महर्षि भृगु की दो पत्नियाँ थीं, एक हिरण्यकशिपु की कन्या दिव्या और दूसरी पुलोम की पुत्री पौलोमी। परशुराम, वाल्मीकि, बृहज्जीवक, शौनक आदि इसी कुल में पैदा हुए थे।

महर्षि भृगु ने भी एक आयुर्वेद संहिता की रचना की थी। 'अष्टांगहृदय' की हेमाद्रिकृत टीका में भृगु द्वारा उपदिष्ट रसायन का वर्णन है। भृगु को चिकित्सा शास्त्रज्ञा होने का विवरण वाग्भट्ट सुत तीसट ने चिकित्साकालिका में दिया है, और वहाँ उसने हारत, भृगु ओर चरक प्रभृति पुरातन आचार्यों के मतानुसार अपने सिद्धांतों की पुष्टि की है। भृगु के नाम से जुड़ी हुई 'भृगुसंहिता' किस भृगु की है, कहा नहीं जा सकता है।

कविराज सूरभचन्द्र जी ने भृगु, अंगिरा और मीचि आदि आठ महर्षियों के संबंध में कही गयी कतिपय धारणा का खंडन कर यह बताया है कि प्रजापति अंगिरा, ब्रह्मा का मानस पत्र एवं देव-ब्राह्मण था।

महर्षि अत्रि, ब्रह्मा के मानसपुत्र थे। सप्तर्षियों में उनकी गणना है। कविराज जी ने अत्रिवंश का वृत इस प्रकार दिया है। अत्रि प्रजापति चन्द्र बुध-पुरुखा ऐल। अत्रि का ऋग्वेद से विशेष संबंध था। ऋग्वेद के पांचवे मंडल के द्रष्टा भी यही थे। इन्हें ऋषियों को होता। कहा गया है। अत्रि दीर्घायु थे। उनका पहला आश्रम हिमालय पर था। वे रामायण के समय तक जीवित रहे। चित्रकूट में भी उनका एक आश्रम था। उनके नाम से एक 3200 श्लोकात्मक 'आत्रेयसंहिता' का उल्लेख मिलता है।

प्रजापति वशिष्ठ भी ब्रह्मा के मानसपुत्रों और सप्तर्षियों में से एक थे। उतरकाल में ये मैत्रावरूणि वशिष्ठ के नाम से प्रसिद्ध हुए। गौतम ऋषि को आयुर्वेद के पुरातन निर्माताओं के रूप में स्मरण किया गया है। 'चरकसंहिता' के एक विवरण से प्रतीत होता है कि एक बार जब आयुर्वेदिज्ञ मुनियों में आयुर्वेद सम्बंधी कुछ मतैक्य न हो सका तो वे निर्णय के लिए आत्रेय के पास गए। इन मुनियों में गौतम भी एक थे। माधव निदान के प्रसिद्ध व्याख्याकार विजयरक्षित ने 'यदाह गौतम' कहकर गौतम के मत को प्रमाणस्वरूप उद्धृत किया है। गौतम न्याय, धर्मशास्त्र और व्याकरण के भी प्रकांड विद्वान थे।

'ब्रह्मपुराण' के उल्लेखानुसार माता सुरभि और पिता प्रजापति कश्यप से जिन एकादश रूद्रों की उत्पति हुई थी, शिव उनमें अत्यंत तेजस्वी एवं बड़ा मेधावी निकले, जिस कारण उनको पार्वती ने वरा। वह दीर्घजीवी थे। भगवान शिव की सर्वज्ञता का वर्णन 'महाभारत' में मिलता है। उसमें लिखा है कि शिव सांख्योग के प्रवर्तक, गीत वादित के तत्वज्ञ, उच्चकोटि के शिल्पी और अनेक शिल्पों के प्रवर्तक थे। 'महाभारत' के एक प्रसंग में यह भी कहा गया है कि रूद्र, विष्णु, इंद्र, बृहस्पति, शुक्र तथा परम धर्मज्ञ स्वायंभुव मनु 'वेद-पारंगत' थे। चारों वेदों को संक्षिप्त करने वाले वेद-वादों में निपुण ही वेद-पारंगत कहे जाते थे। शिव वैसे ही थे।

शिव-प्रोक्त आयुर्वेद ग्रंथों में आयुग्रन्थ, 'आयुर्वेद', 'वैद्याराजतंत्र','शैव सिद्धांत', 'रूद्रयामलवंत्र', 'पारदकल्प', 'धातुकल्प', 'हरितालकल्प', 'धातुक्रिया', 'कैलाशकारक' और 'रसावर्णतंत्र' आदि का उल्लेख इतिहास-ग्रंथों में मिलता है।

भास्कर के पिता कश्यप और माता अदिति थी। भास्कर का दूसरा नाम विवस्वान भी था। प्रजापति ब्रह्मा, भास्कर के आयुर्वेद गुरु थे। 'ब्रह्मर्वैवर्त पुराण' में लिखा है कि प्रजापति ब्रह्मा ने चारों वेदों का दोहन कर पंचम भास्कर को दीक्षित किया और भास्कर ने उसके आधार पर एक संहिता का निर्माण किया।

वरुण का पुत्र भृगु और भृगु के पुत्र उशना हुए। इनके अनेक नाम थे—उशना कवि, काव्य, शुक्र और भार्गव। भृगुपुत्र होने से उन्हें भार्गव, मंत्रद्रष्टा होने से कवि और क्योंकि उनके पिता भृगु स्वयं कवि थे इसलिए उनका नाम काव्य भी था। जैमिनीय ब्राह्मण में कहा गया है कि भार्गव उशना कवि थे। 'ब्रह्माण्ड पुराण' में कहा गया है कि शुक्र का ही नाम उशना काव्य है।

उशना को ब्रह्मवादी ब्राह्मण और राजशास्त्र का प्रणेता कहा गया है। उशना कवि भी आयुर्वेदशास्त्र के प्रवर्तकों में से थे।

बृहस्पति अंगिरा का पुत्र था। प्रजापति की कन्या उषा उनकी पत्नी थी। 'जैमिनीय ब्राह्मण' और ताण्डय ब्राह्मण के अनुसार बृहस्पति दोनों के पुरोहित ठहरते हैं। वह वेद-वेदांगवित भी थे। 'महाभारत' में लिखा है कि महाकल्प के व्यतीत होने पर आंगिरस देव पुरोहित, महागुणी विद्वान बृहस्पति भी आयुर्वेद का कर्ता थे।

सनत्कुमार आयुर्वेद का अद्वितीय आचार्य था।'महाभारत', हरिवंश' तथा 'वायुपुराण' में सनत्कुमार को ब्रह्मा का मानसपुत्र कहा गया है। सनत्कुमार के आयुर्वेद विषयक तीन हस्तलिखित ग्रंथ उपलब्ध हैं—-सनत्कुमार संहिता, वाह्यग्रंथ तथा अनुभोगकल्प।

धन्वंतरि प्रथम का बहुमुखी व्यक्तित्व एवं उसकी असामान्य प्रतिभा का परिचय रामायण, महाभारत और वायपुराण आदि ग्रंथों में एक जैसी ऊँचाई और आदर के साथ लिखा गया है। सुश्रुत के टीकाकार डल्हन का कथन है कि शल्यशास्त्र पारंगत व्यक्ति धन्वंतरि कहा जाता है। धन्वंतरि ने चिकित्सा ज्ञान भास्कर से और आयुर्वेदशास्त्र का ज्ञान इन्द्र से प्राप्त किया था। धन्वंतरि ने अपने गुरु भास्कर की आयुर्वेद संहिता के आधार पर 'चिकित्सा रसायनतंत्र' नामक ग्रंथ की रचना की थी।

च्यवन ऋषि, भृगु का पुत्र था। रसायन के सेवन से वह दीर्घकाल तक जीवित रहा। लगभग द्वापर युग तक वह वर्तमान था। च्यवन आयुर्वेद का प्रकांड विद्वान था। उसने जीवनदान नामक चिकित्साग्रंथ की रचना की थी। अक्षिरोग चिकित्सा पर भी उसने कई ग्रंथ लिखा था।

धन्वंतरि द्वितीय मर्त्यलोक में आयुर्वेद के प्रथम प्रवर्तकों में से हुआ। उसने बार्हस्पत्य भारद्वाज से भिषकक्रिया सहित आयुर्वेद का ज्ञान अंगों में विभाजित कर अपने शिष्यों को दिया। धन्वंतरि द्वितीय के आयुर्वेद विषयक ग्रंथों का नाम है—धातुकल्प। इसके अलावा श्री गिरीन्द्रनाथ मुखोपाध्याय ने धन्वंतरि के पाँच ग्रंथों का उल्लेख किया है—आजीर्णामृतजंरी, रोगनिदान, वैद्यचिन्तामणि, विद्याप्रकाश चिकित्सा और धन्वंतरि के नाम से 'वैधक स्वरोदय' और 'चिकित्सासार संग्रह' नामक दो ग्रंथ और उपलब्ध हैं।

भिषग्विद्या—आत्रेय पुनर्वसु ओर धन्वंतरि दोनों सहाध्यायी थे। परमर्षि भारद्वाज दोनों के शिष्य थे। भिषगविद्या की दिशा में इन दोनों आचार्यों को संसार के सर्वोच्च कहे जाने वाले वैज्ञानिकों की श्रेणी में रखा गया है। अत्रि और आत्रेय के संबंध में बौद्ध महाकवि एवं परम दार्शनिक अश्वघोप का कथन है कि जो चिकित्साशास्त्र अत्रि न लिख सके थे उसका अत्रिपुत्र ऋषि आत्रेय ने उपदेश दिया।

कार्यचिकित्सा—काय चिकित्सा के आचार्यों की परम्परा में अग्निवेश का ऋषियों ने आयुर्वेद का उपदेश किया और चिकित्साशास्त्र को ग्रंथ रूप

में सुलभ किया। वर्तमान संहिता ग्रंथों में 'परे' तथा 'अपरे' आदि शब्दों से यह सूचित होता है कि इनके पूर्व के आचार्यों के मतों का भी उल्लेख किया गया है।

सुश्रुतसंहिता के निबंधसंग्रह टीकाकार डल्हण ने सुश्रुत के सहपाठी के रूप में कांकयन का उल्लेख किया है। आत्रेय ने वाहलीक देश के श्रेष्ठ वैद्य के रूप में कांकायन का उल्लेख किया है। इन उल्लेखों से यह प्रतीत होता है कि कांकायन अन्य देशवासी होते हुए भी भारतीय वैद्यों के साहचर्य में थे। वाहलीक देश के मुख्य वैद्य के रूप में प्रसिद्ध कांकायनाचार्य का देवोदास के शिष्य रूप में उल्लेख मिलता है, जिससे यह संभावना बलवती होती है कि केवल भारत में ही नहीं वरन अन्य देशों में भी एक आदर्श चिकित्सा के रूप में आयुर्वेदीय चिकित्सा प्रचलित थी और अन्य देशों के जिज्ञासु शिष्य इस विद्या के अध्ययन के लिए यहाँ आते थे। इस प्रकार, भारतीय आयुर्वेद अति प्राचीन काल से प्रचलित एक चिकित्सा विज्ञान है जो अपनी शाखा-प्रशाखाओं में देश और विदेश में फैला रखा है। यह अनादि काल से अपने अमृत निःस्यन्द द्वारा प्राणिमात्र की पीड़ा के प्रतिकार का वरदान दे रहा है। विश्व की प्रसिद्ध चिकित्सा-पद्धतियों में भारतीय चिकित्सा-प्रणाली प्राचीनतम प्रतीत होती है।

आयुर्वेद शाश्वत, पुण्यतम, यशस्वी, आयुष्य एवं वृतिकार शास्त्र है। यह अभ्युदय तथा निःश्रेयसप्रद ज्ञानराशि है। समस्त भारतीय समाज और वाङ्मय में इसका पवित्रतम पद है। आयुर्वेद मानव-जीवन की सर्वविध समस्याओं का समाधान प्रस्तुत करता है। यह मात्र चिकित्साशास्त्र नहीं है, बल्कि एक दर्शन है, जो स्वस्थ व्यक्ति के स्वास्थ्य का सरंक्षण तथा त्रिविध आध्यात्मिक आधिदैविक आधिभौतिक व्याधियों से व्याधित प्राणियों का व्याधि-परिमोक्षण तो करता ही है, साथ ही सर्वोच्च और पारमार्थिक सुख तथा आनन्द की उपलब्धि के लिए निर्भ्रान्त मार्गदर्शन भी करता है।

चरक का चिरनूतन सन्देश सहस्राधिक संवत्सरों से आयुर्वेद गगन में अनुगुंजित है।

सृष्टि के आदिम काल से क्रमशः विकसित होकर यह आयुर्वेद कल्पतरू अपनी शीतल स्निग्ध छाया से व्याधिसंतप्त प्राणियों की पीड़ा के अपनयन में सलंग्न है। यह पुरुषार्थ चतुष्टय के साधक आरोग्य को प्रदान करता है। सांस्कृतिक, सामाजिक तथा आर्थिक दृष्टि से इस शास्त्र की महता श्लाध्य है।

इस सनातन, विश्वजनीन, सर्वप्राणिपरित्राता एवं सार्वभौम विज्ञान का उपलब्ध स्वरूप युगों के अध्यवसाय की फलश्रुति है। दीर्घकालीन कठोर श्रम करके ऋषि-महर्षियों ने इसका समुन्नयन किया है। इतिहास एक दर्पण है, जिसमें सदियों घटनाचक्रों का प्रतिबिम्ब रहता है। मानव के तर्क-वितर्क-उहापोह और कल्पना में वैचारिक क्रांतिया का जन्म होता है एवं उसके विचारों के विकास की श्रृंखला का आगणन करना इतिहास का कार्य है। समस्त भारतीय वाङ्मय में वेदों का पूज्य एवं पवित्र स्थान है। वेद न केवल हमारे धर्मग्रंथ हैं, अपितु उनमें मानव-जीवन की सर्वविध समस्याओं का समाधान किया गया है, जिससे उनकी उपादेयता स्वीकार की जाती है।

आयुर्वेद अथर्ववेद का उपदेव है। अथर्ववेद में आयुर्वेदीय विषयों का बाहुल्य है। यद्यपि अन्य वेदों में भी आयुर्वेद के विषय मिलते हैं, तथापि अथर्ववेद मे प्रचुर मात्रा में आयुर्वेद के विषय उपलब्ध हैं। आयुर्वेद संज्ञक वेद वेदविद विद्वानों द्वारा सम्मानित पुण्यतम वेद है। अन्य वेद केवल परलोक हितकर हैं जबकि आयुर्वेद दोनों लोकों के लिए हितकर है, इसलिए आयुर्वेद 'पुण्यतम वेद' कहा गया है।

तस्यायुगु पुण्यतमो वेदों वेदविदां मतः।
व्रयते यन्मनुष्याणां लोकयोरूभयांहितम।।

सुश्रुत, चरक, काश्यप ओर वाग्भट तथा अन्य आचार्यो ने आयुर्वेद को अथर्ववेद का उपवेद माना है। ब्रह्मवैवर्तपुराण में आयुर्वेद को पन्चम वेद कहा गया है।

ऋग्युजः सामाथर्वाख्यान दृष्टवा वेदान प्रजापतिः।
विचिन्तय तेषमर्थ च आयुर्वेद चकार सः।।
कृत्वा तु पन्चमं वेदं भास्कराय ददौ पुनः।

पंचमहाभूत विकारात्मक एवं आत्मा योगायतन को शरीर कहते हैं। श्रोत-त्वचा-नेख-जिह्वा और ध्राण ये ज्ञानेन्द्रियाँ कहलाती हैं, वाणी हाथ-पैर मलद्वार और मूत्रमार्ग ये पाँच कर्मेन्द्रियाँ हैं। ज्ञान एवं कर्म दोनों होने के कारण मन उभयात्मक ज्ञानेन्द्रिय कहलाता है। ज्ञान का अधिकरण तथा ज्ञान का प्रतिसंधाता आत्मा होता है। इन शरीर, इन्द्रिय, मन एवं आत्मा का अदृष्टवश जो संयोग होता है, वही संयुक्त रूप में आयु का स्वरूप है। चैतन्य की स्थिति को आयु कहते हैं। जीवितकाल को आयु कहा जाता है। शरीर और जीवात्मा के संयोग को जीवन कहते हैं और जीवन से संयुक्त काल को आयु कहते हैं-'शरीर जीवनयोर्योगो जीवनमूः तेलावच्छिनः कालः आयुः।'

हिताहित मुखं दुःखमायुस्तस्य हिताहितम।
मानं च तच्च यत्रोक्तमायुर्वेदः स उच्यते।।

आयुर्वेद शास्त्र आयु की व्याख्या करता है, दीर्घ और आरोग्यमय आयु की प्राप्ति का मार्ग निर्दिष्ट करता है। आयु की स्थिरता ओर स्वास्थ्य-संरक्षण एवं व्याधि-परिमाक्षण का यह शास्त्र है।

आयुओं का वर्णन

1. **सुखायु** : जो व्यक्ति शारीरिक या मानसिक रोगों से आक्रान्त नहीं है, युवावस्था सम्पन्न है, बल-वीर्य यश-पौरुष-पराक्रम युक्त है, शास्त्रज्ञ तथा व्यवहारज्ञ है, जिसकी इन्द्रियाँ प्रसन्न एवं संतुष्ट हैं, जो

समृद्धि तथा विविध सुन्दर उपभोग सम्पन्न हैं, जिसको प्रत्येक कार्य में सफलता प्राप्त है और जो यथेष्ट विचारशील है, उसकी आयु सुखायु कही जाती है।

2. दुखायु : इसके विपरीत स्थिति दुःखायु कही जाती है।

3. हितायु : जो व्यक्ति सबका हितैषी है, दूसरे के धन का लोभ नहीं करता एवं सत्य बोलता है, शान्त प्रकृति का है, सोच समझकर कदम उठाने वाला हे, सावधन रहता हे, धर्म, अर्थ, तथा काम का विरोधरहित रूप से प्रयोग करता है, पूज्यजनों की पूजा करता है, ज्ञान-विज्ञानसम्पन्न हे, शांति प्रधान है, वृद्धजनों की सेवा करता है, राग, द्वेष, ईर्ष्या, मद और मान के वेगों को नियंत्रित रखता है, दानशील है, तपस्या ज्ञान और शांति का प्रेमी है, अध्यात्मविद है, लोक और परलोक का विचार कर कार्य करने वाला है और स्मृतिमान है, उसकी आयु 'हितायु' कहलाती है।

प्राणिमात्र की सर्वप्रथम कामना है—सुखमय दीर्घ जीवन की प्राप्ति। यद्यपि सभी शास्त्र मनुष्य को आध्यात्मिक, आभिभौतिक और आधिदैविक इन तीनों प्रकार के सन्तापों से मुक्त करने का मार्ग निर्देश करते हैं किन्तु उनमें बतलाये गये विधानों का पालन करने के लिए उतम स्वास्थ्य तथा आरोग्य अत्यंत अपेक्षित है। लौकिक या पारलौकिक, आध्यात्मिक या भौतिक, सांस्कृतिक सामाजिक या आर्थिक, किसी भी प्रकार के चिन्तन का मूलमंत्र है—शारीरिक एवं मानसिक स्वास्थ्य की उतमता। नीरोग एवं स्वस्थ्य व्यक्ति उतम उपायों का अवलम्बन कर परिष्कृत मार्ग पर चलता हुआ अभीष्ट स्थान पर पहुँच जाता है, किन्तु रोगी तथा अस्वस्थ व्यक्ति विविध प्रयत्नों के बावजूद भी अपने कार्य को सिद्ध करने में सफल नहीं हो पाता है।

हमारा यह शरीर विभिन्न प्रकार के स्थूल और सूक्ष्मतम अवयवों और उनकी गहन क्रियाओं द्वारा परिचालित एक रहस्यमय यंत्र के समान है। उस यंत्र में होने वाली किसी भी प्रकार की विकृति न केवल शरीर की

अपितु शरीराधिष्ठित आत्मा, मन, बुद्धि और इन्द्रियों में भी बेचैनी उत्पन्न कर देती है। मन और शरीर की रुग्णता की स्थिति में जप-तप ध्यान-धारण्य, एकाग्रता, तीर्थाटन, देवोपासना, परोपकार आदि धार्मिक कर्म, शिल्प, वाण्ज्यि, कृषि, व्यापार, देशान्तर-गमन आदि आर्थिक प्रयत्न मनोवांछित आहार-विहार, विषयोपभोग, रति-प्रयोग, एवं मानसिक विकारों का दमन, इन्द्रिय विग्रह, ईश्वर-भजन आदि मोक्ष के उपायों का भी सम्यक प्रकार से उपयोग नहीं हो सकता। जीवन-वृक्ष जब पूर्णतः स्वस्थ और रोगमुक्त होता है, तभी उसमें उतम फूल और फल लगते हैं। अतः यह अत्यंत आवश्यक है कि जीवन को आरोग्यमय, दीर्घायुष्य-सम्पन्न और शारीरिक तथा मानसिक कष्टों से मुक्त रखा जाय। शारीरिक दुख, मानसिक दुख तथा समस्त प्रकार के आधि-व्याधि को दूर करने के लिए कल्याण्मय हितकर आयुष्य की उपलब्धि हेतु सबसे अधिक उपयोगी जो ज्ञानविज्ञान है, उसी को आयुर्वेद-विज्ञान कहा जाता है।

समस्त शास्त्रों में ब्रह्मा को सर्वज्ञानमय कहा गया है। ब्रह्मा इस कल्प के आरम्भ में जलप्लावन के पश्चात आदिकाल में हुए। आयुर्वेद की सभी संहिताओं तथा संग्रह-ग्रथों में ब्रह्मा को आयुर्वेद का प्रथम उपदेष्टा कहा गया है। आयुर्वेद का प्रथम ब्रह्मसंहिता था जो ब्रह्मा द्वारा रचित था।

ब्रह्मा ने सर्वप्रथम 'दक्ष प्रजापति' और 'भास्कर' को आयुर्वेद का उपदेश दिया। दक्ष की परम्परा में सिद्धान्त पक्ष की प्रधानता थी और भास्कर की परम्परा चिकित्सा-प्रधान थी। दोनों अश्विनीकुमारों ने भी ब्रह्मा से सीधे आयुर्वेद पढ़ा। 'गदनिग्रह' ग्रंथ से यह बात सिद्ध होती है—'अश्निवनोर्वचन श्रुत्वा ब्रह्मा वचनभब्रवीत।' इन्होंने आश्विनसंहिता चिकित्सा-सारतंत्र, भ्रमध्न और नाड़ी परीक्षा नामक ग्रंथ लिखे।

चरकसंहिता आदि आयुर्वेद के ग्रंथों के अनुसार इन्द्र से दोनों अश्विनी कुमारों ने आयुर्वेद प्राप्त किया। चरकसंहिता के अनुसार इन्द्र से आयुर्वेद का अध्ययन करने वालों में भारद्वाज तथा भृगु, अंगिरा आदि दस

ऋषि थे। काश्यप संहिता में कहा गया है कि इन्द्र ने कश्यप, वशिष्ठ, आत्रि और भृगु, इन चार ऋषियों को आयुर्वेद का उपदेश दिया। सुश्रुतसंहिता में कहा गया है कि इन्द्र से धन्वंतरि ने आयुर्वेद का ज्ञान प्राप्त किया।

भारद्वाज नाम के अनेक आचार्य हुए हैं। उनमें से बार्हस्पत्य भारद्वाज दीर्घायुष्य सम्पन्न थे। उनकी आयु अमित थी। वे अमितायु कहे जाते थे। भारद्वाज से आत्रेय ने और आत्रेय से अग्निवेश, मेल, जतूकर्ण, पराशर हारीत ओर क्षरपाणि नामक छः सुयोग्य शिष्यों ने आयुर्वेद का उपदेश ग्रहण किया। तदनन्तद उन छः आचार्यों ने अलग-अलग संहिता ग्रंथों की रचना की। सम्प्रति अग्निवेश संहिता का प्रतिसंस्कार करके उसमें उपयोगी कुछ अंशों का सन्निवेश किया और आगे चलकर उनके ही नाम से वह संहिता 'चरक संहिता' प्रचलित हो गयी।

आयुर्वेद के सभी ग्रंथों में आयुर्वेदावतरणं की परम्परा का थोड़ा बहुत अन्तर के साथ वर्णन किया गया है। आदि आचार्य या आयुर्वेद प्रवर्तक के रूप में ब्रह्मा, दक्षप्रजापति, अश्विनीकुमारों, इन्द्र, भारद्वाज, धन्वंतरि आदि के नाम प्रमुख हैं। वैदिक वाङ्मय से निरुसत आयुर्वेद गंगा अपने विशालतया गम्भीर धाराप्रवाह के साथ परवर्ती आचार्यों के विचार स्रोतों को आत्मसात कर अनेक देशों को आप्लावित करती हुई सुदीर्घ काल से जनजीवन में व्याप्त है।

आयुर्वेद के प्राचीनतम आचार्यों ने भी संहिता ग्रंथों का निर्माण किया था। उनमें ब्रह्मसंहिता, अश्विनसंहिता, भारद्वाजसंहिताएँ आज उपलबध नहीं हैं फिर भी उनके उद्धरण ताड़पत्र पर लिखे हुए ज्वरमुच्चय में मिलते हैं। अश्विनकुमार द्वय, इन्द्र तथा भारद्वाज इत्यादि आयुर्वेद के मूल आचार्य थे, जिनकी परम्परा में धन्वंतरि आत्रेय, कश्यप और भेंड इत्यादि ऋषियों ने आयुर्वेद का उपदेश किया और चिकित्सा शास्त्र को ग्रंथ रूप में सुलभ किया।

सुश्रुतसंहिता के निबंध संग्रह टीकाकार डल्हन ने सुश्रुत के सहपाठी के रूप में कांकायन को निर्देश किया है। आत्रेय ने वाहलीक देश के श्रेष्ठ वैद्य के रूप में कांकायन का उल्लेख किया है। इससे यह संभावना बलवती होती है कि केवल भारत में ही नहीं अपितु अन्य देशों में भी एक आदर्श चिकित्सक के रूप में आयुर्वेदीय चिकित्सा प्रचलित थी तथा अन्य देशों के जिज्ञासु शिष्य इस विद्या के अध्ययन हेतु यहाँ आते थे।

आयुर्वेद का शाश्वत तत्व : आचार्य चरक ने आयुर्वेद को अनादि और शाश्वत कहा है और कहा है—

"सो यमायुर्वेदः शाश्वतों निर्दिश्यते, अनादित्वात, स्वभावसंसिद्ध लक्षणत्वात भाव-स्वभावनित्यत्वाच्च।"

जिसकी उत्पति न हो, उसे अनादि, शाश्वत, नित्य कहते हैं। आयुर्वेद की न कभी उत्पति हुई और न होती है, अतः यह अनादि है। भारतीय चिकित्सा एवं चिकित्सेतर साहित्य में आयुर्वेद के ज्ञान अथवा उपदेश का उल्लेख मिलता है। ज्ञान तथा उपदेश को छोड़कर कहीं उत्पति का प्रसंग नहीं मिलता है।

द्रव्यों का यह स्वभाव सिद्ध लक्षण है कि जो द्रव्य जिस गुण वाले होते हैं, उनसे उन्हीं शारीरिक गुणों की वृद्धि और उनसे भिन्न गुणों का ह्रास होता है। इस प्रकार द्रव्यों का स्वभाव-सिद्ध लक्षण आयुर्वेद की नित्यता का द्योतक है।

भाव पदार्थ का जो अपना स्वभाव होता है, वह नित्य है। जैसे अग्नि में उष्णता एवं जल में द्रवता आदि। गुरुद्रव्यों के सेवन से गुरुत्व गुण की वृद्धि एवं लघुत्व का ह्मास होता है। इसका ज्ञान आयुर्वेद से प्राप्त होता है, अतः आयुर्वेद नित्य है।

आयुर्वेद अनादिकाल से संसार के प्राणिमात्र की पीड़ा के प्रतिकार का संदेश देता आ रहा है। यह विश्व चेतना का प्राण है। यह जीवन का विज्ञान है। आयुर्वेद की शाश्वत धारा समस्त चिकित्सा पद्धतियों को

अनुप्राणित करती है। इसका इतिहास सृष्टि रचना से पूर्व का है।

आचार्य सुश्रुत ने कहा है कि ब्रह्मा ने सृष्टि रचना से पूर्व ही आयुर्वेद की रचना की जिससे जन्म लेने के बाद प्राणी सुखी जीवन व्यतीत कर सके। प्रारम्भिक समय से ही जीव मात्र सबल, स्वस्थ एवं आयुष्यसम्पन्न हो, इसके लिए विधाता ने सृष्टि के प्रारम्भ में ही पंचमहाभूत तथा उनसे विविध प्रकार के पदार्थों की रचना की। इसप्रकार सुश्रुत के अनुसार प्राणियों की उत्पति के पूर्व ही आयुर्वेद का प्रारम्भ होता है–

'इह खलु आयुर्वेद नाम यदृपाङ्मथर्ववेदस्य अनुत्पाद्येव प्रजाः श्लोकशतसहस्त्रमध्यायसहस्त्रं च कृतवान स्वयम्भू।

कश्यप संहिता में भी यह विचार व्यक्त किया गया है कि स्वयं ब्रह्मा ने सृष्टि रचना के पूर्व ही आयुर्वेद की रचना की–

'स्वयम्भर्बह्म प्रजाः सिसृक्षुः प्रजानां परिपालननार्थम आयुर्वेदमेव अग्रेसृजत सर्वावित ततों विश्वानि भूतानि।

अष्टांहृदय में आचार्य वाग्भट्ट ने कहा है कि सर्वप्रथम ब्रह्मा ने आयुर्वेद का स्मरण किया और प्रजापति को उसका उपदेश दिया–'ब्रह्मा स्मृता युष्यो वेदं प्रजापतिर्माजग्रहत्।' स्मरण उसी वस्तु का किया जाता है, जिसका अस्तित्व पहले से विद्यमान होता है। अतः स्मरण शब्द से यह ध्वनित होता है कि आयुर्वेद का ज्ञान पहले से ही था।

इस प्रकार आयुर्वेद के सभी प्रमुख आचार्य सृष्टि रचना के पूर्वकाल में ही आयुर्वेद का अस्तित्व स्वीकार करते हैं। इससे आयुर्वेद की प्राचीनता स्वयंसिद्ध है। ब्रह्मा को अपनी सृष्टि के पालन और उसकी रक्षा के लिए ऐसा करना आवश्यक था, क्योंकि यदि सृष्टि के प्राणी रोगी, विकलांग या क्षीणयु होते तो ब्रह्मा के सृष्टि-निर्माण का सारा प्रयास असफल हो जाता। यदि प्राणियों का जीवन निर्बल और क्षीण होता तो वे असमय ही काल-कवलित होते रहते और जिसे सुंदर संसार के निर्माण की विधाता की कल्पना थी, वह स्वस्थय, निरोग, साङोपाङ समर्थ एवं दीर्घायुष्य

सम्पन्न जीवन के अभाव में व्यर्थ हो जाती। इसलिए सृष्ट प्राणियों के जीवनोपयोगी साधनों की व्यवस्था उन्होंने पहले ही करके तब सृष्टि रचना का कार्य आगे बढ़ाया।

जिस तरह बालक के जन्म के पूर्व ही उसके पोषण एवं संवर्धक द्रव्य दुग्ध की उत्पति माता के स्तनों में हो जाती है उसी प्रकार प्राणियों के पोषक एवं संवर्धक निरापद एवं निरोग जीवन के लिए सृष्टि के आदि में ही आयुर्वेद की रचना कर दी गयी थी। विकासवाद की दृष्टि से भी भौतिक पदार्थों तथा औषधि वनस्पति आदि की उत्पति सृष्टि के पूर्व में ही होना स्वीकार किया गया है, इससे भी प्राणियों की उत्पति के पूर्व भैषज्य-विज्ञान आयुर्वेद का अस्तित्व सिद्ध होता है। इतिहास के ज्ञान के विविध साधन हैं जिनके आधार पर किसी विषय का इतिहास जाना जाता है। जैसे—(क) साहित्य (ख) शिलालेख (ग) पूरातत्व।

साहित्य—आयुर्वेद के इतिहास के ज्ञान का सर्वप्रथम साधन है—साहित्य। इससे इसकी प्राचीनता तथा उसके विकास को रेखांकित किया जा सकता है।

वेद—

'यत्रौषधीः समगमत् राजानः समिताविव।
विप्रः स उच्चते भिषग रक्षोहामीक्वातनः।।

वेदों में रुद्र, अग्नि, इन्द्र, वरुण एवं मरुत आदि देववैध कहे गये हैं। देव वैद्य के रूप में अश्विनीकुमारों का श्रेष्ठ स्थान है। वे आरोगय, आयुष्य, बल प्रजा, वनस्पति और समृद्धि के दाता कहे गये हैं। वे सभी प्रकार की औषधियों के दाता कहे गये हैं। इनकी आयुर्वेद के सभी अंगों में प्रवीणता का वर्णन मिलता है।

ऋग्वेद में पशुचिकित्सा, सूर्य चिकित्सा, जल चिकित्सा तथा अग्निचिकित्सा का भी उल्लेख हैं यजुर्वेद में यक्ष्मा, उन्माद, हृदयरोग, कुष्ठ, श्लीपद एवं अर्श आदि की चिकित्सा तथा अनेक औषधियों का

वर्णन मिलता है। इसी प्रकार अथर्ववेद आयुर्वेदीय विषयों से भरा पड़ा है और उसमें त्रिदोष, अग्निवर्णन, शरीर रचना, शरीर क्रिया, रोग निदान, कृमि, प्रसूति, विष विज्ञान, शल्य शालाकय, भूत विद्या, रसायन, वाजीकरण आदि विषयों का विशद रूप से वर्णन उपलब्ध है।

गोपथब्रह्मण में भेषज को अथर्व कहा गया है। भेषज का एक पर्याय प्रतिषेध है—थर्वतिश्चरतिकर्मा तत्प्रतिपधः। थवति का अर्थ गति है, उसका जो प्रतिषेध करे वह अथर्वा है। औषधि बढ़ते हुए रोग को रोकती हे, इसलिए उसे अथर्वा कहते हैं। यही अथर्वा मुख्य रूप से अथर्ववेद में प्रतिपादित है, इसलिए उसका नाम अथर्ववेद है। भेषज के द्वारा अमृतत्व की प्राप्ति होती है, जो ब्रह्मपद है, उसे ही मोक्ष या निर्वाण भी कहते हैं—

यदभेषनं तदमृतम (यदमृतम तद्ब्रहन)

और

विपांप विरजः शान्तं परमक्षरमव्ययम्।
अमृतं ब्रह्म निर्वाण पर्यायैः शांतिरूक्ष्यते।।

इस कथन में सभी प्रकार के रोगद्वेष से मुक्त होकर सर्वदुख नाशक भेषज का उपदेश किया गया है। जब रज और तय दोष से मुक्त होकर सभी प्रकार की तृष्णा का त्याग कर 'मन' विषयों से सर्वथा विमुक्त हो जाता है, तब सत्वगुण के उदय होने से सत्याबुद्धि जाग्रत होती है और जीवात्मा जन्म मरणादि समस्त क्लेशों से छुटकारा पाकर परब्रह्म परमात्मा में लीन हो जाता है। यह आयुर्वेद दर्शन का सर्वोतम सुखापलब्धि और दुख से सदा-सदा के लिए विमुक्ति का प्रशस्त मार्ग है, जिसका संकेत गोपथब्रह्मण में किया गया है। आयुर्वेद में आत्यन्तिक दुःखनिवृति के उपाय को नेष्ठिकी चिकित्सा कहते हैं। ऋग्वेद के विभिन्न संदर्भो के आयुर्वेदीय विषयों का निम्नलिखित परिचय मिलता है—

अश्विनीकुमार द्वय द्वारा चिकित्सा चमत्कार

1. दधीचि के सिर को हटाकर उसकी जगह घोड़े के सिर का प्रत्यारोपण किया और उसे हटाकर असली सिर लगा दिया।
2. राजा रवेल की कन्या विशाला की टाँग की जगह लोहे की टाँग लगायी।
3. यज्ञ के कटे सिर का पुनः संधान किया।
4. चन्द्रमा के यक्ष्मा को दूर किया।
5. ऋज्राश्व की आंखें अंधी हो गयी थीं, उन्हें अच्छी आंख दी।
6. वृद्ध च्वयन को पुनः यौवन दिया और उन्हें दीर्घायुसम्पन्न किया।
7. श्याव घायल हो गया था, उसे अच्छा दीर्घायु बनाया।
8. श्राव का कुष्ठ रोग ठीक कर उसे युवावस्था प्रदान किया।
9. वामदेव को माता के गर्भ से निकाला।
10. पूषन के टूटे दांतों को फिर से ठीक किया।
11. वृद्ध कलि को यौवनावस्था देकर उसे पौरुषशक्ति सम्पन्न बनाया।
12. नृशद के पुत्र का बाधिर्य दूर किया।
13. वध्रिमति के वन्ध्यात्व को दूर कर उसे हिरण्यहस्त नामक सन्तान दिया।
14. भग के विदीर्ष नेत्र को फिर से ठीक किया।

वे गर्भ का पोषण, गर्भपात का नियंत्रण एवं सुख पूर्वक प्रसव-व्यवस्थित करना अच्छी तरह जानते थे। वे पशु-चिकित्सा भी जानते थे। उन्होंने गाय के वन्ध्यात्व को दूर किया और उसे योग्य सन्तान और प्रचुर मात्रा में स्तनों में दूध दिया।

इन्द्र द्वारा चिकित्सा चमत्कार

1. पंगु श्रोण को चलने का सामर्थ्य दिया।
2. अंधे परावृज को दृष्टि दान दिया।

3. इन्द्र ने अपाला का चर्म रोग दूर किया।

4. अपाला के पिता का खलित्य रोग (गंजापन) दूर किया।

ऋग्वेद में राजयक्ष्मा, अहि, पृष्ठामय एवं हृदय रोग आदि का उल्लेख किया गया है। शरीर के अंग-प्रत्यांगों का भी वर्णन उपलब्ध होता है। औषधियों के संबंध में औषधसूक्त से महत्वपूर्ण जानकारी प्राप्त होती है। औषधियों के स्वरूप उनका प्रयोग और उनके कर्मो ाक भी उल्लेख है। वैद्या के लिए भिषक शब्द का प्रयोग किया गया है। त्रिधातुरार्म वहत शुभस्पती। और 'इन्द्र त्रिधातुशरणम इन मंत्रों मं त्रिधातु शब्द से त्रिदोष का संकेत किया गया है।

शुक्लयजुर्वेद में औषधियों का वर्णन मिलता है। बलास, अर्श, शोथ, श्लीपद, हृदयरोग और कुष्ठ आदि रोगों में उनका प्रयोग करने से वे रोग दूर हो जाते हैं, ऐसा उल्लेख है। पशुओं और मनुष्यों के शरीर के अंगों का भी निर्देश है। तैतिरीयसंहिता में दृष्टि प्राप्ति एवं यक्ष्मा तथा उन्माद रोग को दूर करने की ऋचाएँ हैं, राजयक्ष्मा रोग का वर्णन है एवं त्रिदोषवाद का भी संकेत मिलता है।

वैदिक साहित्य में चिकित्सा की प्रक्रिया केवल मंत्र, तंत्र, देवाराधन, हवन तथा जादू आदि तक सीमित थी, यह निराभ्रम है, कारण कि अथर्ववेद में रोगों का निर्देश रोगों के उपचार में औषधियों का प्रयोग, शस्त्रकर्म इत्यादि चिकित्सा की बहुत सी विधियों का निर्देश किया है। वैदिक मंत्रों में तीन सौ साठ अस्थियों का वर्णन है—

द्वाद्वश प्रधयश्चक्रमेकं त्रीणी नभ्यानि क उ त तच्चिर्वकेत।
तत्राहतास्त्रीणि शतानि शंडकवः षष्टिश्च कीला अवचाचला ये।।

मंत्रों में सैंकड़ों हजारों सिराओं ओर धमनियों के वर्णन से प्रतीत होता है कि वैदिक काल के ऋषियों को इनका ज्ञान था।

तीन सौ साठ अस्थियों का शतपथ ब्राह्मण में वर्णन मिलता है। वैदिक विषयों के ज्ञाता कीथ और मैकडोनल ने भी लिखा है कि

वैदिककालीन भारतीयों की अभिरुचि बहुत पहले ही शरीरशास्त्र के महत्वपूर्ण प्रश्नों की ओर आकृष्ट हो गयी थी। अथर्ववेद के एक मंत्र में मानवशरीर के विविध अंगों का वर्णन बड़ी सुक्ष्मता और पूर्णता के साथ उपलब्ध होता है।

ऋग्वेद में अनेक स्थानों पर औषधियों के राजा के रूप में सोम का वर्णन किया गया है। अनेक मंत्रों में वैद्य के रूप मे अश्विनीकुमारों का औषधीय सोम के साथ घनिष्ठ संबंध बतलाया गया है। आयुर्वेदीय सुश्रुत आदि ग्रंथों में भी सोम का औषधि के रूप में वर्णन उपलब्ध होता है। वैदिक मंत्रोंसे ज्ञात होता है कि वैदिक काल से तीन युग पूर्व भी औषधियों का ज्ञान था।

वैदिक साहित्य के अन्वेषण से यह प्रतीत होता है कि तत्कालीन ऋषियों को लाखों औषधियों के उपयोग और उनके लाभ का ज्ञान था। उपनिषदों की आध्यात्मिक प्रक्रियाओं के सन्दर्भ में नाड़ी आदि का ज्ञान मिलता है। मोहनजोदड़ो के उत्खनन से उपलब्ध योगावस्था की मूर्तियों की रचना को देखकर प्रतीत होता है कि यौज्ञिक क्रियाओं का ज्ञान प्राचीन काल में था।

याज्ञवलक्य स्मृति में योग के द्वारा शरीर के उत्पत्ति का वर्णन करते हुए 360 अस्थियों, प्राणायतनों, 700 सिराओं, 900 स्नायुओं, 200 धमनियों, 500 मांसपेशियों तथा केशलाभ का भी वर्णन किया गया है। हृदय से निकली हुई बहतर हजार नाड़ियों का निरूपण करके इस विज्ञान को योग के लिए उपयोगी बतलाया गया है।

उक्त संदर्भों से यह तथ्य प्रकट होता है कि भारतीय भैषज्य विद्या का मूलस्रोत वैदिक साहित्य ही है।

जैन साहित्य—जैन आगमों में भी आयुर्वेद का उल्लेख मिलता है। उसमें आयुर्वेद को प्राणवाय कहा गया है। द्वाद्वशाम आगमों में अंतिम अंग दृष्टिवाद के अंतर्गत इसका समावेश किया गया है। तत्वार्थ

राजवार्तिक के अनुसार 'प्राणवाय' में कायचिकित्सा आदि आठ अंगों का निरूपण भूत शांति के उपाय, प्राण अपान आदि के धारण का वर्णन किया गया है। इस प्रकार इसमें–1. चिकित्सा 2. भूतों के शमन के लिए जादू-टोना तांत्रिक-मांत्रिक उपाय, और 3. वायुओं पर नियंत्रण करने के लिए यौगिक क्रियाओं को उल्लेख मिलता है।

'प्राणवाय' पर 'कल्याणकारम' नामक एकमात्र ग्रंथ उपलब्ध है जिसकी रचना उग्रादित्याचार्य ने 800 ई. चालुक्यराज अमोघ वर्ष प्रथम के काल में की थी। इसमें मधु, मांस और मद्य का प्रयोग नहीं कहा गया है। रसयोग भी बतलाये गये हैं।

1. **बौद्ध साहित्य**–बौद्ध साहित्य के किसी ग्रंथ में आयुर्वेद शब्द दृष्टिगत नहीं होता है। यद्यपि सुतपिटक के अंतर्गत दीर्घनिकाय में आयुर्वेद के सात अंगों का स्पष्ट उल्लेख मिलता है। मिलिन्दपन्हा में राजा मिलिन्द को अठारह विद्याओं का ज्ञाता कहा गया है, इसी के अंतर्गत चिकित्सा का भी समावेश है। प्रसिद्ध बौद्ध चिकित्सक जीवक ने तक्षशिला विश्वविद्यालय में चिकित्सा की शिक्षा पायी। दीघ निकाय में अष्टांग आयुर्वेद के अंतर्गत वस्सकम्प (बाजीकरण), सलाकिय (शलाक्य-तंत्र), सहल (शल्य-तंत्र), द्वारक तिकिच्छा (कुमार-चिकित्सा), भूतविज्जा (भूतविद्या) का नामतः उल्लेख मिलता है। बौद्ध वाङमय में आयुर्वेद के सभी अंगों के विशेषज्ञों का वर्णन मिलता है। मिलिन्द पन्हा में कालमरण एवं अकालमरण के आठ कारणों का उल्लेख है। वात-पित-कफ के प्रदीपक कारणों का मिलिन्द न्हा संकेत है। त्रिपिटक में 435 वनस्पतियों का प्रयोग सहित उल्लेख मिलता है। खनिज धातुओं का भी उल्लेख मिलता है। व्याध्युत्पति में वात, पित, श्लेष्य, त्रिदोष, सन्निपात, ऋतु परिणाम, विषम आहार, बाह्य वातावरण एवं कर्मविपाक आठ कारण बतलाये गये हैं। काय-चिकित्सा के अनेकों रोगों का उल्लेख मिलता है जीवक एवं आकासगोत नामक दो शलयकर्ता द्वारा किए गए क्रमशः सिर एवं भगन्दर के शल्यकर्म का उल्लेख मिलता है।

विनय पिटक का महावग्ग जीवक के आरंभिक जीवन शिक्षा-दीक्षा एवं शल्य तथा चिकित्सा'पाटव का विशद विवरण प्रस्तुत करता है। ये काश्यपसंहिता के प्रणेता वृद्ध जीवक से एकदम भिन्न व्यक्ति हैं। तक्षशिला विश्वविद्यालय से अध्ययन समाप्त कर राजगृह की ओर आते समय मार्ग मे सांकेत में उन्हें रुकना पड़ा और उन्होंने औषधि-सिद्ध तेल से नस्यकर्म द्वारा जीर्ण सिरोरोग से पीड़ित एक रोगी की सफल चिकित्सा की। मगध सम्राट बिम्बिसार के भगन्दर को जीवक ने एक ही लेप द्वारा ठीक किया।

रामायण-सम्पूर्ण रामायण के अनेक प्रसंगों में आयुर्वेद का उल्लेख मिलता है जो निम्नलिखित है–

मेषवृषण–एक बार गौतम के शाप से इन्द्र के वृषण बेकार हो गये थे। तब अश्विनकुमारों ने मेष के वृषण लगाये थे।

तैलद्रोणी–भारतीय परम्परानुसार वस्तुओं को सुरक्षित रखने का उपाय तेल और मधु है। राजा दशरथ के शव को भी भरत के आने तक तेल में सुरक्षित रखा गया था।

वृक्ष वनस्पति–रामायण में अनेक वृक्षों का उल्लेख विभिन्न प्रसंगों में मिलता है जैसे कुरज, अर्जुन, कदम्ब, सर्जनीम, सप्तछद, अशोक, असन, सप्तपर्ण, कोविदार आदि। ये सभी वृक्ष की वनस्पतियाँ औषधि रूप में प्रयुक्त होती हैं।

औषधि पर्वत–रामायण के युद्धकाण्ड में औषधि पर्वतानय अध्याय है। इन पर्वतों पर जो औषधियाँ हैं, वे मृतसंजीवनी, विशल्यकरणी, सावर्ण्यकरणी तथा सन्धानकरणी हैं–

मृतसंजीवनी चैव विशल्करणीमपि।
सावर्प्यकरणी धैव सान्धानकरणी तथा।
ताः सर्वा हनुमन! गृह्य क्षिप्रमागन्तुमर्हसि।।

मृत-जीवित की परीक्षा: शक्ति बाण लगने पर जब लक्ष्मण मूर्च्छित हो गये, तब राम ने उन्हें मृत समझा। उस समय सुषेध वैद्य ने उन्हें जीवित होने का लक्षण बतलाया—

न ह्यस्य विकृतं वक्त्तं न श्यामत्वमागतम्।
सुप्ताय च प्रसन्नं च मुरमस्य निरीक्ष्यताम्।।
पद्मपत्र लौहस्तौ सप्रसन्ने च लोचने।
नेदुशं दुश्यते रूपं गतासुनां विशाम्यते।।

सम्भवतः रामायण में ही चिकित्सक के लिए वैद्य शब्द का प्रयोग सर्वप्रथम किया गया है। इसके पूर्व सम्पूर्ण वैदिक साहित्य अथवा वेदों में चिकित्सक के लिए भिष्क शब्द का प्रयोग हुआ है—

प्रधानं साधकं वैद्य धर्मशीलं च राक्षसः।
ज्ञातयो ह्यमन्यन्ते शूर परिभवन्ति च।।

महाभारत : महाभारत एक ऐसा महत्वपूर्ण विश्वकोष है, जो दर्शन, धर्म, इतिहास, पुराण, स्मृति, काव्य एवं आयुर्वेद आदि विषयों से परिपूर्ण है। महाभारत में ऐसे अनेकों विषय प्राप्त होते हैं, जो आयुर्वेद से संबंधित हैं—

1. शीत, उष्ण और वायु ये तीन शारीरिक रोगों के कारण तथा सत्व-रज-तम ये तीन मन के गुण बतलाये गये हैं।
2. अन्य ग्रंथों की भांति महाभारत में भी भगवान धन्वंतरि के अवतरण संबंधी प्रसंग का वर्णन मिलता है। भगवान धन्वंतरि को आयुर्वेद के आदिदेव के रूप मे स्मरण किया जाता है। इसी प्रकार आयुर्वेद के अन्य अनेक आचार्यो का प्रसंगवश नामोल्लेख महाभारत में अनेक स्थानों पर मिलता है—जैसे अश्विनीकुमारों का देवैद्य के रूप में वर्णन, कृष्णात्रेय का चिकित्सक के रूप में वर्णन, अश्व-चिकित्सक के रूप में शालिहोत्र का वर्णन मिलता है।

3. मानव शरीर में दो प्रकार के शारीरिक एवं मानसिक रोग होते हैं।
4. आयु की क्षय वृद्धि करने वाले भाव, संजीवनी-विद्या,जीव का गर्भ में प्रवेश, अश्विनीकुमारों द्वारा महर्षि च्यवन को पुनः यौवन प्रदान करना आदि का उल्लेख मिलता है।
5. विभिन्न रोगों का वर्णन जैसे ज्वर, यक्ष्मारोग, स्कन्धग्रह एवं स्कन्धापस्मार मिलता है।

पुरातत्व में आयुर्वेद : सिन्धु घाटी की सभ्यता के अवशेष मोहनजोदड़ो और हड़प्पा की खुदाई में प्राप्त हुए हैं। उत्खनन से प्राप्त अवशेषों के अनुसंधान से यह जानकारी मिलती है कि सिन्धु घाटी की सभ्यता उन्नत स्थिति में थी और प्रत्येक प्रकार के क्रिया कलापों में चिकित्सा-शास्त्र के सिद्धांतों का विशेष ध्यान रखा जाता था। स्थापत्य कला पर भी चिकित्सा-विज्ञान का प्रभाव था। स्वास्थ्य विज्ञान के वैयक्तिक ओर सामाजिक दोनों ही विभाग विकसित थे।

भवन-निर्माण के समय स्वास्थ्य की दृष्टि से भवनों का निर्माण होता था। खुदाई से मिले अवेशेषों के अवलोकन से यह पता चलता है कि मकानों में पानी के निकास के लिए पक्की नालियां बनाई जाती थी। सड़कें साफ सुथरी और चौड़ी होती थीं। मकान हवादार होते थे। प्रत्येक निवास में कुआँ बनाया जाता था जिसके बगल में स्नानागार होता था और उसके निकास के लिए नालियाँ बनाई जाती थी, जो बाहर सड़क की मुख्य नालियों से सम्बद्ध होती थीं।

नगरों के निर्माण में भी सार्वजनिक स्वस्थवृत नियमों का पालन किया जाता था। अवशेषों में नगर के मध्य में एक सुन्दर प्रशस्त सार्वजनिक स्नानागार था। जगह-जगह कूड़ा डालने की व्यवस्था थी। गन्दे पानी और मूत्रालय के निकट शेषक कूप बने थे।

इन तथ्यों से मालूम होता है कि रोगियों की चिकित्सा के साथ ही स्वास्थ्य विज्ञान का भी विकास हो चुका था।

शिलाजीत : मोहनजोदड़ो से खुदाई में एक काले रंग का पत्थर मिला है जिसका परीक्षण रसायनाचार्य डॉ. सलाउल्ला और डॉ. हमीद ने किया है। उन्होंने इसे शिलाजीत पत्थर बताया है, जो पर्वतीय प्रदेश से वहाँ आया। यह मूत्ररोग आदि में प्रयुक्त होता है। अजीर्ण, मधुमेह, यकृत तथा प्लीहा के रोगों के लिए यह अति उपयोगी है। यह हृदय गति को नियमित करता है। यह उतेजक और कफ-निस्सारक है।

उत्खनन से प्राप्त शिलाजीत से तत्कालीन चिकित्सकों द्वारा उसके प्रयोग किये जाने का पता चलता है। शिलाजीत एक रसायन है, जिसके प्रयोग की विधि प्रमुख रूप से सभी आयुर्वेदीय संहिता-ग्रंथों ओर संग्रहग्रंथों में उल्लेखित है। रसशास्त्री ग्रंथों में शिलाजीत का महत्म उत्कृष्ट ढंग से वर्णित किया गया है।

मृगश्रृंगः वहाँ की खुदाई में हरिणों के सींग के भण्डार मिले हैं। जो हरिण हिमालय में उत्पन्न होते हैं उनकी सींग का संग्रह अवश्य ही औषधीय उपयोग के लिए किया गया होगा। अथर्ववेद मे हरिणश्रृंग का गुण क्षत्रिय रोग (उन्माद, अपस्मार, कुष्ठ आदि रोग, जो वंश परम्परा से संतान में हो जाते हैं) नाशक बतलाया गया है—

हरिणस्यं रघुष्यदोधि शीर्षणि भेषजम्।
सक्षेत्रियं विषाणया विसूची नमनीनशत।।
अनु त्वा हरिणो वृण पद्धिश्च तुर्भिरक्रमीत्।
विषाणे विष्यगुष्पितं यदंस्य क्षेत्रिम हृदि।।

निधुण्ट ग्रंथों में यह हृद्य तथा उरः शूलनाशक कहा गया है। इसे कफज कास में कफ की अधिकता होने पर प्रयोग में लाया जाता है। हरिण की सींग सिन्धु घाटी की सभ्यता की युग से आज तक औषधि के रूप में प्रयुक्त होती चली आ रही हैं मोहनजोदड़ो के हरिण श्रृंग भंडार के विषय में जान मार्शल का कहना है कि हरिण की सींगों का औषधियों अथवा वाणिज्य के लिए संग्रह किया गया होगा।

खिलौने—मोहनजोदड़ो की खुदाई में बहुत से धातु के या मिट्टी के बने खिलौने भी मिले हैं। कश्यप-संहिता के जातकर्मोतरीय अध्याय में ओर चरक संहिता शारीरसीन, अध्याय आठ में बालकों के विनोद ओर उनकी बुद्धि के विकास के लिए अनेक पशु-पक्षियों की आकृति वाले खिलौनों का वर्णन मिलता है। इन खिलौनों का बाल जीवन से निकटमत सम्बंध है और कौमारभृत्य के प्रसंग में इनका वर्णन आयुर्वेदीय ग्रंथों में किया गया है।

शिलालेख : अशोक ने धार्मिक क्षेत्र में अहिंसा का सिद्धान्त अपनाकर करुणा-परायणता का व्रत लेकर धर्मविजय तो किया ही, साथ ही अन्य कितने ही ऐसे कार्य किये, जिससे उसकी सांस्कृतिक तथा सामाजिक प्रवृतियों का पता चलता है। अशोक के द्वितीय शिलालेख से यह ज्ञात होता है कि उसने समाज की स्वास्थ्य सेवा का प्रचुर विस्तार किया—

1. पशुओं के चिकित्सालय अलग खोले गये।
2. चिकित्सालयों की देश के विभिन्न भागों में स्थापना की।
3. पशुओं तथा मनुष्यों की चिकित्सा में उपयोगी औषधि, फलों और वृक्षों के उद्यान लगवाये गये।
4. भारतीय चिकित्सा-पद्धति एवं औषधियों का भारत के समान बाहर अन्तियोक आदि के देशों में भी प्रचार हुआ।
5. पशुओं तथा मनुष्यों के अन्य राजाओं के राज्यों में भी अलग-अलग चिकित्सालय स्थापित करवाये गये।

आयुर्वेद परम्परा : आयुर्वेद सर्वप्रथम दो सम्प्रदायों में विभाजित हुआ—एक आत्रेय परम्परा,जो कायचिकित्सा प्रधान था तथा दूसरा धान्वन्तर सम्प्रदाय जो शल्यतंत्र प्रधान था। अन्य सम्प्रदायों के आचार्यों ने अपने परवर्ती जिज्ञासु शिष्यों के ज्ञान संवर्धनार्थ आयुर्वेद के समस्त विषयों को संकलित कर संहिताग्रंथों का निर्माण किया।

आत्रेय की परम्परा

आत्रेय : गुरु स्वरूप महर्षि आत्रेय प्रथम हैं–'अत्रेपत्यमात्रोयः।' इस व्युत्पति के अनुसार अत्रि के पुत्र आत्रेय हैं जिनके अन्य नाम पुनर्वसु आत्रेय तथा कृष्णात्रेय भी हैं।

अग्निवेश : चरकसंहिता ग्रंथ के रचनाकार अग्निवेश हैं। इसी कारण इस ग्रंथ का प्रारम्भिक नाम अग्निवेशतंत्र रखा गया है। इनकी बुद्धि बड़ी विशाल थी, इनके साथ ही महर्षि मेल, जतूकर्ण, पराशर, हरीत एवं क्षारपाणि ने भी महर्षि से शिक्षा ग्रहण की थी।

धन्वंतरि की परम्परा : भारत अपने सांस्कृतिक मूल्यों की दृष्टि से अति प्राचीनकाल से सुसंस्कृत और सभ्य देशों में गिना जाता है। इस देश में नामकरण भी एक संस्कार है। चरकसंहिता शारीरस्थान में बालक का नाम नक्षत्र या देवता के नाम पर या जन्मनक्षत्र के देवता के नाम पर या प्रसिद्ध और प्रतिष्ठित तथा तीन पीढ़ी के पूर्वजों के नामाक्षरयुक्त दो या चार अक्षरों वाला छोटा नाम रखने का निर्देश दिया गया है।

कालक्रम में किसी विशेष गुण के आधार पर अथवा व्यक्ति के किसी विशेष गुण के आधार पर नाम रखने की प्रथा प्रचलित हो गयी। ऐसा प्रतीत होता है कि धन्वंतरि नाम भी विशिष्ट गुण बोधक एवं अन्वर्थक नाम है। सुश्रुत के टीकाकार डल्हण ने धन्वंतरि शब्द की व्युत्पति निम्नलिखित रूप से की है–

'धनुः शल्यशांसत्रं तस्य अन्तं पारम् इयर्ति गच्छतीति धन्वंतरि।'

अर्थात, शल्यशास्त्र में पारंगत् विद्वान को धन्वंतरि कहते हैं।

धन्वंतरि नाम से तीन आचार्य के प्रमाण मिलते हैं जिनका परिचय निम्न प्रकार है–

धन्वंतरि प्रथम : कश्यप संहिता में यह वर्णन मिलता है कि काल के द्वारा भक्षण किये जाते हुए देवता और असुर ब्रह्मा की शरण में पहुँचते

हैं। प्रजापति ने इनके लिए अमृत का उपदेश दिया। उन्होंने समुद्र-मंथन किया तथा अमृत प्राप्त किया। पुराणों में भी क्षीरसागर के मंथन से अमृतकलश लिए हुए धन्वंतरि के प्रकट होने की कथा वर्णित है। धन्वंतरि समुद्र से निकले हुए चौदह रत्नों में गिने जाते हैं।

इस कथा का रामायण और महाभारत में भी वर्णन है। देवता और असुर समुद्र मंथन का निश्चय करके वासुकि को नेति और मन्दराचल को मथानी बनाकर पूर्ण शक्ति से समुद्र-मंथन किया। तत्पश्चात धर्मात्मा आयुर्वेदमय पुरुष दण्ड और कमण्डल के साथ प्रकट हुआ। मंथन के पूर्व समुद्र में विविध प्रकार की औषधियाँ डाली गयी थीं एवं मंथन से उनके संयुक्त रसों का स्राव अमृत के रूप में निकला। फिर अमृत युक्त श्वेत कमण्डल धारण किये धन्वंतरि प्रकट हुए–

ततो निश्चत्य मथनं याक्त्रं कृत्वां च वासुकिम्।
मन्थानं मन्दं कृत्वा ममन्थुरमितौजसः।।
अथ वर्षहस्त्रेण आयुर्वेदमयः पुमान।
उदतिष्ठत सुधर्मात्मा सदण्डः सकमण्डलुः।।

तथा

ततो नानाविद्यास्तत्र सुश्रुवुः सागराम्भसि।
महाद्रमाणां निर्यासा वहवश्चौषधिरसाः।।
तेषाममृतवीर्याणां रसानां पयवैव च।
अमरत्वं सुरा जग्मुः कान्चनस्य च निःस्त्रवात्।
धन्वंतरि स्ततो देवो वपुष्मानुदतिष्ठत।
श्वेत कमण्डलु बिभ्रंदमृत यत्र तिष्ठति।।

धन्वंतरि ने चिकित्सा विषयक ज्ञान भास्कर से प्राप्त किया। मत्स्य पुराण के अनुसार अमृतमन्थन के साथ उपलब्ध रत्नों में से धन्वंतरि को भास्कर ने ग्रहण किया–

गजेन्द्रं च सहस्राक्षो हयरत्नं च भास्करः।
धन्वंतरिन्ज जग्राह लोकारोग्यप्रर्वकम्।।

धन्वंतरि के गुरु भास्कर ने भास्कर संहिता की रचना की थी। उस संहिता का अध्ययन कर भास्कर के शिष्यों ने अपनी संहिताएँ बनायीं। धन्वंतरि ने भी इसके आधार पर चिकित्सातत्व विज्ञानतंत्र की रचना की थी।

धन्वंतरि द्वितीय—धन्वंतरि द्वितीय से अर्थ उस धन्वंतरि से है, जिन्होंने काशी के चन्द्रवंशी राजकुल में सुनहोत्र की वंशावलि में चौथी या पांचवी पीढ़ी में जन्म लिया था। इस धन्वंतरि के लिए विद्वान विशेषण लगाया गया है। इसे सर्गरोप्रणाशन ओर आयुर्वेद प्रवर्तक कहा गया है। इससे यह साबित होता है कि यह चिकित्सा-निपुण सिद्धहस्त वैद्य और विविध विद्याओं के ज्ञाता हैं। संभव है कि शल्यशास्त्र में पारंगत विद्वान होने के कारण ही इनका नाम धन्वंतरि रखा गया हो।

धन्वंतरि तृतीय—शलयप्रधान आयुर्वेद परम्परा के जनक के रूप में इनका नाम लिया जाता है। धान्वन्तर सम्प्रदाय की प्रतिष्ठा इनकी क्रियाकुशलता का ही परिणाम है। यह शल्यकर्म-विशेषज्ञ आचार्य के रूप में चिकित्सा जगत में विख्यात हैं।

दिवोदास वाराणसी के संस्थापक थे। काशिराज के कुल में आयुर्वेद की परम्परा अक्षुण्ण रही है और प्रत्येक काल में उसका प्रचार प्रसार किया जाता रहा है। दिवोदास ने उस परम्परा को समृद्ध बनाया। अपने यहाँ विद्यापीठ के रूप में आयुर्वेद की शिक्षा-दीक्षा देना प्रारम्भ किया। उनके यहाँ दूरस्थ देशों के शिष्य विद्याध्ययन के लिए आते थे। दिवोदास के शिष्यों में सुश्रुत के अलावा औपधेनव, वैतरण, औरभ्र, पौष्कलावत, करवीर्य और गोपुररक्षित का नाम लिया जाता है—

'अथ खल भगवन्तममरवरभृषिगणमरिवृतमाश्रमस्थं काशिराज दिवोदासं धन्वन्तरिमौपधेनववैतरणौरभ्रपौष्कलावतकर वीर्यगोपुरखितसुश्रुतप्रभृत्य ऊचुः।'

धन्वंतरि को सुश्रुसंहिता में धर्माचरणयुक्त वाग्शिारद, निदानस्थान में राजर्षि, कल्पस्थान में महाप्रज्ञ सर्वशास्त्रविशारद एवं उतरतंत्र मं तपोदृष्टि उदारथी तथा मुनी कहा गया है। इन विशेषणों से सिद्ध होता है कि दिवोदास धन्वंतरि परमतपस्वी, शास्त्रों के मर्मज्ञ विद्वान धर्मात्मा और उदार मनोवृति के व्यक्ति थे। इन्हें अष्टांग आयुर्वेद का विद्वान महा ओजस्वी शास्त्रों के अर्थ-विषयक संदेह को दूर करने वाला तथा अनेक सूक्ष्म शास्त्रों का ज्ञाता कहा गया है।

ये पूर्व में देववैद्य थे और इन्होंने देवताओं की जरा, रूजा और मृत्यु को दमन कर उन्हें अजर-अमर तथा निरोग किया। मर्त्यलोक में शल्यप्रधान आयुर्वेद के लिए इनका मानव रूप मे अवतरण हुआ—

इन्होंने स्वयं कहा है कि मैंने इन्द्र से आयुर्वेद की शिक्षा ली और मैं प्रजा के कल्याण के लिए शिष्यों को विद्यादान करूंगा—

इन्होंने चिकित्सा दर्शन और चिकित्सा कौमुदी की रचना की, जिसका वर्णन ब्रह्मवैवर्त में है। अन्य ग्रंथों में—योगचिन्तामणि, सन्निपात-कलिका, धातुकल्प, अलीर्णामृतमन्जरी, धन्वतरिनिधण्टु, रोगनिदान, वैद्यचिन्तामणि, वैद्यकभास्करोदय, चिकित्सारसंग्रह आदि का नाम प्रमुख है।

पौष्कलावत—ये सुश्रुत के साध्यायी थे और इस प्रकार उने समकालीन भी। पौष्कलावत के गुरु धन्वंतरि थे।

अक्सर देखा जाता है कि प्रचीन आचार्यों के नाम रखने का आधार कुल, माता, पिता, गुरु, देश अथवा उस व्यक्ति का कोई विशिष्ट गुण रहा है। इसलिए पौष्कलावत नाम भी किसी देश या व्यक्ति विशेष के अनुसार 'तंत्र जातः' सूत्र से अण आदि प्रत्यय लगाकर बनाये हुए प्रतीत होते हैं। इस प्रकार पुष्कलावत नामक देश में होने वाले इस अर्थ में देश-विदेश के नाम पर यह नाम रखा प्रतीत होता है।

करवीर्य—ये काशिराज दिवोदास धन्वंतरि के शिष्य थे तथा सुश्रुत के सहाध्यायी और समकालीन थे। ये करवीर्यतंत्र के रचयिता थे।

करवीर्य शब्द का आशय है—करवीर देश में होने वाला। इससे यह करवीर के रहने वाले प्रतीत होते हैं। दृष्द्वती नदी के तट पर करवीपुर के होने का वर्णन मिलता है। जिसके हाथ मे वीर्य, बल या सिद्धि हो, ऐसे सिद्धहस्त क्रियाकुशल, अभ्यासी, शल्य चिकित्सक के लिए भी यह शब्द प्रयुक्त हो सकता है।

औरभ्र—दिवोदास धन्वंतरि के शिष्यों में औरभ्र का नाम सुश्रुत के साथ ही आता है। मूल शब्द'उरभ्र' से तद्धितान्त प्रत्यय लगने पर 'औरभ्र' शब्द बनता है। सुश्रुतसंहिता में औरभ्र शब्द तंत्रवाचक है और प्रधान चार तंत्रों में औरभ्र तंत्र की गणना की गयी है।

औपधेनव—यह सुश्रुत के साथ ही धन्वंतरि से शिक्षा ग्रहण किये थे। उपधेनु शबद से तद्धितान्त प्रत्यय लगने पर 'उपधेनोरपत्यं पुमान औपधेनवः' शब्द बना है। औपधेनव नाम के आचार्य का कहीं उल्लेख नहीं मिलता। 'उपगोरपत्यौपगवः पाणिनीय सूत्र 'तस्यापत्यम' के इस उद्धरण में महाभाष्यकार ने उपगु के अपत्य (पुत्र) के रूप में औपगव का निर्देश किया है। पंचविंश ब्राह्मण में भी उपगु का वर्णन मिलता है।

आयुर्वेदीय संहिताएँ एवं उसके प्रमुख व्याख्याकार

अति प्राचीन काल में ग्रंथों की रचना की दो शैलियाँ प्रचलित थीं—

1. सूत्र रूप में, और 2. विस्तृत भाष्य के रूप में।

सूत्र रूप में निबद्ध ग्रंथ तंत्र कहे जाते थे ओर भाष्य रूप में विस्तृत विषयों का वर्णन जिन ग्रंथों में होता था उन्हें 'संहिता' संज्ञा दी जाती थी। किसी विषय के सभी वर्णनीय विषयों का जिस ग्रंथ में वर्णन हो, उसे संहिता कहते हैं। ऐसे किसी एक ही ग्रंथ के अध्ययन से उस विषय का सांगोपांग अध्ययन हो जाता है, फिर किसी अन्य ग्रंथ के अध्ययन की

अपेक्षा नहीं रहती। आयुर्वेद की अनेक संहिताओं का नाम विभिन्न ग्रंथों में उल्लिखित पाया जाता है, किन्तु उनमें से अधिकांश नामत्रवशिष्ट हैं। प्राचीन संहिताओं में चरक संहिता, भेल संहिता और कश्यप संहिता उपलब्ध होती हैं। इनमें भी केवल चरक संहिता तथा सुश्रुत संहिता ये दो ही पूर्ण रूप में मिलती हैं, शेष दो अपूर्ण एवं खंडितावस्था में मिलती हैं।

हारीतसंहिता नाम से एक अन्य संहिता मिलती है, जिसकी भाषा, शैली तथा विषय वस्तु को देखने से ऐसा मालूम होता है कि वह किसी सामान्य व्यक्ति की रचना है। उसकी मौलिकता संदिग्ध है। आचार्य वाग्भट्ट के दो ग्रंथों की गणना संहिताओं में की जाती है–1. अष्टांग संग्रह 2. अष्टांग हृदय।

चरकसंहिता एवं प्रमुख व्याख्याकार

आज उपलब्ध चरक संहिता का यह रूप अनेक परिवर्तनों के बाद प्राप्त हुआ है। सूत्रारूप अग्निवेशतंत्र पर आगे चलकर चरक ने संग्रह तथा भाष्य लिखा जो चरकसंहिता के नाम से प्रसिद्ध हुई कालान्तर में दृढ़बल ने इसकी पुनः रचना की और वर्तमान समय में उपलब्ध चरक संहिता को यह स्वरूप प्रदान किया। इस प्रकार कालक्रम से इस संहिता के नाम के तीन स्तर हैं–1. अग्निवेश 2. चरक 3. दृढ़बल।

1. अग्निवेश–पुनर्वसु आत्रेय के शिष्यों में सर्वप्रथम अग्निवेश का नाम आता है जिन्होंने आत्रेय के उपदेशों को तंत्ररूप में निबद्ध किया। निर्माण के तीन स्तरों के अनुसार विषयवस्तु को तीन स्तरों में विभाजित करना होगा। जो प्राचीनतम विषयवस्तु होगी उसका संबंध अग्निवेश से माना जायेगा। इसी प्रकार मध्यम विषयवस्तु से संबंध चरक से तथा अपेक्षाकृत अर्वाचीन विषयवस्तु का संबंध दृढ़बल से स्थापित होगा। चरकसंहिता की प्राचीनतम विषयवस्तु का यदि विश्लेषण किया जाये तो वह उपलिषदकालीन प्रतीत होती है।

'इति ह स्माह भगवानात्रेयः' के द्वारा अध्याय प्रारंभ करने की शैली ब्राह्मणकाल के अन्त में तथा उपनिषदकाल में देखी जाती है। प्रथम शब्द के आधार पर अध्यायों के नामकरण की शैली भी प्राचीन है। उपनिषदों में 'सौम्य' शब्द से शिष्य को संबोधित किया गया है। उसी प्रकार चरकसंहिता में भी अग्निवेश के लिए 'सौम्य' शब्द आया है। स्कन्ध शब्द उपनिषदों में आया है यथा 'त्रयो धर्मस्कन्धाः' उसी प्रकार चरकसंहिता में आयुर्वेद के लिए त्रिस्कन्ध विशेषण आया है।

जहाँ तक भाषा का संबंध है, उपनिषदों की भाषा प्राचीन वैदिक भाषा से भिन्न गद्य-पद्य मिश्रित है, परवर्ती उपनिषदों जैसे श्वेताश्वतर आदि में पद्यात्मक शैली है। अध्यायों के अंत में 'तदष श्लोको भवति' करके पद्यात्मक उपसंहार करते हैं। इसी प्रकार चरक संहिता की भाषा गद्य-पद्य मिश्रित है।

आत्रेय के उपदेश का जो स्थल रहा है वह उपनिषदों में अनेक बार हुआ। चतुष्पाद काम्पिलय और पांचाल का उल्लेख उपनिषदों में अनेक बार हुआ है। चतुष्पाद सिद्धान्त वैदिककालीन है। ब्रह्म चतुष्पाद माना गया है। मनुस्मृति तथा चरक में धर्म भी चतुष्पाद कहा गया है।

2. चरक–चरक द्वारा भाष्यात्मक प्रतिसंस्कार होने पर अग्निवेशतन्त्र चरकसंहिता के रूप में परिणत हुआ किन्तु उसका मूलरूप भी अग्निवेशतंत्र के रूप में सुरक्षित रहा और काफी दिनों तक समान्तार चलता रहा। उपलब्ध चरकसंहिता में जो मध्यकालीन अंश है वह चरक की देन है। निम्नांकित अंश सम्भवतः चरक की देन है–

(क) *आयुर्वेदावतरण*–चरकसंहिता के प्रांरभ में जो आयुर्वेदावतर का प्रसंग है वह चरक द्वारा संशोधित प्रतीत होता है। इसके अन्त में जो पौराणिक छाया है उससे भी यही प्रतीत होता है।

(ख) बौद्धों द्वारा प्रतिपादित क्षणिक विज्ञानवाद तथा स्वभावोपरमवाद का वर्णन चरक द्वारा किया गया है।

(ग) चरक संहिता में सूत्रस्थान के अंत में अष्टांगों के जो नाम हैं वे सुश्रुत से कुछ भिन्न हैं। दूसरे सूश्रुत ने इसे ग्रंथ के प्रारंभ में ही दिया जबकि चरक ने अंत में। ऐसी संभावना है कि मूल अग्निवेशतंत्र में यह विभाग नहीं था, चरक ने इसे अन्य संहिताओं से संभवतया सुश्रुतसंहिता से, कुछ परिवर्तन के साथ लेकर लिखा। अष्टांग के कुछ नाम उपनिषद में भी मिलते हैं।

चरक को स्पष्टत—उदधृत करने वाला प्रथम व्यक्ति वाग्भट्ट ही है। वाग्भट्ट प्रथम की रचना अष्टांगसंग्रह मुख्यतः सुश्रुत का अनुसरण करती है तथा वाग्भट्ट तक चरक की प्रसिद्धि एवं मान्यता संहिताकार के रूप में हो चुकी थी।

चरक का काल—उपयुक्त विवेचन के आधार पर चरक का समय निर्धारित किया जा सकता है।

1. पाणिनी ने चरक शब्द का प्रयोग किया है तथापि 'कठ' तथा माण्वक शब्दों के साहचर्य से वह कृष्णयजुर्वेदीय शस्त्रविशेष के लिए ही किया गया प्रतीत होता है, चरकसंहिता के रचयिता के लिए नहीं। अतः चरक का समय पाणिनी के बाद होना चाहिए।

2. कनिष्ठ के समयकालीन अश्वघोष ने भी चरकसंहिता के अनेक विषयों को लिया है। पौराणिक छाया होने के कारण उसे उपनिषदकालीन अग्निवेश का अंश नहीं माना जा सकता। इस प्रकार चरक का काल पाणिनी और कनिष्ठ के मध्य मालूम होता है। महाभाष्यकार पतंजलि से अनेक साम्य रखने, वेद को आप्तप्रमाण मानने तथा देवता, गौ, ब्राह्मण आदि की पूजा का विधान होने के कारण चरक काल शुंगकाल होना चाहिए। मनुस्मृति की रचना इसी काल में हुई थी जब वर्णाश्रम-व्यवस्था निर्धारित हुई तत्कालीन मनु के सदृश अनेक विचार चरक में मिलते हैं। मिलिन्द पन्हा में भी चरक का उल्लेख नहीं मिलता है। संभवतः चरक संहिता की रचना के पश्चात भी बहुत वर्षो तक मूल रचयिता अग्निवेश

के नाम पर जानी जाती थी। गुप्तकाल से चरक का नाम स्पष्टतः मिलने लगता है। कुछ विद्वानों का मत है कि चरक कनिष्क का राजवैध था और इसका आधार बौद्ध त्रिपिटक का चीनी अनुवाद बतलाया जाता है। मिलिन्द पन्हा में अन्य शास्त्रों के साथ चिकित्सा का भी उल्लेख है। इसमें छः नास्तिक आचार्यों का भी उल्लेख है जिसके मतों का खंडन चरक ने किया है। बौद्धों की चारिका का भी इसमें निर्देश है। बाद तथा निग्रह का भी उल्लेख हुआ है। अतीत, अनागत तथा वर्तमान वेदना प्रत्येक 36 प्रकार और इस प्रकार कुल मिलाकर 108 प्रकार की वेदना बतलाई गयी है। रस का ज्ञान जिह्वा पर निपात के द्वारा चरक में बतलाया गया है और ठीक इसी प्रकार की चर्चा मिलिन्द प्रश्न में भी है। इस प्रकार चरक संहिता का समय इसके आसपास रखना होगा। वस्तुतः चरक का काल शुंगकाल होना चाहिए जो पतंजलि महाभाष्य तथा योगसूत्र का भी रचना काल है बल्कि चरक को इन दोनों से कुछ पूर्व ही रख सकते हैं। डॉ. सी कुन्हन राजा की मान्यता है कि 'चरक' शब्द संस्कृत का न होकर पहलवी भाषा का प्रतीत हाता है। ईस्वी सन की प्रारंभिक शताब्दियों में चरक संहिता का पहलवी भाषा में अनुवाद भी हुआ था।

इस आधार पर चरक का समय दूसरी शती ई. पू. रखने में कोई आपति नहीं हो सकती। ऐसा लगता है कि जिस प्रकार शल्यतंत्र में धन्वंतरि का एक सम्प्रदाय बन गया उसी प्रकार इस चरक का भी एक सम्प्रदाय प्रचलित हुआ जो चिकित्सा में एक विशेष की दक्षता रखते थे।

पुनश्च सामाजिक तथा धार्मिक परिस्थितियों के जो संकेत चरकसंहिता में उपलब्ध हैं उनके अनुसार चरक को शुंगकाल या मौर्य-शुंगकाल की संधि रेखा पर होना चाहिए।

3. दृढ़बल—दृढ़बल द्वारा अपना जो परिचय दिया है। उसके अनुसार उसका निवास-स्थान पंचनदपुर है। कुछलोग इसे कश्मीर तो कुछ लोग पंजाब बतलाते हैं। अप्टांगसंग्रह में दृढ़बल के पिता का नाम

कपिलबल आया है। दृढ़बल शिवभक्त थे और तंत्रों की सहायता से इन्होंने चरक के खंडित अंश को पूर्ण किया। ये अंश हैं चिकित्सा स्थान के 17 अध्याय, पूरा कल्पस्थान तथा सिद्धि स्थान। इस तरह 120 अध्यायों में 41 अध्याय दृढ़बल के लिखे हुए हैं। कुछ लोग इसका यह अर्थ लगाते हैं कि चरक का कार्य अपूर्ण रह गया था जिसे दृढ़बल ने पूरा किया। किन्तु यह सत्य नहीं है। अधिक संभावना यह है कि चरक ने पूर्ण संहिता की रचना की जो कालक्रम से राजनीतिक या अन्य कारणों से खंडित हो गया था जिसकी पूर्ति बाद में दृढ़बल ने किया। यदि यह चरक द्वारा रचित न होता तो चरक का नाम न देकर दृढ़बल अपना नाम देता—

अस्मिन सप्तदशाध्यायाः कल्पाः सिद्धय एव च।
नासाधन्ते ग्निवेशयस्य तंत्रे चरकसंस्कृते।।

चरक संहिता की महता

चरक संहिता आत्रेयसम्प्रदाय का प्रमुख आकरग्रंथ माना जाता है जिसमें कायचिकित्सा का मुख्य रूप से प्रतिपादन हुआ है। जिस समय आधुनिक चिकित्सा विज्ञान शैशवावस्था में था उस समय चरक संहिता में प्रतिपादित आयुर्वेदीय सिद्धांतों की गरिमा के गंभीरता से पूरा विश्व विस्मित एवं प्रभावित था। जहाँ तक चरकसंहिता के शास्त्रीय योगदान का संबंध है, निम्नांकित तथ्यों का उल्लेख किया जा सकता है—

1. सम्भाषापरिषद—संभाषा का विचार चरकसंहिता में अत्यंत विस्तार से तथा मौलिक रूप में हुआ है। ज्ञानार्जन के तीन उपायों में सम्भाषा एक है।इसके लिए विभिन्न परिषदों का आयोजन, उनकी कार्यशैली तथा शोधसमीक्षा, का सर्वोत्कृष्ट नमूना कहा जा सकता है। चिकित्सा कर्म के लिए भी कहा गया है—'वैद्यसमूहो निःसंशयकराणाम्' एवं चिकित्सकभी गंभीर रोगों में परस्पर विचार विमर्श कर निर्णय लेते थे।

2. व्यवस्थित एवं वैज्ञानिक' रूप—आयुर्वेद के मूलभूत त्रिदोषवाद का सूत्ररूप में उल्लेख वैदिक साहित्य में भी उपलब्ध है किन्तु उसे

व्यवस्थित एवं वैज्ञानिक रूप देने का श्रेय इन्हीं महर्षियों को है जिनके विचारों की अभिव्यक्ति चरकसंहिता में प्रान्जल रूप में हुई है। त्रिदोष के अतिरिक्त पन्चमहाभूत, रसगुणवीर्यविपाक आदि मौलिक सिद्धान्तों का निरूपण वैज्ञानिक रीति से किया गया है। इन सिद्धान्तों का क्षेत्र केवल भारत ही नहीं रहा अपितु सारे विश्व में चिकित्सा पद्धतियों को इन्होंने मूलतः प्रभावित किया। सम्भवतः यही कारण है कि आधुनिक चिकित्साविज्ञान के जनक हिपोक्रेटस और चरक के सिद्धांतों और उपदेशों में आश्चर्यजनक साम्य है।

3. ज्ञानपूर्वक कर्म—परम्परागत चिकित्साकर्म के स्थान पर ज्ञानपूर्वक कर्म का उपदेश किया गया है। ज्ञान और कर्म दोनों के समुचित सामन्जस्य से ही चिकित्सक अपने उद्देश्य में सफल हो सकता है। आयुर्वेदीय शिक्षण भी इसी आधार पर निर्धारित था जिसमें स्नातक हो सकता है। प्रमाणों में युक्ति को स्थान देना चरक की मौलिकता है। युक्तिज्ञ ही अपने कार्य में सफल हो सकता है। प्रमाण के लिए अनेक स्थलों पर परीक्षा शब्द का प्रयोग चरक की परीक्षणात्मक शैली का द्योतक है। आप्त के लक्षण में जो त्रैकालिक, निर्दुष्ट तथा सदा अव्याहत ज्ञात की बात आयी है वह विशुद्ध वैज्ञानिक सिद्धान्तों पर ही लागू हो सकता है।

4. निदान की वैज्ञानिक पद्धति—इसके अंतर्गत रोगी की परीक्षा प्रत्यक्ष, अनुमान, आदि प्रमाणों के द्वारा ज्ञातव्य तथ्यों के आधार पर करने का विधान है। इसके अतिरिक्त दोष,दूष्य, अग्नि, सत्व, प्रकृति आदि का भी विचार किया जाता है। इस संबंध में चरक द्वारा प्रतिपादित दशविध परीक्ष्य अवलोकनीय हैं जो रोग विज्ञान के क्षेत्र में मौलिक देन है।

5. चिकित्सा का प्राकृतिक क्रम—चरक ने स्पष्ट रूप से वर्णन किया है। कि औषध रोग को दबाने के लिए नहीं बल्कि प्रकृति को सहायता मात्र देने के लिए प्रयुक्त होती है। अतः इस अर्थ में चरक की चिकित्सा प्राकृतिक चिकित्सा है।

अतः आयुर्वेद को परम्परा से निकाल कर वैज्ञानिक आधार पर प्रतिष्ठित करने का श्रेय चरक को है तथा इस दिशा में चरकसंहिता का महत्वपूर्ण योगदान रहा है।

चरक संहिता के प्रसिद्ध व्याख्याकार

1. **भट्टारहरिचन्द्र**—इनके द्वारा चरकसंहिता की 'चरकन्यास' की व्याख्या की गयी। यह व्याख्या केवल सूस्थान के तीसरे अध्याय तक मिलती है। 'चिश्वप्रकाश-कोश' के रचयिता महेश्वर ने इन्हें अपना वंशज कहा है और साहसांक राजा का वैद्य माना है। संभवतः ये विक्रमादित्य के राजवैद्य थे और उज्जयिनी के निवासी थे। वाणभट्ट की रचनाओं से यह प्रतीत होता है कि उज्जयिनी में सूर्य मंदिरों की अधिकता थी और वहाँ सूर्य पूजा की प्रथा बहुत प्रचलित थी। भट्टारहरिचन्द्र ने अपनी व्याख्या के प्रारम्भ में सूर्य की वंदना की है जिससे उनका सूर्यपूजक होना सिद्ध होता है।

वाणभट्ट ने गद्यकवि के रूप में भट्टारहरिचन्द्र की प्रशस्ति की है—

पदबन्धोज्जवलो हारी कृतवर्णक्रमस्थितिः।
भट्टारहरिचन्द्रस्य गद्यबन्धो नृपायते।।

वल्लभदेव और श्रीधरदास द्वारा क्रमशः सुभाषितावली और सदुक्तिकर्णामृत में इनके पद्य उद्धत किये गये हैं। भट्टारहरिचन्द्र ने खरनादसंहिता का प्रतिसंस्कार किया था जिसका उल्लेख अष्टांगसंग्रह मं कुछ इन्दु ने अपनी टीका में किया है।

2. **स्वामिकुमार**—इन्होंने चरक संहिता पर चरकपंजिका नामक टीका लिखी है जिसका आधार भट्टारहरिचन्द्र की टीका 'चरकन्यास' है। इन्होंने अपनी व्याख्या के प्रारंभ में भगवान शंकर की वंदना की है, जिससे यह प्रतीत होता है कि संभवतः वे शैवमतानुयायी थे। इनका समय सातवीं शती माना गया है।

3. जैज्जट—इन्होंने वृतत्त्रयी की सभी संहिताओं पर व्याख्या चरकसंहिता पर इनकी 'पिरन्तर-पदव्याख्या' नामक टीका है। जेज्जट ने भट्टारहरिचिन्द्र को उद्धत किया है जिससे यह सिद्ध होता है कि ये उनके बाद के हैं। इनकी समस्त टीकाएँ सरल, और सुबोध थीं इसलिए उनके परवर्ती टीकाकारों पर उसकी गहरी छाप है। इनका काल नवीं शती ई. के प्रारंभ में है।

4. चक्रपाणि—चक्रपाणि ने आयुर्वेददीपिका तथा चक्रदत के अन्त में अपना परिचय स्वयं दिया है। इनके पिता का नाम नारायणदत था जो गौड़ाधिपति जयपाल के महानसाध्यक्ष (पाकशलाधिकारी) और मंत्री थे। चक्रपाणि के बड़े भाई भानुदत राजा के अन्तरंग एवं राजवैद्य थे। चक्रपाणि के गुरु का नाम नरदत था। गौड़ाधिपति के शासन काल के आधार पर चक्रपाणि का समय लगभग 1075 ई. माना गया है। चक्रपाणि ने चरक पर 'आयुर्वेददीपिका' नामक व्याख्या लिखी है, जो वैदुष्यपूर्ण है। संस्कृत टीकाओं में इस व्याख्या का सर्वोच्च स्थान है। चरक संहिता की इस विद्वतापूर्ण व्याख्या के लेखक के नाते इन्हें विद्वत्समाज ने चरक-चतुरानन उपाधि से और सुश्रुतसंहिता पर भानुमति टीका लिखने के कारण 'सुश्रुत-सहस्त्रनयन' उपाधि से अलंकृत किया था। इनके द्वारा लिखे गये आयुर्वेद एवं व्यावहारिक ग्रंथ हैं। यह वृन्द-कृत सिद्धयोग के आधार पर लिखा गया है। ''द्रव्यगुण संग्रह' भी इनका प्रसिद्ध ग्रंथ है।

सुश्रुतसंहिता एवं उसके व्याख्याकार

सुश्रुत ने सुश्रुत संहिता के अंतर्गत धन्वंतरि के उपदेशों को संगृहीत कर संहिता का स्वरूप प्रदान किया। सुश्रुत नाम के दो आचार्यों का वर्णन मिलता है--एक आद्य या वृद्ध सुश्रुत तथा दूसरा सुश्रुत। ऐसा मालमू होता है कि दिवोदास धन्वंतरि का शिष्य आद्य या वृद्ध सुश्रुत था जिसने मूल सौश्रुत तन्त्र की रचना की थी। यह रचना संभवतः अग्निवेशतंत्र से पूर्व की रचना थी। वृद्ध सुश्रुत द्वारा रचित तथा सुश्रुत द्वितीय द्वारा

प्रतिसंस्कृत सुश्रुतसंहिता अधूरी थी जिसमें नागार्जुन ने उत्तरतंत्र जोड़कर एक और प्रतिसंस्कार किया तब उपलब्ध 'सुश्रुत संहिता' सम्पूर्ण रूप में सामने आयी। आचार्य चन्द्रट ने सुश्रुत संहिता के पाठों को शुद्ध कर नवीन रूप प्रदान किया तब जाकर सुश्रुतसंहिता वर्तमान स्थिति में उपलब्ध हुई। वस्तुतः इस संहिता का वर्तमान रूप दशवीं शती के बाद का है। सुश्रुत संहिता की रचना चार स्तरों में हुआ है–

1. वृद्ध-सुश्रुत 2. सुश्रुत 3. नागार्जुन 4. चन्द्रट।

सुश्रुत को विश्वामित्र का पुत्र कहा गया है। विश्वामित्र नामक अनेक आचार्य हुए हैं, उनमें एक का सबंध आयुर्वेद से है जिसके उद्धरण यत्र-तत्र मिलते हैं बहुत संभव है कि इसी विश्वामित्र के पुत्र सुश्रुत हों।

आद्य या वृद्ध सुश्रुत का काल वही रहेगा जो दिवोदास का निश्चित किया गया है अर्थात 1000-1500 ई. पू.। किन्तु सुश्रफत का कालनिर्णय अभी विचारणीय है जिसके लिए निम्नाकिंत तथ्यों पर ध्यान देना होगा–

1. 'होरा' शब्द को प्रयोग 'सुश्रुतसंहिता' में हुआ है। यह शब्द ग्रीक भाषा के 'होरस' से निष्पन्न होकर भारतीय वाङ्मय में आया है। यूनानियों से विशेष सम्पर्क चौथी शती ई. पू. से हुआ था। अतः इसका समय उसके बाद का ही होना चाहिए।

2. युक्तसेनीय अध्याय, दुन्दुभिस्वनीय, अगद तथा अन्य राजकीय प्रकरणों से ज्ञात होता है कि सुश्रुत का संबंध किसी सम्राट से था। 'सौश्रुतपार्थिवाः' शब्द से भी यही ध्वनित होता है। यह सम्राट संभवतः सातवाहना था।,

3. महैन्द्ररामकृष्णनां ब्राह्मणानां गवामापि' श्लोक में राम और कृष्ण का नाम अपने से वासुदेव धर्म की प्रमुखता सूचित होती है। इसके विकास का समय पहली शती से चौथी शती माना जाता है।

4. श्रीपर्वत, सहयाद्रि, देवगिरी, मलयाचलआदि पर्वतों का उल्लेख हुआ है। चन्दन के लिए 'मलयज' शब्द का प्रयोग सुश्रुत ने ही किया है।

ऋतुचर्या प्रकरण में वसन्त समीर के लिए 'मलये वाति' वाक्य लेखक के मलयस्थान का संकेत करता है। इनमें अधिकांश दक्षिण भारतीय स्थान हैं। दक्षिण भारत से विशेष संपर्क करता है। दक्षिण भारत से विशेष संपर्क सातवाहन राजाओं के शासनकाल में हुआ था।

5. इसमें ग्रहों के संबंध में विशेष वर्णन मिलता है। उनके नाम, उत्पति आदि की जानकारी दी गयी है। नवग्रह पूजा का भी उल्लेख है। षष्ठीपूजा का उल्लेख नहीं है जो गुप्तकाल में प्रचलित बतलायी जाती है। अतः यह गुप्तकाल से पूर्व की रचना है।

इस तरह सुश्रुत का काल दूसरी शती माना जा सकता है।

नागार्जुन—सुश्रुत ने आद्य संहिता का प्रतिसंस्कार किया तथा इसके बाद नागार्जुन नामक किसी आचार्य ने इसमें उतरतंत्र जोड़ा। केवल डल्हन ने लिखा है कि सुश्रुतसंहिता का प्रतिसंस्कर्ता नागार्जुन ही है, अन्यत्र कहीं ऐसा संकेत नहीं मिलता अतः अनेक विद्वानों को इसपर विश्वास नहीं होता। नागार्जुन नामक अनेक आचार्यों का उल्लेख मिलता है जिनमें प्रमुख हैं—

1. उपायहृदय के रचयिता दार्शनिक नागार्जुन थे। इनका समय कनिष्क का काल माना जाता है।
2. सातवाहन सम्राट गौतमीपुत्र शतकर्णी यज्ञश्री के मित्र और गुरु नागार्जुन जिनका उल्लेख हर्षचरित में आता है। इनका समय दूसरी और तीसरी शती है। इनके शिष्य आर्यदेव हुए।
3. गुप्तकालीन नागार्जुन जिनका समय चौथी या पांचवी शती माना गया है।
4. सरहपा के शिष्य सिद्ध नागार्जुन जो नवीं शती के हैं।
5. रसवैशिषिक के रचयिता मन्दत नागार्जुन।

इनमें कौन सा नागार्जुन सुश्रुत संहिता का प्रतिसंस्कर्ता हुआ यह निर्णय करना कठिन है। कौटिल्य से तंत्रयुक्तियों का प्रकरण सुश्रुतसंहिता

के उतरतंत्र में लिया गया है। तथा वाग्भट्ट ने उतरतंत्रासति सुश्रुतसंहिता का उपयोग किया है अतः अत्यधिक संभावना है कि 5वीं शती के नागार्जुन ने संहिता का प्रतिसंस्कार किया तथा उसमें उतरतंत्र जोड़ा। यही संभवतः रसवैशेषिक का भी रचयिता था।

सुश्रुत संहिता की महत्ता–चरकसंहिता की तरह आयुवेर्दीय विषयों का भंडार है। यह ग्रथ शल्य प्रधान है। इसको शल्यतंत्र का मानदण्ड माना जाता है तथा शल्य की प्रतिनिधि-संहिता है। चरक की अपेक्षा इसका चिकित्सा-विज्ञान अधिक व्यावहारिक है।

चरक और सुश्रुत ग्रंथों के आधार पर परवर्ती ग्रंथ निर्मित हुए। मध्यकालीन नैषधीयचरित में भी इनका उल्लेख आता है। जिससे वैद्यवर्ग तथा लोग में इनके प्रचार का अनुमान होता है। कंबुज के राजा यशोवर्मन के शिलालेख में सुश्रुत का सम्मानपूर्वक उल्लेख है।

इस संहिता मे शिक्षण पद्धति के प्रकार बहुत स्पष्टतया बतलाये गये हैं। शास्त्र के अर्थ तत्परता के साथ जानने का निर्देश है। अध्ययन तभी पूर्ण होता है, जब अध्येयता को शास्त्र के अर्थ का ज्ञान, व्यावहारिक क्रियाओं में दक्षता, कर्माभ्यास और चिकित्साकर्म की सफलता मे पूर्ण विश्वास उत्पन्न हो जाता है–

तस्माचछास्त्रेर्थविज्ञाने प्रागल्भ्ये कर्मनैपुर्ण।
तदभ्यासे च सिद्धौ च यतेताध्यायनान्तगः।।

इस ग्रथ में आतुरालय के विषय में वर्णन है। चिकित्सा के सभी अंगों के गुणों का वर्णन है। कुमारगार तथा सूतिकागार का उल्लेख मिलता है। यंत्र-शास्त्रों का वर्णन, शास्त्रकर्म विधि, अश्मरी, अर्श, मूत्रवृद्धि और जलोदर में शस्त्र-प्रयोग का विधान, व्रण के साथ उपक्रम और व्रणवन्धों का विस्तारपूर्वक वर्णन किया गया है।

इस संहिता में क्षार, अग्नि और जोंक का वर्णन है। रक्त निकालने के लिए सिराव्यघ, श्रुंग जलौका और पाछने का विधान है। सिराव्यघ को

शल्य या चिकित्सार्थ कहा गया है। सन्धान शल्य भी सम्पन्न थी। नासान्धान तथा कर्णपाली सन्धान की विधियाँ सुश्रुत थी। नासान्नधान तथा कर्णपाली सन्धान की विधियाँ सुश्रुत की अनुपम देन हैं। शल्य तंत्र का प्रमुख ग्रंथ होने के कारण शरीर का वर्णन विस्तृत रूप से मिलता है। त्वचा और कला का विशद वर्णन सुश्रुत की सूक्ष्म दृष्टि का परिचायक है। प्रकृति का भी विस्तार से वर्णन किया गया है। अस्थियों की संख्या, प्रकार, संधि स्नायु वर्णन भी नये ढंग से किया गया है। मर्म का वर्णन अत्यंत मौलिक है। रक्त की सिराओं की अरुणा, नीला और गौरी में विभाग भी नवीन मान्यता है। सिरा, धमनी और स्रोतों में पार्थक्य स्पष्ट कर दिया गया हैं जो इसके पूर्व भ्रान्ति का विषय था। योनि, गुदा, गर्भाशया, वस्ति का भी विशद वर्णन किया गया है।

मौलिक सिद्धांत के क्षेत्र में भी सुश्रुत की महत्वपूर्ण देन हैं। दोषविवेचन के क्रम में पित और अग्नि का विचार तथा पाचक रन्जक आदि उसके भेद मौलिक कल्पना है। रक्त के महत्व की ओर भी सुश्रुत ने ध्यान आकृष्ट किया। दोषों के छः क्रियाकालों का वर्णन केवल सुश्रुत संहिता में ही मिलता है। स्वस्थ का आदर्श लक्षण 'समदोषः समाग्निश्च समधातुमलक्रिय। प्रसन्नात्मन्द्रियमनाः स्वस्थ इत्यभिधीयते।' सुश्रुत की ही देन है।

अगदतंत्र में विषों का वर्गीकरण विस्तार से किया गया है। फेणाश्म, हरिताल, वत्सनाभ आदि का वर्णन यहीं से मिलता है। विषों की चिकित्सा में मंत्र एवं औषधि दोनों का प्रयोग होता है किन्तु इन दोनों में मंत्र की प्रधानता है।

भैषज्यकल्पना के क्षेत्र में भी अनेक कल्पनाओं का विधान किया गया है। पुटपाक विधि का वर्णन विस्तार से है। इसके अतिरिक्त स्नेहवाक, सुरा, मन्थ, आसव, अरिष्ट, लेह, चूर्ण अयस्कृति, चूर्णक्रिया का वर्णन मिलता है। इनमें अधिकांश कल्पनायें सुश्रुत की मौलिक हैं। किसी

द्रव्य के चूर्ण को उसी के स्वरस से भावित करना चूर्णक्रिया कहलाता है। अरिष्टनिर्माण की विधि भी सर्वप्रथम यहीं मिलती है।

रस, गुण, वीर्य, विपाक का विचार विस्तार से किया गया है। प्रभाव का अन्तर्भाव वीर्य में ही है। भूमिप्रविभाग के अनुसार द्रव्यों के कर्म की व्याख्या की गयी है।

औषध द्रव्यों के क्षेत्र में भी मौलिकता मिलती है। अनेक ऐसे द्रव्य हैं जो चरक में नहीं केवल सुश्रुत में है।

सुश्रुत संहिता के प्रमुख व्याख्याकार

1. **गयदास**—ये गौड़ाधिपति महीपाल प्रथम के राजवैद्य थे। गयदास कृत न्यायचन्द्रिका टीका सुश्रुतसंहिता की प्रसिद्ध टीका है। गयदास ने जैज्जट का उद्धत किया है और डल्हन ने गयदास को उद्धत किया है। गयदास ग्यारहवीं शताब्दी के माने जाते हैं। गयदास चक्रपाणि के समकालीन हैं।

2. **चक्रपाणि**—इनकी सुश्रुतसंहिता पर भानुमति नाम की टीका है जो अपने वैशिष्ट्य के कारण प्रसिद्ध है।

3. **डल्हन**—सौर वंशज ब्राह्मणों के निवास स्थान मथुरा के समीप अंकोला में इनका जन्म हुआ था। इस वंश के लोग चिकित्सा कुशलता के लिए प्रसिद्ध थे तथा इन्हें राजसम्मान भी प्राप्त था। डल्हन को राजा सहजपालदेव का संरक्षण प्राप्त था। इन्होंने व्याख्या के प्रारंभ में मंगलाचरण वाले श्लोक में सूर्य, गणेश, गुरू, सरस्वती ओर अपने माता-पिता की वन्दना की है। डल्हन ने अपने समय में प्रचलित बहुत से ग्रंथों और टीकाओं का उपयोग किया है। सुश्रुत पर इनकी निबन्ध संग्रह नामक व्याख्या महत्वपूर्ण है। यह एक प्रमाणिक व्याख्या है। डल्हन ने चक्रपाणि को उद्धत किया है और वह स्वयं हेमाद्रि द्वारा उद्धृत हैं अतः उनका काल 12वीं शती का अन्तिम भाग रखा जा सकता है।

अष्टांगहृदय एवं उसके प्रमुख व्याख्याकार

आचार्य वाग्भट्ट ने 'नीति संक्षेप नाति विस्तार' (न बहुत संक्षेप न बहुत विस्तार) शैली पर इस ग्रंथ की रचना की है। ग्रंथ के प्रारम्भ में इन्होंने लिखा है कि अग्निवेश आदि आचार्यो ने अलग-अलग अपनी संहिताएँ बनायी। उनमें फैले हुए विषयों का संकलन कर, उनके सारगर्भ का संगृहीत कर ग्रंथ की रचना की—

तेभ्यो तिविप्रंकीर्णेभ्यः प्रायः सरतरोच्चयः।
क्रियते ष्टां डहृदयं नातिसंक्षपविस्तरम्।।

ग्रंथ के अंत में भी इसी प्रकार की बात कही गयी है कि यह 'अष्टांगहृदय' समुद्र रूपी आयुर्वेद वाडमय के हृदय के समान है—

'हृदयमिव हृदयमेतत् सर्वायुर्वेदडमयपयोधेः।

वाग्भट्ट ने अधिकांश विषयों का संकलन चरकसंहिता और संहिता से किया है। वाग्भट्ट ने कायचिकित्सा और शल्य के उपयोगी सभी अंशों का सन्निवेश कर यह प्रयत्न किया है इस एक ग्रंथ के अध्ययन से चिकित्सक सम्पूर्ण आयुर्वेद का ज्ञान प्राप्त कर लें।

अष्टांगहृदय के लेखक का नाम और परिचय ग्रंथ में कहीं वर्णित नहीं है। अध्यायों के अंत में पुष्पिका भी प्रायः नहीं है। दो स्थलों पर निदानसीन आर उतरस्थान निम्नलिखित पुष्पिका मिलती है—

'इति श्री सिंहगुपतसूनु वाग्भटविरचितायामष्टांगहृदयसंहिता तृतीय निदानस्थानम् समाप्तम्।।'

'इति श्रीसिंहगुपतमूनुवाग्भटविरचितायाष्टांगहृदय संहिता-यामुतस्थानमस्ताप्तम।

इससे पता चलता है कि इस ग्रंथ का लेखक वाग्भट्ट है तथा उसके पिता का नाम सिंहगुप्त था। वाग्भट्ट के नाम से अष्टांगहृदय के उद्धरण परवर्ती ग्रंथों में उपलब्ध होते हैं उनसे भी इस ग्रंथ का कर्ता वाग्भट्ट सिद्ध होता है

शास्त्रीय महत्त्व–

1. द्रव्य प्रकरण में कुछ नये और विशिष्ट द्रव्यों का उल्लेख किया गया है। हरितवर्ग में आर्दिका का वर्णन है। अग्रह द्रव्यों का रोगानुसार ग्रंथ के अन्त में उल्लेख किया है जिनमें अनेक हृदयकार की नवीन देन है जैसे प्रमेह में आमलकी, प्लीहामय में पिप्पली, वातरक्त में गुड्ची, वातकफज विकारों में हरीतकी, आदि। द्रव्यगुण के मौलिक सिद्धान्त के क्षेत्र में भी अष्टांगहृदय की मौलिक देन है। विपाक का अद्याविध प्रचलित लक्ष्ण 'जठररेणाग्निना योगाद युद्धदेति रसान्तरम रसानां परिणामान्ते स विपाक इति समृतः।' हृदय ने ही सर्वप्रथम दिया।
2. अष्टांगहृदयकार ने स्नेहवधि प्रकरण में सात सद्यः स्नेहन द्रव्यों का उल्लेख किया है जो अष्टांगसंग्रह में नहीं है।
3. यंत्रशस्त्र प्रकरण में, शल्यनिर्धातिनी नाड़ी तथा अश्मरीहरण यंत्र का वर्णन है।
4. नेत्ररोगों के लिए अनेक नये योग अष्टांगहृदय में मिलते हैं तिमिर रोग में गन्धकयुक्त अन्जन विशिष्ट हैं। इनके अतिरिक्त पायुपत योग, ताम्र, तुत्थ, रसांजन, रीतिपुष्प, मनःशिला, समुद्रफेन और पुष्पकाशीश का बहुत प्रयोग है।

प्रसिद्ध व्याख्याकार

1. **अरुणदत**–टीका के आरम्भ में दिये श्लोक से पता चलता है कि इनके पिता का नाम मृंगाकदत था। हेमादि ने सर्वप्रथम अरुणदत को उद्धृत किया है। चक्रपाणि और डल्हण के कुछ वर्ष बाद और हेमाद्रि से कुछ पहले मानना चाहिए। अष्टांगहृदय पर इनकी टीका सार्वांगसुन्दरी हैं यही टीका अपने नाम को अन्वर्थक बनाती है। प्रत्येक दृष्टि से यह टीका महत्वपूर्ण है।

2. **हेमाद्रि**--हेमाद्रि के पिता का नाम कामदेव था और देवगिरी के राजा महादेव तथा रामचन्द्र के प्रधानमंत्री थे। इन देानों राजाओं के शासनकाल के आधार हेमादि का समय तेहरवीं शताब्दी का उतरार्ध तथा चौदहवीं शताब्दी का प्रारम्भिक काल माना जा सकता है अष्टांगहृदय पर इसकी 'आयुर्वेद-रसायन' नामक व्याख्या प्रसिद्ध है।

3. **चन्दनन्दन**--ये कश्मीर के निवासी थे। चन्द्रनन्दन के पिता का नाम रविनन्नद था। अष्टांगहृदय पर इनकी पदार्थचद्रिका नामक व्याख्या है। चन्द्रनन्दन ने रविगुप्त रचित सिद्धसार को उद्धत किया और क्षीरस्वामी ने चन्द्रनन्दन को उद्धत किया। इस आधार पर इनका समय 10 वीं शताब्दी माना गया है।

अष्टांगसंग्रह एवं उसके प्रमुख व्याख्याकार

इसके रचयिता वाग्भट्ट प्रथम हैं जिन्हें वृद्ध वाग्भट्ट भी कहा जाता है। इन्होंने अनेक संहिता ग्रंथों की सहायता से इस ग्रंथ का निर्माण किया। ग्रंथ के प्रारम्भ में ही इन्होंने लिखा है कि अग्निवेश आदि ऋषियों द्वारा रचित संहिताए चिकित्सा के एक एक अंग का प्रतिपादन करती हैं जिससे सभी व्याधियों की चिकित्सा का ज्ञान किसी एक संहिता के पढ़ने से नहीं हो सकता। इसलिए सभी तंत्रों का संग्रह कर युग के अनुरूप एवं संदर्भ से युक्त इस ग्रंथ की रचना की गयी है।

अष्टांगसंग्रह की दूसरी सबसे महत्वपूर्ण विशेषता यह है कि आर्ष संहिताओं की तुलना में इसने सामान्य मानवीय कृतियों के महत्व की ओर लोक का ध्यान आकृष्ट किया। इसके पूर्व लोग प्राचीन आर्ष संहिताओं को ही प्रमाण मानते थे और किसी लौकिक समसामयिक विद्वान की श्रेष्ठ कृति को भी अनार्य कहकर तिरस्कृत कर दिया जाता था। गुप्तकाल में मानवीय मूल्यों का पुनरुत्थान हुआ। वाग्भट्ट भी पीछे नहीं रहे और मानवीय कृतियों के महत्व का जयघोष किया। लीक पर चलने वाले लोग पुरानी वस्तु का अन्धानुसरण करते हैं जबकि विद्वान रूढ़ि की आसक्ति

से मुक्त होकर विवेक द्वारा सुभाषित का समादर करता है। वाग्भट्ट द्वितीय ने इसी बात का समर्थन किया।

अष्टांगसंग्रह के अन्त में वाग्भट्ट ने अपना परिचय दिया है जिससे पता चलता है कि वह सिन्धु में जन्में थे और उनके पितामह का भी नाम वाग्भट्ट था। इनके पिता का नाम सिंहगुप्त था और गुय अवलोकित थे। इन्होंने आयुर्वेद का विशेष ज्ञान अपने पिता से प्राप्त किया था। आयुर्वेद उनकी कुलक्रमागत विद्या थी।

वाग्भट्ट को कुछ लोग बौद्धधर्मानुयायी और कुछ लोग वैदिकधर्मानुयायी मानते हैं। उन्होंने बौद्धधर्म के साथ-साथ ब्राह्मणधर्म के प्रचलित तथ्यों को अपनी रचना में स्थान दिया। ब्राह्म और आभ्यन्तर साक्ष्यों पर विचार करने से वाग्भट्ट का काल कामसूत्र तथा वराहमिहिर के बीच आता है।

शास्त्रीय महत्त्व–चरक, सुश्रुत आदि प्राचीन संहिताओं का अनुसरण करने पर भी अष्टांग-संग्रह में अनेक मौलिक तथ्य हैं, जिनमें प्रमुख निम्नलिखित हैं–

1. धातुओं की वृद्धि के लक्षणों का सामन्जस्य दोषलक्षणों के साथ स्थापित किया है जैसे वृद्धि में श्लेष्मविकार, रक्तवृद्धि में पितविकार आदि। इसका कारण यह है कि वाग्भट्ट धातुओं में दोषों की उपस्थिति मानते हैं जैसे अस्थि में वायु, रक्त और स्वेद में पित तथा शेष में श्नेष्मा। उसने यह भी विचार प्रस्तुत किया है कि धात्वग्नि की मन्दता एवं तीक्ष्णता से क्रमशः धातुओं की वृद्धि एवं क्षय होगा।
2. द्रव्य-विज्ञान के प्रकरण में औषध का वर्गीकरण अनेक दृष्टियों से विस्तारपूर्वक किया गया है। गुग्गुलु रसायन होने पर भी इसके अतिसेवन से क्लैव्य आदि दोष उत्पन्न होते हैं। इसका उल्लेख सर्वप्रथम वाग्भट्ट ने ही किया।

3. कालविभाग में ऋतुसन्धि का उल्लेख किया गया है जिसमें प्रायः रोग का उदय होता है।
4. इक्षुवर्ग में काश, शर और दर्भ के पते से उत्पन्न शर्करा का उल्लेख है।
5. रोग विज्ञान के प्रकरण में, रोगों का वर्गीकरण विस्तार से किया गया है। रोग परीक्षा के लिए आप्तोपदेश, प्रत्यक्ष, प्रश्न ओर अनुमान ये चार साधन बताये हैं।
6. काय चिकित्सा के अतिरिक्त शल्यतंत्र मे भी अनेक मौलिक विचार मिलते हैं। सुश्रुत ने 20 शास्त्र गिनायें हैं किन्तु वाग्भट्ट ने 26 शास्त्रों की गणना की है।
7. गुह्य रोगों का स्वतंत्र वर्णन दो अध्यायों में किया गया है जिनमें पुरुष-स्त्री के यौन विकारों की निदान-चिकित्सा है।

व्याख्या—अष्टागसंग्रह की इन्दुकृत शिशलेखा व्याख्या अत्यंत प्रसिद्ध है, जो सम्पूर्ण रूप में अनन्त दामोदर आठवले के निर्देशन में पूंना से प्रकाशित हो चुकी है। यह एक प्रामाणिक टीका है।

भेलसंहिता—आत्रेय के छः शिष्यों में भेल का द्वितीय स्थान है। भेल अग्निवेश के सहाध्यायी थे। प्रथम ऋषिपरिषद में जिन लोगों ने अपनी रचनायें उपस्थित की उनमें भेल का नाम प्रथम है। भेलसंहिता के उद्धरण भी अन्य तंत्रों और प्रायः सभी टीकाओं में उपलब्ध होते हैं। कश्यप संहिता में भेल का मत उद्धृत हुआ है। वाग्भट्ट ने भी मेल आदि आर्ष संहिताओं का संकेत किया है किन्तु तब तक संभवतः इनका प्रचार कम हो गया था, चरक और सुश्रुत इन्हीं की संहितायें प्रमुख हो गयी थीं।

अनेक ऐसे प्रमाण हैं, जिनके आधार पर वर्तमान समय में प्रचलित भेलसंहिता के असली होने में सन्देह होता है। भेल अग्निवेश के सहपाठी कहे गये हैं और इनका समय वही होगा, जो अग्निवेश का है। इस समय

की भाषा, दार्शनिकता का पुट, गुरु-शिष्य के प्रश्नोतर, संहिता की शैली, भाषा की प्रान्जलता का ग्रंथ में सर्वथा अभाव है।

वर्तमान भेलसंहिता की मौलिकता पर संदेह करने के निम्न कारण है–

1. भेलसंहिता के जो उद्धरण यत्र-तत्र हैं वे वर्तमान ग्रंथ में उपलब्ध नहीं है। ज्वरसमुच्चय में भेल के अनेक उद्धरण हैं किन्तु उनमें से 2-3 श्लोक ही वर्तमान ग्रंथ में मिलते हैं।
2. कश्यपसंहिता के बस्तिप्रसंग में भेल के नाम से यह मत उद्धृत है कि बालकों में छः वर्ष की आयु के बाद वस्ति देनी चाहिए किन्तु वर्तमान ग्रंथ में ऐसा उल्लेख नहीं मिलता।
3. अध्याय के प्रारम्भ तथा अन्त दोनों स्थलों पर 'इति ह स्माद भगवानात्रेयः' या 'इत्याह भगवानात्रेय' दिया है। अन्तिम पुष्पिका में 'इति भेले अध्यायः' अध्यायों के प्रारम्भ में अवश्य है किन्तु पुष्पिका भाग में केवल तंत्राकार का नाम है 'इत्यग्निवेशकृते तंत्रे'। इसी प्रकार यहाँ भी 'इति भेलकृते तन्त्रे' होना चाहिए था न केवल कि 'भेले।'

शास्त्रीय महत्त्व—चरक संहिता के अनेक विषय ज्यों के त्यों भेल में मिलते हैं। यह सहाध्यायी होने के कारण स्वाभाविक है किन्तु विचार-वैशिष्ट्य भी दृष्टिगोचर होता है। जैसे—चरकसंहिता अन्न के जीर्ण होने पर हरीतकी, भोजन के पूर्व बिभी तक तथा भोजन के पूर्व आमलक, भोजन के बाद हरीतकी तथा भोजन जीर्ण होने पर बिभी तक का सेवन करें। चिकित्सा के चार पादों में चरक ने जो 'उपस्थाता' लिखा है उसके लिए भेल ने 'प्रतिश्रावी' शब्द दिया है। इसके अतिरिक्त चरक ने चारों पादों में भिषक को प्रथम स्थान दिया है किन्तु भेल में इसे चौथा प्राप्त हुआ य़द्यपि अंत में वैद्य की प्रधानता के समर्थक श्लोक दिये गये हैं।

नार्थार्थ नापि कामार्थमथ मूतदयां प्रति।
बर्तते यश्चिकित्सायं स सर्वभति वर्तते।।

इसी प्रकार सुश्रफतसहिता से भी बहुत समानता होता है। कुष्ठ में सर्वश खदिर के सेवन का विधान भेल ने संभवतः सुश्रुत से लिया है। सुश्रुत सूत्रस्थान प्रथम अध्याय में जन्तुओं के जरायुज, अण्डज आदि तथा औदिभदो के वनस्पति, विरुद्ध आदि विभाग जो वर्णित हे वही भेल में है। त्रणितोपासनीय अध्याय में सुश्रुत ने स्त्रियों का वर्ण किया है, भेल ने भी यही किया है।

माधव निदान—इस ग्रंथ का वास्तविक नाम 'रोग-विनिश्य' और इसके रचयिता माध्वकर हैं। विभिन्न प्राचीन ऋषियों के वचनों के आधार पर उनके वचनों को उद्धृत कर तथा आवश्यकतानुसार स्वयं ही श्लोकों का अध्ययन नहीं किया। जो वैद्य अल्पबुद्धि वाले हैं और जिन्होंने अनेक शास्त्रों का अध्ययन नहीं किया है ऐसे वैद्यों का सुखपूर्वक रोगों का ज्ञान कराने में यह ग्रंथ समर्थ होगा। इन्होंने छुटे हुए विषयों पर प्रकाश डाला और अंधकार में विलीन विषयों को प्रकाश में ले आये जैसे—वातव्याधि का विस्तारपूर्वक स्वतंत्र वर्णन तथा वातरक्त एवं उरूस्तम्भ का अलग वर्णन अम्लपित क स्वतंत्र वर्णन, मेदोरोग, श्लीपद, शीतपित, अन्नद्रव विस्फोट, मसूरिका आदि का पृथक अध्यायों में वर्णन इनकी अपनी विशेषता है। स्त्री रोगों में असृग्दर योनिव्यापत योनिकन्द सूतिका रोग, स्तन-रोग, स्तन्यदुष्टि का अलग-अलग वर्णन स्वतंत्र अध्यायों में किया गया है।

शड्र्गधरसंहिता—शड्र्गधर नाम के कई आचार्य हुए हैं, कोई दार्शनिक, कोई ज्योतिर्विद, कोई नाटककार और कोई आयुर्वेदज्ञ हैं। इनमें दामोदर के पुत्र शड्र्गधर ही वैद्य हैं और उन्होंने सोढ़ल की शैली पर शड्र्गधर की रचना की।

मध्यकाल की चिकित्सा-प्रवृतियों और सामाजिक धारणाओं पर

प्रकाशित यह संहिता तत्कालीन चिकित्सकों के लिए वरदान सिद्ध हुई क्योंकि इस संहिता में रस-शास्त्रीय औषधियाँ, औषधकल्पनाएँ तथा नाड़ी परीक्षा आदि अष्टविध रोगविज्ञान के उपाय और नानाविध चिकित्सा कर्मों का व्यावहारिक रूप से प्रतिपादन किया गया है।

महत्त्व—

1. नाड़ी-परीक्षा का सर्वप्रथम उल्लेख इसी ग्रंथ में मिलता है।
2. इसमें दीपन-पाचन आदि की स्पष्ट परिभाषाएँ।
3. दोष धातु-मलों का निरूपण तथा वायु की प्रधानता कही गयी है।
4. रोगों का विस्तृत वर्गीकरण किया है।
5. विष द्रव्यों का चिकित्सा में प्रयोग किया जाने लगा।
6. रस, भष्मों और रसौषधियों का वर्णन किया गया है।
7. वाजीकरण के विविध प्रकारों का तथा प्रयोगों का वर्णन किया गया है।

विश्व में भारतीय आयुर्वेद चिकित्सा

चीन में भारतीय चिकित्साः चीन के साढ़े चार हजार वर्ष प्राचीन ग्रंथ में ज्वर के दस हजार भेद, आमाशय के चौदह भागों का निर्देश, नाड़ी-परीक्षा का विशेष विधान, रोगों एवं निघण्टुपत्र आदि विषयों का उल्लेख मिलता है। चीनी चिकित्साग्रंथों में आर्द्रक, दाडिममूल, वत्सनाभ, गन्धक, पारद एवं अनगिनत वृक्षों के पत्र एवं मूल आदि का औषध के रूप में उल्लेख किया गया है। कूच भाषा में संस्कृत भाषा के औषधवाचक शब्दों की समानता मिलती है। कतिपय शब्दों में कोई भेद नहीं है। और कुछ शब्दों में उच्चारण का अन्तर है या थोड़ा बहुत स्वरूप का अन्तर है।

कर्चभाषा	आयुर्वेद
मान्जष्ठ	मन्जिष्ठा
सारिय	सारिवा
पडरच	भृंगराज
किरोत	किरात
पिस्सौ	विश्वा
कन्चपींच	परन्जबीज
कुन्तर्क	गुन्द्रक
पिप्पाल	पिप्पली
खादिर	खदिर
तकरू	तगर

ईरान में भारतीय चिकित्सा

ईरान का प्राचीनतम मूल ग्रंथ जेन्द अवेस्ता है। इसके चार भाग हैं जिनमें वेन्दिदाद नामक भाग में चिकित्सा विज्ञान संबंधी विषय दिये गये हैं। इसमें थ्रित नामक सामावंशीय एक वैद्य का उल्लेख है जिसने रोगनिवृति के लिए अहुरमाज्दा नामक देवता की प्रार्थना करके सोम (चन्द्रमा) के साथ-साथ अढ़ने वाली दस हजार औषधियों को प्राप्त किया। सोम वनस्पतियों का राजा था। चरकसंहिता चिकित्सास्थान में भी यह कहा गया है कि सोम औषधिराज है, जो चन्द्रमा की तरह घटता-बढ़ता है। थ्रित ने ज्वर, कास, शिरोरोग और क्षयरोग की चिकित्सा करके रोगियों को रोगमुक्त किया।

मिस्र में भारतीय चिकित्सा

मिस्र की चिकित्सा पद्धति संबंधी ज्ञान सर्वप्रथम हैरोडोटस ने दिया। उसने लिखा है कि मिस्र में विशेषज्ञो की प्रचुरता है। वहाँ एक एक रोग की चिकित्सा करने वाले विशेषज्ञ चिकित्सक हैं।

स्मिथ पैपिरस में शिश्नचर्म-छेदन का विधान है जो अभी भी मुस्लिम सम्प्रदाय में प्रचलित है। भग्नसंधान और व्रण का संक्रमण रोकने तथा शोथ को दूर करने का उपाय किया जाता था। हृदयपरीक्षा और नाड़ी-परीक्षा की जाती थी। पैपिरस में विभिन्न प्रकार के औषधोपयोगी द्रव्यों का उल्लेख है। इन द्रव्यों में इन्द्रायण, अनार, तीसी, सौंफ, पारसीक, यवानी और धतूरा का भी प्रयोग होता था। खनिज द्रव्यों में अन्जन, तूतिया, सिन्दूर, गन्धक, कलमीसोरा आदि प्रमुख रूप से व्यवहृत होते थे।

बेबिलोनिया में भारतीय चिकित्सा

यहाँ के प्रसिद्ध राजा हम्मूराबी के विस्तृत अभिलेख मिले हैं जिनमें चिकित्सकीय आचार संबंधी विषयों का वर्णन है। भारतीय चिकित्सा-विज्ञान का मूल अथर्ववेद माना जाता है। अथर्ववेद में चिकित्सा के प्रकारों में मंत्रजाप,औषधिधारण, बाह्यलेप तथा हवन आदि का प्रयोग बतलाया गया है। बेबिलोन में भी भारतीयों के प्राचीनकाल की प्रचलित चिकित्सा-विधि प्रचलित थी। तंत्र, मंत्र, देवपूजा, ग्रहपूजा आदि बेबिलोन में भी मान्य थी।

रोगों की उत्पति के कारण—संक्रामण रोगाक्रान्त व्यक्ति का सहवास-सम्पर्क, उसका जूठा जल पीना या जूठा भोजन करना, अपवित्र आहार, अनुचित विहार, भूत, प्रेत, पिशाच, राक्षस या देव का प्रकोप और भयंकर मूर्तियों की कल्पना आदि माने जाते थे। रोगों की चिकित्सा में निम्नलिखित प्रयोग किये जाते थे—

1. मंत्रों द्वारा अभिमंत्रित जल का पीना और उसका अभिषेचन करना।
2. औषधि डालकर पकाया हुआ जल पीना और शरीर पर छिड़कना।
3. ताबीज में किसी औषधि या मंत्र को रखकर, बंद कर उसे बाँह या गले में बाँधना।

4. अभिचार कर्म अर्थात अपने विरोधी व्यक्ति के केश, नख, आदि लेकर या उसकी प्रतिमा बनाकर उसमें उसकी प्रतिष्ठा कर प्रतिकूल विधियों से मंत्र-जप या हवन आदि करके उसे परास्त करना।
5. भोजन से पूर्व प्रातः एवं सायंकाल औषधि सेवन।
6. तेल पिलाकर संशेधन करना या स्नेहन करना।
7. लहसुन का अकेले औषध में या भोजन के साथ प्रयोग।
8. प्रमेह-रोग में मूत्र परीक्षा के आधार पर चिकित्सा क्रम।
9. ज्वर, मूर्च्छा, कुष्ठ, आमवत, नेत्र-कर्ण-त्वचा के रोग एवं हृदय संबंधी रोगों की चिकित्सा का उन्हें ज्ञान था।

इसी प्रकार जैसे भारतीय आथर्वण-सम्प्रदाय में शांतिपाठ, मंत्रपूजा एवं व्रत आदि के प्रयोग, धार्मिक आचार्यों के द्वारा मांत्रिक प्रक्रिया से कराये जाते थे और रोग दूर हो जाते थे, उसी प्रकार बेबीलोन में भी धर्म-गुरु चिकित्सक भी होते थे।

ग्रीस में भारतीय चिकित्सा

ग्रीस और भारतीय चिकित्सा-सिद्धांतों में काफी समानता है, जिसका वर्णन डॉ. कीथ ने अपनी पुस्तक 'हिस्ट्री ऑफ संस्कृत लिटरेचर' में किया है। हिपोक्रेटिस की चिकित्सा संबंधी पुस्तकों को देखने से इस बात की पुष्टि होती है कि भारतीय चिकित्सा पद्धति के विकसित होने के पश्चात हिपोक्रेटिस के चिकित्सा सम्प्रदाय का प्रादुर्भाव हुआ और अनेक विषयों में दोनों में काफी समानता पाई जाती है।

लक्षणों का ज्ञान—दोषों की मान्यता रोगों की उत्पति और उनके कारण, चिकित्सा की प्रक्रिया, स्वप्न आदि के आधार पर अरिष्ट लक्षणों का ज्ञान करना, चिकित्सकीय आचार और स्वास्थ्य विज्ञान आदि विषय ग्रीस एवं भारतीय चिकित्सा पद्धतियों में एक समान मिलते हैं

1. **त्रिदोष सिद्धान्त**—भारतीय चिकित्सा विज्ञान के प्रादुर्भाव के साथ ही प्रकृति के प्राणियों में बल देने वाले चन्द्रमा के प्रतिनिधि कफ, आदान या शोषण का कार्य करने वाले सूर्य के प्रतिनिधि पित तथा गतिशीलता लाने वाले वायु के प्रतिनिधि के रूप में वायु को शरीर का त्रिदोष माना गया है। जब ये प्रकृतिस्थ रहते हैं, तो ये शरीर को उसी प्रकार धारण करते हैं, जैसे विसर्ग आदान एवं विक्षेप कर्म सबसे चन्द्र, सूर्य और वायु जगत का धारण करते हैं। अतएव ये त्रिधातु कहे जाते हैं। ये जब विकृत होकर रोगों को उत्पन्न करते हैं तब इन्हें त्रिदोष कहते हैं।

2. **वात-पित-कफ**—इन दोषों की विषमता से रोगों की उत्पति और इनकी प्राकृत स्थिति से आरोग्य होना, दोनों ही सिद्धान्तों में मान्य है।

'विकारो धातुवैषाम्यं साम्यं प्रकृतिरुच्यते।'

3. चरक संहिता के विमानस्थान अध्याय आठ में पक्ष प्रतिपक्ष में प्रयोग किये जाने योग्य चौवालिस वादमार्ग बतलाये गये हैं। अरस्तू ने भी उनका अनुकरण कर वैसे ही सिद्धांतों का वर्णन किया है।

4. विकृतियों के विवेचन के प्रसंग में 'आम' को माना गया है, जिसके दोष से रोग या उपद्रव होते हैं।

5. रोग के विपरीत गुणवाली औषधियों के प्रयोग से रोगों का अपशमन होता है। यह दोनों ही मानते हैं।

6. चिकित्सा में उपवास, संशोधन, दैवव्यपाश्रय, देवोपासना आदि तथा औषधि एवं पथ्य-व्यवस्था आदि दोनों में समान हैं।

7. शल्यशास्त्र में भी समानता है। अश्मीरी (पथरी) रोग में दोनों में समान ही शल्यकर्म निर्दिष्ट हें।

ईस्वी पूर्व चतुर्थ शताब्दी के अन्त में मैगस्थनीज के भारतवर्ष में आने का वृतान्त मिलता है। राजदूत होकर भारत आने वाला मैगस्थनरज ग्रीक वैद्य था फिर भी उसके द्वारा ग्रीक-चिकित्सा के प्रयोग या प्रचार-प्रसार

किये जाने की बात का कहीं पर भी उल्लेख नहीं मिलता, अपितु उसने भारतीय वैद्यों की प्रशंसा की है। और उनके द्वारा विदेशियों की चिकित्सा किये जाने का उल्लेख किया है। स्वयं वैद्य होते हुए भी उसने भारतीय वैद्यों का समादर किया और उनकी चिकित्सा पद्धति का भी सम्मान किया, इससे उन दिनों भारतीय-चिकित्सा की सम्पन्नता तथा उसका गौरवपूर्ण स्थान होने का संकेत मिलता है। यह भी संभावना व्यक्त की जाती है कि ग्रीक चिकित्सा में भारतीय चिकित्सा-विज्ञान के बहुत से विषय ग्रहण किये गये होंगे। अतः दोनों में समान चिकित्सा प्रक्रिया दीख पड़ना स्वाभाविक है। इस प्रकार हम देखते हैं कि अनादि काल से ही आयुर्वेद की शाश्वत धारा प्रवाहित हो रही है। समय-समय पर नये स्रोतों को अन्तर्भूत कर यह उपबृंहित होती और युगानुरूप रूप धारण करती रही। यही कारण है कि अद्यावधि इसकी उपयोगिता में किसी प्रकार का अन्तर नहीं आया।

2

आयुर्वेद : महत्त्व

विश्व की सभी दपचार पद्धतियों में आयुर्वेदीय चिकित्सा पद्धति को सर्वानुमान से समस्त विश्व ने श्रेष्ठ स्वीकार किया है। इसका हमें गर्व होना चाहिए। कारण यह नहीं है कि यह पद्धति हमारे प्राचीन ऋषि-महर्षियों द्वारा विकसित की गयी है। इसका कारण यह भी नहीं है कि वह विश्व की एकमात्र प्राचीनतम पद्धति है। तो क्या है आयुर्वेद की महत्ता का कारण? ऐसा क्या है आयुर्वेद में, जो विश्व स्वास्थ्य संगठन जैसी जानी-मानी संस्था को भी उसी की तन्दुरूस्ती की व्याख्या को आदरपूर्वक स्वीकार करना पड़ा है।

आयुर्वेद की महत्ता का कारण यह है कि विश्व में यही एकमात्र पद्धति है, जो व्यक्तियों को तन्दुरुस्त होने से पहले ही बचाकर रखना चाहती है। आयुर्वेद ही सिखाता है कि तन्दुरूस्त कैसे रहें। अन्य चिकित्सा पद्धति व्यक्ति को रोग ग्रस्त होने के बाद ही उसको सही करना शुरू करती है। परन्तु स्वस्थ व्यक्ति को रोग ग्रस्त होना ही न पड़े ऐसी पद्धति विश्व में किसी ने नहीं शुरू की।

आयुर्वेद अर्थात आयु के विषय में जानकारी। व्यक्ति लंबी आयु तन्दुरूस्ती के साथ किस प्रकार व्यतीत किया जाय तो व्यक्ति स्वस्थ रहे उसकी जानकारी आयुर्वेद देता है। प्रत्येक रात्रि में किस प्रकार रहे यह जानकारी आयुर्वेद देता है। प्रत्येक ऋतु में कैसा बदलाव आहार-विहार में करना चाहिए यह भी जानकारी आयुर्वेद देता है। इस प्रकार दिनचर्या

रात्रिचर्या, ऋतुचर्या की विविध जानकारी का भण्डार है। परन्तु 'घर की मुर्गी दाल बराबर' की उक्ति के अनुसार हमें उसकी परवाह ही कहाँ है।

आयुर्वेद कहता है कि शीतकाल में रात्रि में ठण्डे पदार्थ ग्रहण नहीं करना चाहिए। परन्तु कौन सुने उसकी बात? शीतकाल की रात्रि में ठण्डे पदार्थ का सेवन कफ के प्रकोप को बढ़ाता है। शर्दी-जुकाम हो जाता है। तो क्या हुआ? एलोपैथिक दवाइयाँ तो हैं उसे मिटाने के लिए। अरे भाई! जिस नाक से भारी शर्दी बह रही है,

जिस गले में भारी कफ गाजता रहता है, उसे घंटें भर में एलोपैथिक कैसे दूर कर सकते हैं? ये कफ को दूर तो कतई नहीं करते। ये कफ को सुखा देते हैं। वह सूखा हुआ कफ फेफड़े तथा श्वास नली की दिवारों पर जम जाता है। कुछ समय के बाद शरीर अपने आप सुखे हुए कफ को पुनः बाहर फेंकने का प्रयत्न करती है, फेफड़े तथा श्वास नली की दिवारों को साफ करना चाहता है, तो हम पुनः दवाइयाँ लेकर उसे सुखा देते हैं। इस प्रकार शरीर की प्राकृतिक रोग प्रतिकारक शक्ति को अपने आप हम कम करते जा रहे हैं। बार-बार ऐसा होने पर आखिरकार शरीर की सहनशक्ति क्षीण हो जाती है। धीरे-धीरे वह व्यक्ति दमे का शिकारी बन जाता है।

हम आश्चर्य से देखते हैं। उन एलोपैथिक दवाइयों को...दवाइयों की तात्कालिक असुरों को। वाह! क्या जादू है? घंटे भर में शर्दी गायब। परन्तु गजब है हमारी मूर्खता। हम यह नहीं समझ पा रहे कि दिन-ब-दिन नये-नये रोग उत्पन्न कैसे हो रहे हैं। छोटे-छोटे रोगों को दबाकर ऐलोपैथिक दवाइयों ने बड़े-बड़े रोगों को जन्म दिया है। पहले जो रोग गिने-चुने व्यक्ति की शारीरिक खामियों के कारण हो रहे थे, आज वे स्वस्थ लोगों में भी खामियाँ उत्पन्न करके आम रोग बन गए हैं।

हमें पाश्चात्य रहन-सहन ने, उसके ऐशो-आराम ने इतना अभिभूत किया है कि आयुर्वेद की बात को पुरानी मान कर हम हँसी में उड़ा देते

हैं। आयुर्वेद स्वणियमन औश्र स्वयंशिस्त को अत्याधिक महत्व देता है। और यही कारण है हम आयुर्वेद से दूर हो रहे हैं। परन्तु सम्पूर्ण स्वास्थ्य स्वयंशिस्त के बिना कदापि सम्भव नहीं है। आयुर्वेद तो यहाँ तक कहता है—

बिना ऽ पि भैषजे व्याधि पथ्यादेव निर्वतंते।
न तु पथ्यविहिनस्य भैषजनाम् शतैऽपि।।

अर्थात् जो व्यक्ति पथ्यापथ्य का ध्यान रखता है उसे वैद्य की डॉक्टरों की कोई जरूरत नहीं है। परन्तु जो पथ्याविहीन रहता है, उसे सौ वेद्य या डॉक्टर भी स्वस्थ नहीं रख सकते। आयुर्वेद सम्पूर्ण स्वस्थनामे में विश्वास करता है। ऐलोपेथिक की तरह एक रोग को दबाकर उससे मुक्त होने में विश्वास नहीं मानता। इसीलिए आयुर्वेदीय उपचार पद्धति खान-पान अर्थात् पथ्या-अपथ्य को ध्यान में रखकर लंबी उपचार पद्धति है। आजकल तो एलोपैथी दवाइयों की रिएक्शन इतनी होती है कि अधिकांश लोग अब पुनः आयुर्वेद की ओर आंखें लगाये बैठे हैं।

ऐसे लोगों की लिए यह पुस्तक अति उपयोगी सिद्ध हो सकती है। और भी ऐसे कई अपचार पद्धति हैं, जो छोटे-मोटे रोगों में ऐलापेथी की दवाइयों से मुक्ति दिलाकर घरेलू चीजों से ही उसका उपचार किया जा सकता है ताकि ऐलोपैथिक दवाइयों की रिएक्शन से बचा जा सके। ऐलोपैथिक दवाइयाँ रसायनों से बनी होती हैं, जो शरीर के उस रोग को दबा देती हैं, जिसके लिये वह ली जाती हैं, परन्तु वह रसायन शरीर में अन्य कोशों को पर्याप्त नुकसान करते हैं, जो तत्काल पता भी नहीं चलता। ऐसे कई रसायनों का जब शरीर भण्डार बन जाता है ,तो कोई बड़ा भयंकर रोग को जन्म देता है। जिसे दबाने पुनः नयी औषधि का आविष्कार एलोपैथी करती है।

आयुर्वेद अथर्ववेद की उपशाखा मानी गयी है। स्वस्थ व्यक्ति ही परमात्मा संबंधी चिन्तन करके मोक्ष मार्ग का पथिक बन सकता है। शरीर

को आत्मा का साधन माना है। धर्म का आचरण शरीर से ही होता है।

शरीरम् खल धर्मसाधनम्। अर्थात् शरीर को स्वस्थ रखने का प्रयत्न करना चाहिए। स्वस्थता की जो व्याख्या आयुर्वेद ने दी है आज विश्व को उसे स्वीकार करना पड़ी–

समदोषः समधातु सामाग्निश्रच मलक्रिया।
प्रसन्नत्मान्द्रियः मन स्वास्थइति अभिधियते।।

यानि कि स्वस्थ किस व्यक्ति को कहा जाय? जिस व्यक्ति में दोषों की समस्थिति है (कफ, पित, वात, समप्राण में है) धातुओं की समस्थिति है (धातुएँ सात हैं रस, मांस, भेद, अस्थि, मज्जा, शुक्र), जिसमें अग्नि की भी समस्थिति है (अग्नि 13 है जडराग्नि-1, धात्वाग्नि-7, भूताग्नि- 5), जो व्यक्ति मलक्रिया में भी समस्थिति है (मल-मूत्र-प्रस्वेद) वह शारीरिक रूप से सम्पूर्ण स्वस्थ है। परन्तु क्या यही सम्पूर्ण स्वस्थता है? नहीं! इसलिए व्याख्या आगे करनी है। मानसिक रूप से भी वह व्यक्ति स्वस्थ होना चाहिए।

जिसकी आत्मा, मन, इन्द्रिय भी प्रसन्न स्थिति में है, उसी को स्वस्थ व्यक्ति कहा जा सकता है।

आयुर्वेद चिकित्सा तो यहाँ तक कहती है कि चिकित्सक में इतनी क्षमता होनी चाहिए कि वह मन्त्र से ही व्यक्ति को स्वस्थ कर सके।

यदि वह क्षमता वैद्य में नहीं है तो उसे जड़ी-बूटियों का सहारा लेना चाहिए। यदि उसमें भी वह असफल रहता है, तभी शल्य चिकित्सा का प्रयोग करना चाहिए। अर्थात् आयुर्वेद मे ंशल्य चिकित्सा को एकदम निकृष्ट माना गया। और आजकल तो सर्जन को सर्वाधिक महत्व दिया जाता है। परन्तु आपरेशन को सबसे निकृष्ट चिकित्सा मानने के कारण ही आयुर्वेद में शल्य चिकित्सा का विकास अधिक न हो पाया।

आज के सर्जन भी कल्पना नहीं कर सकते ऐसी शल्य चिकित्सा पौराणिक भारत में हुई थी जिसका प्रमाण है- गणपति, मानव का मस्तक

कट जाने पर हाथी का मस्तक सर पर जोड़ देना। दूसरा दक्ष प्रजापति-मानव का मस्तक काट कर बकरी का मस्तक जोड़ देना। क्या आज इतने आधुनिक उपकरणों के साथ भी यह सम्भव है? कदापि नहीं। एक उदाहरण है-शिखण्डी जिसे स्त्री से पुरूष बनाया गया था। तो शल्य चिकित्सा चरम सीमा पर विकसित होने पर भी उसका समाज में अधिक प्रयोग वर्जित था। और अत्यन्त अनिवार्य स्थिति में ही किया जाता था। तदुपरान्त शल्य चिकित्सकों को समाज में उच्च स्थान कतई नहीं दिया जाता था, जो आज से बिल्कुल विपरीत हैं।

आयुर्वेद यह अथर्ववेद की उपशाखा मानी जाती है। वह दुनिया के प्राचीनतम पुस्तकों में से एक है। इसकी तुलना आजकल की एलोपैथी, नेचरापैथी या होमियोपैथी जैसी किसी भी पैथी के साथ करना यह सूरज को दीपक दिखाने के समान है। आधुनिक विद्वान एक दवा का प्रयोग और शोध आज हितकारी प्रमाणित करता है, तो दूसरे दिन उसी दवा और शोध को अहितकर भी प्रमाणित करने लगता है, पर आयुर्वेद सबसे प्राचीनतम होने पर भी आज तक उसकी एक भी शब्द बदलने की आवश्यकता नहीं आई, यही उसकी श्रेष्ठता का सबसे प्रबल प्रमाण है। आज सभी पेथियों से थके-हारे लोग इसी के आश्रय से आज तक सुखपूर्वक जीं रहे हैं। इसका निर्माण चर्म चक्षुओं से नहीं, अपितु ज्ञान चक्षुओं से ईश्वर प्रदत ज्ञान के रूप में हुआ है। इसमें इस बात का विशेष ध्यान रहता है कि मानव मात्र अपनी दिनचर्या, रात्रिचर्या,ऋतुचर्या आदि किस प्रकार बनाय और उसके अनुसार अपना आहार, विहार, रहन, सहन किस तरह से रखे, ताकि उसे रोगों का सामना करने की नौबत ही न आवे। इसमें चिकित्सा रोगे की नहीं अपितु रोगी को लक्ष्य मानकर की जाती है। अर्थात एक रोग के यदि 10 दर्दी हों, तो भी उन सबकी चिकित्सा, उनकी अपनी-अपनी प्रकृति के अनुसार, यानि कि वह बर्फीली हवा में रहता है या रण में या समुद्र तट वाली जगह में, मानसिक क्षमता

के परीक्षण के बाद ही, उसका निदान (डायग्नोसीस) करने का विधान है। क्योंकि आयुर्वेद का उद्देश्य ही है कि—

नत्वं कामेश राज्यं न स्वर्ग न पूनरनवं।
कामये दुखप्तनां प्राणिनानर्तिनाशनम्।।

अर्थात् चिकित्सक को न यश की, न धन की, न स्वर्ग की, न पूर्नजन्म की अर्थात कि अपने सुखचैन को महत्व ने देकर, दुःख ओर संताप से त्रस्त प्राणियों को केवल दुःखमुक्त करने का ही मुख्य लक्ष्य बनाने के चिकित्सा करनी चाहिए। इन सब परीक्षणों से पहले, सम्पूर्ण स्वस्थ किसे कहा जाता है , यह जानना भी अनिवार्य बन जाता है। कहावत है—"मुडै मुडै मर्तिभिन्न, तुंडै तुंडे रुर्चिभिन्ना" सगे दो भाईयों के भी विचारों में भिन्नता पायी जाती है। यह सब क्यों? इसका उतर केवल आयुर्वेद ही दे सकता है, दूसरा कोई शास्त्र नहीं।

धातु, दोष, मल, अग्नि की समता या विषमता के कारण। दूसरा कारण भी बहुत महत्व रखता है, दोनों के गर्भस्थकाल में घर का वातावरण, खान, पान तथा आचरण और विचार जो माता:पिता द्वारा किया गया हो।

स्वस्थता की व्याख्या में दिये गये समधातु कुल सात हैं, जो शरीर को धारण किये हुए हैं:-1. रस, 2. रक्त, 3. मांस,4. मेद, 5. मज्जा और शुक्र। साधारण जन-समुदाय को समझने के लिए इनका संक्षिप्त वर्णन इस प्रकार है—

रस

यह सबसे प्रथम धातु है, जिसके शरीर में यह धातु प्रबल होती है वह व्यक्ति चाहे कितने भी उपवास करना चाहे, प्रसन्नतापूर्वक कर सकता है। चाहे वह गरीब हो या पैसेवाला। यह धातु का व्यक्ति यदि भिखारी के घर जन्म लेगा तो भी कुदरती तौर पर उसे आकस्मिक धन प्राप्ति होके

रहेगी, लाट्री लगेगी या कोई धनवान उसे दतक ले लेगा। क्योंकि कुदरत ने स्वयं उसे नाजुक व मुलायम अर्थात कष्ट सहन न करने योग्य बनाया है। व्यक्ति पुरूष होने पर भी उसके हाथ स्त्रियों से भी ज्यादा नाजुक व मुलायम होंगे। स्वभाव से वह थोड़ा बेफिकरा होगा, ज्यादा मेहनत या कठिन काम वह नहीं कर पायेगा। हमेशा तृप्त वह थोड़ा रंगीले स्वभाव का होगा।

इससे विरुद्ध जो व्यक्ति धातु रस अतृप्त होगा, वह एक समय भी भूखा रह नहीं सकेगा। चाहे वह करोड़पति हो या गरीब हो। शादी आदि प्रसंगों में सबको भोजन का निमंत्रण मिलता ही है, फिर भी इस प्रकार का व्यक्ति यदि सबके सामने संकोचवश चाहे तब खा न सकेगा, तो भी वह जहाँ रसोई बन रही होगी वहाँ जाकर सूंघने को विवश हो जायेगा। अर्थात् खूब ही क्षुधातुर रहेगा, कितना भी खाये फिर भी उसे दूसरों जितनी तृप्ति न हो पायेगी। कभी-कभी तो भूख से विह्वल होकर रोने भी लग जायेगा, क्योंकि उसकी प्रथम धातु रस ही अतृप्त है।

रक्तसार

रक्तसार व्यक्ति के गालों पर कुदरती लाली या सुर्खी दिखाई पड़ती है। वह चाहे कितना ही काला हो या गोरा, उसकी लाली तांबे की तरह छिपी नहीं रह सकती। यदि गोरा है तो उसकी लाली मंजे हुए तांबे जैसी और काला हो तो मैले तांबे जैसी रहेगी। इन व्यक्तियों को कड़वा रस दूसरों की तुलना में ज्यादा प्रिय होता है। कई बार तो खुद मांग के कड़वे रस वाली चीजें प्रसन्नतापूर्वक खायेंगे। यह उनकी प्रकृति के अनुसार रक्त जल्दी विकृत न हो इसलिये जरूरी भी है।

रक्त असार व्यक्ति कितनी भी लाली या लिपिस्टिक का उपयोग करे, फिर भी वे निस्तेज ही दिखते हैं। वे रक्तसार जैसे तेजस्वी नहीं दिख पाते और रक्त की कमी के कारण रोगों के शिकार भी दूसरों की अपेक्षा जल्दी ही बन जाते हैं।

मांससार

मांस सार व्यक्ति का शरीर गठीला होगा, वह कितने भी उपवास करे, उसके शरीर से कोई नहीं यह जान पायेगा, कि वह भूखा है। उसके ऊपर ठंढी या गरमी का प्रभाव दूसरों की तुलना में कम होगा। इनके पास शक्ति का प्रमाध भी ठीक-ठाक रहेगा।

मांस असार व्यक्ति कितना भी शरीर पर श्रृंगार करे। मांस सार जैसा सुडौल नहीं दिख पायेगा। रोगों का शिकार भी जल्दी ही बन जायेगा।

मेद सार

स्वभाव से प्रबल मेद सार व्यक्ति बड़ा ही उदार होगा। यदि भिखारी भी होगा तो एक रोटी में से आधी रोटी दूसरे भिखारी को या कुत्ते को भी देकर खाने की इच्छा रखेगा और धनवान होने पर तो पूछना ही क्या? वह अपने रुचि के सभी कार्यों में पैसा आराम से बहाता रहेगा। उसके द्वार से कोई भी खाली हाथ नहीं जायेगा। अपने नौकरों के लिये भी उसका वर्ताव स्नेहपूर्ण व उदार होगा।

मेद असार व्यक्ति करोड़पति होने पर भी मक्खी चूस होगा। न वह खुद पैसा वापस कर सकेगा, न किसी को दान दे सकेगा अर्थात एक अनुदार व कंजूस होगा।

अस्थि सार

अस्थि सार व्यक्ति हट्टा-कट्टा और कदावर होता है, वह शिस्त में चूस्तता से माननेवाला होता है तथा कठोर परिश्रम करनेवाला होता है। समय के पालन में चुस्त होगा। उसे निकम्मा बैठना बिल्कुल पसन्द नहीं होगा। उसे हरेक चीज व्यवस्थित पसन्द होगी कभी चोरी नहीं करेगा, पह वह डकैती करेगा। दूसरों से छिन-झपटकर, मारकर भी हिम्मतपूर्वक अपनी आवश्यकता की पूर्ति करेगा। स्पष्टवक्ता होगा। अब आप देखें कि जितने

भी डाकू होते हैं, वे सभी कदावर और कड़क स्वभाव के होते हैं। नाटे, दुबले-पतले लोग आपको डकैती करते कभी न मिल पायेंगे। क्योंकि यह उनके शरीर बंधारण और स्वभाव से विपरीत है।

अस्थि असार व्यक्ति अव्यस्थित, चोर अपने निर्णय में कच्चे, डरपोक वह हिम्मत बिना के होंगे तथा स्वभाव में कई बार असत्य का सहारा भी लेंगे। आलसी और कामचोर भी होंगे।

मज्जासार

यह धातु मुख्य रूप से मगज से संबंधित है। यह बुद्धिशालिता का द्योतक है। मज्जासार व्यक्ति विश्व-बंधुत्व की भावना रखनेवाला, उदार, दयालु आदि गुणों से युक्त होगा। बड़ी एवं आकर्षित आंखें वाला, मस्तिष्क चपटा होगा। पढ़ने में इन्हें औरों की अपेक्षा कम मेहनत करनी पडेगी। स्मरण शक्ति काफी अच्छी होगी। खास करके गणित का विषय इनके लिये खेल के समान होगा। मज्जासार के साथ साथ यदि अस्थिसार भी होगा, तो वह अपनी जान पर खेलकर पैसेदारों को लूटकर गरीबों में वैसे ही पैसे बांट देगा। विश्व बंधुत्व की भावना रखनेवाला होने के कारण उसका मित्र-मण्डल आदि सब समूह में ही विचरण करते हैं। एक चीनी का दाना गिरने पर सैकड़ों चींटियों आ जाती हैं।

मज्जा असार व्यक्ति अत्यंत संकुचित विचारों वाला एवं अनुदार होगा। उसके आत्मीय व्यक्ति बहुत कम, न के बराबर होंगे। समूह में होते हुए भी वह अपने आपको अकेला ही महसूस करेगा। वह समूह का आनन्द भी न ले पायेगा।

शुक्रसार

शुक्रसार व्यक्ति खूब पराक्रमी तथा थोड़ा स्वार्थी प्रकृति का होता है। वह स्वयं एदं अपने परिवार के प्रति समर्पित रहेगा। उनके दांत मोतियों की माला की तरह, व्यस्थित सफेद व कांतिवाले चमकदार होंगे।

ऐसे प्राणियों में सिंह आदि आ सकते हैं।

शुक्र असार व्यक्ति किसी भी कार्य की पहल या हिम्मत नहीं कर सकेगा। वह डरपोक प्रकृति का होगा।

हमारे शरीर की सभी इन्द्रियों के मल भी अलग-अलग प्राकृतिक रूप से शारीरिक क्रिया द्वारा ही बाहर फेंक दिये जाते हैं। इन सब धातुओं के मल भी उसी प्रकार कुदरती क्रम से अपनी-अपनी राह खुद बना लेते हैं। इन्द्रियों के मल में जैसे, आंख के पिसे, कान का मैल, नाक के गूंगे निकालना, झाड़ा, पेशाब, पसीना, अपान वायु का निकल जाना आदि। वैसे ही अस्थि धातु के मल के रूप में बारम्बार नख व केशों का बढ़ते रहना झड़ते रहना आदि। संक्षिप्त में सभी धातुएँ, अग्नि, इन्द्रियाँ अपने-अपने मलों को खुद ही बाहर फेंकने की क्रिया करती रहती हैं। वैसे ही धातुएं पोषण के लिये ही आहार में से अपने-अपने रसों को ग्रहण करने में प्रवृत रहती हैं। जैसे भूख लगने पर हम भोजन करते हैं, प्यास लगने पर पानी पीते हैं, पर जरूरत या हमारी पाचन शक्ति से ज्यादा खाने पर, दस्त होकर या उल्टी होकर कुदरत अपने तरीकों से जठर की सफाई अपने आप ही कर लेगी। सर्दी होने पर नाक में से पानी द्वारा कफ की विकृति होने पर खांसी होकर गलफों से विकृत कफ बाहर फेंक दिया जाता है। पित की विकृति में छाले या जलन के द्वारा, वात की विकृति में अपान वायु छींकों के द्वारा। इसी तरह से धातुएँ भी शरीर को धारण करते हुए अपने-अपने पोषण क्षम रस लेकर मलों का विर्सजन कर देती हैं।

इन सब धातुओं के न्युनाधिकता के अनुसार सारा सारत्व के अनुसार व्यक्ति के स्वभाव, रुचि व बर्ताव अलग-अलग पाये जाते हैं। जो उन्हें उनकी प्रकृति से ही प्राप्त हैं इन सबकी समता से ही आत्मा, इन्द्रिय और मन के प्रसन्न होने से प्रकृतिस्थ अर्थात सम्पूर्ण स्वस्थ व्यक्ति के लक्षण बताये गये हैं। ऐसे सम्पूर्ण स्वस्थ व्यक्ति को बाहर के स्वभाव में जितनी भी ज्यादा गरमी होगी, उसमें कुएँ के पानी की तरह और बाहर

जितनी ज्यादा ठंडी होगी उतनी गर्मी भी उत्पन्न हो जायेगी। इसके अनुसार ऐसे प्रकृति व्यक्ति के लिए सर्दी, गर्मी या वर्षा सभी ऋतुएँ आल्हादक होंगी। किसी प्रकार की परेशानी उसे सता न सकेगी। मानो कुदरत का ही वरद हस्त उस पर होगा।

आयुर्वेद की आधारशिला

आयुर्वेद की आधारशिला पथ्यापथ्य ही है। पथ्य और पाथे-एक ही शब्द के पर्याय हैं। पाथेय का अर्थ यात्रा के समय सुख साधनार्थ साथ ली जानेवाली सामग्री। मनुष्य भी मूल स्थान से इस लोक में यात्रा के रूप में ही आया है, जिसे आरोग्य व सुखपूर्वक बिताने के लिये, खान, पान का क्रम किस प्रकार रखना चाहिए कि जिसमें रोग बाधा न डाल सके और प्रसंगोपात यदि उनकी ओर से कोई बाधा या आपत्ति आ ही जाये तो, उस परिस्थिति में किन उपायों का आधार लेना चाहिए, इन्हीं सब बातों का समावेश इन दो शब्दों में समाविष्ट है। आयुर्वेद शास्त्र के मुख्य द्रो ही उद्‌देश्य हो सकते हैं। स्वास्थ्य की रक्षा करना और शरीर को रोग से निवृत करना। इन दोनों के ही आरोग्य रक्षण के लिए पथ्यापथ्य का ज्ञान अनिवार्य है। सुश्रुता चार्य का वचन है-"संक्षेपत क्रियायोगे निदानं परिवर्जनम्" मानव जीवन की इस यात्रा को टिकाये रखने के लिये, आरोग्य बना रखने के लिये, अपथ्यकर आहार क्या है, पथ्यकर आहार क्या है, यह कैसे जाना जाय? सामान्य प्रजा की यह मान्यता है कि आयुर्वेदिक चिकित्सा करने पर पथ्य का पालन न करने से रोग बढ़ जाता है , पर यह चिकित्सा की बात ही नहीं है। मूलतः उत्पन्न हुए रोग को जो-जो पदार्थ मदद कर रहे हैं, वे यदि बन्द न किये जायें तो शायद दवा के प्रभाव से थोड़े समय के लिये आराम जरूर मिलेगा, पर दवा बन्द करते ही वह अपना दुगुना प्रभाव दिखायेगा। सौ वैद्य या सौ तरह की दवायें भी उस रोग को मिटा न पायेंगी। पर यदि कोई भी चिकित्सा न की जाय, चिकित्सक को भी न बताया जाय, फिर भी दर्दी यदि पथ्य का सेवन

अर्थात रोग को मदद करनेवाली वस्तु का प्रयोग नहीं करेगा भी तो वह दर्द स्वयं से भी अपने आप भी मदद न मिलने से अवश्य मिट जायेगा।

बिनापिभैबर्जे व्याधि पथ्यादेव निर्वते।
न तु पत्य विहिनस्य भेषजानां शतेरपि।।

जब तक उस रोग का प्रभाव बना रहे तब तक तो पथ्य पालन करना या परहेज रखना अनिवार्य है। उसके बाद भी एक-आध सप्ताह ज्यादा तक पथ्य पालन किया जाय तो लाभ में ही रहेगा। पाश्चात्य या आधुनिक किसी भी चिकित्सा पद्धति की तुलना में यही एकमात्र श्रेष्ठ विशेषता है, जो सभी प्रयोगों से उत्कृष्ट हो सकती है। पथ्यकारी आहार में उन्हीं का समावेश हो सकता है, जो तीन दोषों वात, पित और कफ में से किसी एक की भी अतिवृद्धि करनेवाला न हो। इसके विरुद्ध जो किसी एक की भी वृद्धि करनेवाला हो, वह उस रोग कालीन समय में अपथ्य कर ही नहीं, अपितु रोग को बढ़ानेवाला भी हो सकता है।

हमारे प्राचीन ऋषि मुनियों ने आहार शास्त्र, धर्मशास्त्र और आरोग्य शास्त्र को इतना सुचारू रूप से रखा है, कि बिना जाने भी हम कई भंयकर रोगों के शिकार होने से बच जाते हैं। कुदरत का कोई भी पदार्थ अपना गुणधर्म प्रगट किये बिना नहीं रहता, हम उसके बारे में जानते हों या नहीं, उसकी परवाह भी वह नहीं करता। उदाहरण के लिये सुलगते कोयले पर हम जानते हुए अनजाने में, देखते हुए या बिना देखे हाथ रखेंगे या छू भी जायेंगे तो वह निश्चित ही जला देगा। दूसरी बार यदि भूल की जाय तो दुबारा भी वह जलाये बिना न रहेगा।

हमारे रसोईघरों में जो मसालों के डिब्बे होते हैं, वह भी एक तरह की (फस्टेड बोक्स) प्राथमिक चिकित्सा की औषधियाँ ही हैं। जैसे छुरी से हाथ कटने पर उसमें यदि तुरन्त हल्द भर दी जाय, तो खून बन्द जो जायेगा और पकेगा भी नहीं क्योंकि हल्दी एन्टीसेप्टिक और घाव को भरकर रुलझाने का गुण रखती है। कहीं भी दर्द होता हो, तो थोड़ा सा

अजमाइन गरम लिया जाय, तो दर्द तुरन्त ही कम होने लगता है। गर्मी के दिनों में गर्मी की असर से बचने के लिये, मिट्टी के बर्तन में रात को गुड़ भीगा दिया जाय, सबेरे वही पानी छानकर पिला दिया जाय तो लू की असर नहीं होती। रसोई करते-करते यदि भूल से हाथ जल जाये तो तुरन्त ही दही, शुद्ध घी या स्याही भी लगा सकते हैं और कुछ भी हाथ न लगे तो पानी में जले हुए भाग को डबो दिया जाय और पानी बारम्बार बदल दिया जाए तो भी छाले या जलन हो नहीं पाती और हुई हो तो मिट जाती है। उसी प्रकार जीरा, मैथी, धनिया, हिंग, सौंप, लौंग, इलायची सभी सविस्तार शंका हो, या सर्पदंश हुआ हो, तो एक कटोरी भरके शुद्ध घी थोड़ा गरम करे 15 मिनिट के अन्दर पिला दिया जाय तो जहर की असर मिट जाती है। आंखों में जलन हो या पानी जाता हो तो दूध की मलाई के पोते पलकों पर बांध दिये जाय तो आंखों में ठंडक हो जाती है। जीव-जन्तु कान में जाने पर खाने को तेल कान में डालकर उसे कान में से वापिस निकाला जाय, तो जन्तु बाहर आ जाता है। हल्दी को लेप टोन्सिल या काकड़े की सूजन पर लगाया जा सकता हैं। हल्दी स्तम्भक, जन्तुनाशक सर्दी कफ के रोगों में उत्तम औषधि है। हींग के पानी का लेप पेट दुःखने पर किया जा सकता है। मैथी डायबिटीस, मधुप्रमेह और कमर के दर्द में, शीड्स आदि एलर्जी जन्य रोगों में लाभ करती है। जीरा और गुड़ का योग्य मिश्रण बुखार में लाभ करता है, लसन हृदय रोग संविधा तथा अन्य वायु के रोगों में अक्सीर हैं प्याज लू लगने पर झरते अर्श में मक्खन या घी के साथ दिया जाता है। प्याज का रस पैर के तलवे और पेट पर लगाने से ठीक रहता है। इससे सिर दर्द दूर होकर शांति से निद्रा आ जाती है।

कानों में टीस पडती हो तो तुलसी के पत्तों का रस कान में डालने से टीस मिट जाती है। धूप में यदि चमड़ी काली पड़ जाय तो, नींबू का रस, तुरिये की डाल का रस अथवा तुलसी के रस से फायदा होता है।

पैर में कांटा लगने पर लसन बांधकर लगाने से कांटा बाहर आता है। लोकी की छाल मुँह पर घिसने से चेहरा निखर आता है। काली मिर्च के दाने चबाने से चक्कर आना बन्द हो जाता है। शक्कर और पानी पीने से हिचकी का आना बन्द हो जाता है। खजूर के साथ दूध पीने से लोही शुद्ध होता है। तथा वजन बढ़ता है। गाजर और कोथमीर का रस पीने से आंखों को तेज बढ़ता है। बच्चों को कृमि होने पर सुबह-शाम दो दो चम्मच करेले का रस एक सप्ताह तक देने से कृमि निकल जाते हैं, करेले के पते के रस से खरजवा खस इत्यादि मिट जाते हैं।

आते-जाते कहीं चोट लग जाये ओर खून निकलने लगे तो हमारे मुँह की लार में रक्त बंध करने की शक्ति है। आधुनिक जमाने के कैंसर आदि विषम रोग शिवाम्बु प्रयोग से मिट जाते हैं। दरा या रींगवर्म पर मुँह का बासी थूक लगाते रहने से अच्छा हो सकता है। इन सब प्रयोंगों के साथ भी तुम्हें पथ्य का पालन तो अवश्य ही करते रहना चाहिए। तो ही सोने में सुगन्ध मिलने के समान फायदा होगा। इस प्रकार आयुर्वेद में पथ्यापथ्य ही रीढ़ा की हड्डी के समान महत्वपूर्ण स्थान रहता है।

गुण व रसायन ज्ञान

पंच महाभूतों के साथ हमारे आहार का समन्वय

हमारे शरीर ही क्या? सारी प्रकृति या विश्व के दृश्य व अदृश्य, जड़ व चेतना सभी पदार्थो की नीव, इन पाँचों महाभूतों में ही आ जाती है। पर हमारा विषय आरोग्य होने से हम अभी उसी के विषय में विचार करेंगे। पृथ्वी, आकाश, जल, अग्नि और वायु ये पाँच महाभूत ही हमारे शरीर के घटक स्तम्भ हैं। इसीलिये आदमी के मर जाने पर 'पंचत्व को प्राप्त हुआ' ऐसा शब्द प्रयोग किया जाता है। हमारे आरोग्य को सुचारू रूप से स्वस्थ रखने के लिये हमें इन्हें खूब बारी काई से पहचानना चाहिये।

इन पाँच महाभूतों के प्रतिनिधि रूप आहार के छह रस (षडरस) आयुर्वेद में वर्णित हैं। जिसमें मीठा, खट्टा, तीखा, नमकीन, कड़वा और तुरा। इन छह रसों में सबसे ज्यादा मधुर रस जो हमारे शरीर का पोषण और सम्वर्धन की मुख्य भूमिका रखता है, उसमें पृथ्वी तत्व और जल तत्व की अधिकता रहती है। इसी से यह गरीष्ट एवं पचाने में थोड़ी ज्यादा (दूसरे रसों की अपेक्षा) मेहनत माँगता है। नमकीन अथवा लवण रस में जल तत्त्व और वायु तत्त्व और तुरे स्वाद में वायु तत्त्व प्रधान और आकाश तत्त्व गौण रूप से माने जाते हैं। आयुर्वेद से स्वस्थ रहने के नियमों में दर्शाया गया है "नित्य सर्व रसाभ्यासाः सर्व रसभ्यासः। बलकराणां एक रसभ्यातु दुर्बल्य कराणाम्"।

अर्थात प्रत्येक व्यक्ति को रोज-रोज के भोजन में छह रसों का उपयोग करना अनिवार्य है। सामान्यतः हमारे भोजन में मीठा, खट्टा, नमकीन और तीखा ये चारों रस हम तृप्त होकर सन्तोषपूर्वक लेते हैं, पर तुरे और कड़वे रस का अभाव लगभग हमेशा ही बना रहता है, इसी की कमी से हमारा शरीर रोगग्रस्त होता है। हमारी भाषा में कड़वे और तुरे रस को हम बेस्वाद शब्दों में कहकर बोलते हैं। अब आप पायेंगे कि दुनिया की कोई भी पेथी की कोई भी दवा हो, उनमें इन्हीं दो रसों की प्रचुरता रहती है। चाहे वे ऊपर से शुगर कोटेड ही क्यों न हों। ये रस मधुरादि रसों को विकृत होते हुए रोकते हैं।

जैसे मलेरिया कड़वे रस के अभाव में होनेवाला रोग होने से गोली के रूप में प्रवाही के रूप में, इंजेक्शन के रूप में किसी भी तरह से उसकी पूर्ति होने पर ही रोग जाता है। कसरत (व्यायाम) या प्राणायाम करनेवाले लोग श्वासोश्वास से वायु और आकाश तत्व को सामान्यतः औरों की अपेक्षा ज्यादा ग्रहण कर सकते हैं, अतः वे कड़वे रस की कमी न रहने के कारण रोगों के शिकार नहीं होते हैं।

भोजन के व्यवहार में नहीं परन्तु हरेक चीज ओर पदार्थ को

अपने-अपने गुणधर्म होते हैं। परिस्थिति के अनुसार एक चीज भी अपने गुणधर्म का विपरीत ओर अलग-अलग प्रभाव भी बता सकती है। इस रस विज्ञान में कई अपवाद भी हैं, वैसे ही कई पदार्थ अनेक गुणधर्मों को एक साथ रखने वाले भी हैं। जैसे आँवला, शहद, जेठीमध, आदि इन सबमें एक साथ अनेक रसों का समावेश है। आँवले में लवण रस को छोड़कर दूसरे पाँचों रस विद्यमान हैं। ऐलीपेथी के अनुसार जोकि विटामिन सी अधिक प्रमाण में माना जाता है, लेकिन आयुर्वेद तो इसे रसायन, आयुवर्धक, शक्ति वर्धक, बुढ़ापे का नाश करनेवाला, नवजीवन देने वाला मानता है। अतः आयुर्वेद के मतानुसार सन्तरा, नींबू और आँवले को हम एक ही कक्षा में कभी नहीं रख सकते, क्योंकि आँवला आयुर्वेद की दृष्टि में जाना माना पंचरस युक्त, श्रेष्ठ रसायन है। सन्तरा ओर नींबू नहीं। गाय का दूध नवजीवन प्रदान करनेवाला श्रेष्ठ रसायन है। भैंस या अन्य प्राणी का नहीं। गायों के दूध में काली गाय का दूध अति उत्तम माना गया है। काले तिल काले मूँग के गुण भी सामान्य मूँग या मिल से अधिक लाभदायी है। इतना ही नहीं गरम घी और ठंडे घी के गुणधर्मों में भी काफी अन्तर है।

3

वैदिक काल में आयुर्वेदिक वनौषधियों का महत्त्व

लोगों का जीवन वैदिक काल में वनस्पतिमय था। वन्य प्रदेशों में तो वनस्पतियों का प्रचुरता थी ही, ग्रामीण क्षेत्रों में भी उनकी प्रचुरता थी। इस कारण मानव अपनी दैनिक आवश्यकताओं की पूर्ति उसी के द्वारा से करता था। दन्तधावन से लेकर आहार तक तथा शयया से लेकर रथ तक सभी में वनस्पति का ही प्रयोग था। वस्त्र तथा आच्छादन भी इन्हीं से प्राप्त होते थे। स्त्रियाँ अपने श्रृंगार प्रसाधन में इनका उपयोग करती थीं तो पुरुष अपना शर-साधन इससे करते थे। गृह-निर्माण में वनस्पतियों का प्रभूत उपयोग था तो घर के विभिन्न उपकरण, पात्र आदि इन्हीं से बनते थे।

यज्ञों में वनस्पतियों का विशेष उपयोग था। यज्ञशाला क निर्माण से लेकर यज्ञ की परिधि, यूप तथा विविध पात्र तक में विभिन्न वनस्पतियों का व्यवहार था। सोम तो यज्ञों में एक प्रधान द्रव्य था ही जिसके कारण इसे औषधि राज का विशेषता प्राप्त है।

इन प्राकृत प्रयोजनों के अतिरिक्त विकार के निवारण के लिए भी वनस्पतियों का प्रयोग होता था। यज्ञ के लिए निर्दिष्ट अजा, अश्व आदि पशुओं के रुग्न होने पर उनकी चिकित्सा करनी पड़ती थी जिसमें इन द्रव्यों का उपयोग होता था क्योंकि रुग्न पशु का यज्ञ में प्रयोग निषिद्ध था।

मानव स्वयं अपने रोगों के निवारण के लिए इनका प्रयोग करता था। इस प्रकार वैदिककालीन मनुष्य के योगदान में वनस्पतियों का महत्वपूर्ण योगदान था। यही कारण है कि वैदिक साहित्य में औषधि वनस्पतियों की स्तुति में अनेक मंत्र उपलब्ध हैं। ऋग्वेद का औषधिसूक्त तो प्रसिद्ध है ही, अथर्ववेद में भी ऐसे अनेक स्थल आते हैं जहाँ मंत्रद्रष्टा महर्षि वनस्पतियों की स्तूति करते नहीं अघाते। वनस्पतियों का लोक-जीवन मे महत्वपूर्ण होने के कारण अनेक स्थानों एवं जनपदों के नाम वनस्पति के आधार पर प्रचलित हुए जैसे—वरणावती, मुंजवान, कारस्कर, शिग आदि।

वैदिक मानव ने प्रकृति के साहचर्य से वनस्पतियों का ज्ञान प्राप्त किया गया। सभ्यता के विकास के साथ जैसे-जैसे उसकी आवश्यकताएँ उभरने लगीं वैसे-वैसे वनस्पतियों के प्रयोग का क्षेत्र व्यापक होता गया। इस कार्य में सर्वाधिक सहायता उसे मिली। पशु-पक्षी अपनी आवश्यकताओं की पूर्ति के लिए जिन वनस्पतियों का उपयोग करते थे उनका प्रयोग मनुष्य ने अपने लिए भी करना प्रारम्भ किया। पशुओं की प्रयोगशाला में वह अनेक वनस्पतियों का अनुसंधान कर उन्हें प्रकाश में लाने में सफल हुआ—

वाराह वेद वीरूधं नकुलो वेद भेषजीम्।
सर्फ गन्धर्वा या विदुस्ता अस्या अवसे हुवे।।
याः सुपर्णा आंगिरसीर्दिव्या या रघटो विदुः।
वपांसि हंसा या विदुर्याश्च सर्वे पतत्रिणः।।
मृगा या विदुरोषधीस्ता असमा अवसे हुवे।
यावतीनामोषधीनां गावः प्राश्नन्त्यघ्ना यावतीनामजावयः।
तावतीस्तुभ्यमोषधीः शर्म मच्छन्त्वाभृताः।।

यद्यपि उस समय आज के समान तकनीकि यंत्र-उपकरण नहीं थे तथापि सूक्ष्म पर्यवेक्षण शक्ति के बल से उन्होंने सभी कुछ सिद्ध किया।

वैदिक साहित्य में औषधियों का वर्गीकरण विस्तृत रूप से मिलता

है जिससे उनके स्वरूप तथा गुणकर्म पर पूरा प्रकाश पड़ता है। इस संदर्भ में ऋग्वेद का औषधि सूक्त तथा अथर्ववेद के संबंधित स्थल देखे जा सकते हैं–

या फलिनीर्या अफला अपुष्पा याश्च पुष्पिणीः।
बृहस्पति प्रसूतास्ता नो मुंचन्त्वहंसः।।
औषधिः प्रतिमोदध्वं पुष्पवतीः प्रसूवरीः।
अश्वा इव सुजित्वरी विरूधः पारयिष्णवः।।
या ब्रभ्रवो शुक्रा रोहिवीरूत पृश्नयः।
असिक्नीः कृष्ण ओघधीः सर्वा अच्छावदामसि।।
पुष्मवती प्रसूमतीः फलिनीरफला उत।
संमातर इव दुह्ममस्मा अरिष्टतातये।।

पुराने जमाने में महर्षियों ने वर्ण, पत्र, पुष्प, फल, कांड आदि अवयवों, अन्य रचनात्मक विशेषताओं, उद्‌भव स्थानों तथा गुणकर्म का सूक्ष्म निरीक्षण कर उनके आधार पर वनस्पतियों को विभिन्न वर्गों में स्थापित किया है। सामान्यतः स्वरूप के अनुसार औद्धिद द्रव्य वनस्पति, वानस्पत्य, वीरूध तथा औषधि ने चार वर्गों में विभाजीत किये गये हैं। चरक संहिता में भी ऐसा ही वर्गीकरण मिलता है। ऋग्वेद में 'वानस्पत्य' शब्द नहीं मिलता, इसके स्थान पर वनिन शब्द प्रयुक्त हुआ है। सायण ने इसका अर्थ पलाश आदि वृक्ष से किया है। अथर्ववेद में उपर्युक्त चारों विभाग स्पष्ट रूप से मिलते हैं। ब्राह्मण ग्रंथों में औषधि, वनस्पति और वानस्पत्य शब्द मिलते हैं किन्तु ऋग्वेद का 'वनिन' शब्द नहीं मिलता तथा 'वीरूध' भी नहीं है। 'वृक्ष' शब्द मिलता है। इसी प्रकार उपनिषदों में 'औषधि' और 'वनस्पति' तो मिलते हैं किन्तु 'वानस्पत्य' और 'विरूध' नहीं है। 'वृक्ष' का प्रयोग हुआ है। शुरू से ही सामान्य रूप से छोटे पौधों के लिए औषधि तथा बड़े वृक्षों के लिए वनस्पति शब्द का प्रयोग होता रहा है तथा इनका युग्म रूप 'औषधि-वनस्पति' समस्त वानस्पतिक जगत

का बोधक रहा है। ऐसा प्रतीत होता है कि प्रारम्भ से वनस्पतियों के यही दो विभाग रहे होंगे जो आगे चलकर पुनः दो-दो में विभक्त होकर चार हो गये होंगे। औषधि का ही गुल्म, लता आदि विशिष्ट संस्थान का बोध कराने के लिए वीरूध एक वर्ग हो गया। उसी प्रकार वनस्पति का एक विभाग वानस्पत्य हो गया जो अपेक्षाकृत छोटे वृक्षों का बोधक है।

वनस्पतियों के नाम अत्यंत प्राचीनकाल से चले आ रहे हैं। निरुक्त में इन संज्ञाओं की निरुक्ति देकर उनका आधार स्पष्ट करने का प्रयत्न किया गया है। वस्तुतः आदिम मानव ने इन वनस्पतियों को जो नाम दे दिया वही प्रचलित हो गया होगा। सम्भवतः ऐसा करते समय अनेक संज्ञायें रूढ़ भी हुई। जो यौगिक थीं वह भी कालान्तर में रूढिग्रस्त हो गयी। विद्वानों की मान्यता है कि वनस्पतियों के अनेक नाम असीरयन नामों से मिलते जुलते हैं। अति प्राचीन काल से भारत से इन देशों का सम्पर्क था और भारतीय सभ्यता से ये सभ्यताएँ प्रभावित थीं। अतः इसमें कोई सन्देह नहीं था कि औषधियों के नाम भी उनके व्यवहार के साथ-साथ वहाँ भारत से ही गये।

वैदिक काल में जो नाम मिलते थे उनमें कुछ तो ज्यों के त्यों अब तक चले आ रहे हैं जैसे—उदुम्बर, अश्वत्थ इत्यादि। कुछ नाम ऐसे हैं जो कालक्रम से परिवर्तित हो गये जैसे—गुल्गुल-गुग्गुल, कार्ष्मर्य-काश्मर्य इत्यादि। तीसरी श्रेणी में ऐसे नाम हैं जो आगे चलकर लुप्त हो गये और उनके नये नाम प्रचलित हुए।

अनेक शव्द जो आजकल वनस्पतियों के नाम में प्रयुक्त हो रहे हैं वैदिक साहित्य में उपलब्ध हैं। अर्थर्वण शांतिकल्प में अमृता, ब्राह्मी, गायत्री, एन्द्री, अपराजिता, अभया महाशन्तियों का उल्लेख है जिनके आधार पर आगे चलकर संभवतः ततद् औषधियों की संज्ञायें निर्धारित हुई। 'अतस' शब्द ऋग्वेद में काष्ठ के अर्थ में प्रयोग में आया है जिससे उतसी शब्द बना। करंज और अरलु ऋग्वेद में राक्षसों के नाम हैं जो बाद

में वनस्पतियों के नाम हुए।

पशुपक्षियों से औषधियों के ज्ञान में पर्याप्त सहायता प्राप्त हुई अतः स्वाभाविक ही था कि उनके नामकरण में भी इनका योगदान हो। नीचे दिए गए उदाहरण से समझा जा सकता है–

बराही, नाकुली, सर्पगंधा, गन्धर्वहस्त, काकमाची, हंसपदी, मृगादनी, अजश्रृंगी, मेषश्रृंगी, अश्ववार

वैदिक औषधियों के नामकरण के आधार भी वैज्ञानिक हैं। इसके कुछ उदाहरण यहाँ दिये जा रहे हैं–

1. स्वरूप–अणु, आण्डीक, तीक्ष्यश्रृंगी, नित्तनी, न्यग्रोध, पुनर्नवा।
2. अवयव–पर्ण-उतानपर्णा, चित्रपार्णी, पृश्निपर्णी, बाणपर्णी, सहस्त्रपर्णी, स्रेकपर्ण, हिरण्यपर्ण।

   फल–फलवती।

   पुष्प–हिरणपुष्पी, विषपुष्पी, शंखपुष्पी।

   कन्द–कान्दाविष।
3. उत्पत्ति के स्थान–क्याम्बू, शीतिका, मण्डुकी, वर्णहू।
4. गुण-रूप–अर्जुन, असिवनी, पीतदारू।

   रस–अर्जुन, मधुक, मधुला, रस।

   गन्ध–अश्वगंधा, औक्षगन्धि, पूतिरज्जू, सर्पस्त्रुगन्धा।
5. कर्म सामान्य–अपामार्ग, अमला, उदोजस, उर्जयन्ती, सहमाना, जीवला, त्रायमाणा, रोहिणी, विककंत।

   विशिष्ट–केशद्वहणी, केशवर्धणी, क्लीबकरणी, मशकजंभनी, सुभंगकरणी, शेषर्स्वणी।
6. प्रशस्तिमूलक–पूतद्रु, भद्र, अर्क।

वनस्पति के विभिन्न अवयव जैसे-काण्ड, शुंग, पर्व, पत्र, पुष्प, फल

और मूल का उल्लेख वैदिक वाड्मय में उपलब्ध है। प्राचीन महर्षियों ने अपुष्पा तथा सपुष्पा और अफला तथा फलिनी औषधियों का विभाजन अत्यंत सुक्ष्मता से किया था। पत्र (पता) की विशिष्ट रचना, आकृति आदि पर भी उनका ध्यान गया था। फल तथा मूल की प्रधानता के अनुसार क्रमशः फलिनी तथा मूलिनी औषधियों का भी निर्धारण हुआ था। श्रृंगकार फल को देखकर तीक्ष्णश्रृंगी आदि विशेषताओं का प्रयोग हुआ। फल के लिए पिप्पल शब्द का प्रयोग किया गया और सपिप्ला औषधियों के लिए प्रयुक्त की गई है।

समस्त प्रकार के अवयवों का अथर्ववेद में अत्यंत सुंदर रूप से वर्णन किया गया है। पयस्वतीरोषधयः से औषधियों के क्षीर का संकेत होता है। शतपथ ब्राह्मण में अर्क के प्रसंग में विभिन्न अवयवों का निर्देश किया गया है जैसे पर्ण, पुष्प, कोशी, समुद्ध, धाना, अष्ठीला, मूल। मूल के संबंध में अन्यत्र कहा गया है कि औषधियों के अगभाग यद्यपि शुष्क हो जाते हैं तथापि उनके मूल आर्द्र रहते हैं। न केवल बाह्य रचना का अपितु आभ्यन्तर रचना का भी वर्णन उपलब्ध होता है। बृहदारण्यक उपनिषद में
13 पुरुष के अवयवों एवं धातुओं के समान्तार वनस्पतियों तथा वृक्षों की रचना का वर्णन निम्नांकित मिलता है।–

पुरुष	वनस्पति
लोक	पर्ण
त्वक	बहिरूत्पाटिका
रक्त	निर्यास
मांस	निर्यास
स्नाय	किनाट
अस्थि	आभ्यन्तरकाष्ठ
मज्जा	मज्जा

तना काट देने पर मूल से पुनः प्ररोह निकलते हैं किन्तु मूल काट

देने पर वृक्ष का पुरुभव नहीं होता। बीज से उत्पन्न होने वाले वृक्षों को 'धानारूह' कहा गया है। बाह्य त्वक से वनस्पतियों की रक्षा होती है।,

अथर्ववेद में कहा गया है कि वनस्पतियों का पिता अन्तरिक्ष तथा माता पृथ्वी हैं और इसके मूल समुद्र में रहते हैं।

'यासां द्यौष्पिता पृथ्वी माता समुद्रो मूल वीरूधां वभूव।' इससे अंतरिक्ष में फैलने वाले दिव्य औषधियाँ, पृथ्वी, पर होने वाली वनस्पतियों के भी दो वर्ग हैं– एक पर्वतीय प्रदेश में हानेवाली और दूसरी समतल भूमि में होने वाली–

या रोहन्त्यांगिरसीः पर्वतेषु च।
ता नः पयस्वतीः शिवाः औषधीः सन्तु शं हृदे।।

त्रिककुर्द पर्वत पर अंजन की उत्पति बतलाई गयी है तथा विष की उत्पति भी पर्वत पर कही गयी है। जल में होनेवाली वनस्पतियों का भी उल्लेख है जो शैवाल से आवृत रहती है। ऋग्वेद के औषधिसूक्त में ठीक ही कहा गया है कि औषधियों के सैंकड़ों उदभव स्थान हैं जिनमें भूमि सर्वोतम मानी गयी है–

इमा या स्तिस्रः पृथिवीस्तासां ह भूमिस्तासां ह भूतिरूतमा।
तासामधि त्वचो अहं भेषजं समुजग्रभमू।।

वनस्पतियों का विकास मुख्यतः जल और अग्नि इन दो तत्वों से होता है। अग्नीषोमीय सिद्धान्त के अनुसार जीव जगत के संचालक ये ही दो प्रमुख तत्व हैं। इन्हीं के आधार पर औषधियाँ सौम्य और आग्नेय कही गयी हैं। शीत और उष्ण वीर्य का निर्धारण भी आगे चलक इसी आधार पर हुआ। जल पोषक तत्व का प्रतीक है जो अग्नि के द्वारा रूपान्तरिक होकर वनस्पति-शरीर को विकसित करता है। शतपथ ब्राह्मण में अनेक स्थलों पर औषधियों में जल की स्थिति का निर्देश हुआ है। वनस्पतियों के विकास का सुन्दर वर्णन उपनिषदों में मिलता है। वनस्पतियों मे चेतना की उपस्थिति का भी निर्देश उपलब्ध होता है।

औषधिय प्रयोग—आहार तथा अन्य लौकिक उपयोग के अतिरिक्त औषधि वनस्पति का औषध रूप में प्रयोग महत्वपूर्ण था जबसे मनुष्य ने शरीर धारण किया, रोग का प्रादुर्भाव हुआ तभी से इस विघ्न के निराकरण के लिए औषध का प्रयोग प्रारम्भ हुआ। यह स्वाभाविक ही था कि वन्य प्रदेश में रहने वाले महर्षियों का ध्यान अपने वातावरण में वर्तमान वनस्पति जगत की ओर आकृष्ट हुआ जिससे पशुपक्षी भी रुग्णावस्था में लाभ उठाते थे।

यूरोपीय मनीषियों की ऐसी धारणा है कि वैदिक काल में केवल अन्धविश्वास के आधार पर जादू-टोने के रूप में ही औषधियों का व्यवहार था। उनका कोई वैज्ञानिक प्रयोग नहीं था किन्तु यह तथ्य के विपरीत है। वेदों में आयुर्वेद के मौलिक तत्व निहित हैं और चिकित्सा का आधार भी सूत्ररूप में निर्दिष्ट है। त्रिदोष के स्वरूप भी निर्धारित हो रहे थे जिनके द्वारा शरीर के प्राकृत एवं वैकृत प्रक्रियाओं की व्याख्या की जा रही थी। शरीरसन्तगत अग्नियों के कार्य के अतिरिक्त अग्नि के रक्षोघ्न स्वरूप की भी प्रतिष्ठा हो चुकी थी। इतना होते हुए भी मनुष्य दैवी शक्तियों के प्रति भी विश्वास बनाये थे। इस प्रकार रोगनिवारण के लिए वह दोनों दोषों का शमन करता था। तथा साथ-साथ राक्षसों का भी विनाश करता था। यही दोनों परम्परायें आगे चलकर क्रमशः दैवव्यपाश्रय एवं युक्तिव्यपाश्रय चिकित्सा कहलायी।

परम्परा में प्रयुक्त औषधियों को ही शास्त्र में समय-समय पर निबद्ध किया गया है। मंत्रों का तात्पर्य यह नहीं है कि केवल मंत्र पढ़ने से उसकी शक्ति बढ़ जाती थी और रोगी पर मनोवैज्ञानिक प्रभाव भी पड़ता था। इस संबंध में कौशिकसूत्र का भैषज्यप्रकाश अवलोकनीय है—

औषधियों के खनने के समय तथा प्रयोग के समय मंत्रोच्चार होता था—

इमां खनसभ्योषधिं वीरूधां बलवतमाम्।

यया सपत्नी बाधते यया संविन्दते पतिम्।।

औषधियों की संख्या हजारों में थी और उसके जानकार भी बहुत थे। ज्ञानपूर्वक औषधियों का जो प्रयोग करता था वह योग्य भिषक् माना जाता था–

अधीतीरध्यगादयमधि जीपुरा अगन्।
शतं ह्यस्य भिषजः सहस्रमुत वीरूधः।।
देवास्ते चीतिमविदन् ब्राह्मण उत वीरूधः।
चीतिं ते विश्वे देवा अविदन् भूम्यामधि।।
यश्चकार स निष्करत् स एव सुभिषकतमः।
स एव तुम्यं भेजजानि कृणवद् भिरूजा शुचितः।।

प्रयोगभेद से औषधियाँ चार प्रकार के माने जाते थे–आथर्वणी, आंगिरसी, दैवी और मनुष्यजा। शांति-पौष्टिक कर्मों में उपयुक्त औषधियाँ आथर्वणी कहलाती थी। उच्चाटन, मारण आदि घोर कृत्यों में प्रयुक्त औषधियाँ आंगिरसी थीं। देवों के समान अजर-अमर बनाने वाले रसायन आदि औषध-प्रयोग दैवी तथा सामान्यतः रोग निवारण के लिए प्रयुक्त मनुष्याना कहलाती थी–

आथव्रणीराङि रसीदैवीर्ममुन्यजा उत।
औशधयः प्रजायन्ते यदा त्वं प्राण जिन्वसि।।

कर्म कुशल एवं शुचि वैद्य ही अपने कर्म में सफल हो सकता है अतः वैसे ही वैद्य अपनी औषध स्वतः ही बनाता था। औषधियों का क्रय-विक्रय होता था। संभवतः बाहरी देशों से भी औषधियों का आवागमन था। उतम भूमि से भेषजसंग्रहण का भी निर्देश है–

इमा यास्तिस्रः पृथिवीस्तासं ह भूमिस्तम।
तासामधि त्वचो अहं समुजग्रभम्।।

4

आयुर्वेद में रस, रसायन, भस्म, चूर्ण, घृत का विश्लेषण

रस

रस का संबंध खनिज पदार्थों से है। ताम्र युग में ताम्र का प्रयोग प्रारंभ हुआ। ऋग्वेद में ताम्र के साथ हिरण्य और काँस्य का प्रयोग मिलता है। वहाँ असय शब्द का वाचक है। बाद में 'लोहितायस्' और 'कृष्णायस्' शब्दों से क्रमशः ताम्र और लौह का अर्थ ग्रहण किया जाने लगा। यजुर्वेद में हिरण्य, अयस्, श्यास, लौह, सीस और श्याम अयस तथा मतु का उल्लेख है। अथर्ववेद में रजत, लोहितायस् और श्याम अयस् तथा सीस का उल्लेख है। सिन्धु घाटी सभ्यता में रजत, सुवर्ण, ताम्र, वंग और नागा के प्रमाण उपलब्ध हुए हैं। लौह का अस्तित्व नहीं था वह उसके बाद आया। वंग ताम्र के साथ मिलाकर काँस्य के रूप में व्यवहृत होता था।

कौटिल्य अर्थशास्त्र में खनिजों और धातुओं का विशद् वर्णन है। सुवर्ण, रौत्य, ताम, लौह, त्रपु और सीस का वर्णन अनेक भेदों के साथ मिलता है। इनके अतिरिक्त मुक्ता और मणियों का विस्तृत वर्णन है। मनुस्मृति में मणियों, सुवर्ण तथा रजत, ताम्र, लौह, कास्य, पितल, त्रपु और सीस से बने पात्रों का उल्लेख है।

चरक संहिता में सुवर्ण, पन्चलोह तथा लोहभस्म, सिकता, सुधा, मनःशिला, हरताल, मणि, लवण, गौरिक और अन्जन की गणना, भौम

द्रव्यों में की गयी है। सुश्रुत संहिता के 37 द्रव्यगणों में दो में खनिज द्रव्यों का पाठ है। त्रप्वादि गण में ऊषक, सैन्धव, शिलाजीत, कासीद्वय और तुथ्य हैं। अन्जनादिगण का 'अन्जन' वृक्ष प्रतीत होता है क्योंकि इतर सभी द्रव्य वानस्पतिक हैं। सुश्रुत में पारद् अयस्कान्त, फेनाश्म, टंकण और सीस विशिष्ट हैं। अयस्कृति यद्यपि चरक संहिता में भी है तथापि सुश्रुतसंहिता में इसका विधान अधिक स्पष्ट है। धातुओं में सुवर्ण, रजत, ताम्र और लौह का अन्तः प्रयोग विहित है, वंग और सीस का नहीं। इन धातुओं के चुर्ण का प्रयोग होता था।

यद्यपि भस्म शब्द प्रचलित था किन्तु वह संभवतः तब तक वानस्पतिक द्रव्यों की राख के लिए प्रयुक्त होता था, धातुओं की भस्म के लिए नहीं। यह कहना कठिन है कि इस चुर्ण का स्वरूप क्या था, इसमें अग्नि संयोग होता था या नहीं किन्तु चरक के कथन से स्पष्ट है कि आग के निरन्तर प्रयोग से जब वह अन्जनाभ हो जाता था तभी उसका चूर्ण करते थे। घृत-मधु में लेह बनाकर एक वर्ष तक रखने के बाद ही प्रयोग किया जाता था। अंष्टांग संग्रह में अनेक धातुओं, रत्नों तथा अन्य खनिजों द्रव्यों का वर्णन है। लौह के कृष्ण लौह और तीक्ष्ण लौह दो प्रकार कहे गये हैं। पाकों में स्थालीपाक और आदित्यापाक का उल्लेख आता है। इसके अतिरिक्त वाग्भट्ट की पुस्तक में भूषान्तर्ध्मतचूर्णिताम् का उल्लेख है जिसे भूषा के भीतर रखकर फूँककर उसका चूर्ण बनाने की प्रक्रिया का पता चलता है। भेषज़ागार के उपकरणों में भी घटीभूषा का उल्लेख है। इससे प्रतीत होता है कि वाग्भट्ट के काल में धातुओं की भस्म बनाने का कार्य प्रारंभ हो गया था। अतएव कहीं-कहीं इनके लिए 'भस्म' शब्द का प्रयोग भी हुआ है। सम्भवतः वर्तमान अर्थ में 'भस्म' शब्द का प्रयोग यहीं से प्रारंभ हुआ। संहिताओं की अयस्कृति ने ही आगे विकसित होकर लोकशास्त्र का रूप ग्रहण किया जिस पर नागार्जुन पतन्जलि आदि आचार्यों के ग्रंथ निर्मित हुए। चक्रदत में नागार्जुन के लौह शास्त्र के

उद्धरण विस्तार से है।

रसशास्त्र का विकास मुख्यतः पारद को केन्द्र बनाकर हुआ। 'रस' शब्द से यहाँ पारद अभिप्रेत है। चरक संहिता में कुष्ठचिकित्सा-प्रकरण में एक स्थल पर निगृहीत रस का प्रयोग गन्धक या सुवर्णमाक्षिक के योग से निहित है–

श्रेष्ठ गन्धकयोगात् सुवर्णमाक्षिकप्रयोगाद् वा।
सर्वव्याधिनिवर्हणमधात् कुस्ठी रसं च निगृहीतम्।।

इसी वचन के आधार पर चरक-काल में पारद-प्रयोग के अस्तित्व की सिद्धि की जाती है किन्तु निम्नलिखित कारण से यह युक्तियुक्त नहीं प्रतीत होता–

1. चक्रपाणि ने इस श्लोक पर कोई टीका नहीं की। संभव है, उसके बाद रसशास्त्र के प्रौढ़ि-काल में किसी ने इसका प्रक्षेप कर दिया हो।
2. उपर्युक्त श्लोक में 'रस' शब्द पाद के लिए है, यह कहना-कठिन है क्योंकि पूर्ववर्ती श्लोक में 'रस' का प्रयोग 'स्वरस' के लिए हुआ है। प्रसंगतः यहाँ भी जाति के निगृहीत (निरोयी हुई) रस का ग्रहण उपयुक्त है।
3. यदि 'रस' से पारद का अर्थ ग्रहण किया भी जाय और यह मान लिया जाय कि चरक के काल में पारद का अंतःप्रयोग प्रचलित था तब भी 'निगृहीत' शब्द के आधार पर पारद का बंधन या भारण उस काल में होता था इसकी संभावना अत्यल्प है। पारद संस्कारों का विकास मध्यकाल में ही हुआ। इसकी संभावना अत्यल्प है। पारद संस्कारों का विकास मध्यकाल में ही हुआ।
4. पारद शब्द का प्रयोग चरक में नहीं है।

सुश्रुतसंहिता मे पारद का स्पष्ट उल्लेख है किन्तु बाह्य प्रयोग के

लिए। वाग्भट्ट में पारद, नाग, अन्जन और कर्पूर मिला कर तिमिर रोग में अन्जन का प्रयोग है। पारद का अभ्यन्तर प्रयोग सर्वप्रथम अष्टाँग-संग्रह के रसायन-प्रकरण में मिलता है। यहाँ पारद स्वर्णमाक्षिक, लौह, शिलाजतु आदि के साथ मधु-धृत से लेने का विधान है–

शिलाजतु क्षौद्र विडंगसर्पिर्लौहाभयापारदताप्यभक्षः।
आपूर्यते दुर्बलदेहधातुस्त्रिपन्चरात्रेण यथा शशांकः।।

यह स्मरणीय है कि यहाँ पारद के साथ गन्धक का योग न कर माक्षिक का योग किया गया है। यों भी अष्टांग संग्रह में माक्षिक का प्रयोग अधिक है। सम्भवतः प्रारंभिक काल में ऐसा ही प्रयोग था, बाद में गन्धक का प्रयोग प्रचलित हुआ। यह ध्यान देने योग्य है कि यह योग रसहृउयतंत्र, रसार्षव तथा रसरत्नसमुच्चय में भी है। काल की दृष्टि से देखें तो इसका स्रोत वाग्भट ही प्रतीत होते हैं। इस प्रकार रसशास्त्र की स्वतंत्र पीठिका पर प्रतिष्ठित करने का श्रेय वाग्भट्ट को ही है जिसे परवर्ती आचार्यो ने और विकसित किया। वाग्भट्ट का नाम रसशास्त्र में प्रथम प्रतीक बना।

'रस' शब्द का प्रयोग 'विष' के लिए भी प्रचलित था। सुश्रुत के युक्तसेनीय अध्याय में कहा गया है कि राजा की रक्षा रसविशारद वैद्य और मन्त्रविशारद पुरोहित करें। इस क्लिष्ट अर्थ के कारण रसशास्त्र में पारद के साथ-साथ विषों का भी प्रयोग होने लगा। इसी कारण रसशास्त्र के ग्रंथों में विष-उपविष का भी वर्णन किया जाता है। इस दिशा में भी वाग्भट्ट ने नेतृत्व किया और चिकित्सा में विषों के उपयोग का सर्वप्रथम वर्णन किया।

उपकरणों की दृष्टि से भी यद्यपि भूषा का प्रयोग सुश्रुत में है तथापि अन्धभूषा का प्रयोग सर्वप्रथम वाग्भट ने किया। इसके बाद क्रमशः अनेक यंत्रों का आविष्कार हुआ। स्वेदन के लिए दोलायन्त्र, मर्दनार्थ अनेक विध खल्वयंत्र, पातनार्थ अनेक यन्त्र तथा पाकार्थ अनेक पुटों और भूषाओं की

उद्भावना की गयी। रसकर्म में उपयुक्त अनेक खनिजों को महारस, उपरस एवं साधारण रस की कोटि में वर्गीकृत किया गया। इसी प्रकार अनेक उपयुक्त वनस्पतियों की खोज की गयी जो पारदकर्म में सहायक थी।

रसशास्त्र के विकास में सर्वाधिक योगदान तन्त्र ने किया। यों तांत्रिक परम्परा का प्रारंभ अथर्ववेद में ही मिलता है तथापि बौद्धों के महायान सम्प्रदाय से इसमें प्रगति आयी। गुप्तकालीन वसुबन्धु के भ्राता असंग को बौद्ध तन्त्र का जनक मानते हैं। यह योगाचार का प्रवर्तक है। इन्द्रभूति के काल से वज्रयान का विकास हुआ। वस्तुतः अथर्ववेदीय परम्परा, शैव, शाक्त एवं बौद्ध परम्पराओं के संयोग से मध्यकालीन तन्त्र का विकास हुआ जिसे हम साधारणतः तन्त्र के नाम से जानते हैं। अष्टांग संग्रह में शिव, शक्ति आदि हिन्दु देवी-देवताओं के साथ-साथ अवलोकितेश्वर, तारा आदि बौद्ध देवी-देवताओं के भी दर्शन होते हैं। ऐसा प्रतीत होता है कि छठी शताब्दी के अंत तक तंत्र और रसशास्त्र का शिलान्यास सुदृढ़ हो चुका था। वृन्द और चक्रपाणी की रचनाओं के बहुत पूर्व 7वीं शती में वाग्भट की रचनाओं में इसका रूप दृष्टिगोचर होता है। भैरवाचार्य तथा जरद्रद्रविड़ धार्मिक रूप में तंत्र का तथा रस-रसायन के रूप में रसशास्त्र का स्वरूप उपलब्ध होता है। रसायन के साथ रस शब्द पारदीय रसायनों का ही बोधक है जिसका उल्लेख अष्टांग संग्रह में हुआ है। पारद और गन्धक का बहुशः उल्लेख हुआ है। इसके अतिरिक्त हिंगुलः मनःशिला, हरताल, अभ्रक, रत्न-उपरत्न, धातु-उपधातुओं का उल्लेख गुप्त-उतरकालीन ग्रंथो में हुआ है। वाणभट के ग्रंथों में एक धातुवादविद् विहंगम था। कादम्बरी का जरद्रद्रविड धार्मिक भी धातुवादी था। रसौषधों का ठीक से निर्माण न होने पर उनसे उपद्रव उत्पन्न होता था। जरद्रद्रविड धार्मिक को इसी प्रकार कालज्वर हो गया था। कौटिल्य अर्थशास्त्र में भी धातुशेधन और धतुमार्दवकर का प्रयोग है। गुप्तकालीन विष्णुधर्मोतर

पुराण में अभ्रुकद्रुति है। मार्कण्डेय पुराण औषध में सात रस का प्रयोग चिकित्सार्थ हुआ है। शंकराचार्य ने भाष्य में द्रुत ताम्र से प्रतीमा निर्माण का उल्लेख किया है। इससे स्पष्ट है कि 8वीं शती तक धातुवाद और रसायन जोर पकड़ चुका था।

पारद का उपयोग धातुवाद और देहवान दोनों में हुआ। ऐसा प्रतीत होता है कि धातुवाद पहले प्रारंभ हुआ और देहवान बाद में। निकृष्ट कोटि की धातु को अपने संपर्क से सुवर्ण में परिणत करने वाला पारद शरीर को भी उतम कोटि का बनाने वाला समझा गया।

पारद और हिंगुल तिब्बत और उससे लगे प्रदेशों में होता है। पारद का प्रवेश गुप्तकाल में हो गया था। किन्तु इसका विशेष विकास तिब्बत के सम्पर्क से हुआ। यह कार्य सरहपा के शिष्य सिद्ध नागार्जुन ने लगभग 8वीं शदी में किया। रसशास्त्र और तंत्र के अनेक चमत्कार इसी के व्यक्तित्व में केन्द्रित हैं। नालन्दा विश्वविद्यालय में धातुविद्या और रसायन का शिक्षण होता था। खुदाई से निकले एक प्रखण्ड में इसके लिए बनी भट्टिया इसका प्रमाण है। सिद्ध नागार्जुन ने ही रसायन को प्रारंभिक स्थिति से निकालकर सुदृढ़ पीठिका पर प्रतिष्ठित किया जो क्रमशः विकसित होता गया। बाद में पाल और सेन राजाओं के संरक्षण में संचालित विक्रमशिला विश्वविद्यालय,जो तांत्रिक शिक्षण एवं साधना का प्रमुख केन्द्र था, में भी संभवतः रसशास्त्र के शिक्षण की उतम व्यवस्था रही होगी।

अलबरूनी ने भारत में प्रचलित तत्कालीन रसविद्या का वर्णन किया है जिससे पता चलता है कि धातुवाद तथा देहवाद (रसायन) की क्रियायें पर्याप्त विकसित थीं किन्तु गुप्त रहने के कारण यह यात्री इसके विषय में वास्तविक जानकारी न प्राप्त कर सका। धातुवाद का इसने मजाक उड़ाया है, देहवाद से यह अवश्य प्रभावित था। इससे स्पष्ट है कि रसौषधों के द्वारा मनुष्य को नीरोग एवं दीर्घायु बनाने का कार्य पर्याप्त प्रचलित था।

कुछ विद्वानों का मानना है कि भारतीय रसशास्त्र अरबी चिकित्सा से प्रभावित होकर बढ़ा है किन्तु यह किसी बाह्य प्रभाव से नहीं अपितु आंतरिक शक्ति से विकसित हुआ है। फिर भी यह मानना कि यह इस प्रभाव से बिल्कुल अछूता रहा, सत्य से परे है। मुसलमानों के आने पर उनकी राजकीय चिकित्सा पद्धति से जैसे हिन्दु चिकित्सा प्रभावित हुई वैसे रसशास्त्र भी प्रभावित हुआ। अहिफेन के व्यापक प्रभाव से सभी परिचित हुए। रत्नों का चूर्ण प्राचीन काल से चला आ रहा है। किन्तु गुलाब जल से घोंटकर उनकी पिष्टि बनाने की परम्परा सम्भवतः यूनानी, चिकित्सा के सम्पर्क से प्रारंभ हुई। भस्म बनाने की परम्परा हकीमों ने वैद्यों से सीखी। विभिन्न चिकित्सा पद्धतियों तथा मध्यकालीन रस प्रधान पद्धतियों में परस्पर आदान-प्रदान हुआ। चिकित्सा के ग्रंथों में रसौषधों का समावेश हुआ तथा रस प्रक्रियाओं में अनेक वनस्पतियों का उपयोग किया गया। कुषाण-गुप्तकाल में भी सम्पर्क बढ़ा।

नालन्दा विश्वविद्यालय से 8वीं सदी में अनेक विद्वान तिब्बत गये जो तान्त्रिकों और सिद्धों का एक प्रसिद्ध केन्द्र बना। नेपाल और भूटान में भी इनका केन्द्र था। 12वीं सदी में बख्तियार खिलजी के आक्रमण से जब नालन्दा ओर विक्रमशिला विश्वविद्यालय ध्वस्त हुए तब यहाँ के विद्वान एवं वैज्ञानिक भागकर कुछ नेपाल, भूटान और तिब्बत चले गये तथा कुछ ने दक्षिण भारत में विशेषतः देवगिरि के यादव राजाओं के दरबार में शरण ली। इन राजाओं में सिंघण का नाम सर्वोपरि है जिसने आयुर्वेद, रसशास्त्र और तन्त्र आदि को विशेषतः प्रोत्साहित किया। दक्षिण भारत के सिद्धों के सरंक्षण से रसशास्त्र विकसित होता रहा।

15वीं सदी में यूरोपवासी के आगमन से जैसे सामान्य आयुर्वेदीय चिकित्सा प्रभावित हुई वैसे रसशास्त्र में भी फिरंग रोग और उसकी चिकित्सा का विधान किया गया।

खनिज द्रव्यों का इतिहासः ताम्र अत्यन्त प्राचीन धातु है। पाक्-हड़प्पा

युग में ताम्र के अस्त्र एवं उपकरण उपलब्ध हुए हैं। शवों के साथ ताम्र और काँसे के पदार्थ रखे मिलते हैं। छोटानागपुर, राजस्थान ओर नेपाल से ताम्र की उपलब्धि होती थी। हड़प्पा युग में बर्तन वनाने में अभ्रक, बालू ओर चूने का उपयेाग होता था। हड़प्पा की नागरिक सभ्यता काँस्ययुग की है क्योंकि इस युग में तांबे का प्रयोग अस्त्र बनाने के काम आता था। प्रमाणों से यह सिद्ध होता है कि माहनजोदड़ो और हड़प्पा में ताम्र-रजत और सोना पर्याप्त मात्रा में उपयोग होता था। सीसा और वंग का प्रयोग भी था किन्तु वंग मुख्यतः ताम्र से मिश्रित कर काँस्य के रूप में व्यवहृत होता था। धातु क्रिया में प्रयुक्त भूषा के चिन्ह मोहनजोदड़ो उत्खनन में मिलते है। वंग सम्भवतः बाहर से प्रायः फारस से आता थ। ताम्र का स्रोत राजपूताना आर बलूचिस्तान की खानें थीं, कुछ अफगानिस्तान और फारस से भी आता होगा। स्वर्ण मैसूर और मद्रास की खानों से प्राप्त होता था तथा रजत उपर्युक्त स्थानों से या बर्मा से मिलता था। फारस से सोना, वंग सीसा भी आते होंगे।

सिन्धु घाटी सभ्यता में राजावर्त, पेरोजा, स्फटिक, सुधा, दुग्ध, पाषाण, अफीम, शिलाजतु, संगेयशब, हिंगुल, सफेद सुरमा, सौवीरान्जन आदि पाये गये हैं। इनका उपयोग आभूषण प्रसाधन और औषध में होता था। शिलाजतु संभवतः बलूचिस्तान से आता था। पेरोजा ओर राजावर्त फारस या अफगानिस्तान से, अकीक और स्फटिक काठियावाड़ से और कुछ द्रव्य राजस्थान से भी उपलब्ध होते थे।

ऋग्वेद में स्वर्ण, रजत, ताम्र और काँस्य का उल्लेख है। आगे चलकर लौह का प्रयोग होने पर अयस्, लोहितायस् और कृष्णायस् मे विभक्त हो गया। लोहितायस् से ताम्र और कृष्णायस् से लौह का आभास होता है। यजुर्वेद में अयस्, हिण्य, लोह, श्याम, सीस और त्रपु का उल्लेख है। अथर्ववेद के काल तक धातुओं के विषय मे पर्याप्त ज्ञान हो चुका था। कौटिल्य के अर्थशास्त्र में सुवर्ण, रजत, ताम्र, सीस, वंग और लौह

की खानों का विस्तृत वर्णन है। काच एक क्षुद्र पाषाणत्रिशेष हो सकता है। पारद का भी उल्लेख है तथा अनेक प्रकार के रत्न भी हैं, इससे तत्कालीन धातुवाद की विकसित स्थिति का ज्ञान होता है। रजत, वंग, पारद, का भारत में नहीं होने का वर्णन से स्पष्ट है कि इनका आयात पार्श्ववर्ती देशों से होता था। सम्भवतः हिंगुल चीन से, वंग मलाया और फारस से तथा रजत अफगानिस्तान और फारस से आता था।

बौद्ध वाङ्मय से भी इन द्रव्यों के यातायात पर प्रकाश पड़ता है। सिंहल से रत्न आते थे अतः इसे रत्नद्वीप कहते थे। इनमें नीलम, ज्योतीरस, सूर्यकान्त, चन्द्रकांत, माणिक्य, वैडूय, हीरक प्रमुख हैं। महाभारत के अनुसार भी दक्षिण सागर के द्वीपों से रत्न मुक्ता, सुवर्ण, रजत, हीरक और प्रवाल आते थे। इनमें सुवर्ण, रजत बर्मा और मध्य एशिया से मोती और रत्न सिंहल से तथा प्रवाल भूमध्यसागर से आता था। हीरक शायद बोर्नियो से आता था। पूर्वी भारत के आसाम से और बर्मा से यशब आता था। तिब्बत बर्मा किरातगण सीमान्त प्रदेश से सुवर्ण रत्न आते थे।

अर्थशास्त्र से पता चलता है कि उस समय रत्नों का व्यापार खूब चलता था। अनेक रत्न उपरत्न विभिन्न प्रदेशों और विदेशों से आते थे। मोती सिंहल, पाण्डय, पाश, कुल और चूर्ण तथा बर्बर के समुद्रतट से आते थे। उपर्युक्त देशों की तालिका से पता चलता है कि मोती मनार की खाड़ी, फारस की खाड़ी और सोमली देश के सम्रदतट से आते थे। भरुच्च के उल्लेख से पता चलता है कि भरुच्च का प्राचीन बंदरगाह भी मोती के व्यापार के लिए प्रसिद्ध था। कीमती रत्न मूला और सिंहल से आते थे। मूला के आस-पास कोई रत्न नहीं मिलता। संभवतः प्राचीन काल में इस मार्ग से ईरानी रत्न आते हों। माणिक्य संभवतः अफगानिस्तान, सिंहल और बर्मा से आता था। बिल्लौर विन्ध्य पर्वत और मालावार से, नीलम और जमुनिया लंका से तथा हीरे बरार, मध्य प्रदेश, गोलकुण्डा, और कलिंग से आते थे। 'अलसन्दक' नामक मूँगा सिकन्दरिया से आता था।

कुषाणों के काल से भारत का व्यापारिक संबंध रोम-साम्राज्य से सुदृढ़ हुआ। भारत से वहाँ चीनी बर्तन, चीनी रेशम, कपड़े, हाथी दाँत, कीमती रत्न, मसाले और सूती कपड़े जाते थे और वहाँ से सोना यहाँ आता था। अनेक रत्नों जैसे—हीरा, अकीक, स्फटिक, जमुनिया, वैडूर्य, नीलम, माण्क्यि, फिरोजा की माँग रोम में बहुत थी। फारस की खाड़ी के बन्दरगाहों में भारत से ताम्र जाता था। सिन्धु प्रदेश के बार्बरिकोन बन्दरगाह में पर्याप्त मात्रा में पुखराज, शीशे एवं चाँदी-सोने के बर्तन आते थे। और फिरोजा तथा लाजवर्द बाहर भेजे जाते थे। भृगुकच्छ का बन्दरगाह प्रसिद्ध था। वहाँ विदेशों से तांबा, रांगा और शीशा, मूंगा, पुखराज, संखिया, सुरमा और चांदी के कीमती बर्तन आते थे। पैठन और तैर से लाहितां भडोंच पहुँचता था। दक्षिण भारत के बन्दरगाहों में भी इन पदार्थों का व्यापार होता था। कोयम्बटूर में वैड्र्य की खानें प्रसिद्ध थीं। पाण्डयों के हाथ में व्यापार होता था। कोयम्बटूर में वैड्र्य और मलगत का तथा चेरों के हाथ में काली मिर्च के व्यापार का एकाधिकार था। सम्भलपुर में भी हीरे मिलते थे।

प्राचीन काल में सर्वोतम अकीक रतनपुर से आता था। माक्षिक, जहरमोहरा, ज्योति रस, खम्भात और सिंहल की लहसुनिया; भारत और सिंहल का पीला एवं सफेद स्फटिक; सिंहल कश्मीर और बर्मा का नीलम; बर्मा, सिंहल और श्याम के माण्क्यि,बदख्शां का लाल और लाजवर्द; कोयम्बटूर का वैडर्य; सिंहल, बंगाल और बर्मा का वैक्रान्त भारत से रोम को जाता था। भारत में स्पेन से शीशा, सादप्रस, से तांबा, लुसिटानिया और मलेशिया से राँगा, किरमान और पूर्वी अरब से अभ्जन तथा फारस और किर्मानी से मैनसिल और संखिया आते थे।

जैन साहित्य के आधार पर गुप्त युग में भारत का ईरान से व्यापारिक संबंध बढ़ गया था। भारत से वहाँ रत्न, शंख, अगर और चन्दन जाते थे तथा ईरान से यहाँ मन्जीठ, चाँदी, सोना, मोती और मूँगा आते थे।

मध्यकाल में अरबी व्यापारियों का प्रवेश हुआ। हिन्द महासागर में चीनी, अरबी तथा भारतीय व्यापारियों का घनिष्ठ सम्पर्क था। तोकिंग में सोना, चाँदी, लोहा, हिंगुल, कौड़ी, सीप, नमक का व्यापार होता था। अनाम में सीसा, राँगा का व्यापार था। खनिज द्रव्यों का व्यापार विशेषतः बोर्नियो, जावा, सिंहल और चोल मंडल से होता था।

इब्नबतूता ने तिब्बत के ऊपर काराकिल पहाड़ों में सोने की खानों का उल्लेख किया है।

मार्कोपोलो ने भी अपने यात्रा विवरण में इस संबंध में उपयोगी जानकारी दी है। वह लिखता है कि फारस के पूर्वी छोर पर किरमान की पहाड़ियों में पैरोजा, लोहा और ऐण्टमिनी होता है। आर्भस के बन्दरगाह पर भारत के सभी भागों से व्यापारी आते हैं जो बहुमूल्य रत्न, मसाले, औषधियाँ, मोती, हाथी दाँत आदि लाते हैं। कोबियन में यशद, लौह, ऐण्टीमनी, अन्जन तथा पालिशदार लोहे के आइने होते थे। सर्पगंन के पास थैकंन में सैन्धव लवण की पहाड़ियाँ थीं जहाँ विश्व भर में सर्वोतम नमक प्राप्त होता था। बलाशान में उतम माणिक्य, राजावर्त तथा रजत, ताम्र और नाग की खानें हैं।

अभ्रक का उल्लेख प्राचीन संहिताओं में नहीं मिलता। शोरा का प्रवेश मध्यकाल में हुआ। सूर्यक्षार, सौरक्षार, कर्पूरशिजतु आदि नाम इसे दिये गये। आईने-ए-अकबरी में यह पानी ठंडा करने के लिए व्यवहृत होने का उल्लेख है।

भैषज्य (औषधि)

आनन्द भैरव रस—आनन्द भैरव रस प्रत्येक तरह के बुखार में दिया जाता है। खाँसी, श्वास और कफ के विकारों में इससे अच्छा लाभ होता है। सन्निपात ज्वर, गुल्म-रोग तथा संग्रहणी में भी इसका उपयोग किया जाता है। शुद्ध हिंगुल, शुद्ध तेलिया, सोंठ, फुला हुआ सोहाग, और

जायफल—इन पाँच चीजों को 11.66 ग्राम काली मिर्च और छोटी पीपल 23.2 ग्राम लेकर अलग-अलग इन्हें खूब महीन पीसकर वजन कर लेना चाहिए। पहले शुद्ध हिंगुल को खरल में डालकर खूब देर तक पीसने के बाद सभी चीजों को उसमें डालकर तथा जम्बीरी नींबू के रस में भिगों कर घोटना चाहिए। इसी का नाम आनन्दभैरव रस है।

मृत्युंय रस—इस रस का उपयोग नये पुराने ग्रन्थिक और सन्निपातिक ज्वर तथा विषम ज्वर में किया जाता है। यह हृदय को उतेजना देता है। ग्रन्थियों एवं रक्त में रहे प्लेग के कीटाणुओं को नष्ट कर प्लेग को दूर करता है। आम ओर कफ को शोषण करता एवं मूल-मूत्रावरोध को दूर करता है।

शुद्ध हिंगुल 23.2 ग्राम शुद्ध टंकण, शुद्ध मीठा विष, काली मिर्च पीपल के चूर्ण तथा शुद्ध गन्धक प्रत्येक 11.66 ग्राम इन चीजों को अलग-अलग महीन चूर्ण करके फिर पत्थर के खरल में रखकर आवश्यकतानुसार अदरख का रस मिलाकर उसकी मूँग के बराबर की गोलियाँ बना लेनी चाहिए। इसके सेवन से नये उपद्रव बढ़ने की आशंका नहीं रहती।

महाज्वरांकुश रस—विषम ज्वर बारी से आने वाला बुखार तथा जीर्ण ज्वर में इसका उपयोग किया जाता है। किसी भी दवा से ज्वर न टूटता हो, तो इसका प्रयोग करना चाहिए। मलेरिया बुखार में गोलियाँ बहुत फायदा करती हैं।

शुद्ध पारद, शुद्ध गन्धक, शुद्ध विष 11.66 ग्राम, शुद्ध धतूरे के बीज 35 ग्राम, काली मिर्च, सोंठ और छोटी पीपल 46.6 ग्राम, पारद-गन्धक की कज्जली करके और शेष दवाओं का महीन चूर्ण करके खरल में डाल कर तथा सत्यनाशी के स्वरस की तीन भावना देकर 243 मि. ग्राम की गोलियाँ बना कर इसका उपयोग किया जाता है।

कस्तूरी भैरव रस—कस्तूरी और हिंगूल प्रधान उपादानों के कारण

यह रस वात, कफ के विकारों में बड़ा सुंदर कार्य करता है। जीर्ण ज्वर में यह अच्छा, लाभ करता है। मन्थरज्वर में तो अकेला कस्तूरी भैरव रोग के उपद्रवों को भी नहीं बढ़ने देता और आसानी से दाने निकाल देता है। अर्थांग जैसे कठिन वात रोगों में इसका अच्छा प्रभाव देखा जाता है। सन्निपात में प्रलाप, शीतांग, वात प्रकोप आदि के ठीक करता है। और स्त्रियों के हिस्टीरिया रोग में भी विचित्र प्रभाव दिखलाता है। प्रसूत के सभी विकारों में इसका अच्छा असर होता है। रसायन होने के कारण कमज़ोर स्त्री-पुरुषों के शरीर में बल-वीर्य की वृद्धि भी करता है। पित-प्रकृति वाले स्त्री-पुरुषें और पित प्रधान रोगों में इसकी कम मात्रा किसी सौम्य औषध के साथ देनी चाहिए।

शुद्ध हिंगुल, शुद्ध विष, सुहागे का लावा, जावित्री, जायफल, काली मिर्च, पीपल, असली कस्तूरी—इन आठ चीजों को समभाग लेकर महीन चूर्ण कर इसका निर्माण होता है। महीन चूर्ण कर पत्थर के खरल में पानी का रस दे-दे कर दो रोज़ खूब घोटने के पश्चात, कस्तूरी भैरव रस बनता है।

सन्निपात भैरव रस—यह सन्निपात भैरव ज्वर की बड़ी अच्छी और प्रसिद्ध दवा है। वात और कफ जनित सन्निपात ज्वर और उसके उपद्रवों को मिटाने में यह विशेष उपयोगी है।

इस दवा की निर्माण विधि इस प्रकार है।—शुद्ध हिंगुल, 52.2 ग्राम शुद्ध गन्धक और शुद्ध स्वच्छ नाग 23.2 ग्राम, धतूरे का बीज 37 ग्राम फुलाया हुआ सुहागा 12.66 ग्राम। इन सबके चूर्ण को जम्बीरी नींबू के रस में घोंट कर 121.5 मि. ग्राम की गोलियाँ बना कर छाया में सुखाया जाता है। इसी का नाम सन्निपात भैरव रस है।

जयमंगल रस—स्वर्ण, लौह, ताम्र और वंग जैसे उपादानों के कारण यह रस बहुत प्रसिद्ध है। पुराने बुखार की तो यह सर्वविदित महौषध है। यह त्रिदोषध्न है और ज्वर तथा सेन्द्रिय विपके विकार को शरीर से बाहर निकाल कर दिल और दिमाग में शांति देता है। हृदय, मस्तिष्क,

फुफ्फुस,मूत्र-पिण्ड आदि शारीरिक रोगों पर अच्छा प्रभाव होता है। सभी प्रकार के पुराने बुखार, धातुगत ज्वर तथा ज्वरों के उपद्रव इससे शांत हो जाते हैं। यह बल, वीर्य की वृद्धि, शरीर को पुष्टता और नये जीवाणुओं की रचना करता है।

शुद्ध हिंगुलोत्थ, पारा, शुद्ध गन्धक, फुलाया हुआ सुहागा, ताम्र भस्म, वंग भस्म, सोनामक्खी भस्म, सेंधा नमक और काली मिर्च ये सभी चीजें 11.66 ग्राम और चांदी भस्म 11. 66 ग्राम इन दवाओं को खरल में डालकर धतूरे के पते का रस, हरसिंगार के पते का रस, दशमूल काढ़ा और चिरायते के काढ़े की तीन-तीन भावना देकर इनकी 243 मि. ग्राम की गोलियाँ बनायी जाती है।

कल्पतरु रस—यह रस खाने और सूंघने दोनों कामों में आता है। इसके सेवन से वात-कफ ज्वर वायु और कफ से पैदा हुआ बुखार-खाँसी, श्वास, सर्दी, जुकाम एवं बुखार में अंगों का जकड़ना तथा दर्द होना, मुख-नाक से लार और पानी टपकना, अग्निमान्ध्य और अरुचि आदि रोग नष्ट होते हैं। इसका नस्य देने से कफ एवं वायु से उत्पन्न सिर की पीड़ा दूर होती है। मूर्च्छा, प्रलाप, बेहोशी, छींक की रुकावट आदि में इसका नस्यप्रयोग बहुत फायदेमंद होता है।

शुद्ध पारद, शुद्ध गन्धक, शुद्ध विष, शुद्ध मैनसिल, शुद्ध रौप्य, माक्षिक और फुलाया हुआ सोहागा प्रत्येक 11.66 ग्राम, सोंठ 23.2 ग्राम, पीपल 23.2 ग्राम, काली मिर्च 140 ग्राम—सभी का बारीक चूर्ण लेकर खूब घोंट कर कपड़ा से छान कर शीशी में रखा जाता है।

त्रिभूवनकीर्ति रस—यह उष्ण वीर्य और ज्वरघ्न रस सम्पूर्ण तरुणज्वरों में विशेषतः वात तथा कफ ज्वरों के लिए अच्छी औषधि है। यों तो वात-कफ के भी विकारों में इसका प्रयोग होता है। यह बढ़े हुए तापमान को कम कर के हृदय और नाड़ी की तेजी को कम करता और पसीना लाकर बुखार को उतारता है। पित-प्राधान्य-प्रकृतिवाले को इसकी ज्यादा

मात्रा नहीं देनी चाहिए। अत्यन्त आवश्यकता होने पर किसी सौम्य एवं हृदय को बल देने वाली प्रवाल पिष्टी, अभ्रक भस्म, माक्षिक भस्म जैसे औषधि के साथ मिलाकर देनी चाहिए। यह रस शरीर में संचित विकार को भी निकलता है।

शुद्ध हिंगुल, शुद्ध वत्सनाभ, सांठ काली मिर्च, छोटी पीपल, अग्नि पर फुलाया हुआ सुहागा ओर पीपलामूल इन सात दवाओं का बराबर भाग लेकर महीन कपड़ा से छान कर चूर्ण को अदरक का रस, तुलसी का रस औश्र धतूरे की पती का रस- प्रत्येक की तीन-तीन भावना देकर 121.5 मि. ग्राम की गोलियाँ बनाया जाता है। यदि इसमें तीन भावना कागजी नींबू रस की दें तो विशेष लाभदायक होता है।

ज्वर संहार रस—यह रस अनुपात-विशेष से सब प्रकार के ज्वरों में, विशेषकर कफ और वातज्वर में लाभ करता है। इसको गोजिहादी क्वाथ के अनुपात के साथ देने से श्लेष्म ज्वर में कफ कम कर ज्वर शीघ्र अच्छा होकर जुकाम तथा खाँसी भी जल्द अच्छी हो जाती है। कफ-ज्वर से पार्श्वशूल हो तो इसके साथ मृगश्रृंग भस्म मिलाकर देने से और ऊपर से गोजिह्वादि कषाय या भार्ग्यादि कषाय, नौसादर और यवक्षार का प्रतीवाप देकर देना चाहिए।

सोंठ, काली मिर्च, छोटी पीपल, कुटकी, नीम की अन्तरछाल, कुठ, नागरमोथा, पीली सरसों, इन्द्रजौ, आग पर फुलाया हुआ सुहागा, लाल चन्दन, अतीस और मभीरी न मिले तो काली जीरी डाला है। ये सभी द्रव्य समभाग लेकर महीन चूर्ण कर इसके वजन के आधा रससिन्दूर या शुद्ध हिंगुल बारीक कर इसमें मिला दें। फिर अदरख, तुलसी और निर्गुण्डी की तीन-तीन भावना देकर 243 मि. ग्राम की गोलियाँ बनाया जाता है या सुखाकर चूर्ण बनाकर बोतल में रखा जाता है।

कर्पूर रस—कर्पर, हिंगुल और अफीम के मिश्रण के कारण यह अतिसार के दस्तों में अच्छा लाभ करता है। पेचिश में दही के साथ अच्छा

लाभ करता है किन्तु इसके देने के पहले पेट का आँव निकाल देना चाहिए। निराम दस्तों में और खूनी दस्तों में इसका कार्य अच्छा होता है। संग्रहणी में भी कर्पूर रस का मिश्रण हितकर होता है।

कर्पूर, शुद्ध हिंगुल, नागरमोथा, इन्द्रजौ, जायफल और अफीम, भुना हुआ सुहागा-इन सभी को बरावर भाग लेकर जल के साथ 242 मि. ग्राम की गोलियाँ बनायी जाती हैं। यही कपूर रस है।

नृपतिवल्लभ रस—यह संग्रहणी रोग की उतम औषधि है। इसके सेवन से मन्दाग्नि, ज्वर, आँव के दस्त, अतिसार, हृदय का दर्द, बवासीर आदि रोगों में लाभ होता है। कमजोर हुई ग्रहणी-कला को फिर से सबल बना कर उसकी क्रिया को ठीक करने के लिए यह दवा बहुत ही लाभप्रद है।

जायफल, लवंग, नागरमोथा,दालचीनी, छोटी इलायची, आग पर फुलाया हुआ सोहागा,घी में भूनी हुई हींग जीरा, तेजपात, अजवायन, सोंठ, सेंधा नमक, लौह भस्म, अभ्रक भस्म, शुद्ध गंधक और ताम्र भस्म प्रत्येक 47 ग्राम और काली मिर्च 14 ग्राम लेकर पहले पारा-गंधक की कज्जली करना चाहिए और बाद में अन्य औषधियों को मिलाकर बकरी के दूध में घोंटकर आमला रस की 6 भावना देकर मि. ग्राम प्रमाण की बटी बनाकर छाया में सुखाकर रखना चाहिए।

अर्शकुठार रस—बवासीर में अर्शकुठार रस के सेवन से अच्छा लाभ होता है। शुद्ध पारद 11.7 ग्राम, शुद्ध गन्धक 23.4 ग्राम, लौह भस्म 35 ग्राम, बेलगिरी, चित्रकमूल की छाल, शुद्ध 274.4 ग्राम इन सभी को एकत्रित करके मन्दाग्नि से पकाकर मटर के बराबर की गोली बनाया जाता है।

रामवाण रस—यह पाचक, स्वेदन और मूत्रल है। मूत्र और पसीने के साथ यह विकार को निकालता है। आमवात, अतिसार, आमानुबद्ध-संग्रहणी, कास, श्वास और ज्वर में इससे अच्छा लाभ होता है—

शुद्ध पारा, शुद्ध गन्धक, शुद्ध वच्छनाग, लौंग-प्रत्येक 11.66 ग्राम, काली मिर्च 23.2 ग्राम, जायफल 5.8 ग्राम इनका महीन चूर्ण करके इमली के पके फलों के रस में घोंटकर मूँग के बराबर गोली बनाया जाता है। यदि इसमें विजौरा, सन्तरा, अनार, आक के फूल और अदरख के रस की एक-एक भावना दे दी जाय तो यह औषधि अधिक प्रभावशाली बन जाती है।

अग्निकुमार रस—शरीर की पाचक-अग्नि के मन्द होने से अजीर्ण, मन्दाग्नि, संग्रहणी, कब्ज आदि रोगों में अग्निकुमार रस के सेवन से अच्छा लाभ मिलता है। आंतों में मल इकट्ठा होना, पेट में दर्द होना तथा पेट भारी रहना, टट्टी पतली होना आदि शिकायतें इसके सेवन से बहुत जल्द मिट जाती है। अग्नि को प्रदीप्त करने के लिए तथा अजीर्ण को मिटाने के लिए यह रस अच्छा काम करता है।

शुद्ध पारा, शुद्ध गन्धक, आग पर फुलाया हुआ सुहागा- प्रत्येक 11. 66 ग्राम, शुद्ध वच्छनाग 35 ग्राम, कौड़ी और शंख भस्म 23.2 ग्राम कालीमिर्च 93 ग्राम- इन सभी को नींबू के रस में तीन दिन तक घोंटकर 5 मि. ग्राम की गोलियाँ बनायी जाती हैं।

क्रव्यादि रस—यह परम पाचक और अग्निदीपक महौषध है। पेट, तिल्ली, जिगर और फेफड़े के रोगों में इससे बहुत लाभ होता है। आम ओर कफ को यह जल्द पचाकर पाचन-शक्ति को सबल बना देता है। अजीर्ण, हैजा, गुल्म, आफरा और अरुचि में यह बहुत जल्द लाभ करता है। जलोदर में भी इसका मिश्रण लाभदायक होता है।

क्रव्यादि रस बनाने की विधि इस प्रकार है। शुद्ध पारा 46.4 ग्राम, गन्धक 93 ग्राम, ताम्र भस्म और लौह भस्म 23.2 ग्राम- पहले परा और गन्धक की कज्जली बनाकर फिर ताम्र और लौह भस्म डालकर खूब महीन पीसना चाहिए। इसके बाद पर्पटी की तरह गलाकर एरण्ड के पतों पर पर्पटी बनायें और इस पर्पटी का चूर्ण बनाकर एक लोहे के पात्र में डालकर

उसमें 51.3 किलो जम्बीरी नींबू का रस डाल दें। यदि पात्र कलई किया हो तो उतम है। इस रस को मन्द-मन्द आँच से जलावें। जब गाढ़ा हो जाय, तब इसमें पीपल, पीपलामूल, चव्य, चित्रक और सोंठ के क्वाथ से 50 भावना दें और घोंटकर सुखा लें। सुखने पर भुना हुआ सुहागा 187 ग्राम, विड्नमक 93 ग्राम, काली मिर्च का चूर्ण 187 ग्राम इसमें मिलाकर चणकाम्ल-रस में सात भावना देकर सुखाकर शीशी में भर कर रख लेना चाहिए।

कृतिकुठार रस—दवा पेट के कीड़े रोग में बहुत फायदेमंद है। इन्द्र जौ, त्रायमाणा, अजमोद, वायविडंग, शुद्ध हिंगुल, शुद्ध वच्छनाग, नागकेशर प्रत्येक 11.66 ग्राम, कपूर 9.3 ग्राम, पलाश बीज के चूर्ण 175 ग्राम- इन सभी के चूर्ण में एक-एक भावना जलभंगरा, मूषाणी, और ब्राह्मी रस को देकर 121. 50 मि. ग्राम रती की गोलियाँ तैयार की जाती हैं।

कामदुधा रस—यह शीतवीर्य प्रधान होने के कारण चंचलाचित, चिन्ता-फिक्र करने वाले, गर्भवती स्त्रियों ओर बच्चों के लिए बहुत उपयोगी है। यह पित विकार, अम्लपित, चक्कर आना, मस्तकशूल, दिमाग की कमजोरी, मूत्रविकार, मुँह आना, बवासीर से खून गिरना, दाह, जीर्ण ज्वर, काली खाँसी, क्षय, दमा, उरःक्षत आदि रोगों में उपयोगी है।

सोनागेरु के चूर्ण को थोड़े घी में भूनकर आँवला रस की सात भावना देकर धूप में सुखाकर घोंटकर रखा जाता है। यही कामदुधा रस औषधि है।

बोलबद्ध रस—अम्पलपित, रक्तप्रदर, रक्तपित, खूनी बवासीर, रक्त प्रमेह, वातरक्त, विद्रधि, भगन्दर तथा पित जनित विकारों के लिए उतम है। नाक, मुँह, गुदा, योनि मार्ग आदि किसी भी भाग से गिरता हुआ खून इसके प्रयोग से बंद हो जाता है।

शुद्ध पारा, शुद्ध गन्धक, गिलोय सत्व—तीनों 11.66 ग्राम, खूनखराबा (हीराबोल) 36.45 ग्राम लेकर सेमल के रस या छाल के काढ़े में तीन दिन

घोंटकर 243 मि. ग्राम की बटी बनाया जाता है।

मृगांक रस—यह राजयक्ष्मा की बड़ी अच्छी और सुप्रसिद्ध दवा है। इसके सेवन से जीर्ण ज्वर, पुरानी खाँसी, श्वास और हृदय के रोग में बहुत लाभ होता है। यह फुफ्फुस और श्वास-नलियों की खराबी को दूर कर उसकी क्रिया को ठीक और नियमित करता है। क्षय के कीटाणु इसके सेवन से नष्ट हो जाते हैं। फेफड़े और हृदय को बल मिलता है।

शुद्ध पारा 11.66 ग्राम, शुद्ध गन्धक 23.2 ग्राम, मोती-पिष्टी 23.2 ग्राम, स्वर्ण भस्म 11.66 ग्राम और सुहागे का लावा 3 ग्राम—5 चीजों को कांजी में घोंटकर गोला बनाकर सुखा लेना चाहिए। फिर उसे गोले को मषा में रखकर नमकपूर्ण घड़े में रखें। आधा नमक नीचे रखकर मूषा में रख दें और फिर आधा नमक ऊपर डाल दें। इस घड़े को चार पहर आग से पकाना पड़ता है। घड़ा ठंडा होने पर दवा को निकाला जाता है। इसी का नाम मृगांक रस है।

हेमगर्भ पोट्टली रस—यह सोने की पोट्टली दीपक, पाचक तथा त्रिदोष नाशक एवं अत्यंत शक्तिवर्द्धक है। इसके सेवन से राजयक्ष्मा, संग्रहणी, हृदयरोग, श्वास-कास आदि कठिन से कठिन रोग अच्छे होते हैं। वात-कफ के विकार, जीर्णातिसा, पाण्डु, सूजन, आदि रोगों में भी इसका बहुत अच्छा प्रभाव होता है। यह शरीर की जीवनी-शक्ति को बढ़ाता है एवं पुष्ट करता है। शरीतांग की स्थिति में गर्मी लाता और सन्निपात के उपद्रवों में बहुत शीघ्र काम करता है। संग्रहणी की खराब अवस्था में इसका प्रयोग किया जाता है। रस, रक्त, वीर्य, एवं बल को बढ़ाने और शरीर को निरोग रखने के लिए यह पुष्टिकारक है।

स्वर्ण भस्म, ताम्र भस्म तथा गंधक 11.66 ग्राम और रस सिन्दूर 34. 8 ग्राम— ये सभी द्रव्य चित्रक रस में दोपहर तक खरल करके कौड़ी में भर कर सुहागे से मुँह बन्द करके हाँडी में रख गजपुट में फूँका जाता है। ठंडा होने पर निकाल कर कौड़ियाँ सहित पीसकर बोतल में रखा जाता है।

चन्द्रामृत रस—यह सभी तरह की खांसी के लिए फायदेमंद है। जिस खाँसी में खून आता हो, तथा खांसते-खांसते दाह, प्यास और मूर्च्छा हो जाती हो, उस हालत में इस दवा का असर होता है। यदि जीर्ण ज्वर के साथ खांसी आती हो और मन्दाग्नि, श्वास आदि की भी शिकायत हो तो इस दवा का प्रयोग करना चाहिए।

सोंठ, मिर्च, पीपल, हरड़, बहेड़ा, आँवला, च्वय, धनिया, जीरा और सेंधा नमक—प्रत्येक 11.66 ग्राम, शुद्ध गन्धक, लौह भस्म प्रत्येक 23 ग्राम, सुहागे का लावा 93 ग्राम ओर काली मिर्च 46 ग्राम, इन सभी दवाओं का चूर्ण कर बकरी के दूध में पीसकर 486 मि. ग्राम की गोलियाँ बनाकर उपयोग किया जाता है।

श्रृंगाराभ्र रस—इस दवा से फुफ्फस और श्वासयंत्रों की बीमारी में बहुत लाभ होता है। श्वास, कफ, खासी, छाती या पसली में दर्द होना, ज्वर, शेथ आदि बीमारियाँ इसके सेवन से नष्ट होती हैं। अभ्रक का मिश्रण होने से यह अम्लपित पाण्डू और आमवात मे लाभदायक है। वात, पित, कफ इन तीनों दोषों की विकृति में इसका अच्छा प्रभाव होता है। यह बल्य, वृष्य, रसायन होने के कारण नवयौवन की शक्ति भी प्रदान करता है।

अभ्रक भस्म 93 ग्राम, कपूर, जावित्री, सुगंध बाला, गजलीपल, तेजपता, लौंग, जटामाँसी, तालिसपत्र

दालचीनी, नागकेशर, कूठ, और धाय के फूल, प्रत्येक 5.83 ग्राम हरड़, बहेड़ा, आँवला, सोंठ, कालीमिर्च और पीपल प्रत्येक 3 ग्राम, इलायची जायफल और शुद्ध गन्धक—ये तीनों प्रत्येक 11.66 ग्राम और शुद्ध पारा 5.83 ग्राम सभी चीजों को पान के रस या पानी के संयोग से भिंगोकर चने के बराबर की गोलियाँ बनाया जाता है। इसी का नाम श्रृंगाराभ्र है। अदरख और पान के रस के साथ दवा खाकर ऊपर से थोड़ा गुनगुना पानी पीना चाहिए। इससे सभी तरह की खाँसी आराम होती है।

सर्वांगसुंदर रस—इसके प्रयोग से समस्त प्रकार के राजयक्ष्या रोग नष्ट होते हैं। इसके अतिरिक्त घोर वता-पितोद्यव के वातजनित रोग और विशेषतः कफजनित रोगों को नष्ट करता है। इस रस के सेवन करने से फुफ्फुसों की क्रिया में बल मिलता है।

शुद्ध पारा और शुद्ध गन्धक 55.66 ग्राम, फुला सुहागा 23 ग्राम मोती पिष्टी और प्रवाल भस्म 11.66 ग्राम, शंख भस्म 11.66 ग्राम, सुवर्ण भस्म 6 ग्राम इन सभी को खरल में डालकर नींबू के रस में घोंटकर एक गोला बनाकर सराब-सम्पुट में बंद करके गजपुट में फूंक दें। शीतल होने पर निकाल लें। पुनः लौह भस्म छः ग्राम, शुद्ध हिंगुल 3 ग्राम को उसी में मिला कर खूब खरल करना चाहिए। इसकी 121.5 मि. ग्राम की मात्रा शहद और अदरख के रस मे मिलाकर खाने से किसी भी तरह की श्वास कास रह नहीं सकती।

श्वास चिन्तामणि रस—यह हृदय, बल, शक्तिवर्धक है। फेफड़ों पर इसका बहुत अच्छा प्रभाव होता है। सचित विकार को निकालना, फेफड़े को सबल बनाना इसका खास कार्य है। नये पुराने सभी प्रकार के श्वास रोग में इससे बहुत लाभ होता है। दमा के जिन रोगियों को रात-दिन परेशानी रहती है उन्हें इसका सेवन करना चाहिए। कठिन और जीर्ण कास तथा क्षय में इसका सफल प्रयोग होता है। यह आँत, यकृत, मूत्राशय तथा हृदय की क्रिया को ठीक करता है तथा वीर्य को पुष्ट करता है। गुण-धर्म के प्रभाव से इस रस का प्रभाव सारे शरीर पर होता है, परन्तु इसका ज्यादा प्रयोग श्वास में ही किया जाता है और लाभ भी बहुत होता है। बच्चों की कुक्कुर खाँसी और शोष रोग इससे ठीक हो जाते हैं। ज्वर तथा क्षय में इसका कीटाणु-नाशक प्रभाव होता है।

लौह भस्म 23.2 शुद्ध गंधक 11.66 ग्राम, अभ्रक भस्म 11. 66 ग्राम, शुद्ध पारद 5.8 ग्राम, स्वर्णमाक्षिक भस्म 5.8 ग्राम, मोती भस्म 3 ग्राम, स्वर्ण भस्म 3 ग्राम– इन सभी को खरल में डालकर छोटी कटेरी रस,

अदरख के रस, बकरी का दूध और मुलेठी के क्वार्थ से क्रमशः भावना देकर 121.5 मि. ग्राम की गोली बनाया जाता है। बहेडों के चूर्ण और शहद के साथ देने से श्वास तथा राजयक्ष्मा में बहुत फायदा होता है।

श्वासकुठार रस—यह खाने और सूँघने-दोनों ही कामों में आता है। बेहोशी, मृगी हिस्टीरिया और सन्निपात में इसके सूँघने से रोगी को चैतन्य लाभ होता है। पितज कास-श्वास को छोड़कर यह सभी प्रकार के कास-श्वास में लाभ करता है। शिरोरोग में यदि उनका संबंध वात और कफ से हो, तो यह अच्छा लाभ पहुँचाता है।

शुद्ध पारा, शुद्ध गन्धक, शुद्ध मीठा विष, सुहागे का लावा, शुद्ध मनःशिला प्रत्येक 11.66 ग्राम, सोंठ, पीपल- प्रत्येक 70 ग्राम, काली मिर्च 92. 8 ग्राम लेकर अडूसा के क्वाथ से दिन भर घोंटे और 121.5 ग्राम की गोली बना लिया जाता है।

नागार्जुनाभ्र रस—यह दवा सहस्त्रपुटी अभ्रक भस्म में अर्जुन छाल के काढ़े की अनेक भावना दे कर बनायी जाती है। यह हृदय रोग की बड़ी अच्छी औषधि है। इसके सेवन से हृदय की कमजोरी, हृदय की धड़कन और हृदय में दर्द होना आदि हृदय रोग अच्छे होते हैं। हृदय की अनियमित गति को नियमित करने के लिए इसका सेवन करना चाहिए। मन्दाग्नि, सूजन, अम्लपित, रक्तपित और विषम ज्वर आदि रोगों में भी यह औषधि अच्छा काम करती है। बल, वीर्य, कान्ति और शक्ति बढ़ाने में भी इसका अच्छा प्रभाव होता है। यह श्रेष्ठ रसायन भी है।

वज्राभ्रक भस्म सहस्त्र पुटी को अर्जुन वृक्ष की छाल के स्वरस या क्वाथ से 7 दिन तक घोंटकर 121.5 मि. ग्राम रती परिणाम की गोलियाँ बना कर छाया में सुखाकर रखा जाता है।

नित्यानन्द रस—यह श्लीपद की सर्वोतम औषधि है। यह रोग दूषित जलवायु से उत्पन्न होने के कारण कफवात प्रधान होता है। डाक्टर के अनुसार यह व्याधि फाइलेरिया नामक कीटाणु से होती है। इस रोग

के प्रारंभ में शरीर के किसी मांसल के हिस्से में सूजन हो जाती है।—साथ ही थोड़ा ज्वर भी रहने लगता है। जैसे-जैसे ज्वर का वेग बढ़ता जाता है, वैसे-वैसे, सूजन भी बढ़ती जाती है। ज्वर का वेग कम होने पर सूजन भी कम होने लगती है, फिर सूजन मिट जाती है। विशेषकर पाँव में ही इसक प्रकोप होता है। ज्वर, खुजली, पैर की जड़ मोटी हो जाना आदि इसके लक्षण होते हैं। अपची, गण्डमाला, भयंकर वात-रक्त, अन्न-वृद्धि आदि रोगों में भी यह फायदेमंद है।

सिंगरफ से निकाला हुआ पारा, शुद्ध गन्धक, ताम्र भस्म, कांस्य भस्म, वंग भस्म, शुद्ध हरताल, शुद्ध तूतिया, शंख भस्म, कौड़ी भस्म, सोंठ, मिर्च, पीपल, आँवला, हरड़, बहेड़ा, लौह भस्म, वायविडंग, सेंधा नमक, सोंचर नमक, विड् नमक, समुद्र नमक, काच नमक, चव्य, पीपलमूल, हाऊबेर, बच, कपूर, पाठा, देबदारू, इलायची, विधारा-बीज, निसोध, चीतीमूल और दन्ती- ये सभी दवा सम भाग ले कर पहले पारा-गन्धक की कज्जली बनावें, फिर उसमें अन्य भस्में तथा शोधित द्रव्यों एवं काष्ठ औषधियों का कूट कपड़छन किया हुआ मिलाकर सब को हरड़ के क्वाथ की एक भावना देकर 2-2 रती की गोली बना कर रखना चाहिए।

बसन्त कुसुम्भाकर भस्म—यह हृदय, वल्य, उतेजक, वृष्य और रसायन है। स्वर्ण, मोती, अभ्रक, रससिन्दूर आदि बल-बर्द्धक और रोग-नाशक द्रव्यों के संयोग से बनने के कारण यह सभी रोगों के लिए बहुत फायदेमंद है। स्त्री-पुरुषों की जननेन्द्रिय-संबंधी शिकायतों पर इसका बहुत अच्छा और तात्कालिक प्रभाव होता है। मधुमेह, बहूमूत्र, और प्रत्येक तरह के प्रमेह, नामर्दी, सोमरोग, श्वेत प्रदर, योनि तथा गर्भाशय की खराबी, वीर्य के पतले होने या गिरने संबंधी शिकायतों को यह जल्द नष्ट करता है और शरीर में नया यौवना लाता है। वीर्य की कमी से होनेवाला क्षय रोग की यह बहुत उतम दवा है। हृदय और फेफड़े को

इससे बल मिलता है। हृदय की कमजोरी, शूल तथा मस्तिष्क की निर्बलता, भ्रम, याददाश्त की कमी, नींद न आने आदि शिकायतों को दूर करता है। पुराने रक्त-पित, कफ, खाँसी, श्वास, संग्रहणी, क्षय, रक्त प्रदर, खून की कमी और बुढ़ापा तथा व्याधिजन्य कमजोरी मे इसका प्रयोग अति लाभदायक है। मधुमेह रोग की यह प्रसिद्ध दवा है।

प्रवाल भस्म या पिष्टी, चन्द्रोदय या रससिन्दुर, मोती पिष्टी या भस्म, अभ्रक भस्म—प्रत्येक 4-4 तोला, रौप्य भस्म, सुवर्ण भस्म 2-2 तोला, लौह भस्म, नाग भस्म और बंग भस्म-प्रत्येक 3-3 तोला लेकर सबको पत्थर के खरल में डालकर अडूसे की पती का रस, हल्दी का रस, गन्ने का रस, कमल के फूलों का रस, मालती के फूलों का रस, शतावरी का रस, केले के कन्द का रस, और चन्दन भिगोया हुआ जल या चन्दन क्वाथ प्रत्येक की सात-सात भावना देनी चाहिए। प्रत्येक भावना में 3 से 6 घंटा मर्दन करना चाहिए। अन्त की भावना में 3 समय उसमें 2 तोला अच्छी कस्तूरी मिलाकर 3 घंटा मर्दन कर 1-1 रती की गोली बनाकर रख लेनी चाहिए।

वातचिन्तामणि रस—आयुर्वेद में वात रोग के लिए इस औषधि की प्रशंसा है। इसके सेवन से सभी प्रकार के वात और पित संबंधी रोग जड़‘मूल से नष्ट हो जाते हैं। नींद न आना, मस्तिष्क की ज्ञानवाहिनी नाड़ियों के दोष से उत्पन्न होनेवाली बीमारी और हिस्टीरिया आदि में इसके सेवन से बड़ा लाभ होता है।

यह रस हृदय और मस्तिष्क के लिए उतम बलकारक, वात कफ नाशक तथा वाजीकरण है। सभी प्रकार के वात रोगों में इसका प्रयोग किया जाता है। आक्षेपक और हिस्टीरिया में मांस्यादि क्वाथ के साथ दिया जाता है। जीर्ण वातरोगों में जबकि रोगी अत्यंत कमजोर हो जाता है और चलने-फिरने में भी अशक्तता अनुभव करता है, ऐसी स्थिति में इस औषध का सेवन करने से कायाकल्प जैसा उतम लाभ होता है।

स्वर्ण भस्म 1 तोला, चांदी भस्म, अभ्रक भस्म 2 तोला, मोती भस्म या पिष्टी 3 तोला, प्रवाल भस्म या पिष्टी 3 प्रवाल भस्म या पिष्टी 3 तोला, लौह भस्म 5 तोला रससिन्दुर 7 तोला लें। सर्वप्रथम रससिन्दुर को खुब महीन पीसें फिर अन्य सभी दवाओं को मिलाकर ग्वारपाठे के रस में मर्दन कर 1-1 रती की गोलियाँ बनाकर सुखा लेना चाहिए।

वातविध्वंसन रस—इसके सेवन से वातसंबंधी होने वाले रोग, शूल, पेट-दर्द, कफ से होने वाले रोग, ग्रहणी, सन्निवात, मूढ़वात और सूतिका रोग तथा मन्दाग्नि एवं गर्भाशयजन्य आदि रोगों का नाश होता है। यह रसायन है। इसका प्रधान कार्य वातवाहिनी नाड़ियों पर होता है। प्रकुपित वात के कारण जब वातवाहिनी नाड़ियाँ दूषित हो, अनेक प्रकार के आक्षेप सहित वातरोगों को जैसे-पक्षाघात, अपतंत्रक, अपतानक आदि व्याधियाँ तीव्र वेदना के साथ उत्पन्न कर देती है अथवा और भी किसी कारणवश वतावाहिनी नाड़ी दूपित होने पर शरीर में प्रकुपित वात के लक्षण दिखायी पड़ते हों, तो इन अवस्थाओं में वातवध्वंसन रस के उपयोगी से बहुत शीघ्र सफलता मिलती है। सन्धिवात तथा आमवात में जब रोगी दर्द के मारे बेचैन हो, सूजन हो, बिच्छू काटने सी पीड़ा हो, तो ऐसे भयंकर रोग में संचित आम को दूर करने तथा वेदना को नष्ट करने के लिए वातविध्वंसन रस का उपयोग करना अति हितकर है। इस रोग की यह श्रेष्ठ औषधि है।

शुद्ध पारा, शुद्ध गंधक, नाग भस्म, अभ्रक भस्म, ताम्र भस्म, पीपल, सुहागे की लावा, काली मिर्च और सोंठ प्रत्येक 1-1 तोला लें। पहले पारा गंधक की कज्जली बना फिर उसमें अन्य औषधियों का कपड़छान किया हुआ महीन चूर्ण मिला सभी को एक प्रहर तक घोंटे। फिर उसमें शुद्ध बच्छनाग का चूर्ण 4 तोला मिलाकर त्रिकूट के क्वाथ, संभालू के रस, आक के दूध, आँवले के रस, अदरक के रस ओर नींबू के रस की 3-3 भावना देकर 2-2 रती की गोलियाँ बनाकर सुखा लेना चाहिए।

दन्तोद्भेगदान्तक रस—इस रस के सेवन से बच्चों को दाँत आने के समय होनेवाले अतिसार, ज्वर, धनुर्वात आदि विकार नष्ट होते हैं और बच्चों के दाँत शीघ्र ही बिना किसी कष्ट के सरलता से निकल आते हैं।

बच्चों के दाँत आते समय होता है जिसे बच्चा निगलता रहता है। परिणामस्वरूप अमाशय के भीतर होनेवाली पाचक्रिया विकृत हो जाती है। यकृत निर्बल होने से जब आन्त्र में भी यकृत-पित द्वारा उसका रूपान्तर नहीं हो सकता, उस दशा में ही पीले एवं फटे हुए दुधमय दस्त होने लगते हैं। बच्चों के दाँत निकलते समय अनेक प्रकार की परेशानी हो सकती है। जैसे—पीले या पतले दस्त होना, दूध की उल्टी होना, रोना, चिल्लाना, उदरशूल, अपच, अरुचि, ज्वर आदि लक्षण उपस्थित होते हैं। ऐसी दशा में इस रस के प्रयोग से उक्त उपद्रव नष्ट होकर बच्चों के दाँत बिना कष्ट के निकल आते हैं।

पीपल, पीपलामूल, चव्य, चित्रकमूल, छाल, सोंठ, अजमोद, अजवायन, हल्दी, मुलेठी, देवदारू, वायविडंग, छोटी इलायची, नागकेशर, नागरमोथा, कचूर, काकड़ासिंगी, विड़नमक, अभ्रक भस्म, शंख भस्म, लौह भस्म, द्रव्यों का सूक्ष्म कपड़छान चूर्ण करें। इसके बाद इसमें उपराक्त भस्में मिलाकर गो-दुग्ध के साथ 6 घंटे तक दृढ़ मर्दन कर, गोली बनाकर सुखा लेना चाहिए।

योगेन्द्र रस—यह उन्माद, मूर्च्छा, हिस्टीरिया, वातज, पितज रोग, गध्रसी, पक्षाघात, आर्दित, मन्यास्तस्य, हनुग्रह, शरीरेन्द्रियों की दुर्बलता आदि के लिए बड़ी अच्छी दवा है। स्वर्ण कान्त, मोती, ब्रग, अभ्रक आदि उतम धातु भस्मों के योग से बढ़ा हुआ हृदय रोग, प्रमेह, शूल, अम्लपित और राजयक्ष्मा के लिए बहुत उपकारी है। यह बल, वीर्य, स्मृतिवर्द्धक, तथा अनेक रोगनाशक है। बीमारी के बाद की कमजोरी और साधारण कमजोरी को दूर कर बल बढ़ाने के लिए इसका उपयोग किया जाता है। इस रसायन का प्रभाव वातवाहिनी नाड़ियों, मन मस्तिष्क ओर रक्तवाहिनी

नाड़ियों पर विशेष रूप से होता है। यह प्रकृति वात को शान्त करता है तथा मूत्र पिण्ड पर भी इसका प्रभाव होता है। पित-प्रकोप जन्य दाह, बेचैनी, अनिद्रा आदि को भी यह दूर करता है। हृदय के रोगों में भी इसके प्रयोग से बहुत सफलता मिलती है। यह रस-रक्तादि धातुओं को पुष्ट कर शरीर को बलवान बनाता है और वीर्य दोष, स्वप्नदोष, वीर्य का पतलापन, शीघ्रपतन आदि दोषों को दूर करता है तथा पाचक पित को उतेजित कर पाचन-क्रिया को सुधारता है। वात-पित प्रधान पक्षाघात रोग के लिये यह सर्वोत्तम दवा है।

रससिन्दूर 2 तोला, स्वर्ण भस्म या वर्क, कान्तलौह भस्म, मोती भस्म और वंग भस्म प्रत्येक एक-एक तोला लेकर सभी को एक दिन धृतकुमारी के रस में घोंटकर गोला बनाया जाता है। फिर एरण्ड के पतों में लपेट कर डोरा से बाँधकर, धान के ढेर में तीन दिन तक दबाकर छोड़ा जाता है। इसके पश्चात् एक-एक रती को गोलियाँ बनाकर रखा जाता है।

रसमाणिक्य--इस रस के प्रयोग करने से सभी प्रकार के कुष्ठ राग, वात रक्त, विसर्प पिपादिका, विचर्चिका तथा अनेक प्रकार के त्वचा रोग, भगन्दर, नाड़ी व्रण, मासा रोग, मुख रोग, विस्फोटक आदि रोग नष्ट होते हैं। इसके अतिरिक्त उपदेश,दुष्ट व्रण, कास, श्वास, हृदयावरोध, वातश्लेष्मज्वर, विषमज्वर, सन्निपात ज्वर, विशेष पुण्डरीक कुष्ठ, चर्मदल कुष्ठ और मण्डल कुष्ठ, गलित कुष्ठ तथा आमवात रोग नष्ट करता है। यह श्वेत कुष्ठ में भी उत्कृष्ट लाभ करता है।

शुद्ध वशपत्री हरताल को चूर्ण कर श्वेत अभ्रक पत्रों पर बिछाकर उस पर दूसरे श्वेत अभ्रक पत्रों को रखकर बेर के पतों के कल्क से या मुलतानी मिट्टी और कपड़े से उसकी संधि बन्द कर दें। इसके पश्चात जब तक अभ्रक पत्रों का रंग गहरे लाल वर्ण का न हो जाये, तब तक बेर के कोयलों की तीव्र अग्नि पर पकायें, फिर नीचे उतार कर स्वांग शीतल होने पर उसमें से माणिक्य के टुकड़ों के सदृश रस को निकाल कर सुरक्षित रखें।

सिन्दुर भूषण रस–यह वातनाशक, संग्रहणी के लिए आन्त्रिक विकारों को नाश करने वाला है। पुराना अतिसार और संग्रहणी के लिए यह बहुत उतम है। यह बलवर्द्धक और शरीर के किसी भी हिस्से में उत्पन्न दर्द का नाश करने वाला है। स्नायु मण्डल को शक्ति प्रदान कर काम-शक्ति को जागृत एवं स्तम्भन करता है। रस रक्तादि धातुओं को पुष्ट करने में भी उतम है।

रस सिन्दूर 2 तोला, भस्म या वर्क 6 माशा, अफीम 6 माशा, शुद्ध कपूर 6 माशा, छोटी इलायची बीज-चूर्ण 1 तोला, वंशलोचन चूर्ण एक तोला लेकर सबको एकत्रित खरल में नागरमोथा के क्वाथ के साथ खरल कर दो-दो रती की गोलियाँ बना कर रखना चाहिए।

उपर्युक्त वर्णित दवाओं के अतिरिक्त इस श्रेणी में अन्य अनेक दवाएँ हैं जिनका उल्लेख स्थानाभाव के कारण नहीं किया जा रहा है। ये सभी दवाएँ मानव जीवन की अमूल्य धरोहर हैं। इन दवाओं में कुछ प्रमुख हैं–अग्निराज रस, अग्नि संदीपन रस, उन्मादगजांकुश रस, कफकुठार रस, कल्पतरु रस, कादुधा रस, कालकूठ रस, कासकेशरी रस, खंजनिकारी रस, गंगाधर रस, गर्भपाल रस, चन्द्रकला रस, महालक्ष्मीविलास रस, मृगांक रस, बड़वानल रस, वालकुलान्तक रस, प्रदररिपु रस इत्यादि।

रसायन

जिन औषध द्रव्यों के सेवन से शरीर में उतम रस रक्तादि धातुओं की उपलब्धि होती है, वे रसायन कहे जाते हैं।–

लाभोपायो हि शस्तानां रसादीनां रसायनम्।

जिससे जरावस्था एवं व्याधि का नाश हो वह रसायन है। रसायन औषधों का प्रयोग केवल स्वास्थ्यवर्धन में ही नहीं अपितु अनेक रोगों की चिकित्सा में भी किया जाता है। इनके उपयोग से शरीर में क्षमता एवं रोग प्रतिरोधकता बढ़ती है। रसायन के विधिवत् प्रयोग से दीर्घ आयु, स्मृति,

मेधा, आरोग्य, यौवन, प्रभा, वर्ण और स्वर की उतमता, शरीर में बल, वाक्सिद्धि तथा लोक में सम्मान प्राप्त होता है। रसायन के प्रयोग से च्यवन ऋषि ने पुनः यौवनावस्था प्राप्त की—

'देवस्य पश्य काव्यं न ममार जीर्यति।'

अथर्ववेद के इस मंत्र में मनुष्य के अजर-अमर बनने की लालसा निहित है जो रसायन का आधारशिला है। वृद्धावस्था में मनुष्य कुछ कर सकने में असमर्थ हो जाता है और शरीर भारी हो जाता है। अतः जरा का प्रतिषेध होकर पुरुष की सशक्त युवावस्था बनी रहे यही रसायन का लक्ष्य है। इसके कारण इसे वयःस्थापना भी कहते हैं।

च्यवनप्राशावलेह—यह अवलेह क्षीणकाय व्यक्ति के लिए रसायन है। बालक, वृद्ध, क्षतक्षीण रोग स्त्री-सहवासजन्य क्षीणता, शोष, हृदयरोग, स्वरक्षय, स्वरभेद के लिए यह सिद्ध औषधि है। यह कास-श्वास, पिपासा वातरक्त, उरोग्रह, वातज एवं पित रोग मूत्र विकार तथा शुक्र-विकारों को नष्ट करता है। च्यवनप्राशावलेह बनाने की विधि—क्वाथ के द्रव्य पाढ़ल की छाल 50 ग्राम, गनियार, बेल, गभारी की छाल, सोनापाठा की छाल, शालिपार्णी, पृश्निपर्णी, छोटी कटेरी, बड़ी कटेरी, गोखरू, पीपर, काकड़ासिंगी, मुनक्का, गुडूची, बड़े हर्रे, बरियार, मुंई आँवला, अरूस, ऋद्धि, जीवन्ती (मैनाटांग) कचूर, जीवन, ऋषभक, नागरमोथा, पुष्करमूल, काकनासा, मुदगपर्णी, भाषणपर्णी, विदारीकन्द, गदहपुर्ना, काकोली क्षीरकाकोली, कमलगट्टा, भेदा, महाभेदा, छोटी इलायची, अगारू, सफेद चंदन (धूरा) सभी 50-50 ग्राम लेकर भूसा की तरह कूट लें। प्रक्षेप द्रव्य के रूप में पीपर 100 ग्राम, वंशलोचन 200 ग्राम छोटी इलायची 10 ग्राम तेजपता 10 ग्राम तथा नागकेशर 10 ग्राम लें। एक कड़ाही में 13 लीटर जल डालकर क्वाथ द्रव्य मिला लें। कपड़े की थैली में आंवले बांध कर क्वाथ के साथ पाली में डाल दें। धीमी आंच से क्वाथ को पकायें। लगभग अष्टामांश जल बचे तो क्वाथ को छान लें और सिट्टी फेंक दें। आंवले का बीज

फेंककर आंवले को सील पर पीस लें। कड़ाही में घी डालकर गूदे को भून लें। जब वह लाल हो जाय और कड़ाही में घृत अलग हो जाय तो उतार लें। क्वाथ के जल मे चीनी डालकर बनायें और भूने आंवले को उसमें डालकर सावधानी से चलायें। जब गाढ़ा अवलेह की तरह हो जाय तो कड़ाही नीचे उतार लें। ठंडा होन पर पहले से तैयार प्रक्षेप चूर्ण को डालकर मिलाकर एकरस कर लें। पुनः हल्की आंच पर गर्म करें जिससे प्रक्षेप द्रव्य मिल जाये। उतार कर ठंडा कर 300 ग्राम मधु मिलायें। इस प्रकार च्यवन ऋषि के वार्धक्य को दूर कर युवा बनाने के लिए इस च्यवनप्राशावलेह का निर्माण किया गया था।

हरीतक्यादि रसायन—इस रसायन के सेवन से जरा, रोग, दुख और अभिचार कर्म का भय नहीं रह जाता है। शरीर, इन्द्रिय ओर बुद्धिबल की अतुलनीय वृद्धि होती है, प्रत्येक कार्य मे सफलता मिलती है और पूर्णायू की प्राप्ति होती है।

बड़ी हरड़ निर्बीज, आंवला, निर्बीज, बहेड़ा निर्बीज, शानिपर्णी, पृश्निपर्णी, छोटी कटेरी, कटेरी, गोखरू, बेल की छाल, गनियार की छाल, पूनर्नवा, मुद्‍गपर्णी, माषणपर्णी, बला, एरण्डमूल, जीवक, ऋपभक, मेदा, जीवन्ती, शतावर, मुज, इक्षुमूल, दर्भ, कास तथा शालिधान्यमूल पत्येक 100-100 ग्राम। इस सभी द्रव्यों को मोटा कुट कर आठ गुने जल में क्वाथ करें तथा जब चतुर्थांश शेष बचे तो छान लेना चाहिए। विदरीकन्द का स्वरस 5 किलो 600ग्राम तैयार कर गोदुग्ध तथा गाय के धृत से निर्माण किया जाता है।

पिप्पली रसायन—यह पिप्पली प्रयोग उन्हीं लोगों के लिए विशेष लाभकारी है, जो कास, श्वास, हिक्का, स्वरभेद, पनस आदि से पीड़ित होते हैं। तीन पीपर के बराबर परिमाण में पिप्पली चूर्ण लेकर मधु के साथ सेवन करना चाहिए।

लौह शिलाजतु रसायन—रसायनार्थ प्रयोग के लिए लौह शिलाजित

अधिक लाभकारी होता है, क्योंकि सुवर्ण, रजत एवं ताम्र शिलाजीत क्रमशः वातपित, श्लेष्मपित ओर कफ के विकारों में लाभकर होते हैं। जबकि लौह शिलाजीत वातज, पितज और कफज इन तीनों विकारों में लाभप्रद होता है। इसलिए इसे सर्वश्रेष्ठ शिलाजीत माना गया है।

शिलाजीत के सेवन से प्रमेह, कुष्ठ, अपस्मार, उन्माद, श्लीपद, गर, विषदोष, शोष, शोथ, अर्श, गुल्म, पाण्डू और विषभज्वर नष्ट होते हैं। यह दीर्घकाल से उत्पन्न शर्करा तथा अश्मरी का भेदन करता है।

इसे जिस रोग में प्रयुक्त करना हो, उस रोग को नष्ट करनेवाली औषधों से भावना दें और रोग औषधों के क्वाथ में घोलकर प्रयोग करें।

सोमराजी रसायन—इसके सेवन से समय के पूर्व बुढ़ापा और तज्जनित रोग नष्ट होते हैं। सोमराजी (वाकुची) में विजयसार और खैर की लकड़ी के क्वाथ की तीन-तीन भावना देकर, हल्का कूटकर छिलका उतार कर उसका बारीक चूर्ण बना लें।

आमलकी रसायन—उ़तम आंवला के चूर्ण को 100 बार ताजे आंवले के रस में भावना देकर बनाया जाता है। इसका उल्लेख चरक आदि प्राचीन ग्रंथों में है। आमलकी रसायन धातुपुष्ट के लिए अमृत के समान है। शीघ्रपतन, वीर्य का पतलापन, स्त्रीसंसर्ग होते ही वीर्य का पतन, पेशाब में वीर्य का आना, शरीर की दुर्बलता दिमाग की कमजोरी, सुस्ती, उदासी, कब्जियत, अम्लपित आदि रोग एकदम निर्मूल हो जाते हैं। दस्त साफ होता है एवं शरीर नीरोग हो जाता है। दिमागी ताकत बढ़ती है।

गन्धक रसायन—इसके सेवन से कुष्ठ, रक्त विकारजन्य फोड़ा-फुन्सी, चकतों का पड़ना, आतशक (गर्मी) के सभी उपद्रव नष्ट हो जाते हैं। धातु-क्षय, प्रमेह, मन्दाग्नि और उदर शूलादि में भी यह लाभदायक है। यह रस-रक्तादि सप्त धातु शोधन एवं बलवीर्य वर्द्धक, पौष्टिक एवं अग्निदीवक है तथा कफ और आमाशय के रोगों में भी लाभदायक है। पित प्रधान रोगों में इस रसायन का विशेष उपयोग होता है तथा दाह

होना, जलन के साथ पेशाब होना, हाथ पैर में जलन होना, मस्तिष्क के भीतर, कण्ठ जिह्वा आदि मे जलन होना, शीतल जल से स्नान करने की इच्छा होना या शीतल पदार्थ खाने की इच्छा होना इत्यादि लक्षण पित की दृष्टि से उत्पन्न होते हैं। ऐसी अवस्था मे गंधक रसायन के प्रयोग से ये सभी शांत हो जाते हैं। शरीर में छोटी-छोटी फुंसिया होना, खुजली होना, कब्ज होना ऐसी अवस्था में भी यह रसायन बहुत उपयोगी माना गया है।

गाय के दूध से 3 बार शुद्ध किया हुआ गन्धक 64 तोला लें। उसे पत्थर के खरल में डालकर, दालचीनी, तेजपता, छोटी इलायची और नागकेशर का कपड़छान चूर्ण समान भाग में लेकर, इस चूर्ण को द्विगुणित जल में भिगा दें। सबेरे हाथ में मलकर कपड़े से छाने हुए जल से ताजी गिलोय के स्वरस से हरड़ और बहेड़े के क्वाथ से, आंवला, सोंठ, भांगरा ओर अदरख इनके स्वरस से 8-8 दिन भावना दें। अन्त में सुखाकर पीसकर उसमें समान भाग मिश्री का चूर्ण मिलाकर शीशी में भर लें।

चतुर्भुज रस—इस रसायन में उतेजक, आक्षेप निवारक, रसायन और सेन्द्रिय विषनाशक गुण हैं। अतः इस रस का वातवाहिनी नाड़ियों और वातकेन्द्र पर तत्काल प्रभाव होता है। अतएव यह रसायन हिस्टीरिया, आक्षेपक, मूर्च्छा, हृदय की दुर्बलता, शीतांग सन्पिात, राज्यक्ष्मा, अर्दित, गृध्रसी, कठात आदि वातजन्य विकारों में बहुत शीघ्र लाभ करता है।

रस सिन्दूर 2 तोला, स्वर्ण भस्म, शुद्ध मैनशिल, कस्तूरी, शुद्ध हरिताल—प्रत्येक द्रव्य 1-1 तोला लेकर सभी को एकत्र मिला ग्वारपाठे के रस में एक दिन तक दृढ़ मर्दन करके गोला बनावें। तत्पश्चात् उस गोले को एरण्ड के पतों में लपेट कर धान के ढेर में तीन दिन तक दबा रहने दें, तीन दिन के पश्चात निकाल कर एरण्ड के पतों को पृथक निकाल, गोला को मर्दन कर एक-एक रस को गोली बना छाया में सुखाकर सुरिक्षित रखना चाहिए।

चन्द्रशेखर रस—इस रसायन के सेवन से जीर्ण ज्वार, रक्त-पित,

श्वास-खांसी आदि रोग नष्ट हो जाते हैं। बच्चों की खांसी, ज्वार, पसली चलना आदि बीमारियों में इसका उपयोग बहुत लाभदायक है। इस रसायन का विशेष उपयोग पितश्लेष्मा ज्वर में, शरीर में दाह, तन्द्रा, अरुचि, कभी कभी अंग में दाह हो और कभी किसी अंग में ठंडा लगे ऐसे लक्षण उत्पन्न होने पर होता है। शुद्ध पारा 1 तोला, शुद्ध गंधक 2 तोला, मिर्च 2 तोला , सुहागे का लावा, 2 तोला मिश्री 7 तोला—इन सभी को एकत्र कर रोहू मछली के पित के साथ 3 दिन खरल में घोंट कर 2-2 रती की गोलियाँ बनाकर रखा जाता है।

मधुमालिनी वसन्त—यह रसायन शीतवीर्य और कफ पित-प्रकोप को शमन करने वाला है। इसके सेवन से पुराने विषम ज्वर, अधिक दिन से आने वाला पुराना ज्वर तथा रस-रक्तादि धातुगत ज्वर नष्ट हो जाते हैं। यह रसायन गर्भिणी के ज्वर को दूर करता है तथा गर्भाशय एवं शिशु की भी रक्षा करता है। इस रसायन का सेवन करने से गर्भाशय के सभी दोष मिट जाते हैं।

इसके लिए शुद्ध हिंगुल 8 तोला और खर्पर भस्म 8 तोला लेकर दोनों को खरल में डालकर बड़हर रस की सात भावना देकर छोटे-छोटे गोले बनाकर छाया में सुखा लें। तत्पश्चात बेरी की लकड़ी के कोयलों की अग्नि पर लोहे की साफ कड़ाही में गोले रखकर उनके साथ ही शुद्ध हिंगुल के बराबर मुर्गी के अंडे भी कड़ाही में रखकर लोहे की कलछी से बराबर चलाते रहें। जब मुर्गी के अण्डों का द्रव गोले में शुष्क हो जाये एवं गोले फूटकर सारा द्रव्य एक होकर शुष्क हो जाये एवं अंडों के छिलके भी जलकर मुलायम हो जायें तब नीचे उतारकर कड़ाही से सभी दवा को निकालकर, खरल में डालकर, पीसकर, दवा से आधे परिणाम में कचूर का चूर्ण और कचूर के समान भाग ही सफेद मिर्च का चूर्ण मिलाकर पुनः बड़हर के रस की 7 भावना देकर एक-एक रती का टिकिया बनाकर सुखाकर रख लें।

याकूती रसायन—इस रसायन के प्रयोग से हृदय की दुर्बलता, सन्निपात ज्वर आदि में नाड़ी क्षीणता, देह शीतल हो जाना, स्वेदाधिक्य, हृदय की दुर्बलता के कारण थोड़ा सा भी चलने से दम भर जाना और हृदय का स्पन्दन बढ़ जाना आदि लक्षण नष्ट होते हैं।

माणिक्य पिप्टी, पन्नापिष्टी, मुक्तापिष्टी, प्रवालपिष्टी, कहरवापिष्टी, चन्द्रोदय, सोने के वर्क, अम्बर, कस्तूरी, अबरेशम कतरा हुआ और केशर प्रत्येक 2-2 तोला, बहमन सफेद, बहम लाल, जायफल, लोंग ओर सफेद मिर्च प्रत्येक का कपड़छान किया हुआ महीन चूर्ण 1-1 तोला लें। प्रथम चन्द्रोदय को खूब महीन पीसें, बाद में उसमें अन्य द्रव्य तथा सोने का वर्क मिला, उतम गुलाब के अर्क में 21 दिन मर्दन कर एक-एक रती की गोलियाँ बना छाया में सुखाना चाहिए।

लौह रसायन—रोगोचित अनुपात के साथ इस रसायन के सेवन से अनेक प्रकार के रोग समूल नष्ट होते हैं। पीपल चूर्ण और मधू के साथ इस रसायन का सेवन करने से मन्दाग्नि, श्वास, कास, पाण्डू, यकृत, प्लीहा, एवं कफ तथा वातजनित समस्त रोग नष्ट होते हैं। त्रिलोय रस और मधु के साथ सेवन करने से वात-रक्त, मूत्रदोष, प्रमेह, मूत्रकृच्छ, मूत्राघात, संग्रहणी, अर्श, वृषण या अनत्रवृद्धि आदि रोगों को नष्ट करता है। यह रसायन बल, वर्ण, वीर्य, और आयु की वृद्धि करता है। रस-रक्तादि सप्तधातुओं की पुष्टि करने वाला एवं समस्त रोगों को नष्ट कर शरीर को सुदृढ़ बनाने वाला यह उतम रसायन है।

शुद्ध पारा एक भाग, गंधक दो भाग लेकर कज्जली बनावें। इसके बाद लौह भस्म 3 भाग मिलाकर एक प्रहर मर्दन करें, बाद में ग्वारपाठे के रस से तीन दिन तक धूप मे मर्दन करें। गोला बनने योग्य होने पर गोला बना, उसे गोले को एरण्ड के पते में लपेट कर एक ताम्रपत्र में रख दें। उस ताम्रपत्र के ऊपर दूसरा ताम्रपत्र ढककर तीन दिन तक धन्यराशि में दबा दें। तीन दिन बाद गोले को निकाल कर सूक्ष्म मर्दन करें ओर धूप

में रखकर बनतुलसी का स्वरस, त्रिकुट-क्वाथ, अडूसा स्वरस, गिलोय का स्वरस, चित्रकमूल-क्वाथ इनकी पृथक्-पृथक् जीन भावना देकर मर्दन करें। पश्चात् इसको लौहपात्र में डालकर त्रिफला क्वाथ, निर्गुण्डी स्वरस, अनार की छाल का स्वारस या क्वाथ, कमलनाथ का रस, भांगरे का रस, कुरण्टक का रस, पलास छाल का रस, केले के कन्द का रस, विजयसार का क्वाथ, नीली का रस, गोरखमुण्डी का रस या क्वाथ बबूल की फली का रस, गगेरन की छाल का क्वाथ, यातावर का क्वाथ, गोखरू का क्वाथ, पाताल-गरुड़ी का रस— इनकी पृथक्-पृथक् तीन-तीन भावना देकर मर्दन करें। शुष्क हो जाने पर सूक्ष्म पीस कर सुरक्षित रख लें।

मकरध्वज रसायनःयह रसायन पौष्टिक, वीर्यवर्द्धक, उतेजक तथा शरीर में स्फूर्ति बढ़ाने वाला और वाजीकरण है। शुक्र संबंधी सभी प्रकार के रोगों में सेवन करने से विशेष लाभ होता है। शुक्रदोष यो वीर्यवाहिनी नाड़ियों की कमजोरी से उत्पन्न नामर्दी के रोग इसके सेवन से बहुत जल्दी अच्छे हो जाते हैं। किसी रोग से छुटकारा पाने के बाद शारीरिक दोष तथा दूष्य की कमजोरी के कारण शरीर कमजोर हो गया हो, शारीरिक अवश्व कमजोर होकर अपने कार्य करने में असमर्थ हो गये हों, तो इस रसायन का सेवन अवयय करना चाहिए। सभी प्रकार के प्रमेह, मधुमेह, बहुमूत्र, सोमरोग, श्वते प्रदर, कठिन वात रोग, हृदय और मस्तिष्क की दुर्बलता, खाँसी, श्वास, सन्निपात ज्वर आदि अनेक रोगों में उचित अनुपात के साथ देने से यह रसायन अमृत-तुल्य लाभ करता है।

स्वर्ण भस्म या वर्क दो तोला, वंग भस्म, कान्तालौह भस्म, मोती भस्म, जावित्री, जायफल, चांदी भस्म, कांस्य भस्म, रससिन्दूर, प्रवाल भस्म, कस्तूरी, शुद्ध कपूर और अभ्रक भस्म एक-एक तोला तथा स्वर्ण-सिन्दूर नौ तोला लेकर एकत्र कर खरल कर रखें।

राजभृगांक रस—इस रसायन के सेवन से समस्त प्रकार के राजयक्ष्मा रोग नष्ट होते हैं। विशेपतः राजयक्ष्मा की प्रथम तथा द्वितीय अवस्था में

इसके सेवन से अच्छा लाभ होता है। इसके अतिरिक्त समस्त प्रकार के जीर्ण ज्वर, जीर्ण कास, श्वास, मन्दाग्नि, अजीर्ण, रक्तपित– इन रोगों को नष्ट करता है और क्षयोत्पादक कीटाणुओं को नष्ट कर रक्ताणुओं की वृद्धि करता है। दिल और दिमाग को ताकत देकर मानसिक अशांति को दूर करता है तथा फुफ्फसीय व्रणों का रोपण कर निर्दोष एवं बलशाली बनाता है।

रससिन्दूर तीन तोला, स्वर्ण भस्म एक तोला, ताम्र भस्म एक तोला, शुद्ध हरिताल, शुद्ध गन्धक–प्रत्येक दो-दो तोला लेकर सबको एकत्र मिलाकर दृढ़ मर्दन करें। तत्पश्चात, इस चूर्ण को शुद्ध कौड़ियों का मुख बन्द करके धूप में सूखाकर सराव-सम्पुट में रख, सन्धि बन्द कर गजपुट में फूंक दें, स्वांग शीतल होने पर निकालकर कौड़ियों सहित दवा को सूक्ष्म मर्दन कर सुरक्षित रख लें।

श्लेष्मकालानल रस–इस रसायन का सेवन करने से समस्त प्रकार की कफज व्याधियाँ नष्ट होती हैं और जुकाम, ज्वर, पार्श्वशूल, मन्दाग्नि, उदरशूल, शिट, शूल, सवांग पीड़ा, जड़ता, तन्द्रा, अलसक इन रोगों को शीघ्र नष्ट करता है। इस योग में कफनाशक गुण होने के साथ ही उतम पाचक ओर अग्निदीपक भी है। अतः संचित कफ और आमदोष का पाचन कर कफज विकारों का शमन करने में उतम गुणकारी सिद्ध होता है।

शुद्ध पारद एक तोला, शुद्ध गन्धक एक तोला, शुद्ध विष चार तोला, त्रिकट मिलित 8 तोला, हरड़ बहेड़ा, आँवला, पोहकर मूल, मूल, अजमोद, अजगन्धिका, वायविडंग, कायफल, चव्य,सेन्धा नम, कालानमक, समुद्र नमक, साम्भर लमक, मनिहारी नमक, लौंग, निशोथ, दन्तीमूल–प्रत्येक द्रव्य एक एक तोला लेकर प्रथम पारा-गन्धक की कज्जली बनावें। तत्पश्चात् अन्य द्रव्यों का सूक्ष्म कपड़छान चूर्ण मिला धूप में तुलसी-स्वरस की सात भावना देकर दृढ़ मर्दन करें। बाद में 2-2 रती की गोली बनाकर सुखा कर रख लें।

हेमाभ्रक सिन्दुर—यह रसायन क्षायरोग, क्षयज, पाण्डु रोग, क्षयज कास, कुष्ठ रोग, स्नायु दौर्बल्य, कठिन वात रोग, हृदय की दुर्बलता, मस्तिष्क विकार, वात वाहिनियों का संकुचित होना आदि विकारों में उतम गुणकारी है। अनुलोमक्षय और प्रतिलोमक्षय दोनों प्रकार के क्षय रोगों में इसके सेवन से श्रेष्ठ लाभ होता है। किसी भी जीर्ण विकार में उत्पन्न हुई दुर्बलता को नष्ट करने में यह अद्‍भुत प्रभावशाली है। पाण्डु, कामला, हलीमक आदि रक्ताल्पताजन्य रोगों में इसके कुछ काल तक नियमित सेवन से रस-रक्तादि समस्त धातुओं की वृद्धि होकर शरीर हृष्ट-पुष्ट एवं शक्ति सम्पन्न बन जाता है।

अभ्रक भस्म, रससिन्दुर, स्वर्ण भस्म—इन तीनों का बराबर भाग लेकर खरल में डालकर अदरक के रस से घोंट, सुखा और पीस कर रखना चाहिए।

हेमनाथ रस—यह रसायन प्रमेह रोग के लिए अत्यन्त उतम है। मूत्राशय, वृक्क और वीर्यवाहिनी नाड़ियों की दुर्बलता को दूर कर उनकी क्रिया को ठीक करता है। यह पेशाब के साथ वीर्य-स्त्राव को रोकता है। स्त्रियों का सोम रोग एवं श्वेत प्रदर इस रसायन से बहुत शीघ्र ठीक हो जाता है। बहुमूत्र, प्रमेह, नपुसंकता, शीघ्रपतन, वीर्य का पतलापन, कमर का दर्द, पैरों की हड़कन, स्वप्नदोष, मधुमेह और दुर्बलता दूर करने के लिए इसका प्रयोग विशेषतया किया जाता है। यह योगवाही एवं रसायन होने के कारण अनुपान भेद से वात, कफ एवं त्रिदोष से उत्पन्न सभी विकारों में उतम लाभदायक है। इसमें शुद्ध पारद के स्थान पर रससिन्दूर डालकर बनाने के बहुत उतम गुणकारी बनता है।

शुद्ध पारा, शुद्ध गंधक, स्वर्ण भस्म, स्वर्णमाक्षिक भस्म एक-एक तोला तथा लौह भस्म, कपूर, प्रवाल भस्म और बंग भस्म छः-छः माशे लेकर सभी को एकत्र मिला कर खरल करें। कज्जली हो जाने पर उसे अफीम के पानी, केले के फूलों के रस और गूलर के रस की सात-सात

भावना देकर एक-एक रती की गोलियाँ बना लें।

गंगाधर रस—यह रसायन अतिसार, आमातिसार तथा रक्तातिसार में बहुत लाभ करता है। इसमें अतीस पड़ी हुई है, अतएव अमातिसार में विशेष गुणदायक है। पारद, गंधक, अभ्रक भस्म आदि द्रव्यों के मिश्रित होने से मन्दाग्नि और संग्रहणी में यह अग्नि को प्रदीप्त कर आम का पाचन एवं बढ़े हुए दस्त के वेगों को कम करता है। बेलगिरी और धाय के फूल एवं कुड़ाछाल का मिश्रण भी आमपाचन और स्तम्भन की दृष्टि से बहुत उपयोगी उपादान है।

शुद्ध पारद, शुद्ध गन्धक, अभ्रक भस्म, कुड़े की छाल, अतीस लोध, बेलगिरी और धाय के फूल सभी समान भाग में लें। सर्वप्रथम पारा गन्धक की कज्जली करें। तत्पश्चात उसमें अन्य औषधियों का कूट —कपड़छान चूर्ण मिलाकर तीन दिन तक पोस्त के डोडे के क्वाथ में घोंटकर दो-दो रती की गोलियाँ बना सुखाकर रखा जाता है।

भस्म

आयुर्वेद के अनुसार किसी भी धातु-उपधातु, रस-उपरस, रत्न-उपरत्न एवं खनिज पदार्थ की भस्म बनाने से पूर्व उस पदार्थ का शोधन करना आवश्यक होता है। बिना उस पदार्थ को शुद्ध किये बनाई गयी भस्म गुणों में अपेक्षाकृत हीन होने के अतिरिक्त वह अनेक प्रकार के अवगुण से भरा होता है। इन अवगुणों को मिटाकर गुणों की वृद्धि के लिए ही आयुर्वेद रस-शास्त्रियो ने भस्म बनाने के लिए शोधित पदार्थों के उपयोग का ही निर्देश किया है। यद्यपि आधुनिक रसायन शास्त्र के मतानुसार किसी भी द्रव्य के शुद्ध रूप में ही उसका शुद्ध होना है। किन्तु आयुर्वेद रसायन शास्त्रियों ने द्रव्य के शोधन कार्य द्वारा पदार्थ के विजातीय द्रव्यों से पृथक होकर उसमें स्थित स्वजातीय ठोसता, वान्ति, भ्रांति, दाहकता, उग्रता आदि दोष स्पष्ट होकर उसमें लघुता, सौम्यता, शीघ्र पाचकता, सूक्ष्मता आदि विशिष्ट गुणों का प्रादुर्भाव होता है।

कुछ रस-उपरस, रत्न उपरत्न एवं अन्य कुछ खनिज इतने मृदु होते हैं कि शोधन के पश्चात ही खण्ड-खण्ड रूप में हो जाते हैं और इमामदस्तों में कूटने पर चूर्ण रूप में हो जाते हैं। ऐसे मृदु द्रव्यों का तो इसी प्रकार चूर्ण कर उसमें जिस औषधि-क्वाथ या वनस्पति स्वरस की भावना देनी हो वह क्वाथ या स्वरस मिलाकर उसे सान कर छोटी-छोटी टिकिया बनाकर सुखाकर सराब-संपुट में रखकर अग्नि में पुट देने से उसका भारण अर्थात भस्मीकरण हो जाता है। किन्तु नाग, वंग, चशद, ताम्र, रौप्य, स्वर्ण, लौह, अभ्रक, वज्र (हीरा) आदि कितने ही धात्वीय एवं अत्यंत ठोस पदार्थ इतने कड़े हैं कि उनका शोधन करने के पश्चात भी उनको चूर्ण के रूप में करके टिकिया बनाना संभव नहीं है। अतएव, ऐसे ठास एवं कड़े पदार्थों की भस्म बनाने के लिए उनके शोधन करने के पश्चात उनका एक विशेष प्रकार का मारण भी करना आवश्यक होता है जिसके करने से उन पदार्थों का चूर्ण रूप हो जाता है और भस्म बनाने मे पर्याप्त सुविधा हो जाती है। अतएव आयुर्वेद रसायन-शास्त्रियों ने केवल ठोस द्रव्यों के ही विशेष प्रकार के मारण का उल्लेख किया है।

भस्म का अर्थ राख नहीं है। भस्म अति तेजस्वी, वीर्यवान, सूक्ष्म, योगवाही एवं आयुविपाकी होने से सत्वर फलदायक होती है। भस्म बनाने में सेन्द्रिय क्षार का संयोजन, धातु के साथ इस प्रकार कराया जाता है, जिससे कि भस्म सेन्द्रिय बन जाती है। धातु उपधातुओं की भस्में निम्नलिखित पांच प्रकार से तैयार होती है–

1. पारद या पारद गंधक की कज्जली या हिंगुल के मिश्रण से।
2. वनौषधियों के चूर्ण प्रक्षेप कल्क के साथ या स्वरस की भावना द्वारा।
3. सोमल, हरिताल, मैनशिल आदि उग्र द्रव्यों के मिश्रण से।
4. गन्धक सज्जी क्षार या शोरा आदि अन्य क्षार के मिश्रण से।
5. धातु के अन्य विरोधी धातु से भारण द्वारा।

इनमें पहले दो श्रेष्ठ और निर्दोष हैं। तीसरी विधि से भस्म उग्र बनती है तथा चौथी और पांचवी विधि से बनायी हुई भस्म न्यून गुणकारी होती है।

अभ्रक भस्म अभ्रक भस्म अनेक रोगों को नष्ट करता है, शरीर को दृढ़ करता है एवं वीर्य बढ़ाता है। तरुणावस्था प्राप्त कराता और संभोग करने की शक्ति प्रदान करता है। राजयक्ष्मा, कफक्षय, बढ़ी हुई खाँसी, उरःक्षत, कफ, दमा, धातुक्षय, विशेषकर मधुमेह, बहुमूत्र, बीसों प्रकार के प्रमेह, सोम रोग, शरीर का दुबलापन, प्रसूत रोग और अति कमजोरी, सूखी खाँसी, काली खाँसी, पाण्डु, दाह, नकसीर, जीर्ण ज्वर, संग्रहणी, शूल, गुल्म, आंव, अरुचि, अग्निमांद्या, अम्लपित, रक्तपित, कमला, खूनी बवासीर, हृद्रोग, उन्माद, मृगी, मूत्रकृच्छ, पथरी तथा नेत्र रोगों में यह भस्म लाभदायक सिद्ध हुई है। यह रसायन और वाजीकरण भी है।

अभ्रक भस्म वही अच्छी और विशेष गुणकारी होती है, जिसमें चमक नहीं होती। भस्म में चमक रहने से रोगी की आंते कटने लगती हैं, खून आने लगता है, गर्मी अत्यधिक बढ़ जाती है। पुराना गुड़ 1,सोरा कलमी 2 , दोनों को थोड़ा जल में डालकर एक जगह मिलाकर घोल लें फिर उसमें 2 सेर अभ्रक मिलाकर हँाडी में भर दें। ऊपर स हँाडी का मुख एक ढक्कन से ढक कर सर्वार्थकारी भट्ठी की लौह जाली पर अथवा काढ़ा बनाने वाली भट्ठी की लौह जाली पर अन्दाज से करीब 10 सेर पत्थर का कोयला रख दें। नीचे लकड़ी लगा कोयला लगा लें और इसी कोयले पर अभ्रक की हँाडी रख दें। इस अभ्रक में सोरा का भाग कुछ न कुछ रह ही जाता हैं अतएव इसको कूटकर एक दिन-रात जल में भिंगोकर छोड़ दें बाद में हाथ से खूब मल दें। जब जल स्थिर हो जाये और अभ्रक भी नीचे पात्र में बैठ जाय तब धीरे-धीरे सावधानी के साथ पानी बहा दें। उपरोक्त विधि से निश्चन्द्र किये हुए अभ्रक को आक के पतों से रस में घोंट कर टिकिया बना लें। जब टिकिया खूब सूख जाय तब गजपुट मे

सम्पुट को रखकर फूंक दें। ऐसे तीन फूंक देने से लाल वर्ण की भस्म बनेगी। एक अन्य विधि से धन्याभ्रक को 24 घंटे आक के दूध में खूब घोंट कर गोल-गोल छोटी-छोटी टिकिया बना आक के पतों में लपेट सराब-सम्पुट में बंद कर गजपुट में फूंक दें। स्वांग शीतल होने पर निकाल कर फिर आक के दूध में उसी प्रकार घोंट कर पुट दें। ऐसे 7 पुट आक के दूध के साथ और तीन पुट बड़ की जटा के क्वाथ के साथ देने से 10 पुट में ही अभ्रक की उतम भस्म बनती है।

अकीक भस्म—सभी प्रकार की हृदय दुर्बलता, उष्णता, नेत्ररोग, रक्तप्रदर, रक्तपित, मस्तिष्क विकार आदि में लाभकारी है। पैतिक विकारों के लिए इसका उपयोग उतम है। इसकी भस्म हृदय और मस्तिष्क को बल देने वाली तथा वात-पित नाशक है, इसके सेवन से बढ़ी हुई तिल्ली एवं यकृत संबंधी विकार आराम होते हैं। यह भस्म वातरोगजन्य उन्माद, मूर्च्छा, पुराना और शुष्क कास, सभी प्रकार के रक्तस्राव, रक्त प्रदर, पुराना सुजाक, व्रण, अश्मरी को नष्ट करता है। इसे नेत्रों में लगाने से नेत्र की ज्योति बढ़ती है। इसके सेवन से वीर्य गाढ़ा होता है और शरीर में कामोत्पादक शक्ति बढ़ती है।

अकीक पत्थर को आग में तपा-तपा कर गुलाब जल में 21 बार बुझा दें तो यह पत्थर खिल जाता है और मुलायम भी हो जाता है। इस प्रकार से शुद्ध किया हुआ अकीक का महीन चूर्ण करके अर्क गुलाबजल या ग्वारपाठा के रस में खरल कर टिकिया बना लें, सूख जाने पर सराब-सम्पूट में बंद कर गजपुट में तीन बार फूंक देने से भस्म हो जाती है। फिर इस भस्म को गाय के दूध में घोंट कर टिकिया बना, सुखा कर, गजपुट में फूंक दें, दूध में टिकिया बांधने के बाद गजपुट में देने से भस्म फूलती है,अतः सम्पुष्ट में थोड़ी जगह खाली रहे। इससे भस्म बहुत मुलायम हो जाती है।

कपर्दक भस्म—यह भस्म परिणामश्सूल, अन्नद्रवशूल, संग्रहणी,

अम्लपित, रस क्षय, अफरा, प्यास, गुल्म, उदर-वात, मन्दाग्नि आदि रोगों में लाभदायक है। इस भस्म में पित की अम्लता को कम करने का खास गुण है। यह शंख और शुक्ति की अपेक्षा पेट में स्वादुता उत्पन्न करती है। अतः कोष्ठगत वायु द्वारा अफरा या उदरशूल तथा भोजन अच्छी तरह से परिपक्व न होने से बराबर खट्टी डकारों के आने पर पितज अजीर्णादि में कपर्दक भस्म अच्छा गुण करती है। यह वातहर, शूलघ्न तथा पाचक भी है।

पानी में नींबू का रस मिलाकर उसमें कौड़ी को डूबोकर एक घंटा तक आँच पर गर्म करें, फिर स्वांग-शीतल होने पर छान कर सभी कौड़ी निकाल लें। हाथ भर लंबा-चौड़ा उतना ही गहरा गड्ढा खोद लें। इस गड्ढे में एक लोहे का तवा रख दें और उस पर कौड़ी को अच्छी तरह बिछा दें। ऊपर से एक टिन की चदर के ऊपर जंगली कंडों को अच्छी तरह बिछा कर आँच लगा दें। 8 घंटे के बाद स्वांग-शीतल होने पर धीरे-धीरे ऊपर की राख हटा दें, नीचे कौड़ी जलकर सफेद हो जायेगी। इसे नींबू के रस में घोंटकर छोटी-छोटी टिकिया बनाकर सुखा लें और सराब सम्पुट में बंद कर गजपुट में फूंक दें। एक ही पुट में बिल्कुल मुलायम भस्म बन जायेगी।

तृणकान्तमणि (कहरवा) भस्म—यह अपनी स्तम्भकारिणी शक्ति से रक्तष्ठीवन और रक्तस्राव को रोकता है। हृदय को भी शक्ति प्रदान करता है क्योंकि इसमें हृदय को शक्ति प्रदान करने की प्रबल शक्ति है। यह पैतिक उन्माद में भी काफी लाभ पहुँचाता है क्योंकि इसमें प्रकृति को साम्य रखने की उतम शक्ति है। अपनी धारक शक्ति के कारण यह संग्रहणी, आँव और प्रवाहिका को भी दूर करता है। पितविकार, हृदश की दुर्बलता, रक्तातिसार, रक्तप्रदर, रक्तपित, वमन, प्रवाहिका, अर्श आदि रोगों में इसका प्रयोग लाभदायक है। यह शीतल, पितशामक एवं रक्तनिरोधक है।

कहरवा एक प्रकार का गोंद है। इसका वारीक टुकड़े-टुकड़े करके मिट्टी के सिकोरे में रख अच्छी तरह मुख बंद कर कपड़ा मिट्टी को लगा, सुखाकर गजपुट में फूंक दें, फिर प्रातः काल निकाल कर खरल करके महीन भस्म बनाकर रखना चाहिए।

कसीस भस्म—यह भस्म पाण्डू, रक्ताल्पता, क्षय, कुष्ठ, यकृत-प्लीहा-वृद्धि आम विकार, उदररोग, गुल्म, शूल आदि रोगों में उपयोगी है। रोग छूटने के बाद की कमजोरी को दूर करने तथा शरीर में नया रक्त पैदा कर शरीर को पुष्ट बनाने के लिए यह उतम है। यह पाचक पित के विकार को दूर कर अग्नि प्रदीप्त करती है। रक्तवर्धक एवं पितनाशक गुण विशेष होने से सुकुमार प्रकृति वालों को विशेष अनुकूल पड़ती है। यह कषायगुणयुक्त होने से नेत्र रोगों में भी लाभदायक है। यह ढीले अंगों में मजबूती और कड़ापन ला देती है। नासूर में इसकी बती रखने से बहुत लाभ होता है। इसको मंजन में डालने से मसूढ़ों के विकार अच्छे हो जाते हैं।

अच्छे हरे रंग का कसीस लेकर उसको लोहे के तवे पर रख, अग्नि पर गर्म कर, उसका जल सुखा लें। बाद में ताजे हरे आँवले, भांगरा या खंधारी अनार के रस में मर्दन कर लघुपुट में फूँक दें। ऐसे दो पुट से ही लाल रुंग की भस्म तैयार हो जायेगी।

काँस्य भस्म—यह लघु, तिक्त, उष्ण और लेखन है। यह कृमि कुष्ठ, वात-पितनाशक, अग्नि को प्रदीप्त करनेवाली, दृष्टिको बढ़ाने वाली, प्रदर, प्रमेहादि रोगों पर भी उतम कार्य करती है। काँस्य के सेवन से त्वचा का रूखापन मिट कर त्वचा पर कोमलता आ जाती है।

काँसे को अग्नि में तपा-तपा कर तिल तेल, गोमूत्र, मट्ठा, काँजी और कुल्थी के काढ़े में तीन-तीन बार बुझाने से काँसा शुद्ध हो जाता है। शुद्ध काँसे का चूर्ण और हिंगुल दोनों समान भाग में लेकर नींबू के रस से मर्दन कर धूप में सुखा लें। सूख जाने पर सराब-सम्पुट में बंद कर गजपुट में

फूंक दें। इस प्रकार तीन गजपुट देने से काँसे की अच्छी भस्म बन जाती है।

खर्पर भस्म—यह सभी प्रकार के प्रमेह, कफ, पित, नेत्र रोग ओर राजयक्ष्मा को नष्ट करता है, लौह तथा पारद को रंग देता है। धातुगतजीर्णज्वर को नष्ट करने में यह विशेष उपयोगी सिद्ध हुई है।

शुद्ध खर्पर के कपड़े से छानकर चूर्ण को समान भाग में पारे के साथ खूब घोंटकर कपरौटी की हुई बोतल में रख बालुका यन्त्र में एक दिन पकाने से इसकी उतम भस्म बन जाती है।

हरताल भस्म—साधारणतः किसी भी प्रकार के ज्वर में ज्वर की गर्मी तथा दाह प्यास, वमन, शिरोवेदना आदि ज्वर के उपद्रवों को कम करने के लिए इसका उपयोग होता है। इसके अतिरिक्त प्रतिश्याय, स्त्रियों के श्वेत प्रदर, रक्त प्रदर, रक्तस्राव, सूखी खाँसी में यह विशेष लाभदायक होती है। बालकों के ज्वर, कास-श्वास, कब्ज ओर अजीर्णदि रोगों में भी लाभ करता है। मलेरिया के लिए तो यह बहुत प्रसिद्ध औषध है।

जमीन में एक हाथ गहरा गड्ढा बना कर उसका चौथाई भाग कण्डा से भरकर उस पर हरताल के टुकड़ो को अच्छी तरह बिछा दें और ऊपर कण्डों से शेष भाग को भरकर आँच दें। स्वांगशीतल होने पर कण्डों की राख को सावधानी से हटाकर हरताल भस्म को निकाल चन्दनादि अर्क में या ग्वारपाठा के रस में घोंट टिकिया बना कर धूप में सुखावें। जब टिकिया खूब सूख जाये तो सराब-सम्पुट में बंद कर लघुपुट में फूंक दें। यह स्वच्छ-सफेद और बहुत मुलायम भस्म तैयार होगी।

यशद भस्म—इसकी भस्म कड़वी, कषैली, शीतल, पित-नाशक, नेत्रों के लिए लाभदायक और पाण्डु, प्रमेह तथा श्वास को नष्ट करने वाली है। नेत्ररोग में इसकी भस्म बहुत लाभदायक है। यह कफ और पित शामक, दाह, प्रदर, पितज-प्रमेह, खाँसी, अतिसार, संग्रहणी, धातुक्षय, जीर्णज्वर,पाण्डु, श्वास आदि रोगों में लाभदायक है। कुण्डमाला, अपची और आभ्यान्तरिक

शोथ में भी लाभदायक है।

शुद्ध यशद को कड़ाही में आग पर पिघला कर नीम के गीले पतों का रस या चूर्ण का थोड़ा थोड़ा प्रक्षेप देकर नीम के डंडे से चलाते रहें। चूर्ण होने पर ढककर 4-5 घंटे तक तीव्र आंच लगायें। स्वांग शीतल होने पर पीसकर एक बर्तन पर कपड़ा बांधकर कपड़े पर थोड़ा-थोड़ा भस्म और पानी डालकर हाथ से चलाते जायें। इस प्रकार सारी भस्म छान लें और 3-4 घंटे तक पड़ा रहने दें। बाद में पानी को निकाल कर अलग कर दें तथा भस्म को सुखाकर ग्वारपाठा स्वरस की भावना देकर टिकिया बना सुखाकर सराबों में रखकर कपड़ामिट्टी से संधि बंद कर प्रथम पुट में तेज आंच दें। बाद में इसी प्रकार कुछ हल्की आंख में पुट दें। 10-11 पुट में कुछ लालिमा लिए पीले रंग की भस्म बनेगी। इसकी बारीक घुटाई कराकर महीन कपड़े से छानकर काँच या चीनी मिट्टी के पात्र में भरकर रख लें।

ताम्र भस्म—उदर रोग, प्रमेह, अजीर्ण, विषमज्वर, सन्निपात, कफोदर, प्लीहोदर, यकृत विकार, परिणामशूल, हिचकी, अफरा, अतिसार, संग्रहणी, पाण्डू, गुल्म, कुष्ठ, कृमिरोग, हैजा, अम्लपित, प्लेग आदि में ताम्र भस्म महौषधि है। अनेक रस-रसायनें औषधें इसके योग से बनती हैं। यह अत्यन्त शक्तिवर्द्धक, रुचिकारक और कामोदीपक है। यकृत में विकृति होने से पित का निर्माण बहुत कम होता है और कभी-कभी यकृत में पथरी भी हो जाती हैं। इसके लिए ताम्र भस्म बहुत उतम औषधि है। इसके सेवन से पित विकृतिजन्य शूल शान्त होता है।

हिंगुलोत्थ पारद एक तोला शुद्ध गन्धक दो तोला की कज्जली बना नींबू के रस में मर्दन कर शुद्ध ताम्र-पत्रों पर लेप कर, सुखा, सम्पुट में बंद कर, सम्पुट की संधि को कपड़मिट्टी से संधि बंद कर, धूप में सूखने दें, फिर हल्की पुट की आंच में फूंक दें। ठंडा होने पर ताम्र को निकालकर उसमें सम भाग शुद्ध गंधक का चूर्ण मिला, नींबू का रस से घोंट टिकिया

बनाकर पूर्वोक्त विधि से पुनः पुट दें। इस प्रकार दो पुट देकर भस्म को एक कांच के ताम्र के पात्र डालकर ऊपर से खट्टे नींबू का रस देकर एक दिन रात रहने दें। हर बार पुटान्त में अच्छी छुटाई होना आवश्यक है।

त्रिवंग भस्म—प्रमेह, विकार पर त्रिवंग भस्म का प्रभाव बहुत अच्छा होता है। अतः मधुमेह में भी इस भस्म का प्रयोग किया जाता है। यह भस्म वीर्यवर्द्धक भी है। अतः जननेन्द्रिय की शिथिल नसों को सख्त कर देती है, जिससे वीर्य का स्वतः स्राव हो जाना रुक जाता है।

शुद्ध नाग, शुद्ध वंग और शुद्ध जस्ता प्रत्येक का समान भाग लेकर एक साथ लोहे की कड़ाही में डाल, आग पर गर्म करके पतला कर लें, फिर उसमें भाँग और अफीम के पोस्ते का मिश्रित चूर्ण समाप्त हो जाय और उक्त तीनो धातुओं का चूर्ण समाप्त हो जाय, जब भस्म अग्निवर्ण लाल हो जाय, तब आँच बंद कर दें और स्वांगशीतल होने पर, कपड़े से छानकर, खरल में डाल, ग्वार पाठे के रस में मर्दन कर, टिकिया बना, सुखाकर, लघुपुट में फूँक दें। ऐसे सात पुट देने से पीले रंग की भस्म तैयार हो जाती है।

पारद भस्म—पारद की भस्म—संग्रहणी, अतिसार, क्षय और शोथरोग को नष्ट करती तथा पाचकाग्नि की दुर्बलता दूर करती है। इस भस्म के सेवन से शरीर में बल, वीर्य तथा मैथुन शक्ति की वृद्धि होती है। शरीर को क्षीण करने वाली भस्म रोग को नष्ट कर शांति उत्पन्न करती है। स्मरण शक्ति को बढ़ाती और मजबूत करती है।

शुद्ध पारा और सेंधा नमक एक-एक तोला, संखिया 6 माशे, बच्छनाग 3 माशे, हींग,फिटकिरी, गेरू और समुद्र लवण का समान भाग मिश्रित चूर्ण—इस सबको बराबर लेकर सबको एकत्र मिलाकर, काँजी में अच्छी तरह घोंटे। फिर इन्द्रायण की जड़ के स्वरस में घोंटकर डमरूयन्त्र में रखकर आठ प्रहर की आँच दें। यन्त्र के स्वांगशीतल होने पर उसे खोलकर ऊपर की हाँडी में लगी हुई पारद भस्म को निकाल लें।

वंग भस्म—वंग भस्म प्रमेह, धातुक्षीणता, बहूमूत्र, वीर्यस्त्राव, स्वप्नदोष, शीघ्र पतन, नपुंसकता, कास, श्वास, रक्त-पित, कृमि, मन्दाग्नि, क्षय आदि रोगों को नष्ट करती है। यह उष्ण, दीपक, पाचन, रुचिकर, बल-वीर्य, वातघ्न और किंचित पितकारक है। स्त्रियों के गर्भाशय के दोष, अत्यार्तव, कष्ठटातेव तथा बन्ध्यत्व दूर करने में भी यह भस्म गुणकारी है। पुराने रक्त ओर त्वचा के दोष भी इसके सेवन से दूर हो जाते हैं। सभी प्रकार के प्रमेह विशेषतः शुक्रमेह पर वंग भस्म का प्रयोग अत्यन्त लाभदायक है।

वंग को लोहे की कड़ाही में अग्नि पर गलाकर उसमें पलास के पुष्प मोती की सीप का चूर्ण अथवा मुर्गी के अंडे के छिलके का धोया हुआ चूर्ण थोड़ा-थोड़ा डालकर लोहे की कलछी से चलाया जाय। जब सम्पूर्ण वंग का चूर्ण हो जाय तब उसके ऊपर सकोरा ढककर तब तक आँच दें जब तक वंग भस्म का वर्ण आग की तरह लाल न हो जाय। स्वांगशीतल होने पर सूप से फटककर, पलास के फूलों की राख अलग करके वंग भस्म को कपड़े से छान ग्वारपाठे के रस में मर्दन कर छोटी-छोटी टिकिया बनाकर, धूप में सुखा, सराब-सम्पुट में बंद कर गजपुट में फूंक दें। इस तरह सात पुट देने से श्वेतवर्ण की भस्म मिलेगी।

रौप्य भस्म—इसके सेवन से त्वचा का वर्ण निखर आता है। अतः यह त्वच्च है। रस भस्म वातहर और कफ प्रकोप नाशक है। यह रस में कषाय रस के अतिरिक्त अम्लरस, सर तथा उतम लेखन है। यह भस्म वयः स्थापक तथा बलवर्द्धक है। यह शीत होने के कारण पित प्रकोपजन्य दाह में लाभ करती है। मस्तिष्क के पोषक होने से स्मरण शक्ति बढ़ती है और शरीर में ओजशक्ति की पुष्टि करने से कांतिवर्द्धक है। इसके सेवन से तृष्णा तथा मुख-शोध शान्त होता है। यह शिराविकार के कारण होने वाले चक्करों में विशेष लाभ करती है। गर्भाशय-शोधन के लिए यह उतम है। इसके सेवन से पित प्रकोपजन्य रोग तथा प्रमेह आदि रोग दूर होते

हैं। रौप्य भस्म विपाक में मधुर, कषाय और अम्ल रसात्मक, शीतल, सारक, लेखन, रुचिप्रद्र ओर स्निग्ध होती है।

स्वर्ण भस्म—स्वर्ण की भस्म स्निग्ध, मधुर, किंचित तिक्त, शीतवीर्य और रसायन गुणवाली है। यह पाककाल में मधुर, वृहण, हृद्य और स्वर-शुद्धिकारक है। सुवर्ण भस्म प्रज्ञा, वीर्य, स्मति, कांति और ओज को बढ़ाने वाला है। यह क्षय, धातुक्षीणता, जीर्ण ज्वर, मन्द ज्वर, त्रिदोष, मस्तिष्क की दुर्बलता, पुराना श्वास, कास, दाह, पित रोग, विषविकार, पित प्रधान प्रमेह, दृष्टि क्षीणता, प्रदर आदि रोगों में इसका प्रयोग करना श्रेष्ठ है। मद, उन्माद, शुक्रप्रमेह, नपुंसकता, स्नानुदौर्बल्य, उरःक्षत, राजक्ष्मा में विशेष लाभकारी है।

चन्द्रोदय बनाते समय शीशी के तल-भाग में जो सोना रह जाता है, उसमें समभाग संख्या मिला, तुलसी की पती के स्वरस मेंसात दिन तक घोंटकर टिकिया बना सुखा, दो सकोरे के बीच में रख, संधि स्थान पर कपड़मिट्टी कर, 1 किलों कंडो की आँच में निर्वात-स्थान में पुट दें। तीसरी बार भस्म हो जाने के बाद तुलसी पत्र रस में तीन दिन मर्दन करें। दस बारह पुटों में लाल रंग की भस्म तैयार होती है। फिर इस भस्म को गुलाब, कमल और मौलसरी के फूलों के स्वरस में एक-एक दिन घोंट कर पुट देने से उतम भस्म बनती है।

चूर्ण

अत्यंत सूखे साफ स्वच्छ द्रवों को सिल पर अच्छी तरह पीस कर या इमामदस्ते में कूट कर कपड़े से या महीन चलनी से छान कर जो तैयार किया जाता है उसे चूर्ण कहते हैं। रज और क्षोद ये चूर्ण के पर्याय हैं।

चूर्ण को सामान्यतया तीन भाग में बाँटा जाता है—

1. क्षार, लवण तथ अम्ल द्रव्य मिश्रित तेज, उष्ण, पाचक, सारक, और अग्नि दीपक, रुचिवर्द्धक।

2. शक्कर मिलाये विरेचन गुण-धर्म-युक्त सौम्य और पितशामक।
3. कटु पदार्थ युक्त-कण्डु और ज्वरनाशक।

चूर्ण-औषधि

अग्निमुख चूर्ण—यह चूर्ण अत्यंत स्वादिष्ट और दीपन-पाचन है। इस चूर्ण के प्रयोग से खट्टी डकारें आना, जी मिचलाना या मुँह में पानी भर जाना, भूख न लगना, अरुचि, उदरशूल, मन्दाग्नि आदि विकार नष्ट हो जाते हैं। भोजन को अच्छी तरह पचा कर क्षुधा की वृद्धि करता है और उतम रुचिवर्द्धक है। उदर वायु को शीघ्र शमन करता है।

भुना हुआ सफेद जीरा दस तोला, सोंठ 5 तोला, सेधनमक 15 तोला, काला नमक 5 तोला, काली मिर्च 5 तोला, नींबू सत्व 5 तोला, पिपरमिण्ट 1 माशा लेकर पिपरमिण्ट और नींबू सत्व को छोड़कर शेष द्रव्यों का सूक्ष्म चूर्ण करें। तत्पश्चात नींबू सत्व को सूक्ष्म पीस कर चूर्ण को मिला लें। फिर अंत में पिपरमिण्ट को खरल में मर्दन करके चूर्ण में अच्छी तरह मिलाकर चूर्ण को सुरक्षित रखें।

अजमोदादि चूर्ण—उचित अनुपात के सभी प्रकार के शूलों में अच्छा फायदा करता है।

अजमोद, वच, कूठ, अम्लवत, सेंधा नमक, सज्जीखार, हरड़, त्रिकुट, ब्रह्दण्डी, मोथा, हुलहुल, सोंठ, काला नमक—प्रत्येक समान भाग लेकर कूट कर महीन चूर्ण बना कर उपयोग में लाया जाता है।

अश्वगन्धादि चूर्ण—इस चूर्ण के सेवन से वीर्य विकार, शुक्रक्षय, वीर्य का पतलापन, शिथिलता, शीघ्रपतन, प्रमेह आदि विकार नष्ट होकर वीर्य गाढ़ा और निर्दोष बनाता है। इस चूर्ण का सबसे उतम प्रभाव वीर्यवाहिनी नाड़ियों वातवाहिनी नाड़ियों और मस्तिष्क तथा हृदय पर होता है, जिसके कारण यह चूर्ण मस्तिष्क को परिपुष्ट करता है। अनिद्रा, हृदय की कमजोरी एवं धड़कन को नष्ट करता है। यह चूर्ण उतम

शक्तिवर्द्धक तथा वाजीकरण है। शरीर को हष्ट पुष्ट बनाकर शरीर के वजन को बढ़ाता एवं उतम वयःस्थापक है।

कर्पूरादि चूर्ण—इसके सेवन से अरुचि, खाँसी, स्वरभंग, श्वास, गुल्म, वमन, अर्श ओर कण्ठ के रोग नष्ट होते हैं।

कपूर, दालचीनी, कंकोल, जायफल, तेजपता—प्रत्येक एक-एक तोला, लौंग एक तोला, जटामांसी दो तोला, कालीमिर्च तीन तोला, पीपल 4 तोला, सोंठ 5 तोला और मिश्री सभी दवा को बराबर लेकर यथाविधि चूर्ण करने के बाद रखना चाहिए।

कर्करी के बीज, सेंधा नमक और त्रिफला सभी चीजें समान भाग लेकर महीन चूर्ण बनाकर रख लें।

कमलाक्षदि चूर्ण—यह पौष्टिक, बलकारक, कामोतेजक ओर उत्साहवर्द्धक होता है। अधिक वीय्रपात हो जाने से शारीरिक शक्ति का ह्रास हो गया हो, रस-रक्तादि धातुएँ कमजोर हो गयी हों, रक्त की कमी से शरीर दुर्बल तथा कान्तिहीन हो गया हो ऐसे दशा में इस चूर्ण के सेवन से आशातीत लाभ होता है।

कलगटा सात तोला, जायफल दो तोला, केशर एक तोला, तेजपात एक तोला, शतावरी दो तोला, सालम पंजा दो तोला, छोटी इलायची के बीज एक तोला, रूमीमस्तंगी एक तोला, पीपलामूल एक तोला, कबाबचीनी एक तोला सभी कूट कर चूर्ण करके शीशी में भर लें।

गोक्षुरादि चूर्ण—यह चूर्ण वृष्य, बल-वीर्य-वर्द्धक और कामोतेजक है। शुक्र की निर्बलता से स्त्री प्रसंग के समय शुक्र-क्षरण बहुत शीघ्र हो जाने पर स्त्री पुरुष वास्तविक आनंद से वंचित रह जाते हैं। इसमें यह रोग समूल नाश करने की शक्ति है।

गोखरू, तालमखाना, शतावर, कोंच के बीज, नागवाला और अतिबला प्रत्येक दवा समान भाग लेकर कूट छान चूर्ण बना लें।

चोपचिन्यादि चूर्ण—यह उत्तम व्रणनाशक है। घाव, सिर के फोड़े

फुन्सी, बहने वाले फोड़े-फन्सी, मुँह के छाले, भगन्दर, नारी व्रण, अर्बुद, दद्रु, मण्डल कुष्ठ, रक्तविकार, गलगण्ड, गण्डमाला, ग्रन्थि-गाँठ, वीर्य विकार, कमजोरी, नपुंसकता आदि रोगनाशक है।

चोपचीनी का चूर्ण 16 तोला, खाँड 4 तोला, पीपल, पीपलामूल, लौंग, काली मिर्च, अकराकर, खुरासानी, अजवायन, सोंठ, वायविडड और दालचीनी—प्रत्येक दवा एक-एक तोला लेकर कूट-छान चूर्ण बना लें।

जातिफलादि चूर्ण—इसके सेवन से ग्रहणी, अतिसार, आमांश,पेट की मरोड़, दर्द होकर दस्त आना, मन्दाग्नि, अरुचि, कास-श्वास, क्षय, हैजा, अपचन, आहमान शूल, पीनस बराबर जुकाम होने की आदत और वात-कफ के विकार आदि रोग नष्ट होते हैं।

जायफल, लौंग, छोटी इलायची, तेजपात, दालचीनी, नागकेशर, कपूर, सफेद चंदन, धोये हुए काले तिल, वंशलोचन, तगर, आँवला, तालीसपत्र, पीपल, हरड़, चित्रकछाल, सोंठ, वायविडंग, मिर्च और कलौंजी—प्रत्येक समभाग लेकर कपड़छान चूर्ण तैयार कर, जितना चूर्ण हो उसके बराबर धुली हुई भांग का चूर्ण मिला दें। फिर सभी चूर्ण के समान भाग मिश्री पीसकर मिलाकर रख लें।

त्रिफला चूर्ण—यह चूर्ण उतम रसायन एवं मृदु विरेचक है। चूर्ण का प्रयोग होने से अनेक प्रकार के प्रमेह रोग, मूत्र का अधिक आना, मूत्र मे गंदलापन होना, शोथ, पाण्डुरोग और विषम ज्वर नष्ट होता है। यह चूर्ण अग्नि प्रदीवक, कफ-पित, कुष्ठ और वलीपलीत नाशक है।

हरड़ का छिलका, बहेड़े का छिलका, आँवला गुठली रहित—प्रत्येक का एक-एक भाग लेकर सूक्ष्म चूर्ण करके सुरक्षित रख लें।

दन्तप्रभा चूर्ण—इसको दही मे मिलाकर मुँह के छालों पर लगाने से छाले बहुत शीघ्र नष्ट हो ज़ाते हैं। इसके मंजन से दाँत का दर्द, दाँत से खून आना, पुराना पायरिया, मुँह की दुर्गन्ध, दाँत में कीड़े हो जाना, दाँतों का मैल, आदि विकार नष्ट हो जाते हैं।

खड़िया मिट्टी 6 तोला, सफेद कत्था 5 तोला, दालचीनी 4 तोला, मौलश्री की छाल, अजवायन, सेंधा नमक, काली मिर्च, मिलावे की राख, सोंठ, बादाम-छिलका की राख, जायफल, अकरकरा, लौंग, माजूफल, इलायची ये दवायें तीन-तीन तोला, शुद्ध तूतिया, कपूर ओर शंख—प्रत्येक का एक-एक तोला, पौटास परमैंगनेट 3 माशा सबको कूटपीस कपड़छान चूर्ण बना शीशी में रख लें।

द्रक्षादि चूर्ण—इस चूर्ण के सेवन करने से अम्लपित, छर्दि, मुर्च्छा अरुचि, प्रदर, पाण्डफ, कामला, और यक्ष्मा आदि विकार नष्ट हाते हैं। यह चूर्ण पित और वता जन्य रोग-शामक, शीतल, रक्त और बलवर्द्धक तथा पौष्टिक है।

मुनक्का, धान की खील, श्वेत-कमल, मुलेठी, खजूर, अनन्तकाल, वंशलोचन, खस, आँवला, मोथा, सफेद चंदन, तगर, कंकोल, जायफल, दालचीनी, तेजपात, छोटी इलायची, नागकेशर, पीपल, धनियाँ—प्रत्येक चीज समान भाग लेकर चूर्ण करें तथा बराबर चीनी पीसकर मिलाकर रख लें।

नारायण चूर्ण—इस चूर्ण का उपयोग विशेषकर उदर रोग में किया जाता है, जैसे दस्त, कब्ज रहना, हवा नहीं छूटना, पेट में वायु भर जाना, दूषित मन पेट में इकट्ठा हो जाना, भूख नहीं लगना आदि रोगों में यह विशेष गुणकारी है क्योंकि यह रोचक, मलशोधक तथा दीपक-पाचक है।

अजवायन, हाऊबेर, धनिया, हर्रे, बहेड़ा, आमला, कलौंजी, स्याहजीरा, पीपलामूल, अजमोद, कचूर, बच , सौंफ, जीरा, सोंठ, पीपल, स्वर्णक्षीरी, चीता, यवक्षार, सज्जीक्षार, पुष्करमुल, कूठ, पांचो नमक, वायविडंग—प्रत्येक एक-एक तोला और दन्तीमूल तीन तोला, निशोथ दो तोला, इन्द्रायण की जड़ दो तोला, सातला 4 तोला लेकर कूट कपड़छान चूर्ण बनाकर रख लें।

पूनर्नवा चूर्ण—इसके सेवन से समस्त शरीर पर फैला हुआ शोथ-रोग दूर हो जाता है तथा उदर रोगों का नाश करता है। इसमें पनर्नवा की

प्रधानता होने से यह चूर्ण दीपक, पाचक, दस्तावर, मूत्रविरेचन तथा शोथ-नाशक है। इस चूर्ण का प्रधान गुण पेशाब खुलकर लाना तथा शोथ नाश करना है।

पुनर्नवा, हरड़, पाठा, देवदारू, बेलछाल, गोखरू, दोनों कटेली, हल्दी, दारूहल्दी, पीपल, और गजपीपल, अडूसा, चित्रक—प्रत्येक समान भाग लेकर चूर्ण बनावें।

वज्रक्षार चूर्ण—यह चूर्ण गुल्य, शूल अजीर्ण, शोथ, सभी प्रकार के उदर रोग, अग्निमान्ध्य, उदावर्त, यकृत और प्लीहा रोग को नष्ट करता है। अजीर्ण और उससे होने वाले विकारों के लिए भी इसका उपयोग किया जाता है।

समुद्र नमक, सेंधा नमक, काचलवण, यवक्षार, कालानमक, सुहागा और सज्जीखार समान भाग लेकर चूर्ण बनावें फिर उसे आक तथा थूहर के दूध की 3-3 भावना देकर सबका गोला बना-सूखा लें। अब इस गोले को आक के पतों में लपेट हाण्डी में बंद कर पुट दें और उसे स्वांगशीतल होने पर निकाल कर पीस लें। फिर उसमें सोंठ, मिर्च, पीपल, हरड़, बहेड़ा, आँवला, अजवायन, जीरा और चित्रक-छाल का समान भाग मिश्रित चूर्ण इस क्षार के बराबर मिला खरल करके रख लें।

लवण भास्कर चूर्ण—इसके सेवन से मंदाग्निन, अजीर्ण, वातकफज गुल्य, तिल्ली,, उदर रोग, क्षय, अर्श ग्रहणी, कुष्ठ, विबंध, शूल, आम विकार आदि रोग नष्ट होते हैं।

सेंधा नमक, काला नमक, धनिया, पीपल, पीपलामूल, स्याहजीरा, तेजपात, नाग-केशर, तालीसपत्र, ओर अम्लवेत प्रत्येक दो-दो तोला। समुद्र नमक 8 तोला, संचर नमक, 5 तोला, दालचीनी, बड़ी इलायची 6-6 माशे इन द्रव्यों को कूट कर छान, चूर्ण बना रखें।

सितोपलादि चूर्ण—इस चूर्ण के सेवन से श्वास, खाँसी, क्षय, हाथ, और पैरों की जलन, अग्न्मांद्य, जिह्वा की शून्यता, पसली दर्द, अरुचि,

ज्वर और उर्ध्वगत रक्त-पित शान्त हो जाता है। यह चूर्ण बढ़े हुए पित को शान्त करता, कफ को छाँटता, अन्न पर रुचि उत्पन्न करता, जठराग्नि को तेज करता और पाचक रस को उतेजित कर भोजन को पचाता है।

मिश्री 17 तोला, वंशलोचन 8 तोला, पिप्पली 4 तोला, छोटी इलायची के बीज 2 तोला, और दालचीनी एक तोला लेकर सबको कूट-छान कर चूर्ण बना लें।

हिंग्वष्टक चूर्ण—इस चूर्ण को भोजन के समय प्रथम ग्रास में घृत में मिलाकर खाने से फिर यथेष्ट भोजन करने से अग्नि प्रदीप्त होती और वात रोगों का नाश होता है। इससे वात-प्रधान मन्दाग्नि अच्छी हो जाती है। पेट में वायु जमा होना, खट्टी या वैसे ही डकारें ज्यादा आने, भूख न लगना, अजीर्ण आदि की यह उतम दवा है। मन्दाग्निशामक, रोगों में यह श्रेष्ठ योग है, इसके गुणों से जनसाधारण तक परिचित है।

सोंठ, मिर्च, पीपल, अजवायन, सेंधानमक, सफेद जीरा, काला जीरा— इन दवाओं कर समभाग लेकर महीन चूर्ण करें। बाद में घी में भुनी हुई हींग का द्रव्य का आठवाँ भाग लेकर चूर्ण में मिला कर रख लें।

घृत

औषधियों द्वारा सिद्ध होने पर यह अधिक पाचक तथा अंतड़ियों और वस्ति को शुद्ध करके मलावरोध और मूत्रसंकोच को दूर करता है। यह स्निग्ध होने से मलाशय, दिमाग, मांस, हड्डियों, नसों नेत्र-ज्योति आदि की शक्ति प्रदान कर पुष्ट करता है। धातुक्षीणता को दूर करने के लिए यह अमृत के समान गुण करता है।

अर्जुन घृत—मिथ्या आहार-विहार और अधिक तीव्र औषधियाँ तथा अधिकतर गरिष्ठ भोजन के सेवन से उदर में वायु का संचय हो जाता है और बंद गैस का रूप धारण कर लेती है। गैस के कारण घबराहट और दिल की धड़कन अधिक होने लगती है। श्वास भी कठिनाई

से आता है। इस घृत का पथ्यपालन के साथ कुछ दिनों तक निरन्तर सेवन करने से सफल प्रकार से हृदय-रोग निस्संदेह नष्ट हो जाते हैं और हृदय की क्रिया व्यवस्थित रूप से होने लगती है।

मूर्च्छित गो-घृत एक सेर और अर्जुन की छाल दो सेर लेकर सबसे पहले अर्जुन की छाल को जौकुट करें। तत्पश्चात् इसमें 16 सेर जल मिलाकर क्वाथ करें। चार सेर जल शेष रहने पर उतार कर छान लें। बाद में अर्जुन की छाल 10 तोला लेकर उसका कल्क बनावें फिर उपरोक्त क्वाथ, घृत और कल्क को एकत्र मिला घृतपाक विधि से घृत पाक कर लें। घृत सिद्ध हो जाने पर छान कर सुरक्षित रखें।

अशोक घृत—यह घृत रक्त सफेद, नीले, पीले रंग के प्रदर रोग, कुक्षि का दर्द, कमर और योनि का पीड़ा, मन्दाग्नि, अरुचि, पाण्डु, दुबलापन, श्वास, कामला आदि स्त्रियों के रोगों का नाश करता है। यह बल और शरीर की कान्ति को भी बढ़ाता है।

64 तोला अशोक छाल को जल में पकावें, चौथाई जल रहने पर छान लें। यह काढ़ा और जीरे का क्वाथ, चावलों का पानी, बकरी का दूध तथा भाँगरे का रस—प्रत्येक 128-128 तोला और जीवनीयगण, चिरौजी, फालसा, रसौत, मुलेठी, अशोक की जड़ का छाल, मुलक्का, शतावर, चौलाई की जड़—प्रत्येक का 2-2 तोला लें। इनके कल्क के साथ 128 तोला घृत पकावें। घृतपाक सिद्ध हो जाने पर, उतार कर ठंडा हो जाने के बाद छान कर 32 तोला शक्कर पीसकर मिलाकर रख लें।

कल्याण घृत—यह घृत उन्माद, अपस्मार, हिस्टीरिया, भूतोन्माद, दिमाग की खराबी, दिमाग की कमजोरी, तुतलापन, अग्निमांद्य, पाण्डु, कन्डु, जहर, सूजन, प्रमेह, कास श्वास, ज्वर, पारी का ज्वर, वातरोग, जुकाम, वीर्य की कमी, बन्ध्यापन, बुद्धि की कमी, कमजोरी, मूत्रकृच्छ, विसर्प आदि रोगों का नाश करता है।

इन्द्रायन, त्रिफला, सम्हालू बीज, देवदारू, एलुवा, शालपर्णी, तगर

अनन्तमूल, दोनों सारिवा, हल्दी, दारूहल्दी, फूलप्रियंगु, नीलकमल, इलायची, मंजीठ, दन्तीमूल, अनारदाना, नागकेशर, तालीसपत्र, बड़ी कटेली, चमेली के ताजे फल, वायविडंग, पृश्निपर्णी, कूठ, चन्दन, पद्मकाष्ठ—प्रत्येक एक-एक तोला लेकर सबका कल्क बना लें और चौगुने पानी के साथ 128 तोला घी पाकसिद्ध कर लें।

कामदेवा घृत—यह घृत रक्तपित, क्षत-क्षीणता, कामला, वातरक्त, हलीमक, पाण्डु, स्वरक्षय, मूत्रकृच्छ, हृदय की दाह और पसली के दर्द को दूर करता है। यह उतम पौष्टिक और बाजीकरण है। वीर्यक्षय शरीर की कृशता और नपुंसकता में इसका श्रेष्ठ लाभ होता है।

असगंध 5 सेर, गोखरू 2 सेर बरियारा, गिलोय, सरिबन, विदारीकन्द, यातावर, सोंठ, गदहपुरना, पीपल की कपोल, गम्भारी के फूल, कमलगट्टा, और उड़द—प्रत्येक बीस-बीस तोला लें। सबको जौकुट करके 51 सेर जल में पकावें। जब 12 सेर जल शेष रहे तब कपड़ से छान उसमें गोघृत 256 तोला, गन्ने का रस 256 तोला, तथा मेदा, महामेदा, जीवक, ऋषभक, काकोली, क्षीरकाकोली, ऋद्धि, वृद्धि, कूठ, पद्माख, लालच'दन, तेजपात, छोटी पीपल, मुनक्का, केवाँच-बीज, नील कमल, नागकेशर, अनन्तमूल, बरियारा और कंघी—प्रत्येक एक-एक तोला, मिश्री 8 तोला इनका कपड़छान किया हुआ चूर्ण जल में पीसकर बनाया हुआ कल्क मिलाकर घृतपाक विधि से पकावें। घृत तैयार होने पर कपड़े से छान कर शीशी में भर लें।

महात्रिफलादि घृत—इसके सेवन से रक्तदुष्टि, रक्तस्राव, रतौंधि, तिमिर, आँखों में ज्यादा दर्द होना, आँखों से कम दिखाई पड़ना, शरीर की कमजोरी आदि नेत्ररोग दूर होते हैं।

त्रिफल क्वाथ 64 तोला, भाँगरे का रस 64 तोला, बाँसे का रस, शतावरी रस, बकरी का दूध, आमला रस, गिलोय का रस और घी सभी 64-64 तोला—इन सभी को एकत्र कर इन औषधियों का कल्क डालें।

पीपल, मिश्री, मुनक्का, त्रिफला, नीलोफर, मुलेठी, क्षीरकाकोली, गुडूची, कटेरी—सबको मिलाकर 8 तोला लेकर कल्क बना लें। फिर सबको एकत्र मिलाकर पकावें। जब समस्त जनांश भाग जल जाय तब घृत को छान कर रख लें।

पंचतिक्त घृत—इस घृत का प्रयोग करने से समस्त प्रकार के कुष्ठ वात, पित और कफज रोग, दुष्टव्रण, कृमिरोग, अर्श, ज्वर, कास इत्यादि रोग नष्ट होते हैं। रक्त और चर्म रोग में इसका उपयोग विशेष लाभ दायक सिद्ध होता है।

नीम की छाल, पटोलपत्र, कटेरी पंचाग, कासा का पंचाग, गिलोय—प्रत्येक द्रव्य का 40-40 तोला लेकर जौकुट चूर्ण कर 25 सेर जल मे क्वाथ करें। चतुर्थांश जल शेष रहने पर उतारकर छान लें। पश्चात्, इसमें गो-घृत 38 तोला और कल्कार्थ त्रिफला चूर्ण 16 तोला लेकर सबको एकत्र मिलाकर, घृतपाक विधि से घृत पाक करें। जब घृत सिद्ध हो जाय तब छानकर सुरक्षित रखें।

फल घृत—इस घृत के सेवन से स्त्रियों के शरीर या कमर में दर्द तथा गर्भाशय की कमजोरी दूर होती है। इससे गर्भ का पोषण होता है। कुछ दिनों तक इसके सेवन से स्त्रियों का आर्तवदोष और पुरुषों का वीर्यदोष दूर हो जाता है।

मंजीढ़, मुलेठी, हरड़, आँवला, चीनी, अजवायन, हनी, दायहल्दी, घी, में सेंकी हुई हींग, कुटकी, नीलोफर, श्वेतकमल फूल, चंदन, दोनों मेदा, काकोली, क्षीर काकोली, मुनक्का, असगंध, खरैरी, प्रत्येक एक-एक तोला लें कूट-छान चूर्ण बना जल में पीसकर, कल्क बना लें। फिर उस कल्क में गाय का घी 118 तोला, पदार्थ शतावरी रस 512 तोला तथा गाय का दूध 512 तोला सबको एकत्र मिला कर घृतपाक विधि से पकावें। जल घृत मात्र शेष रहे, तब उसे छान कर काँच के बर्तन में भर दे।

शतावरी घृत—यह घृत उतम पौष्टिक, शीतवीर्य, और वाजीकरण है। इस घृत के सेवन से रक्तपित रोग नष्ट होते हैं। वातरकत तथा क्षीण-शुक्र रोगियों के लिए यह अत्यन्त हितकर है और अंगदाह, शिरीदाह, पितज्वर, योनिशूल, दाह, मूत्रकृच्छ, विशेषकर पैतिक योनिशूल शीघ्र नष्ट होते हैं। यह शरीर के बल, वर्ण, कान्ति और वीर्य की वृद्धि कर शरीर को पुष्ट करता है।

शतावरी का रस या क्वाथ, गोदुग्ध प्रत्येक का 256 तोला, गोघृत 128 तोला और जीवक, ऋषभक, मेदा, महामेदा, काकोली, क्षीर काकोली, मुनक्का, मुलेठी, माषपर्णी, बिहारीकन्द, लाल चन्दन—प्रत्येक एक तोला लेकर कल्क बनावें। तत्पश्चात क्वाथ, घृत कल्क, और दूध—इन सबको एकत्र मिला घृतपात करें। जब घृत सिद्ध हो जाय, जब छान लें और उसमें मिश्री 8 तोला मिलाकर रखें।

5

आयुर्वेद अष्टांग

हेतु, लिंग और औषध यही आयुर्वेद का मुख्य लक्ष्यभूत प्रतिपाद्य विषय हैं। इसी का विकसित रूप अष्टांग है। ये आठ अंग हैं–

1. कार्यतंत्र 2. शल्य तंत्र 3. शालक्य 4. कौमारभृत्य 5. भूतविद्या 6. अगदतन्त्र 7. रसायन 8. बाजीकरण।

आत्रेय सम्प्रदाय में कायचिकित्सा को प्रधान माना गया है और धन्वन्तर सम्प्रदाय ने शल्य को प्रमुखता दी है। राजनीघण्टु द्वारा द्रव्यगुण, निदान, चिकित्सा, शल्य, भूतविद्या, विषयतंत्र, कौमारभृत्य और रसायन ये आठ अंग कहे गये हैं।

द्रव्याभिधानगदनिश्चयकायसौख्यं शल्यादिभूत विषनिग्रह बालवैद्यम्
विद्याद्रसायनवरं दृढ़देहहेतुमायुः श्रुतेर्द्विचतुरंग भिहाह शंभुः।।

स्पष्टतः इन अंगों में द्रव्यगुण को आद्य अंग माना गया है। इस प्रकार कालक्रम तथा सम्प्रदाय के अनुसार अंगों के स्वरूप तथा प्राधान्य में अन्तर होता रहा है।

जिस प्रकार शरीर त्रिस्थूण है उसी प्रकार आयुर्वेद पन्चभूतवाद, त्रिदोषवाद और सप्तधातुवाद इन तीन मौलिक सिद्धान्तों पर आधारित है। त्रिदोषवाद में प्रकृति आदि तथा सप्तधातुवाद में अग्नि, स्रोत, ओज आदि के सिद्धान्तों का आदिस्त्रोतवेद है। वेदों में इन सिद्धान्तों का संकेत मिलता है जिसका विशदीकरण और उपबृहंण परवर्ती आचार्यों द्वारा किया

गया। वस्तुतः ये सिद्धान्त प्राचीन संहिताओं के काय में आद्योपान्त इस प्रकार अनुस्यूत हैं कि उन्हें पृथक करना कठिन है।

प्रकृति के आँगन में मानव-शरीर का अवतरण क्यों और कैसे हुआ यह प्रश्न आदि मानव को दर्शन की ओर ले गया जिससे मानव-शरीर का निर्माण कैसे हुआ, उसकी जीवन प्रक्रिया कैसे संचालित होती है, उसमें अनेक विकार क्यों और कैसे उत्पन्न होते हैं तथा उनका निवारण किस प्रकार किया जाय आदि विचार आयुर्वेद के अवतरण का कारण बने। बह्य पकृति के पर्यवेक्षण से उदभूत तथ्यों का उपयोग ऋषि-महर्षियों ने शरीर के रहस्यों को समझने में किया। जब लोक-पुरुष-साम्य का सिद्धान्त निरूपति हो गया तब मानव शरीर के रहस्यों को, समझने का एक सरल मार्ग मिल गया। पृथ्वी, अप, तेज, वायु और आकाश इन पंचतत्वों से निर्मित लोक का संचालन जिस प्रकार अदृश्य चेतन तत्व द्वारा होता है उसी प्रकार इन पन्चमहाभूतों तथा आत्मा के समवायरूप षडधात्वात्मक कर्मपुरुष की अवतारणा की गयी। किन्तु आयुर्वेदीय महर्षियों की जिज्ञासा का समाधान इतने से संभव नहीं था क्योंकि शरीर में बलधायक किसी तत्व की अपेक्षा फिर से रह गयी। इसके लिए उनकी दृष्टि सोम पर गयी। सोम वैदिक युग में बलाधायक रसायन औषधि के रूप में व्यवहृत था जिससे लोग बल, शक्ति और हर्ष प्राप्त करते थे। यह रसाधान का कर्म प्रकृति में चन्द्रमा के द्वारा होता है जो अपनी शीतलता और अमृतमय रश्मियों से प्रकृति के कण-कण में शीतलता और रस का संचार करता है। इसलिए उसे सुधांशु कहते हैं। इसके अतिरिक्त, कालजन्य ऋतुपरिवर्तनों के द्वारा जिसमें मुख्यतः ताप का अन्तर विशेषरूप से अनुभवगम्य था शीत और उष्ण ये दो गुण स्पष्टतः क्रियाशील प्रतीत हुए जिनके द्वारा शरीर तथा उसके कार्यों में पर्याप्त परिवर्तन का अनुभव होता था। इस आधार पर वैदिक काल में ही अग्निषेमीय सिद्धान्त की स्थापना हो चुकी थी। इस प्रकार आग्नेय तथा सौम्य तत्व तो स्पष्ट थे

ही एक मध्यवर्ती नियामक तत्व अपेक्षित था जो वायु के रूप में प्राप्त हुआ।

यह भी अनुभव किया गया कि शरतऋतु में शरीर बलिष्ठ और पुष्ट रहता है तथा ग्रीष्म में कुछ क्षीण और दुर्बल हो जाता है। यह विसर्ग और आदान का कर्म प्रकृति में चन्द्रमा और सूर्य के द्वारा होता है। चन्द्रमा अपनी शीतल स्निग्ध रश्मियों से प्रकृति में रसाधन करता है तो सूर्य अपनी तीक्ष्ण-प्रचण्ड किरणों से रस का शोषण कर लेता है। इन दोनों क्रियाओं का नियमन गति के माध्यम से वायु के द्वारा होता है जिसे विक्षेप कहा गया है। शीत-उष्ण का संचार तथा रस क यातायात वायु के द्वारा ही संपन्न होता है। इस प्रकार विसर्ग, आदान और विक्षेप ये तीन प्राकृतिक व्यापार क्रमशः चन्द्र, सूर्य, और वायु के द्वारा सम्पन्न होते हैं। इसी आधार पर महर्षियों ने जीवन के संचालन के लिए तीन तत्व निर्धारित किये हैं—कफ, पित और वात, जो क्रमशः चन्द्र, सूर्य और वायु के प्रतिनिधि रूप हैं। ये शरीर में विसर्ग, आदान और विक्षेप की क्रियाओं का संचालन करते हैं।

इस प्रकार प्रकृति पर्यवेक्षण के आधार पर आयुर्वेद के मूलभूत सिद्धान्त त्रिदोषवाद की स्थापना हुई। यज्ञ में बलि के लिए पशुओं का प्रयोग होता था। उनके शरीर के अंग प्रत्यंगों का निरीक्षण कर उस आधार पर शरीर रचना का प्रारंभिक ज्ञान विकसित हुआ। प्रकृति में विभिन्न तत्वों की साम्यावस्था रहने पर कार्य ठीक-ठीक होता है तथा वैषम्य होने पर कार्यों का सम्पादन ठीक नहीं होता, इसी आधार पर स्वास्थ्य एवं विकार की कल्पना की गयी। तत्वों की वृद्धि तथा ह्रास विकार के कारण होते हैं। जेसे वायु बिल्कुल बन्द हो जाय या इतनी अधिक हो जाय कि आंधी-तूफान चलने लगे, ये दोनों ही वैकारिक हैं उसी प्रकार शरीर में वात के क्षय या वृद्धि से संबंधित विकार उत्पन्न होते हैं। ठीक इसी प्रकार पित और कफ के संबंध में है। चिकित्सा का भी अत्यंत सरल लोक प्रचलित

मार्ग है–बढ़े हुए को घटाना और क्षीण को बढ़ाना तथा उन्हें इस प्रकार साम्यावस्था में ले आना।

ऋतुओं के अनुसार दोषों के प्रकोप और प्रशमन का निरूपण लोकनिरीक्षण के आधार पर किया गया है। वर्षाऋतु में झंझावत की प्रमुखता, शरद ऋतु में कन्या राशिस्थ सूर्य की प्रखरता तथा वसन्त ऋतु मे शीत की परिणति को देखकर इन ऋतुओं में क्रमशः वात, पित और कफ दोषों के प्रकोप का काल निर्धारण किया गया है।

संसार में जिस प्रकार शस्य की उत्पति ऋतु, क्षेत्र, जल और बीज के संयोग से होती है उसी प्रकार गर्भ की उत्पति भी इन्हीं घटकों के संयोग से होती है। बीज के समान शरीरोत्पादक होने से शुक्र एवं रज को बीज की संज्ञा दी गयी है। गर्भ अंकुर है जिसमें सभी अंग प्रत्यंग अव्यक्त रूप से होते हैं। बाल्यावस्था पुष्पमुकुलवत है जिसमें शुक्र रहने पर भी उसकी अभिव्यक्ति प्रतीत नहीं होती।

शरीर में अन्न के पाचन-क्रिया का निरूपण लोक व्यवहार के आधार पर ही किया गया है। बाहर भोजन बनाने की जो प्रक्रिया है- पात्र में जल रखकर उसमें चावल डालते हैं और नीचे से अग्नि देते हैं। साथ-साथ पर्याप्त वायु भी लगनी चाहिए–वैसी ही प्रक्रिया की कल्पना शरीर के अंदर पाचन में की गयी है। अमाशय स्थली है जिसमें मुक्त अन्न रहता है। जल के लिए क्लेदक कफ की कल्पना की गयी है। पित अग्नि के स्थान पर है जो अन्न का पाचन करता है तथा समान वायु के द्वारा उसका संधुक्षण होता रहता है। भोजन बनाने के बाद ग्राहय अंश को रख लेते हैं तथा त्याज्य अंश को फेंक देते हैं वैसे ही जैसे मल भाग बाहर निकल जाता है और प्रसाद भाग से धातुओं की उत्पति है।

भारत एक कृषिप्रधान देश है। कृषिकर्म में जल की सिंचाई से पौधों की वृद्धि और पोषण प्रत्यक्षतः देखा जाता है। यदि समय पर पानी न मिले तो फसल नहीं हो सकती। इसी आधार पर शरीर में रसधातु के

संवहन और उससे उतरोतर धातुओं के निर्माण द्वारा उसेक पोषण का निरूपण किया गया है।

इसी प्रकार आयुर्वेद के अन्य क्षेत्रों में भी लोक व्यवहार के आधार पर विषय को हृदयंगम कराने का प्रयत्न किया गया है। आयुर्वेदीय महर्षियों ने प्रकृति-पर्यवेक्षण के द्वारा प्रकृति एवं विकृति के रहस्यों के उदघाटन का प्रयास किया और विकृति के निवारण के द्वारा पुनः प्रकृति स्थापना के लक्ष्य तक पहुँचने का उपक्रम किया। सांख्य दर्शन की प्रकृति और विकृति आयुर्वेदीय प्रकृति और विकृति का आधार है। जिस प्रकार विविधवर्णा प्रकृति अपने एक रूप निश्चित लक्ष्य की ओर निरन्तर प्रवाहित हो रही है उसी प्रकार आयुर्वेद भी विविध विकृतियों के पथ से होता प्रकृति स्थापना के लक्ष्य की ओर आदिकाल से चला आ रहा है। आयुर्वेदीय महर्षियों ने प्रकृति पर्यवेक्षण के आधार पर ऐसे मौलिक सिद्धान्तों की स्थापना की है जो आज भी विज्ञान के लिए मूल्यवान पाथेय हो सकते हैं।

आयुर्वेदीय संहिताओं के अध्ययन के आधार पर यह स्पष्ट होता है कि त्रिदोषवाद की स्थापना लोकपर्यवेक्षण के आधार पर एक लोक-पुरुष साम्य की धरातल पर हुई है। जैसा कि सुश्रुत ने कहा है कि सोम, सूर्य और वायु के अनुसार कफ, पित और वात की स्थापना की गयी है। वैदिक साहित्य में भूः भवः और स्वः अर्थात पृथ्वी, अन्तरिक्ष और द्यौ इन तीनों लोकों के लिए अग्नि, वायु और आदित्य ये तीन देवता स्वीकृत हैं। उपनिषदों के त्रिवत में भी आज तथा सोम, वायु और आदित्य का त्रिक, जो त्रिदोष का आधार है, कैसे बना यह विचारणीय है। ऐसा प्रतीत होता है कि त्रिदेव के अतिरिक्त सोम को भी पर्याप्त महत्व दिया गया था। सोमयग स्वतंत्र रूप से प्रचलित था, जो इसके महत्व को बतलाता है। यह बलकारक तत्व है। यह न केवल औषधियों का राजा है बल्कि चन्द्रमा से भी इसका संबंध स्थापित किया गा है। इसी आधार पर चन्द्रमा को

ओषधीश कहा गया है जो लोक में रस का संचार करते हैं। अग्निषोमीय सिद्धान्त के अनुसार भी सोमतत्व की प्रधानता सिद्ध हो जाती है। आग्नेय होने के कारण अग्नि और आदित्य समान हैं। अतः आदित्य में ही अग्नि का अन्तर्भाव कर लिया गया होगा और वहाँ सोम को स्थान दिया गया होगा—

सूर्य एवाग्नेयः चन्द्रमा सौम्यरु।

इस प्रकार सोम, सूर्य और अग्नि का त्रिक निष्पन्न हुआ होगा जिसके आधार पर आयुर्वेदीय आचार्यों ने त्रिदोषवाद की स्थापना की होगी। ऋतुओं के अनुसार दोषों के स्वाभाविक प्रकोप का वर्णन आयुर्वेदीय संहिताओं में किया गया है। जैसे—वर्षा में वायु, शरद में पित तथा बसंत में कफ का प्रकोप माना गया है। वैदिक काल मे यज्ञों का विधान विशेषतः ऋतुसंधियों में होता था, क्योंकि ऋतुसंधियों में अनेक प्रकार की व्याधियाँ उत्पन्न होती थीं।

वर्षा, शरद और वसन्त ये तीनों ऋतुसंधियाँ हैं। शिशिर और ग्रीष्म के बीच की संधि वसन्त है, जब शीत समाप्त होकर उष्णता प्रारंभ होता है। वस्तुतः यह तेज और जल की संधि है। इसी प्रकार उष्णता और शीत की सन्धि शरद है। ऋतुओं में पूर्व संचित सौम्य तत्व कफ का प्रकोप उष्णता के सम्पर्क से वसन्त में होता है। इसी प्रकार उष्णता के कारण संचित आग्नेय तत्व पित का प्रकोप शैत्य के सम्पर्क से शरद में होता है। इन ऋतुओं में उत्पन्न लक्षणों को देखकर उस आधार पर दोषों के प्रकोप का नियमन तथा तदनुसार उनके शमन की व्यवस्था आचार्यों ने की होगी। जैमिनीय ब्राह्मण में संधिकाल में आश्विन उक्त का विधान है, जो वैद्य अश्विनीकुमारों से सम्बंध रखता है।''

यत समदधुः तत् संधेः संधित्वम्। आश्विनं खलु वै संधेरूक्थम्।

श्रौतसूत्रों में दोषप्रकोप के अनुसार बसन्त, वर्षा और शरद इन ऋतुओं में यज्ञ का स्पष्ट विधान है। 615.53-मिश्रवि

'अग्निष्टोमः प्रथमयज्ञः' के द्वारा अग्निष्टोम की प्रधानता बतलायी गई है। संभव है शीतप्रदेश में रहने के कारण वसन्तकाल में कफ प्रकोप से विशेष कष्ट का अनुभव होता होगा, वर्षा और शरद से उतना नहीं। अतः वसन्त ऋतु और अग्निष्टोम की प्रधानता रखी गयी हो। इसी प्रकार शतपथब्राह्मण में वर्षा पर विशेष बल दिया गया है। भारत एक कृषिप्रधान देश है। वर्षा काल कृषि का समय है, अतः उस समय लोगों का स्वस्थ रहना विशेष आवश्यक है। अतः उसका महत्व बतलाते हुए यह कहा गया कि वर्षा में ही सभी ऋतुओं का अन्तर्भाव हो जाता है और वर्षा में यह अवश्य किया जाना चाहिए—

> **''स वै वर्षास्वादधीत। वर्षा वै सर्व ऋतवः+...यदेव पुरस्तात वाति तद वसन्तस्य रूपं, यत्ससससससतनयति तदग्रीष्मस्य, यद्वर्षति तद्वर्षाणां यद विद्योतते तच्छरदो यद वृष्ट्योद्गृहाति तद् हेमन्तस्य।'**

आशय है— वर्षाऋतु में यज्ञ करें। वर्षा में सभी ऋतुओं का समावेश है। जो हवा चलती है वह वसन्त का रूप है, जो गरजता है वह ग्रीष्म का, जो बरसता हे वह वर्ष का जो बिजली चमकती है वह शरद का और वर्षा के बाद जो शीतलता आती है वह हेमन्त का रूप है। इस प्रकार एक ऋतु में अशाशकल्पना द्वारा सभी ऋतुओं का समावेश किया गया है। शतपथब्राह्मण के विम काण्ड में वातहोम, रूडमतीहोम तथा वारूणीहोम का निरंतर वर्णन है। वातहोम वातशांति के लिए विहित है। रूड्मति होम रूप (कांति) के लिए उपादेय है। कान्ति भ्राजक पित का कार्य है अतः यह पित संबंधी होम प्रतीत होता है। वारूणी होम वरूणा देवता से संबंध रखता है और वीर्य प्राप्ति के लिए विहित है। स्पष्टतः यह कफ की तरफ संकेत करता है। इसी प्रकार दिन रात छः ऋतुओं का चक्र घूम जाता है और तदनुसार दोषों की स्थिति में भी परिवर्तन आता है।—

'वयो होरात्रभुक्तानां ते न्तमध्यादिगाः क्रमात्' का वैदिक वाङ्मय में

इसका आधार इस प्रकार मिलता है।–

'आदित्यस्त्वेव सर्वऋतवः। यदैवादेत्यथ वसन्तो यदा संगवो थ ग्रीष्मो यदा मध्यनिदनो थ वर्षा यदापराहो शरद् यदैवास्तमेत्यथ हेमन्तः।

यह और सूक्ष्म परिकल्पना है। दिन में ही छः ऋतुओं का निर्धारण किया गया है। इसी प्रकार रात्रि में भी छः ऋतुओं की कल्पना की जा सकती है। दोषों के संबंध में साम्यस्थापना का विधान आयुर्वेदीय संहिताओं में दिया गया है। बढ़े हुए दोषों को घटाना, क्षीण दोषों को बढ़ाना और सम का परिपालन। ऐसा ही एक कथन शतपथ ब्राह्मणा में मिलता है।–

'इन्द्र एतत् सप्तचमपश्यत न्यूनस्याप्त्यै, अतिरिक्तस्यानतिरिक्तयै, व्यृद्धस्य समृद्धयै।

इन संकेतों से मालूम होता है कि ऋतुसंधियों में व्याधियों के होने से उन-उन ऋतुओं में होने वाले विशिष्ट लक्षणों के अनुसार विभिन्न दोषों के प्रकोप का निर्धारण किया गया होगा ओर उनके लिए यज्ञों की व्यवस्था की गयी होगी।

मौलिक सिद्धान्त के क्षेत्र में कोई विशेष परिवर्तन या विकास नहीं हुआ। यह अवश्य है कि समय-समय पर इनका विशदीकरण और बिस्तार होता रहा जैसे चरक में वात के पांच प्रकारों के नाम हैं किन्त आगे चलकर सुश्रुत ने पित का नामकरण किया। दोषों में तीन के अतिरिक्त यूनानी चिकित्सक रक्त को भी मानते थे। सुश्रुत संहिता में भी इसका संकेत किया गया है। संहिताओं के टीकाकारों ने सैद्धांतिक पक्ष की व्याख्या में अपने विचारों की अभिव्यक्ति की है। इस संबंध में चक्रपाणि, डल्हन, अरुणदत, विजयरक्षित आदि के विचार महत्त्वपूर्ण हैं।

शरीर—वेदों में शरीर के अनेक अंग-प्रत्यांगों के नाम आते हैं। अस्थियों की संख्या 360 अत्यंत प्राचीन काल से चली आ रही है। ऐसा

विधान है कि यदि किसी व्यक्ति की मृत्यु परदेश में अज्ञात रूप से हो जाये तो 360 पलाशवृन्तों से उसकी प्रतिकृति बनाकर अन्त्येष्टि कर देनी चाहिए। स्पष्टतः यह अस्थियों की संख्या का ही बोधक है जिससे शरीर का ढांचा बनता है। शल्यतंत्र में अस्थियों की संख्या 300 ही मानते हैं। यह केवल दृष्टिकोण का ही भेद है। अस्थियों के अतिरिक्त पेशी, नाड़ी, धमनी, सिरा, मर्म, कोष्ठांग आदि का भी विवरण मिलता है। त्वचा के सूक्ष्म छः या सात स्तरों का भी विशद वर्णन किया गया है। मर्मों का वितृत विवरण जैसा सुश्रुत में मिलता है वैसा यद्यपि चरक में नहीं है तथापि त्रिमर्मीय प्रकरण का वर्णन चिकित्सा और सिद्धि दोनों स्थलों में करने से यह स्पष्ट है कि इनका महत्व चरक भी मानते थे।

ऐसा प्रतीत होता है कि यज्ञ में पशुओं की बलि के प्रसंग में उसके विभिन्न अंग प्रत्यंगों का ज्ञान प्राप्त हुआ होगा। गाय की पीठ की ओर से दोनों वृक्कों को निकालने का उल्लेख है। इसके अतिरिक्त, विभिन्न शारीरिक अवयवों के नाम भी मिलते हैं। मर्मों का संकेत जैमिनीय ब्राह्मण में किया गया है। चरक ने त्रिमर्म पर विशेष बल दिया है जबकि सुश्रुत ने 107 मर्मो का विशद वर्णन किया है। सुश्रुत नें संक्षिप्त रूप में शवच्छेद का वर्णन उपलबध होता है। उस स्थूल विधि से सूक्ष्म अवयवों का ज्ञान संभव नहीं है। अंगों की आभ्यांतर रचना का वर्णन न होने से यह स्पष्ट है कि उन्हें काट कर नहीं देखा गया। ऐसी स्थिति में शरीर की ऐसी भूमिका प्रस्तुत करना विस्मयजनक है जिससे डॉ. हार्नल जैसे आलोचक मनीषियों को भी चमत्कृत हो जाना पड़ा। वस्तुतः यह तपः पूतः महर्षियों की सूक्ष्म पर्यवेक्षण शक्ति का ही फल है अन्यथा उस युग में भौतिक साधनों के अभाव में ऐसे परिणामों की कल्पना भी असंभव है। यद्यपि कभी-कभी यह संदेह होता है कि शरीर ज्ञान के लिए शवच्छेदन आवश्यक समझा जाता था। विशेषतः शल्यशास्त्रियों के लिए।

जहाँ तक शरीर क्रिया का प्रश्न है, प्राचीन संहिताओं में रक्तसंवहन,

पाचन, मूत्र निर्माण आदि क्रियाओं का निर्देश उपलबध होता है। पाचन में त्रिविध अवस्था पाक तथा पाचन क्रिया में समानवायु, पाचकपित और क्लेदक कफ का सहयोग पूर्णतः विज्ञानसम्मन है।

1628 ई. में विलिमय हार्वे द्वारा रक्त संवहन का अनुसंधान किया। उसने देखा कि हृदय के संकोचन के द्वारा रक्त धमनियों में प्रविष्ट होता है और शरीर की धातुओं में परिभ्रमण करता हुआ सिराओं द्वारा पुनः हृदय में लौट आता है। इस प्रकार रक्त के चक्रवत परिभ्रमण का उसने निरीक्षण किया। हृदय की विशिष्ट रचना तथा उसमें और सिराओं में कपाटों की विशिष्ट व्यवस्था भी इस रक्तसंवहन के पक्ष में प्रमाणस्वरूप थी। इसके अतिरिक्त अपने सिद्धान्त की पुष्टि में निम्नलिखित प्रमाण उसने दिये–

1. धमनियों के क्षति से रक्त स्पन्दन के साथ निकलता है जबकि छिन्न सिराओं से सतत ओर सम प्रवाह होता है।

2. बाँह को हल्के बांधने से सिराओं द्वारा रक्त का प्रत्यावर्तन रुक जाने के कारण बाँह मे शोथ उत्पन्न हो जाता है। यदि उसी को कस कर बांधा जाये,, तो धमनियों और सिराओं दोनों में रक्त प्रवाह अवरुद्ध होने के कारण बांह में शोथ तो उत्पन्न नहीं होता, बल्कि नाड़ी में क्षीणता तथा बांह में शैत्य देखा जाता है।

इतना होने पर भी हार्वे को धमनियों और सिराओं के पारस्परिक संबंध का ज्ञान नहीं था। उनका अनुमान था कि वे अंगों में स्थित विशिष्ट छिद्रों के द्वारा परस्पर संबद्ध हैं। बाद में मैलपिजी ने इस समस्या का समाधान किया।

इसमें संदेह नहीं कि रक्तसंवहन के इस अदभुत अनुसंधान के कारण आधुनिक शरीर क्रिया विज्ञान में एक नवीन क्रांति का प्रादुर्भाव हुआ, किन्तु हजारों वर्ष पूर्व आयुर्वेदीय संहिताओं में ऐसे वचन मिलते हैं, जिनसे प्रतीत होता है कि प्राचीन मंत्रद्रष्टा महर्षियों को शरीर में रक्तसंवहन का अत्यंत स्पष्ट ज्ञान था। इसके संबंध में भेलसंहिता का

निम्नलिखित प्रमाण पर्याप्त होगा–

हदौ रसः निःसरति तत एव च सर्वतः।
सिराभिहृदयं चैति तस्मात्हृत्प्रभवाः सिराः।।

इस श्लोक में रस शब्द रक्त का भी वाचक है। इसका अभिप्राय यह है कि रक्त हृदय से निकल कर सम्पूर्ण शरीर में फैलता है और पुनः सिराओं द्वारा हृदय में लौट आता है–

'स शब्दार्चिर्जलसन्तानवदणुना विशेषेणानुधावत्येव शरीर केवलम्।'

यानि कि रस शब्द तेज तथा जल के संचार की तरह समस्त शरीर में अत्यंत सूक्ष्म रूप से अनुधावन करता है। डल्हन के अनुसार शब्द सन्तान से रस का तिर्यगगामित्व, अचिः सन्तान से ऊर्ध्वगामित्व तथा जससन्तान से अधोगामित्व सूचित होता है। रस रक्त में मिलकर हृदय से महाधमनी मे जाता है और वहाँ से वह तीन भागों में विभाजित हो जाता है–

1. एक भाग महामातृका धमनी के द्वारा शिर में,

2. दूसरा भाग आक्षाणरा धमनी के द्वारा ऊर्ध्वशाखाओं में,

3. तीसरा भाग भवरोहणी के क्षरा अधःशाखाओं में जाता है और इस प्रकार सम्पूर्ण शरीर में फैल जाता है। इसके अतिरिक्त शब्दाचिंर्जलसन्तानन की उपमा से केशिकाओं के द्वारा रसनिःस्पन्दन की अनेक भौतिक विधियों जैसे–इत्यादि का भी संकेत मिलता है।–

'ध्मानाद्धमन्यः स्रवणात् स्रोतांसि सरणात् सिराः।'

इस एक ही वाक्य में धमनियों कोशिकाओं तथा सिराओं का पारस्परिक संबंध और रक्तसंवहन का कितना स्पष्ट विवेचन है–

'रस गतौ-अहरहर्गच्छतीत्यतो रसः' 'तस्य च हृदयं स्थानं स हृदयाच्चचतुर्विंशतिर्धमनीरनुप्रविश्य', द्रमपत्रसेवनीनामिव च तासां प्रतानाः।

यानि कि रस प्रतिक्षण गतिशील है। उसका स्थान हृदय है और वहां से धमनियों में प्रविष्ट होकर अपनी शाखा प्रशाखाओं के द्वारा सम्पूर्ण शरीर में उसी प्रकार फैलता है जिस प्रकार वृक्ष के पते में सूक्ष्म सिरायें फैली हैं।

शतपथ ब्राह्मण में आगत हृदय शब्द का निर्वचन भी प्राचीन आयुर्वेदज्ञों के हृदय तथा रक्त संवहन सबंधी ज्ञान को अभिलक्षित करता है—

तदेतत् वक्ष्रं हृदयमिति, हृ-इत्येकमक्षरम्
द-इत्येकमक्षरम्, ममित्येकम्'
एवं हरेतेर्ददातेरयतेर्हृदयशब्दः निरूक्त

'हृदय' शब्द में तीन धातु हैं—हृ, दा और इध। इन तीन धातुओं से निर्मित 'हृदय' शब्द हरण, दान और अयन इन तीन क्रियाओं को सूचित करता है। अर्थात हृय रक्त का आहरण, सर्वधातुओं को रक्तप्रदान और संकोचप्रसारात्मक गतियाँ प्रदान करता है-

समुद्र ते हृदयमप्स्वन्तः सं त्वा विशन्तोषधीरूतापः।
सुमित्रिया न आप ओषधयः सन्तु। दुर्मित्रियास्तस्मै सन्तु
यो स्मान् द्वेष्टि यन्ज वयं द्विष्मः।

यानि कि 'जिस प्रकार समुद्र में नदियों के द्वारा जल पहुँचाता है, उसी प्रकार तुम्हारे हृदय में औषधिरूप रक्तधातु प्रविष्ट हो।' इस मंत्र में हृदय की उपमा समुद्र से दी गयी है। इसका आशय यह है कि जिस प्रकार नदियों का मूल कारण तथा निवेश स्थान दोनों समुद्र ही है, उसी प्रकार रक्त स्रोत भी हृदय से निकले हैं और उसी में मिल जाते हैं इससे भी चक्रवात रक्संवहन का संकेत मिलता है—

अपो यत् तेदृदि श्रितं मनस्कं पतयिष्णु कम्।
ततस्य ईर्ष्या मुन्जाति निरूष्माणं द्वतेरिव।।

इस मंत्र में हृदय की उपमा भस्त्रिका दी गयी है। जिस प्रकार भस्त्रिका में संकोच प्रसार के द्वारा वायु का आवागमन जारी रहता है, उसी प्रकार हृदय के संकोच प्रचार से भी रक्त संवहन निरन्तर होता रहता है।

उपर्युक्त प्रमाणों से यह साबित होता है कि आयुर्वेदज्ञ महर्षियों की रक्तसंवहन तथा उसके सिद्धान्तों के संबंध में पूर्ण वैज्ञानिक धारणा थी।

स्वास्थ्य--वेदों में स्वस्थ रहकर दीर्घायु की कामना की गयी है। सूर्य, अग्नि, जल वायु आदि के द्वारा रोगोत्पादक राक्षसों और क्रिमियों के विनाश का निर्दश है। आयुर्वेदीय संहिताओं में इसका विशद वर्णन है। आयुर्वेद पुरुष के पूर्ण देहमानस स्वस्थ पर बल देता है। यह केवल रोगों के प्रतिषेध के लिए निषेधात्मक स्वरूप का नहीं है बल्कि पुरुष को अपनी प्राकृतिक स्थिति में रखकर उसके बल, वर्ण, ओज आदि की वृद्धि का उपाय करता है। अतएव आयुर्वेदोक्त स्वस्थ्यलक्षण विश्व का एक अदभूत आविष्कार है–

समदोषः समाग्निश्च समणतुमलक्रियः।
प्रसन्नत्मेन्द्रियमनाः स्वस्थ इत्यधीयते।

आयुर्वेद वैयक्तिक स्वास्थ्य पर विशेष बल देता है क्योंकि इसकी मान्यता है कि यदि पुरुष स्वस्थ है तो बाहय और आभ्यान्तर हेतु इसमें विकार उत्पन्न करने में समर्थ नहीं होते। धतुसाम्य स्वास्थ्य का अर्थ यह है कि इससे निज विकार तो उत्पन्न नहीं ही होंगे आगन्तु विकार भी असामर्थ्य का अनुभव करेंगे। आयुर्वेद क्षेत्र को प्रधानता प्रदान करता है, बीज का नहीं। यदि क्षेत्र प्रतिकूल और कठोर है तो बीज पड़ने पर भी वे सूख जायेंगे, अंकूर उत्पन्न नहीं होंगे।

इसी प्रकार आहार, स्वप्न और ब्रह्मचर्य ये तीन शरीर के उपस्तम्भ कहे गये हैं। आहार के विषय में विस्तृत एवं सूक्ष्म विचार आयुर्वेद में किया है जो आधुनिक विज्ञान में नहीं मिलता है। सर्वग्रह और परिग्रह के द्वारा आहारमात्रा के प्रसंग में संतुलित आहार का ही विधान है। कौटिल्य

अर्थशास्त्र में भी आर्यभक्त का उल्लेख है जो संतुलित आहार का ही रूप है। इसके अतिरिक्त प्रकृति, करण, संयोग, राशि, देश, काल, उपयोक्ता और उपयोगसंस्था इन आठ आहारविधि विशेषायतनों का विचार किया गया है। षड्रयरसों के साथ-साथ आहारद्रव्यों के गुणकर्म विस्तार से वर्णित हैं। चरकसंहिता के एक ही श्लोक में पुरुष के लिए आवश्यक सभी आहारद्रव्यों के गुणकर्म विस्तार से वर्णित हैं।

षष्टिक, शालि	-	कार्बोहाइड्रेट
मुद्‌ग	-	प्रोटीन
सैनधव	-	लवण
आमलक	-	विटामिल
यव	-	सेलुलोज
जल	-	शुद्ध
दुग्ध	-	स्नेह
मधु	-	शर्करा

अन्न प्राण कहा गया है तो जल जीवन है। शुद्ध जल के सेवन पर बल दिया गया है। आन्तरिक्ष जल सर्वोतम माना गया है। जलपात्र ताम्र का होना चाहिए अन्यथा मिट्टी का। जल के प्रसादन, शीतीकरण और अधिवासन की विधियाँ प्राचीन ग्रंथों में मिलती है। सुश्रुत में प्रसादन, निक्षेपण और शीतीकरण विधियों का वर्णन है जो अन्यत्र नहीं मिलता। सरोवर गत जल के विषाक्त होने पर उसके शोधन की विधि भी है।

इसी प्रकार भूमि और वायु शोधन की विधियाँ भी हैं। प्राचीनकाल में विविध यज्ञों से यह कार्य सम्पादित होता था जिसमें गुग्गुल, जटामांसी आदि रक्षोघ्न द्रव्य जलाये जाते थे। वाय के विषाक्त होने पर दुन्दुभिस्वनीय विधि से वायुगत विष का निराकरण किया जाता था। इतना होने पर भी मरक फैलते थे जिनसे जनपदोदध्वंस होता था, गांव का गांव उजड़ जाते थे। भूमि, वायु, जल और काल के दूषित हो जाने के कारण मरक फैलते

थे। इसका मूल कारण अधर्म बताया गया है। सन्चारी रोगों की धारणा स्पष्ट थी। कुष्ठ, ज्वर, शोथ, नेत्राभिष्यन्द आदि रोग औपसर्गिक रोगों के साथ परिगणित हैं। ऐसे संसर्गत दोषों की शांति का विधान कौशिकसूत्र में दिया गया है। ऐसे रोगों को छिपाने पर दण्ड दिया जाता था। ऐसे रोगियों के साथ याज्ञवल्क्य ने विवाह संबंध निषिद्ध किया है। अर्थशास्त्र ने भी कुष्ठ, व्रण आदि से पीड़ित व्यक्तियों के साथ व्यवहार करने का निषेध किया है।

कुष्ठ, उन्माद, क्लैव्य आदि रोगों से पीड़ित व्यक्तियों के प्रति घृणा प्रदर्शित करने वालों के लिए दण्ड का विधान है। मलमूत्र आदि की सफाई सावधानी से की जाती है। इस संबंध में लापरवाही करने वाले दण्डित होते थे। यौन जीवन भी नियंत्रित एवं अनुशासित था। इस संबंध में भी मिथ्या आचरण करने वालों को दण्ड दिया जाता था।

1. काय तंत्र

इसे काय चिकित्सा भी कहा जाता है। आयुर्वेद के सभी अंगों में कायचिकित्सा का प्रमुख स्थान है। अतिप्राचीन काल से वर्तमान काल तक आयुर्वेद के सम्मान और प्रतिष्ठा का कारण आयुर्वेदीय कायचिकित्सा है।

ऋग्वेद में अश्विनीकुमारों की चिकित्सा के अनेक चमत्कारपूर्ण उदाहरण मिलते हैं। जीर्णशीर्ण 'च्यवन' तथा 'वन्दन' ऋषि की चिकित्सा कर अश्विनीकुमारों ने उन्हें यौवन दिया। कक्षीवती की पुत्री घोषा को कुष्ठ रोग से मुक्त किया। ऋग्वेद में सूर्यरश्मि द्वारा हृदय रोग की चिकित्सा का वर्णन है। 'अपाला' का चर्मरोग तथा उसके पिता का गंजापन अश्विनीकुमारों ने दूर किया। राज्यक्ष्मा आदि का भी ऋग्वेद में वर्णन है।

यजुर्वेद में आर्शरोग, श्लीपद, कुष्ठ, चर्मरोग, यक्ष्मा, विशूचिका, शोथ, मुखपाक और श्लेष्म रोग का वर्णन है। अथर्ववेद यों आयुर्वेद का

उपजीव्य वेद है, जिसमें आयुर्वेद के अनेकानेक रोगों का वर्णन है और इनके प्रतिकार का विधान बतलाया है।

वैदिक चिकित्सा में पहले दैवव्यपाश्रय चिकित्सा प्रमुख थी। रोगों के कारण देवता, राक्षस, भूत, प्रेत, पिशाच आदि का प्रकोप माना जाता था और उनको प्रसन्न करने के लिए बलि, उपहार, होम, जप, पूजा आदि का प्रयोग किया जाता था। आज कल भी वन्य जातियों में ज्वर आदि व्याधियों को भूतावेशजन्य मानकर झाड़-फूँक करना, बलि चढ़ाना और हवन आदि करना प्रचलित है। मंत्रों के प्रयोग से, जप करने, अभिमंत्रण जलाभिसेचन और धूपन आदि से चिकित्सा करने की पद्धति आज भी ग्रामीण जनों में देखी जाती है। यह सभी प्रक्रिया आयुर्वेद के 'दैवव्यपाश्रय चिकित्सा' में वर्णित है। रोगी के मनोबल बढ़ाने के लिए, उसके भय को दूर कर उसमें आत्मविश्वास जगाने के लिए, उसे आश्वस्त करने के लिए यह सब उपचार किया जाता था। रोगी के मन को अहितकर विषयों से रोकने को 'सत्वावजय चिकित्सा' कहते हैं।

आयुर्वेदीय संहिताओं के निर्माण-काल में चिकित्सा की तीसरी प्रक्रिया 'युक्तिव्यपाश्रय चिकित्सा' अपनायी गयी और रोगी की प्रकृति, दोषावस्था, देश, काल, बल, शरीर-सात्म्य मनः स्थिति, एवं आयु आदि का विचार कर प्रत्येक रोगी के लिए अलग-अलग प्रकार की उसकी स्थिति के अनुसार औषधि योजना की जाने लगी।

वात-पित-कफ इन तीनों दोषों के विस्तारपूर्वक अध्ययन कर इसके 63 भेदों का निरूपण किया गया। उन दोषों क संचय, प्रकोप, प्रसर स्थानसंश्रम आदि का विवेचन कर दोषानुसारिणी चिकित्सा का विधान किया गया। चरक ने दोषवैषम्य को रोग और दोषसाम्य को आरोग्य माना है।

शरीर को दोष-धातु और मल का एक संगठन कहा गया है। जब शरीर में दोष, धातु और मलों की क्रिया निर्वाध रूप से अपने स्वाभाविक

ढंग से होती रहती है, तब शरीर नीरोग रहता है एवं इन तीनों में किसी की भी क्रिया विकृत होने से रोगों की उत्पति होती है। इस आधार पर आयुर्वेद ने दोष-धातु-मलों का विस्तृत विवेचन किया और प्रथम दृष्टया यह निर्देश दिया कि इनमें कोई विकार उत्पन्न न होने पाये। इसी दृष्टिकोण से आयुर्वेद के दो प्रयोजन कहे गये हैं–

1. स्वस्थ व्यक्ति के स्वास्थ्य की रक्षा करना, तथा
2. रुग्ण व्यक्ति के रोग को दूर करना।

आयुर्वेदशास्त्र में स्वस्थ व्यक्ति के स्वास्थ्य को यथावत कायम रखने के लिए दिनचर्या, रात्रिचर्या, ऋतुचर्या आदि के नियम, सदाचार, आहार-विहार आदि सभी छोटे-मोटे प्रसंगों को अत्यंत सटीक रूप में बतलाया गया है और उनके पालन में सदैव सावधानी रखने का बार-बार निर्देश दिया गया है। जिस प्रकार राजा अपने राज्य की अन्तः बाह्य स्थितियों को संभाल कर राज्य का परिपालन सावधानी से करता है उसी तरह शरीर की रक्षा करनी चाहिए–

नगरी नगरस्येव रथस्येव रथी यथा।
स्वशरीरस्य मेधावी कृत्येष्ववहितो भवेत।

शरीर के सर्वांग में होने वाले ज्वर, रक्तपित, शोष, उन्माद, अपस्मार, कुष्ठ एवं अतिसार आदि रोगों की चिकित्सा का विधान जिसमें किया जाता है, आयुर्वेद के उस अंग को कायचिकित्सा कहा जाता है--

'कायचिकित्सा नाम सर्वांगसंश्रितानां व्याधीनां ज्वर-रक्तपित शोषेन्मादापस्मारकुष्ठातिसारादीनामुपशमनार्थम्।'

'काय' का अर्थ होता है सम्पूर्ण शरीर। इस प्रकार सम्पूर्ण शरीरगत रोगों की चिकित्सा को कायचिकित्सा कहते हैं।

कायः जो शब्द करे उसे हम काय कहते हैं। कान को अंगुली से बंद करने पर एक ध्वनि सुनाई देती है। यह ध्वनि जीवित शरीर का चिन्ह है

और इस जीवित शरीर की चिकित्सा करना ही आयुर्वेद का मुख्य उद्देश्य है। इसका तात्पर्य यह है कि हृदय की गति का नियमन करना ही कायचिकित्सा है, क्योंकि 'कायति शब्दं करोति' इस व्युत्पति से काय का अर्थ हृदय है और उसकी चिकित्सा करना ही सबसे ज्यादा मूल्यवान पक्ष है। अतःकिसी भी रोग के होने पर हृदय की गति का यथावत संचालन वान्छनीय कर्तव्य होता है।

काय का दूसरा अर्थ है—शरीर या देह। जिसका अन्नादि आहार से पोषण होता है, उसे काय कहते है—'चियतेअन्नादिभिः' इति कायः। 'चिन्चयने' धातु से काय शब्द बना है। देह शब्द 'दिह वर्धन' धातु से बना है। प्रतिक्षण क्षीयमाण शरीर की अन्नादि आहार से पुष्टि होती है, अतः इसे 'काय' कहते हैं। क्षीयमाण शरीर परमाणुओं का अन्नादि से पोषण होकर वृद्धि होती है अतः यह 'देह' कहलाता है। इस प्रकार के शरीर की चिकित्सा कायचिकित्सा है।

'काय' का तीसरा अर्थ है—जाठराग्नि। मधुकोष टीका में 'भोज' का वचन उद्धत किया गया है, जिसमें कहा गया है कि जीवित प्राणियों की जाठराग्नि को 'काय' कहते हैं। इस अग्नि के विकृत हो जाने पर उसको प्राकृतिक स्थिति में लाने के लिए जो उपचार किया जाता है, उस उपचार को कायचिकित्सा कहते हैं। शरीर में तेरह प्रकार की अग्नियाँ होती हैं—एक जाठराग्नि, सात धात्वाग्नि और पंच महाभूताग्नि इनमें जाठराग्नि ही प्रधान है, क्योंकि जाठराग्नि से ही अन्य अग्नियों को बल मिलता है। इस प्रकार इन अग्नियों के समस्त विकारों की चिकित्सा को कायचिकित्सा कहते हैं।

अग्नि के शांत हो जाने पर मनुष्य मृत्यु को प्राप्त हो जाता है और अग्नि की विकृति होने पर मनुष्य विभिन्न प्रकार के रोगों से आक्रान्त हो जाता है। जिस मनुष्य की अग्नि ठीक रहती है वह बिना किसी रोग से आक्रान्त हुए दीर्घ काल तक जीवित रहता है—

शान्तेअग्नो म्रियते युक्ते चिरं जीवत्यनामयः।
रोगी स्याद्विकृते मूलमग्निस्तस्मान्निरूच्यते।।

'कित् रोगापनयने' धातु से चिकित्सा शब्द का निर्माण हुआ है। रोग के अपनयन (दूर करना) को चिकित्सा कहते हैं। रोग के प्रतिकार, निग्रह या नाश को चिकित्सा कहते हैं। व्याधि को दूर करने के लिए जो प्रक्रिया की जाती है, वह चिकित्सा है।

चिकित्सा के पर्याय हैं–क्रिया, कर्म, प्रतिकर्म, वैद्यकर्म, भिषककर्म, भिषगूजित, प्रतिवेध,प्रतिकार, प्रशमन, शमन, रोगापनयन, व्याधिहर, प्रायश्चित चिकित्सत, पथ्य साधन, औषध, प्रकृतिस्थापन, निग्रह, उपक्रम और उपचार।

वैद्या, औषध, परिचारक और रोगी ये चारों अपने-अपने उतम गुणों से युक्त होकर, धातु वैषम्य होने पर, उस धातु वैषम्य को दूर करने एवं धातुसाम्य की स्थिति लाने के लिए प्रवृत होते हैं, उस प्रवृति को 'चिकित्सा' कहते हैं–

चतुर्णा भिषगादीनां शस्तानां धातु वैकृते।
प्रवृतिर्धातुसाम्यार्था चिकित्सेत्यसिधीयते।।

धातुओं की विकृति या वैषक्य ही रोग कहलाता है। रोगावस्था में विषम हुए दोष या धातुओं को साम्यवस्था में लाने के लिए की जाने वाली क्रिया चिकित्सा कहलाती है–

याभिः कियाभिर्जायन्ते शरीर धातवः सभाः।
सा चिकित्सा विकाराणां कर्म तद्भिषजां स्मृतम्।।

चिकित्सा के सामान्य सिद्धान्त

1. जिन कारणों से रोग उत्पन्न हुआ हो, उन कारणों का परित्याग करना चाहिए।
2. उष्णता से होने वाले रोगों में शीतोपचार और शीत से होने वाले रोगों में उष्ण उपचार करना चाहिए।

3. क्षीण हुए दोषों को बढ़ाना चाहिए, बढ़े हुए दोषों को घटाना चाहिए और समदोषों को सम बनाये रखने का प्रयत्न करना चाहिए।
4. शारीरिक रोगों को दूर करने के लिए दैवव्यपाश्रय और युक्तिव्यपाश्रय चिकित्सा करनी चाहिए।
5. मानसिक रोगों में ज्ञान, विज्ञान, धैर्य, स्मृति एवं चित की एकाग्रता आदि की प्रक्रिया अपना कर चिकित्सा करन चाहिए।
6. अच्छी तरह से प्रयुक्त किये गये संशोधन, आहार और विहार रोगों का नियमन करते हैं।

आयुर्वेदीय चिकित्सा की सबसे बड़ी विशेषता है पुरुष का समष्टिगत दृष्टिकोण। पुरुष पूर्णरूप से स्वस्थ हो जाय यही चिकित्सा का उद्देश्य होता है। शुद्ध चिकित्सा वही है एक विकार का शम करे और दूसरे दोषों को भी कुपित न होने दे जिससे पुरुष पूर्ण स्वस्थ हो जाय–

प्रयोगः शमयेद् व्याधिं योन्यमन्चमुदीरेयेत्।
नासौ विशुद्धः शुद्धस्तु शमयेद् यो न कोपयेत्।।

पंचकर्मः इसी नाम से संशोधन चिकित्सा को जाना जाता है। यह देखा जाता है कि अहितकर आहार करने पर स्वतः वमन या अतिसार या दोनों होने लगता है। शरीर से विषों तथा हानिकार पदार्थों को निकालने का प्रकृति की ओर से यह प्रयत्न होता है। इसी प्रकार उग्र गंध या जुकाम आदि के कारण छींके आने लगती हैं, यह भी विषनिर्हरण का एक प्राकृतिक प्रयतन है। इस प्रकार वमन, विरेचन और नस्य के द्वारा मलों को बाहर निकालने का उपक्रम किया गया होगा जो प्रकृति के कार्य में ही सहायक होता है। अनेक पक्षी लंबी चोंच के द्वारा अपनी गुदा में जल प्रविष्ट कर मल की सफाई कर लेते हैं। इस प्रकार वस्तिकर्म का प्रारंभ हुआ होगा। वस्तुतः संशोधन में निरूह तक चार कर्म ही आते हैं, अनुवासन वस्ति अधिकांश स्नेह से वातंसशमन का कर्म ही करता है।

चरककालीन चिकित्सा में संशोधन का अत्यधिक महत्व था। प्रत्येक रोग की चिकित्सा में प्रथम संशोधन उसके बाद संशमन यही वैज्ञानिक पद्धति थी। स्नेहन और स्वेदन ये पूर्वकर्म थे तथा संशोधन के बाद संसर्जनक्रम पर भी ध्यान दिया जाता था। मध्यकाल में क्रमशः चिकित्सा औषध प्रधान हो गयी, पन्चकर्म की उपेक्षा होने लगी।

2. शल्य तंत्र

वेदों में अश्विनी कुमारों के चमत्कारिक कार्यों से तत्कालीन शल्यतंत्र की विकसित स्थिति का अनुमान होता है। आयुर्वेद के आठों अंगों में यह प्रधान है क्योंकि शारीरिक रोग उत्पन्न होने के पूर्व देव-दानवों के युद्ध में प्रहारजन्य व्रणों के रोपण करने और जड़ के कटे हुए सिर को धड़ के साथ जोड़ देने के कारण शल्य ही प्रधान अंग है। सभी आयुर्वेदांगों में समान रूप से आवश्यक होने से यंत्र, शस्त्र, क्षार और अग्नि के व्यवहार के कारण तथा शल्यक्रिया करने से शीघ्र आराम पहुँचने के कारण शल्य सभी अंगों से अधिक वांछनीय है। इस प्रकार औषधियों की अपेक्षा शीघ्रता से कार्य करने के कारण जेसे विद्रधि एवं अर्श आदि अनेक रोग औषधियों से ठीक किये जा सकते हैं, परन्तु औषधि प्रयोग से चिकित्सा करने पर अधिक समय लग जाता है और कभी-कभी रोग ठीक भी नहीं होते, इसके विपरीत शल्यकर्म करने से रोग शीघ्र ठीक हो जाते हैं।

प्रमुख सुश्रुत टीकाकार डल्हन ने कहा है कि केवल तृण, कसष्ठ, धातु आदि ही शल्य नहीं है, अपितु शरीर में बाधा उत्पन्न करने वाला मन, दोष आदि भी शल्य कहे जाते हैं–

अतिप्रवृद्धं मलदोषजं वा शरीरिणां स्थवरजडमानाम्।
यत्किन्चिङाबाधकरं शरीरे तत्सर्वमेव प्रवदन्ति शल्यम्।।

इस कथन से शल्य का संबंध समस्त शरीर से है। वेदों में शल्य के निम्नलिखित उद्धरण हैं–

1. अत्रि के कठिन अग्निदग्ध की चिकित्सा कर उन्हें युवा बनाया।
2. अंधे कण्व को आंखें दीं।
3. परावृक ऋषि अंधे और लंगडे थे। उनके रोगों का निवारण किया।
4. राजा रवेल की कन्या विशाला की टांग टूट गयी थी। उसे लोहे की टांग देकर युद्ध के योग्य बनाया।
5. शम्बर के साथ युद्ध में अतिधिग्व, कशोजुव तथा महादिवोदास की रक्षा की।
6. दधीची के सिर को हटाकर वहाँ घोड़े का सिर प्रत्यारोपित किया और पुनः उसे हटा कर उनका सिर लगाया।
7. ऋज्राश्व अंधे हो गये थे, उन्हें अच्छी आंखे दीं।
8. नृशद के पुत्र का वाधिर्य दूर किया।
9. कक्षीवान के अन्धत्व एवं वाधिर्य को दूर किया।
10. पूषन के टूटे दांतों को ठीक किया।
11. भग के विदीर्ण नेत्रों को ठीक किया।
12. इन्द्र के स्तंभ की चिकित्सा की।

वेदों में संधानकर्म तथा अंग-प्रत्यरोपण का संकेत मिलता है। उपनिषदों की मधुविद्या सन्धानविद्या थी। कटे सिर को जोड़ने की कला प्रवर्ग्यविद्या कहलाती थी। इसी विद्या से अश्विनीकुमारों ने दधीची और घोड़े के सिर को एक दूसरे में लगाया था। इससे अंगसंरक्षण तथा अंगप्रत्यारोपण का भी संकेत मिलता है। कोशिक सूत्र में शस्त्र आदि से अभिघात लगने पर 'रुधिरप्रवाह या अस्थिभंग हो तो लाक्षाक्वाथ से परिषेक तथा लाक्षाश्रृत दुग्धपान का विधान है।' जैमिनीय ब्राह्मण में एक आख्यान है कि किसी कुमार का शरीर, रथचक्र से छिन्न हो गया था उसे पुनर्जीवित किया गया। रामायण में इन्दु का अण्डकोष गिर जाने पर उनमें भेड़ के अण्डकोष के प्रत्यारोपण का अख्यान है। महाभारत में भी शल्योद्धरणकोविद् वैद्यों का निर्देश है।

शल्य तंत्र का आधार ग्रंथ सुश्रुत संहिता है। इसमें व्रणितागार, व्रण के साथ उपकरण, दग्ध, अष्टिविध शस्त्रकर्म, उपयोगी यंत्र शस्त्र, जलौदा, सिराव्यध, अग्निकर्म, क्षारकर्म आदि का विस्तृत वर्णन है। अर्श, अश्मरी, भगन्दर आदि के शस्त्रकर्म का विधान वर्णित है। कर्णनासा और खण्डौष्ठ के सन्धान की विधि भी विस्तार से बतलाई गयी है। यह सन्धान कर्म सुश्रुत की मौलिक देन है। आधुनिक शल्यशास्त्र ने सुश्रुत की ही विधि अपनायी है। भारतीय शल्य क्रिया अरब होते हुए भूमध्यसागरवर्ती देशों में पहुँची।

काशी प्राचीन काल में शल्यतंत्र का प्रधान केन्द्र रहा है। दिवोदास धन्वंतरि ने सुश्रुत प्रभृति शिष्यों को यहीं शल्य की शिक्षा दी थी। तक्षशिला में भी शल्यतंत्र की उतम शिक्षण'व्यवस्था थी। प्रसिद्ध शल्यविद जीवक वहीं का स्नातक था जो सफलतापूर्वक उदर और मस्तिष्क के कठिन शल्यकर्म करता था।

शल्यतंत्र निम्नलिखित कारणों से प्रधान माना जाता है–

1. शल्य तंत्र में यंत्र, शस्त्र, क्षार, अग्नि, रक्त, विस्रावण इत्यादि से सिद्ध होने वाले अनेक प्रकार की आशुकारी चिकित्साओं का वर्णन किया गया है। इसके विपरीत अन्य तंत्रों में चिकित्सा औषधि द्वारा की जाती है। जिससे लाभ होने में अधिक समय लगता है।
2. इस तंत्र में लगभग प्रत्येक रोग के लिए अनेक प्रकार की चिकित्सायें बतायी गयी हैं जैसे अर्श की शल्य चिकित्सा, अग्नि चिकित्सा, क्षार चिकित्सा इत्यादि। इनमें से चिकित्सक रोग तथा रोगी के अनुसार किसी भी एक या अनेक चिकित्साओं का आश्रय ले सकता है।
3. शल्य कर्म द्वारा नष्ट की गयी व्याधियाँ प्रायः समाप्त हो जाती हैं किन्तु औषध चिकित्सा के उपरान्त व्याधियों का प्रायः पुनः प्रादुर्भाव हो जाया करता है।

4. अनेक रोगों की गंभीर अवस्था में या अनेक मृत्यु आसन्न रोगियों मेंशल्य कर्म द्वारा तुरन्त लाभ होता है, जैसे मूत्र-जठर छिद्रोदर इत्यादि में।
5. औषधि से न ठीक होने वाले रोग जिनमें कि अवयवों में विकृति आ जाती है वे रोग प्रायः शल्य कर्म से ठीक हो जाते हैं, जैसे चरक ने अर्श, उदर तथा गुल्म रोगों में शल्य चिकित्सा का आश्रय लेने के लिए कहा है।
6. कुछ व्याधियाँ केवल मात्र शस्त्र साध्य होती है जैसे नासा-सन्धान कर्ण-सन्धानादि, प्लास्टिक सर्जरी तथा मूढ़ गर्भ की चिकित्सा इत्यादि।

शल्यतंत्र के गिरती लोकप्रियता के निम्नांकित कारण हो सकते हैं-

1. संज्ञाकरण उपायों का अभाव होने के कारण बड़े-बड़े शल्य कर्म संभव नहीं थे। पहले रोगी को मद्य पिलाकर यह कार्य किया जाता था तथा उसे 8-10 बलवान पुरुष दबाये रहते थे। यह क्रूर कर्म लोक तथा राज्य द्वारा तिरस्कृत होने लगा। यह आसुरी चिकित्सा कहलाने लगी।
2. शक्तिशाली जन्तुध्न या प्रतिजैवी द्रव्यों की कमी के कारण प्रायः रोगी की स्वाभाविक रोगक्षमता ही आधार थी। इसकी कमी से अधिकांश शल्यकर्म असफल हो जाते थे, अनेक उपद्रवों से आक्रान्त होकर रोगी मर जाते थे।
3. शवच्छेदन होने के कारण शरीर ज्ञान की अविकसित स्थिति भी शल्यतंत्र के विकास में बाधक थी। आधुनिक काल में शरीर रचना का विशद ज्ञान होने पर ही शल्यतंत्र का विकास संभव हुआ।

शल्य तंत्र चिकित्सा कर्म तीन प्रकार के होते हैं–1. पूर्वकर्म 2. प्रधान कर्म 3. पश्चात् कर्म।

1. पूर्वकर्म

1. रोगी संबंधित–रोगी की परीक्षा त्रिविध या षड्विध प्रकार से करनी चाहिए। रोगी की निम्न परीक्षाओं पर विशेष ध्यान देना चाहिए–

(क) भौतिक परीक्षा

(ख) स्रोतों की परीक्षा

(ग) बन परीक्षा जैसे-हीनबल, रक्ताल्पता, निर्जलीकरण, क्षीणता, मृत्यु आसन्न रोगी इत्यादि की परीक्षा। इन रोगियों की आवश्यक चिकित्सा करके इन्हें शल्य कर्म सहन करने योग्य बनाना चाहिए।

(घ) रोगानुसार आवश्यक विशेष परीक्षाओं को भी करना चाहिए जैसे–परिणाम शूल में फन्कशलन टेस्ट की परीक्षा, यकृत रोगों में यकृत क्रिया परीक्षा इत्यादि।

(ङ) सर्वप्रथम शल्य कर्म वाले स्थान के रोगी के बाल एक रात पूर्व काटें, फिर पूय विरोधी घोलों द्वारा शोधन करके उस स्थान पर निर्जीवणुकृत पट्टी बांध देनी चाहिए।

(च) एक रात्रि पूर्व रोगी को विरेचन औषधि दें तथा शल्य कर्म से 3-4 घंटे पूर्व संशोधन वस्ति देनी चाहिए।

2. चिकित्सा संबंधी :

(क) हीन बल तथा क्षत-क्षीण रोगियों को शल्य कर्म के योग्य बनाने के लिए आवश्यक चिकित्सा करनी चाहिए जैसे निर्जलीकरण होने पर जल तथा आवश्यक लवण पदार्थों को दें, क्षीण रोगियों को पोषक आहार दें तथा रक्त स्कन्दन के दोष रहने पर उनकी आवश्यक चिकित्सा करें।

(ख) शोध नाशक उपक्रमों द्वारा शोथ को शांत करें जैसे–प्रलेप, परिषेक, अभ्यंग, विम्लापन, उपनाह, पाचन, रक्त विस्रावण,

इत्यादि कर्मों द्वारा या प्रतिजीवी तथा प्रतिशोफीय औषधियाँ देनी चाहिए।

3. उपकरण संबंधित–

(क) शल्य कर्म संबंधी यंत्र, शस्त्रादि उपकरण, पिचु, प्लीत, सूत्र, क्वलिका इत्यादि को पूर्ण से विशोधित या निर्जीवाणुकरण करें।

(ख) क्षार, दाहक पदार्थों, अग्नि, जाम्बवौष्ठ, श्रृंगी, अलाबू, जौक इत्यादि आवश्यक वस्तुओं का पहले से ही प्रबंध कर लेना चाहिए।

(ग) आवश्यकतानुसार घृत, तैल, कषाय इत्यादि औषधियों तथा उष्ण एवं शीतल जल इत्यादि पदार्थों का प्रबंध भी पहले से ही कर लेना चाहिए।

2. प्रधान कर्म

(क) **देव पूजन**–सबसे पहले शल्य कर्म के पूर्व सफलता हेतु तथा मनोबल बढ़ाने हेतु देवताओं का पूजन करना चाहिए।

(ख) **संज्ञाहरण**–रोगी को शल्यकर्मानुसार सार्वदैहिक संज्ञाकरण या स्थानीय संज्ञाहरण देना चाहिए।

(घ) **मुख्य शल्य कर्म**–इसमें अनेक कर्मों का समावेश होता है जैसे छेदन, भेदन, लेखन, वेधन, एषण, आहरण, विस्रावण, सीवन इत्यादि आठ कर्म विशेष रूप से किये जाते हैं।

3. पश्चात् कर्म

(क) शल्य कर्म पश्चात् व्रण को क्वाथ इत्यादि जीवाणुहर द्रवों से साफ करके घृत, शहद, तिलपिष्ठ इत्यादि को लगाकर मोटी कवलिका रख कर पट्टी बाँध दें।

(ख) अहिफनादि तथा स्थानीय वेदना में शमनार्थ मुलैठी और घृत का प्रयोग करें तथा स्वेदन दें।

(ग) व्रण में संक्रमण से बचने के लिए इसके लिए प्रति जीवाणु तथा पूय विरोधी द्रव्यों का प्रयोग करना चाहिए।

(घ) आहार की व्यवस्था विशिष्ट शल्य कर्मानुसार ही होनी चाहिए।

(ङ) अस्थिगत शल्य कर्म के पश्चात् रुग्ण शाखा को पूर्ण विश्राम देना चाहिए।

4. शालाक्य तंत्र

आंख, नाक, कान आदि जंतु के ऊपर के अंगों में उत्पन्न हुए रोगों की शांति के लिए तथा शलाका'यन्त्र के प्रयोग के लिए जो आयुर्वेदांग होता है उसे शालाक्य तंत्र कहते हैं–

'शलाका परलवेधनी, तस्याः कर्म शालाक्यं, तत्प्रधानं तंत्र शालौयत्रम्

आयुर्वेद के आठ अंगों में शालाक्य तंत्र को एक महत्वपूर्ण स्थान प्राप्त है। चरक तथा सुश्रुत संहिता में शालाक्य तंत्र का उल्लेख होने पर भी केवल सुश्रुत-संहिता में ही इस विज्ञान का विशद विवेचन है। शलाका से जहाँ काम किया जाता है उसको शालाक्य कहते हैं जिस विज्ञान में प्रधानतया शलाका का प्रयोग होता है, उसको शालाक्यतंत्र कहते हैं। सुश्रुत संहिता के मूल में शालाक्यतंत्र का इस प्रकार विश्लेषण किया गया है–

'शालाक्यं नामोर्ध्वजत्रुगतानां श्रवणनयपवदनध्राणदिसंरितानां व्याधीनाभुपशमनार्थम् ।'

'जत्रु' कहने से ग्रीवामूल समझा जाता है। जत्रु के ऊपर स्थित इन्द्रियाधिष्ठान जैसे--कान, आँख, मुख, नाक आदि स्थानों में उत्पन्न व्याधियों की चिकित्सा जिस विशेष विज्ञान में होती है, उसे शालाक्यतंत्र कहते हैं।

सुश्रुत ने निदानस्थान में केवल कण्ठ समेत मुखगत रोगों का तथा चिकित्सास्थान में उनकी चिकित्सा का वर्णन है। उतरतंत्र को छोड़कर और

किसी स्थान पर सुश्रुत संहिता में आँख, नाक, कान, और सिर के रोगों का वर्णन नहीं किया गया है–

"विदेहाधिपतिः श्रीमान् जनकोनाम विश्रुतः।
आलम्भयज्ञप्रवणः सोअयजद् ब्राह्णैर्वृतः।।
तस्य यागप्रवृतस्य कुणितो भगवान् हरिः।।
दृष्टि प्रणाशयामास सोअनुतेपे महतप।।
दीप्तांशुस्तपासा तेन तोषितः प्रददौ पुनः।
चखुर्वेद प्रसन्नात्मा सर्वभूतानुकमाया।।"

उपर्युक्त श्लोक का अर्थ यह है–विदेह के राजा ऐश्वर्यवान् विख्यात राजर्षिजनक ने ब्राह्मणों से परिवृत होकर आलम्भ यज्ञ करने का उद्योग किया। उनको यज्ञ करते देखकर भगवान अंशुमानी उनके ऊपर कुपित हो गये तथा उनकी दृष्टि शक्ति को नष्ट कर दिया। इसके पश्चात राजा जनक ने कठोर तपस्या की। भगवान सूर्य ने इनकी तपस्या से सन्तुष्ट होकर सभी प्राणियों पर कल्याण की दयादृष्टि रख कर उनको चक्षुर्वेद अर्थात् नेत्ररोग-विज्ञान प्रदान किया।

इस प्रकार कायचिकित्सा तथा अन्य चिकित्सा विज्ञान शाखा की तरह नेत्ररोग विज्ञान की उत्पति की कहानी भी दैवी तथा रहस्यपूर्ण शैली में वर्णित है। प्राचीन विद्वानों में से निम्नोक्त शालाक्यतंत्रकोविदों के नाम पाये जाते हैं–विदेहराज जनक, विदेह, महाविदेह, निमि, कुराल, कांकायन, गार्ग्य, गालव, सात्यकि, शैनक, चक्षुष्य, चक्षुष्येण , कृष्णत्रेय। इनमें से निभि और विदेहाधिपति सर्वाग्रगण्य हैं जो महान ऋषियों में थे और इन्द्र के सम्मूख उपस्थित हुए थे उनमें भारद्वाज, पुनर्वसु, धन्वंतरि और कश्यप प्रमुख थे। निमि ने वहाँ विशेष करके शालाक्यतंत्र का ज्ञान प्राप्त किया। उतरतंत्र के 20 वें अध्याय में सुश्रुत ने मौलिक भिपजों का उल्लेख किया है।

सुश्रुत एवं उनके सहयोगियों ने रोगों के श्रेणी विभाग का, विशेषतया

नेत्र और गला रोगों के विभाग का एक अनुपम पद्धति अपनायी थी। मुखरोगों में ओठ से लेकर भीतर की और प्रत्यंगों के रोगों का वर्णन किया है तथा तीन दोषों की दृष्टि से लक्षणावाली का विवरण किया गया है। इस प्रकार विशद रूप से वर्णन के कारण कोई रोग या लक्षण के छूट जाने की संभावना कम है।

कभी-कभी कोई कोई रोग आपात दृष्टि से एक सा प्रतीत होते हैं। दृष्टान्ततया दन्तवेष्ट, महाशौषिर, उपकुश और वेदर्भ—ये रोग लक्षणसमष्टि की दृष्टि से प्रायः एक ही प्रकार के प्रतीत होते हैं। परन्तु इन प्रत्येक रोगों में कुछ ऐसे विशेष भेदक लक्षण हैं जिनके कारण उनकी पृथक्-पृथक् संज्ञा दी गयी है, लेकिन उन विशेष भेदक लक्षणों का निर्णय करना कभी-कभी कठिन प्रतीत होता है।

मुखरोगों की चिकित्सा निम्नाक्त क्रियाकल्प के ऊपर आधारित है। जैसे, नाड़ी स्वेद, कवल, प्रतिसारण, धूम, नस्य, रक्तमोक्षण, क्षार-कर्म, अग्नि कर्म, आदि। इनके अतिरिक्त दन्तोद्धरण, लेखनकर्म, गलशुण्डिका में छेदन कर्म भी उपदिष्ट, तालुपुप्पुट में भेदनकर्म, अध्रुष व मांससंघात में छेदन कर्म या कच्छप में लेखन या छेदन, गर्लविद्रधि में भेदन-कर्म उपदेश किया गया है। यह लक्षणीय है कि सुश्रुत के उपरान्त 2500 वर्ष व्यतीत होने पर भी शस्त्रकर्म की प्रक्रिया में अधिक उन्नति नहीं हुई है। प्राचीन शालाकिया शचघ्नी, गिलायु, मांसतान, बलास आदि रोगों की तीव्रता तथा घातकता के बारे में अनभिज्ञ थे।

चक्रदत ने मुख रोगों के लिए बहुत नये योगों का उल्लेख किया है। ये योग तेल जैसे—इरिमेदादि तैलख वकुलाघ तैल इत्यादि। उस समय शस्त्रक्रिया का उतना आदर न होने के कारण तथा वेदना सापेक्ष होने से ये शालाकियों के तीक्ष्ण अध्यवसाय तार्किक ज्ञान के सूचक हैं।

इसी प्रकार चक्रपाणि ज्ञान के सूचक हैं। इन्होंने आठ प्रकार के तेलों का उल्लेख किया है परन्तु सुश्रुत ने 31 नासारोगों में तैलों का उद्धरण

दिया है। केवल सुश्रुतोक्त नासासन्धान विधि के अतिरिक्त उन्होंने और कोई शास्त्रोपचार का वर्णन नहीं किया है। चक्रपाणि की तालिका में सर्पिगुड, चित्रहरीतकी नासारोग चिकित्सार्थ नये अवदान हैं। यह एक कौतुक का विषय है कि सुश्रुत ने नासा और कर्ण रोगों में शोफ, अर्शः और अर्बुदों का उल्लेख किया है। उन्होंने इसको दोष तथा दूष्य और स्थान गतं दृष्टि से श्रेणीविभाग किया है।अतः इन शोथप्रधान विकृति अवस्था का परिज्ञान उस पौराणिक युग की दृष्टि से एक विशेष सफल उत्कृष्ट उपलब्धि है। इन शोथ आदि की चिकित्सा उन्होंने साधारण शोथ, अर्श, आदि की तरह--जेसे शस्त्र, क्षार, भेषज ऐसा कहा है। उनके लिए छेदन कर्म भी किया जा सकता है।

28 कर्ण रोगों में कुछ ऐसे हैं जिनको लक्षण कहा जा सकता है जैसे-कर्णशूल, कर्णनाद, कर्णक्ष्वेड। ये आधुनिक दृष्टि से रोग न कहकर लक्षण कहे जा सकते हैं। अटोरिया तथा कर्णस्राव को अवस्थानुसार भिन्न-भिन्न संज्ञा दी गयी है--जैसे कर्णस्राव, पूतिकर्ण, कर्णपाक और क्रिमिकर्ण कर्णरोग के लिए पूरण एक विशेष प्रकार का चिकित्सा क्रम है। चक्रदत ने कई नये पूरण के योग लिखा है। उन्होंने प्रायः 20 और तैलों का उल्लेख किया है। सुश्रुतोक्त तैलों से यह बहुत अधिक है।

आयुर्वेदीय शल्य चिकित्सकों में से सुश्रुत का नेत्ररोगों में शस्त्रकर्म का अवदान सबसे अधिक है। सुश्रुत के उपरान्त आयुर्वेदीय नेत्ररोग-विज्ञान में नया कोई शस्त्रकर्म का आविष्कार परिलक्षित नहीं होता। उन्होंने नेत्र-रोगों में जो शल्कर्मों का उल्लेख किया है उसके ऊपर सिंहावलोकन ज्ञान स्पृहावर्धक है। उन्होंने 21 प्रकार के वर्त्य रोगों का उल्लेख किया है। उनमें से बहुत से रोग पिंडकायुक्त, अभिष्यन्द, ट्रकोमा या अन्य वर्त्मविकार जैसे क्षय या अन्य संक्रामण व्याधि का ज्ञापक है। नेत्र नाड़ी या नेत्रस्राव के चार भेद बताये गये हैं। इनको असाध्य कहा गया है। काच के अतिरिक्त सुश्रुताचार्य ने अन्य नेत्ररोगों में भी शस्त्रकर्म किया है

जैसे चक्ष्मकोप में और अर्म में छेदन, अन्जननामिका में भेदन, पोथकी में लेखन—ये सुश्रुत के शलाक्य तंत्र की शास्त्रक्रिया में विशेष अवदान हैं। पोथकी में मण्डलाग्रशस्त अथवा शेफानिकापत्र द्वारा लेखन उनसे उपदिष्ट विशेष उपाय और आविष्कार हैं। वर्त्म रोगों में क्षारकर्म प्रयोग उनका वैशिष्ट्य है।

नेत्ररोगों में विशेष स्थानिक चिकित्सा या क्रियाकल्प—जैसे, तर्पण, पुटपाक, सेक, आश्चत्योतन, अन्जन के विषय में सुश्रुत का उल्लेखनीय अवदान है। परवर्तीकाल में चक्रपाणि और शाड.धर ने विडालक और पिण्डी नामक दो क्रियाकल्पों की उद्भावना की है। दोषों के हिसाब से नेत्ररोगों के कारण वायु, पित और कफ हैं। यह सभी रोगों के मूल हैं। परन्तु इन दोषों के संचय, प्रकोप आदि के लिए ऋतु कारण हैं। मुख्यतया दोषों के ऋतुजनित विकृति का निवारण कुछ स्वस्थवृत के नियम तथा वमन, विरचन, लड्धन और संशमन से हो सकता है। नेत्ररोग के कुछ विशिष्ट कारणों का सुश्रुत ने उल्लेख किया है। वाग्भ, भावमिश्र, यागरत्नाकर, प्रणेता आदि ने इन कारणों को प्रमाणिक कहा है। सुश्रुतोक्त नेत्ररोग के उपाय निम्न प्रकार है—

उष्णभिप्त्स्य जलप्रवेशाद्दूरेक्षणत् स्वप्नविपर्ययाच्च
प्रसक्तसंरोदनकोपशेक्लेशामिघातादमिमैथुनाच्च
सुक्तारणालाम्लकुलत्थमाषेवणाद्वेगविनिग्रहाच्च
स्वेदादथेधमनिषेवणाच्च छर्दे र्विघाताद् वमनातियोगात्
वाष्पाग्रहात् सुक्ष्मानिरीक्षणच्च नेत्रविकारान जनयन्ति दोषः।

वाग्भट ने साधारण नेत्ररोग के कारणों का उल्लेख नहीं किया है। भागमिश्र ने नेत्ररोग के जिन कारणों का उल्लेख किया है वे सुश्रुत की पुनरूक्ति है परन्तु उन्होंने कुछ विशेष कारणों का वर्णन किया है। भावप्रकाश के रचनाकार का कथन निम्न प्रकार है—

उष्णाभितप्तस्य जलप्रवेशाद्दूरेक्षणात् स्वप्नलिवपर्ययाच्च
स्वेददाद् रजो धूमनिवेषणाच्च छर्देर्विघाताद् वमनातियोगात्
शफक्तारणालाम्बुकुलत्थमाषाद्विणमूत्रवातागमनिग्राच्च
प्रसक्तसंरोदन शोकतापच्छिरौ भिधाताददतिशीघ्रयानात्
तथा ऋतूनां च विपर्ययेण क्लेशामितापाददतिमैथुनाच्च
वाष्पग्रहात् सूक्ष्मनिरीक्षणाच्च नेत्रेविकारं जनयन्ति दोषा

उपर्युक्त नेत्ररोग के कारणों का यदि पर्यालोचन किया जाय तो यह प्रतीत होता है कि ये कारण दो प्रकार के हैं। एकजातीय कारण ऐसे हैं जिससे नेत्र में प्रत्यक्षतः प्रभाव या चोट लगती है, जैसे अभिघात स्वेद आदि। दूसरे प्रकार के कारण वे हैं जिससे प्रत्यक्षतः कोई प्रभाव या चोट नहीं लगती है परन्तु अप्रत्यक्षतः नेत्र में उसका प्रभाव दिखायी देता है। जैसे रात्रिजागरण, दिवानिद्रा, अतिमैथुन, वेगरोध इत्यादि। कुछ अमूर्त कारण है। जैसे भय, शोक आदि। इसके अतिरिक्त इनमें ऐसे कारण हैं जिनसे आँख में कष्टदायक लक्षण होते हैं परन्तु दृष्टिहानि आदि रोगविकार दृष्टिगत होते हैं। उदाहरणार्थ दूरेक्षण यानि बहुत दूरी पर स्थित द्रव्यों को निरीक्षण करते रहने से अन्त में दृष्टिहीनता उपस्थित हो सकती है। ये सभी लक्षण शीघ्रातिशीघ्र दिखायी नहीं देते हैं, परन्तु कुछ समय के बाद ये लक्षण दृष्टिगोचर होते हैं। यह सूक्ष्मविचार आयुर्वेद के प्राचीन आचार्यों ने बहुत परीक्षण के पश्चात किया था जिससे उन्होंने अन्त में ज्ञानगर्भ सिद्धान्त ग्रहण किया था।

नासोरोग में प्रतिश्याय सबसे अधिक होनेवाला रोग है। अतः प्राचीन आचार्यों ने इसी के निदान का उल्लेख किया है। चरक ने इसका निम्नोक्त कारण बताया है—

संधारणाजीर्णरजोतिभाष्यक्रोधर्तुवैषम्यशिराभितापैः।
प्रजागरातिस्वपनाम्बुशीतैरश्यायमैथुनवाष्पधूमैः।
संसत्यानदोषे शिरसि प्रवृद्धो वाायुः प्रतिश्यायमुदीरयेतु

जिस रोग में कफ आदि दोष वायु की ओर जाते रहते हैं उसे प्रतिश्याय कहते हैं। इसके पाँच भेद कहे गये हैं—वातिक-पैतिक, कफज, सान्निपातिक तथा रक्तज। प्रतिश्याय होने के पहले शिर का भारीपन, छींक आना, सभी अंगों में पीड़ा, रोमान्च होना तथा ज्वर, अरुचि आदि लक्षण दिखायी देते हैं।

पित कफ और रक्त विकृत होने से गला और तालूमूल में विकृति गन्धयुक्त वायु सड़ी हुई गन्ध लेकर मुख और नासा से निकलती है। इसको 'पूतिनास' रोग कहते हैं।

विशेषकर शिरोगत रोगों की चिकित्सा तथा सामान्यतः सार्वदेहिक रोगों के लिए नस्यकर्म का महत्व अधिक है। नासारोगों के लिए इसकी यथेष्ट उपयोगिता है। नाक से जो औषधि प्रयुक्त होती है, उसको नस्य कहते हैं। नासा ही सिर का द्वार है। नाम में अवसिक्त औषध स्रोत श्रृडांटक में पहुंचकर सब सिर में व्याप्त होता है। इसके पश्चात नेत्र, कान, गला, प्रभृति के सिरोमुख में फैल जाती है, उसी तरह ऊर्ध्वजत्रुगत सब विकार के मूल दोष को यह नस्यप्रयुक्त औषध निकाल देती है।

ओस में अधिक रहना, पानी में अधिक क्रीड़ा करना, कान को अधिक खुजलाना, शस्त्र का मिस्थाप्रयोग तथा अन्य प्रकोप के कारणों से प्रकुपित वायु कान की शिराओं को अवलम्बन करते हुए वेगवान होकर कर्णविवर में शूल उत्पन्न करता है तथा कर्णरोग उत्पन्न करता है।

सुश्रुत ने निदानस्थान में ही मुखरोगों का वर्णन किया है। सुश्रुत के मत से मुखरोग 65 प्रकार के हैं। इनके स्थान से अधिष्ठान 7 हैं। ये आयतन इस प्रकार हैं—ओछ, दन्तमूल, दाँत, जिह्वा, तालू, गला तथा पूरे मुख का आभ्यन्तर भाग। उनमें से आठ में 8 रोग, दन्तमूल तथा मसूढ़े में 15 दांत में 8 जिह्वा में 5, तालू में 9. गले में 17 और पूरे मुख के आभ्यन्तर भाग में 3 रोग हैं।

5. कौमारभृत्य

यह भी आयुर्वेद का ही एक अंग है। इसमें आयुर्वेदांग में कुमार (बालक) के भरण-पोषण की व्यवस्था धात्री-परीक्षा, दृष्ट, दुग्ध विशीध, ग्रहजन्य रोगों का प्रतिकार तथा बालकों के रोगों की चिकित्सा का विधान किया जाता है–

'कौमारभृत्यं नाम-कुमारभरणधात्रीक्षीरदोषसंशेधनार्थ दृष्टस्तन्यग्रहसमुत्थानान्च व्याधीनामुपशमनार्थम्।

आयुर्वेद के आठ अंगों में इस अंग को काश्यपसंहिता में श्रेष्ठ अंग माना गया है। वस्तुतः शिशु पर ही सम्पूर्ण जगत आधारित है अतः उसका महत्व उचित ही है। कुमार कार्तिकेय का ही एक नाम है। कार्तिकेय और कार्तिकेय परिवार से कौमारभृत्य का घनिष्ठ संबंध है। प्रसूति तंत्र कौमारभृत्य का ही अंग है।

सृष्टि के लिए अनिवार्य विषय होने के कारण अत्यंत प्राचीन काल से ही इस पर विचार होता आ रहा है। अथर्ववेद में अन्य प्रजननांगों के साथ 'गवीनिक' शब्द से डिम्बनलिकाओं का निर्देश हुआ है और गर्भधान में इनका महत्व बतलाया गया है। इसमें सुख-प्रसव के अनेक मंत्र आये हैं। मूढ़गर्भ में गर्भाशयभेदन के द्वारा प्रसव का विधान है। गर्भिणी और प्रसूता स्त्रियों को आक्रान्त करनेवाले जीवाणुओं की चर्चा है। कौशिक सूत्र में स्त्रीकर्म का विस्तार से वर्णन है जिसमें पुंसवन, गर्भाधन, गर्भद्रहण और प्रजनन के संबंध में विधान बतलाये गए हैं।

आयुर्वेदीय संहिताओं में इस विषय का ठोस रूप से वर्णन किया गया है। रजोदृष्टि से लेकर योनिव्याप्त तक का विस्तृत विवेचना एवं चिकित्साविधान किया गया है। प्रसवकालिक व्यापदों का उपचार कहा गया है तथा प्रसवोतर विधान का उपदेश किया गया है। इस प्रकार प्राक्-प्रसव, प्रसवीय तथा प्रसवोतर तीनों अवस्थाओं की व्यवस्था की गयी है।

कौमारभृत्य में कुमारभरण, धात्रीक्षीरदोषसंशोधन और दुष्टस्तन्य एवं ग्रहजन्य व्याधियों के उपशमन का वर्णन किया गया है। वय के अनुसार बाल और कुमार तथा आहार के अनुसार क्षीरप, क्षीरान्नाद और अन्नाद के त्रिविद विज्ञाजन किया गया है। शिशु के जन्मते ही जातकर्म संस्कार और स्वर्णादि मेध आयुष्य द्रव्यों के लेह का विधान है। अन्नप्राशन आदि संस्कारों का भी विधान है। बालरोगों के प्रकरण में बालग्रहों का विस्तार से वर्णन है। स्कन्ध भी एक ग्रह है। स्कन्ध, विशाख, नैगमेष और कुमार ये चार भाई चतुमूर्ति कहलाते हैं। कुषाण राजाओं के सिक्कों पर इनकी मूर्तियाँ अंकित हैं। उस काल में कुमार-पूजा अत्यंत लोकप्रिय थी। काश्यप संहिता में उनकी बहन षष्ठी का वर्णन है। पूतना भी एक ग्रह थी जिसका वध बाबलरूप में भगवान श्रीकृष्ण ने किया था। बालकों को त्रस्त करने वाली पूतना का वह प्रतीकात्मक वर्णन है।

आयुर्वेदीय कौमारभृत्य में बालग्रहों का विशेष महत्व है। बालकों के अनेक रोग जिनका कोई विशिष्ट नामकरण नहीं हुआ वे बालग्रह के अन्तर्गत कर दिये गये। सुश्रुतोक्त 9 ग्रहों में वाग्भट ने श्वग्रह, पितृग्रह और शुष्करेवती ये तीन और जोड़कर इनकी संख्या 12 कर दी। श्वग्रह संभवतः जलसंत्रास का ही रूप है। स्कन्धभैषज्य, जम्भ तथा ग्रहों की चिकित्सा का उल्लेख कौशिक सूत्र में मिलता है।

गर्भ का पोषण नाभि के माध्यम से ही होता है अतः नाभि में प्राणों की स्थिति मानी गयी है। सुश्रुत ने भी नाभि में ज्योतिः स्थान माना है जो गर्भ के विकास के लिए महत्वपूर्ण है तथा नाभि को सिराओ का मूल माना है। कुमारगार का वर्णन चरकसंहिता आदि में किया गया है। कुमार के लिए खिलौने, वस्त्र, शयया, आदि का विशद वर्णन है। बालक को विकारों से बचाने के लिए रक्षाविधान का निर्देश है। काश्यपसंहिता के अतिरिक्त वृद्धकश्यप संहिता, पर्वतकतंत्र, बन्धकतंत्र, हिरण्याक्षतंत्र तथा कुमारतंत्र कौमारभृत्य के उपजीव्य तंत्र थे।

काश्यपसंहिता के 'दन्तजन्माध्याय' में दांतों के भेद, उनकी प्रशस्तता, बालक-बालिकाओं के दांतों में भेद आदि विषय विशिष्ट हैं। 'स्वेदाध्याय' में बालकों के स्वेदन को बहुत सुन्दर रूप में निरूपण किया गया है। बालकों के वस्तिकर्म में विशेष सावधानी बरतने का निर्देश किया गया है। अत्यंत छोटे बालकों में अश्मरी के उद्धरण तथा तीक्ष्ण औषधियों के प्रयोग का विशेष रूप से निषेध किया गया है।

6. भूतविद्या

आयुर्वेद का यह अंग सर्वाधिक उपेक्षित अंग है। देवता, पितृ, पिशाच तथा ग्रह आदि के आक्रमण से पीड़ित व्यक्तियों के कष्ट को दूर करने के लिए उन देव आदि के लिए बलि, उपहार, पूजा आदि के विधान के द्वारा रोग-शांति का उपचार जिस अंग द्वारा किया जाता है, उसे भूत-विद्या कहते हैं। आयुर्वेद में भूतोन्माद, अमानुषोपसर्ग तथा बालग्रहों का विस्तारपूर्वक वर्णन किया गया है, वे सभी रोग तथा मानसरोग अपस्मार आदि भूतविद्या के अंतर्गत आते हैं। भूतविद्या के विषय अथर्ववेद में भरे पड़े हैं। गुरु, सिद्ध, ऋषि, देवता, भूत-प्रेत, राक्षस, पिशाच एवं स्नन्द, रेवती आदि ग्रहों के तिरस्कार करने पर उन्माद, अपस्मार आदि मानसरोग तथा अनेक प्रकार के शारीरिक रोग होते हैं। ऐसे रोगों के उपचार के लिए आक्रामक देवता, राक्षस या ग्रह आदि के अनुरूप बलि, पूजा, होम एवं जप आदि किये जाने पर रोग से मुक्ति मिलती है।

भूतविद्या का इतिहास वैदिक काल से लेकर आजतक उपलब्ध होता है। अनपढ़ वनेचर एवं ग्रामीण जन अधिकांशतः भूत-प्रेत के आक्रमण से त्रस्त होते आदि लोग ही कर देते हैं, वे रोगमुक्त भी होते देखे जाते हैं। भूताक्रान्त व्यक्ति आक्रान्त भूत के अनुसार सारी चेष्टाएं करता है। कदाचित अपौरुषेय शक्ति, ज्ञान और बल को देखकर नास्तिक व्यक्ति भी आस्तिक बन जाता है और भूत की विभीषिका से त्राण पाने के लिए सभी तरह का कर्मकाण्ड करता है।

भूतविद्या एक प्रकार का रहस्यात्मक विद्या है, जिसकी प्रमाणिकता के उदाहरण सारे विश्व में किसी न किसी रूप में विद्यमान हैं। आयुर्वेद सर्ववेदद के उदाहरण सारे इसका प्रमुख लक्ष्य है—आर्तजन की पीड़ा का प्रतिकार करना। भूतविद्या संबंधी रोगों के उदभव में प्रमुख कारण आदृष्ट होता है अथवा अलक्षित कारण होता है, इसलिए इन रोगों का उपचार करना भी अतिशय साहस का कार्य है।

आयुर्वेद के त्रिकालदर्श महर्षियों ने इस रहस्य को अपने अध्यात्मज्ञान से जान लिया था कि मानव मन जब सत्वगुण को छोड़कर तम और तक गुणों में लिप्त हो जाता है, तब उसका धर्म का मार्ग छूट जाता है। वह अधर्म के पथ पर अग्रसर होता है। अधर्माचरण करने से प्रकृति में भी वैपरीत्य आ जाता है।

जब जीवन के उपकरण अन्नादि की कमी होती है, तब सम्पन्न लोग अपसंचय करने लगते हैं। संचित संपति के प्रति उनकी ममता अधिक होती है। दूसरी ओर अभावग्रस्त क्षुधा से पीड़ित लोगों में उस धन के प्रति ईर्ष्या और द्वेष की अग्नि प्रज्वलित हो उठती है। इस प्रकार धनी और निर्धन दोनों ही संत्रस हैं मत्सर, असूया, काम, क्रोध, लोभ और दुश्चिन्ताओं के कारण विवेकबुद्धि अपहत हो जाती है। माव का दुर्बल मन कल्पित विभीषिकाओं की आशंकाओं से चतुर्दिक घिर जाता है। रज और तम की तम्रिसा मे उसकी दृष्टि शून्य हो जाती हे, वह कर्तव्याकर्तव्य ज्ञान रहित होकर किंकर्तव्यविमूढ़ हो जाता है। हीन मनोबल का व्यक्ति अपनी मनःस्थिति को नहीं सम्भाल पाता है और अनर्गल एवं तथ्यहीन वार्ता, अप्रासांगिक हास्य, रोदन, अंगों का ताड़न या दूसरों को डराना, धमकाना और चक्कर लगाना प्रारंभ कर देता है। वह उन्मत होकर इधर-उधर घूमने लगता है। यह उन्माद भूतविद्या का एक प्रकट उग्र स्वरूप है।

इस प्रकार भूतविद्या को आयुर्वेदाचार्यों ने मानस विकार माना है

और इसके उपचार में तीनों ही प्रकार की चिकित्साएं आवश्यकतानुसार सफल होती हैं, बशर्ते उनका सम्यक संयोजन किया जाय।

आयुर्वेद में 'भूतविद्या' के रोगों में जहाँ देवता, राक्षस, शक्ष, पिशाच आदि से आक्रान्त व्यक्ति को उनसे मुक्ति दिलाने के लिए शांति कर्म, बलि होम और स्वस्त्ययन आदि का विधान है तो दूसरी ओर मन को स्थिर, शान्त, निर्भय, निर्विकार और प्रवर बनाने के लिए ज्ञान, विज्ञान, धैर्य, स्मृति, समाधि, पवित्रता, संतोष और ईश्वराराधन का निर्देश दिया गया है।

भूतविद्या का प्रधान विषय है– मनःस्थिति का सम्पूर्णता अध्ययन करना और मनोविकारों के दूरीकरण का मार्ग निर्देशन का मानव मन से आंतक का अपनयन करना।

7. अगदतंत्र

अगदतंत्र सुश्रुत की दी हुई संज्ञा है। चरक ने इसे 'विषगरवैरोधिक-प्रशमन' कहा है। अष्टांगसंग्रंह तथा अष्टांगहृदय में इसका नाम दंष्ट्राचिकित्सा है। सर्प, कटी आदि से डंसे हुए अनेक प्रकार के स्वाभविक कृत्रिम और संयोग विष से ग्रस्त मनुष्यों के निदान तथा चिकित्सा के लिए जो अंग है उसे अगदंतत्र कहते हैं।

विष और निर्विषीकरण के विचार अथर्ववेद में उपलब्ध होते हैं। कौशिक सूत्र में विषभैषज्य का वर्णन है। चरक, सुश्रुत आदि संहिताओं में भी जागत एवं स्थावर विषों के लक्षणों तथा चिकित्सा का वर्णन है। विष ओज को आक्रान्त कर प्राण का हरण करता है। कुछ विष सदचःप्राण्हर तथा कुछ कालान्तरप्राणहर होते हैं। प्राचीन काल में राजाओं और सम्पन्न व्यक्तियों का जीवन हमेशा खतरे में रहता था। उनके शत्रु विषप्रयोग द्वारा उनकी हत्या करने के ताक में रहते थे। अतः अनेक प्रकार से विषप्रयोग करने के माध्यमों और विषनिवारण के उपाय बतलाये गये

हैं। हत्या के लिए विषकन्या का भी प्रयोग मिलता है।

सुश्रुत ने स्थावर एवं जागम विषों का वर्गीकरण विस्तार से किया है। कौटिल्य ने मादक विषों के लिए 'मदन' शब्द दिया है और अनेक स्थलों पर मदनयोगों का उल्लेख है।

विप की आशुकिरता देखकर इसका प्रयोग चिकित्सा कार्य में भी होने लगा। तांत्रिकों ने रयशास्त्र के साथ-साथ विष-विद्या तथा विषोपयोग दोनों को आगे बढ़ाया।

विशेषतः जांगम विष की चिकित्सा में मंत्र और औषधि दोनों का प्रयोग होता था। विषाहारक मंत्रविंद गारुड़ मंत्रों से सर्वविष का निवारण करते थे। छान्दोग्य उपनिषद में शास्त्रों की जो सूची दी गयी है उसमें एक सर्पविद्या है। यही विष विद्या का मौलिक रूप है।

8. रसायन

उत्तम गुणों से युक्त रस आदि धातुओं की प्राप्ति जिन उपायों द्वारा होती है, उन उपायों को रसायन कहते हैं–

एक प्रकार की ऐसी चिकित्सा है, जो स्वस्थ व्यक्ति के स्वास्थ्य को पहले की तुलना में ज्यादा समुन्नत, श्रेष्ठ और प्रशस्त बनाता है। यह वृद्धावस्था, क्षुधा, पिपासा आदि स्वाभाविक रोगों को रोकता है और मैथुन के अतियोग से उत्पन्न अप्रहर्ष, मैथुन असामर्थ्य, शुक्रक्षीणता आदि विकारों को दूर कर शरीर में बल-वीर्य-पौरुष पराक्रम का संचार करता है।

महर्षि चरक और सुश्रुत ने आयुर्वेद के जिन दो प्रयोजनों–1. स्वस्थ व्यक्ति के स्वास्थ्य का संरक्षण और 2. रोगी व्यक्ति के रोग का अपनयन–का उल्लेख किया है, उनमें से रसायन मुख्य रूप से स्वास्थ्य-संरक्षणकारक हैं और गौण रूप से रोगों को भी दूर करने में समर्थ होता है।

इस प्रकार रसायन शरीर की रोग-प्रतिरोधक शक्ति को बढ़ाने वाला,

बल-वीर्य-वयः स्थापना करनेवाला वार्धक्य को रोकने वाला, शरीर में दृढ़ता और दिव्य शक्ति का सर्जन करनेवाला एक उत्कृष्ट आयुर्वेदांग है।

लाभोपायो हि शस्तानां रसादीनां रसायनम्।

जरा और व्याधि को दूर करने वाले भेषज को रसायन कहते हैं–

रसायनश्च त्ज्ज्ञेयं यज्जराव्याधिनाशनम्।

युवावस्था को अधिक समय तक बनाये रखने के उपाय आयु, मेधा बल की वृद्धि के प्रकार तथा शरीर की रोगप्रतिरोधक शक्ति को बढ़ाने के उपायों का जहाँ वर्णन किया गया हो, उसे रसायन तंत्र कहते हैं।

रसायन शब्द दो शब्दों से बना है--रस अयन।

रस शब्दार्थ

1. 'रस्यते आस्वाद्यते इति रसः' इस निरुक्ति के अनुसार 'रस' एक गुण है, जो जिह्वाग्राह्य होता है और वह मधुर, अम्ल, लवण, कटु, तिक्त, कषाय, भेद से छः प्रकार का होता है।
2. गत्यर्थक रस धातु से रस शब्द बना है। रात्रिन्दिवा जो गतिशील हो, उसे रस कहते हैं। यह रस पूर्ण रूप से पचे हुए आहार का तेजो भूत सारभाग है।

अयन शब्दार्थ

'ईयते अनने इति अयनम्' अयन का अर्थ मार्ग है और इसके पर्याय शब्द हैं–मार्ग, अध्वा, पन्था, पदवी इत्यादि।

इस प्रकार रस गुण, वीर्य, विपाक और शक्ति या प्रभाव का यथोचित रूप से शरीर में आत्मसात् कराने, शरीर का संवर्धन तथा बलाधान आदि कराने, शरीर की रस-रक्तादि धातुओं का प्रशस्त रूप से निर्माण कर शरीर को सुदृढ़ यौवनसम्पन्न, रोगमुक्त, दीर्घायु, मेधासम्पन्न और पौरुष-पराक्रमसम्पन्न बनाने की क्षमता जिन उपायों में निहित हो, उन्हें रसायन कहते हैं।

आचार्य चरक ने कहा है कि जो व्यक्ति उच्च मनोबल, प्रखर बुद्धि उतम शारीरिक बल और उत्कृष्ट मनःशक्ति से सम्पन्न हो तथा वह एहलौकिक अभ्युदय एवं परलौकिक निःश्रेयस की आकांक्षा रखते हों तो उन्हें तीन प्रकार की एषणाओं (इच्छाओं) की आपूर्ति के लिए सन्नद्ध रहना चाहिए। वे हैं–प्राणैषणा, धनैषणा और परलोकैषणा–

''इह खलु पुरुषेणानुवहतसत्वबुद्धिपौरुषपराक्रमेण हितमिह चक्षुष्मिंश्च लोके समनुपश्चता तिस्र पर्येष्टव्या भवन्ति। तद्यथा-प्राणैषणा, धनैषणा, परलोकैषणेति। आसां सतु खल्वेषणानां प्राणैषणां तावत् पूर्वतरमापदयेत। कस्मात्, प्राणपरित्यागे हि सर्वपरित्यागः।

मानव की कामनाओं में 'जिजीविषा-दीर्घायुष्य' का सर्वोत्कृष्ट स्थान है। प्राचीन काल में लोककल्याणकर, योग-क्षमसंवर्धक, तपोमय जीवन की व्रती ऋषिपुंगवों ने अनेक प्रकार के ओजिष्ठ, वरिष्ठ एवं श्रेष्ठ रसायनों का अन्वेषण किया था जिनके प्रयोग से शत-सहस्र वर्ष पर्यन्त शरीर सुदृढ़ और बलवान बना रहता था।

विश्व-साहित्य के प्राचीनतम ग्रंथ ऋग्वेद आदि में दीर्घायुष्य, मेधा, स्मृति, कान्ति, इन्द्रिय शक्ति के उत्कर्ष के लिए अनेक प्रार्थनासूक्त मिलते हैं, जिनमें सौ वर्ष या और अधिक वर्षो तक सवेन्द्रियसम्पन्न स्वस्थ जीवन की कामना की गयी है। जैसे–

'हम शारीरिक, मानसिक और आत्मिक उन्नति करते हुए हँसते-खेलते हुए दीर्घ आयु को धारण करें।

'हे यज्ञ करने वालों! मृत्यु के पाशों को खदेड़ते हुए, दीर्घ आयु धारण करते हुए, बढ़ते हुए प्रज्ञा और धन से समृद्ध होकर शुद्ध तथा पवित्र बनो।'

रसायन के लाभ–

शरीर का पोषण आहार-रस से होता है तथा समस्त प्रकार के शरीर धातुओं को अन्न-पान से उत्पन्न रस ही तर्पित करता है। पुरुष को रस

से ही उत्पन्न समझना चाहिए। बुद्धिमान व्यक्ति को सावधान होकर अन्न-पान तथा आचार का यथोचित पालन कर रस की रक्षा करनी चाहिए—

'रसज पुरुषं विद्याद् रसं रक्षेत् प्रयत्नतः।
अननात्पानाच्च मतिमाचाराच्चाप्यतन्द्रित'।।

यानि प्रशस्त गुणों रस-रक्तादि धातुओं की प्राप्ति रसायन से होती है। अतः जब शरीर में उतम रस-रक्तादि धातुओं का निर्माण होगा तो न तो जल्दी वृद्धावस्था आयेगी और नहीं रोग उतपन्न होंगे।

अतः इस प्रकार यह स्पष्ट है कि रसायन मनुष्य को आधि-व्याधिव-निर्मुक्त, स्वस्थ, ऊर्जस्कर दीर्घ जीवन देने का उत्कृष्ट साधन है। रसायन औषधें धातुओं का संवर्धन कर शरीर को सुदृढ़ तथा रोगमुक्त बनाती हैं।

'रसायन' औषधि का सेवन करने से मनुष्य दीर्घायु स्मरणशक्ति, आरोग्य, तरुणावस्था, कांति, उतम वर्ण और स्वर, उतम शारीरिक, मानसिक एवं इन्द्रियबल वाक्सिद्धि लोकवन्धता और सौन्दर्य आदि श्रेष्ठ गुणों को प्राप्त करता है। रसायन सौ वर्ष या उससे भी अधिक आयु देता है और कठिन रोगों को दूर करता है। वह बुद्धि को परिष्कृत कर धारण-शक्ति को अधिक तीक्ष्ण बनाता है।

आचार रसायन मनुष्य को देवत्व की ओर ले जाने वाला ब्राह्मी संस्कृति का प्रणेता रसायन है जिसके प्रयोग से मनुष्य के मन का लोहा कन्चन बन सकता है। जिस व्यक्ति का आहार-विहार-दिनचर्या-रात्रिचर्श आयुर्वेदशास्त्र के अनुसार हो, पुत्र-कलत्र-भृत्य आदि मनोअनुकूल व्यवहार वाले तथा विनम्र हो, प्रतिदिन के कार्य या व्यवसाय में किसी प्रकार का प्रज्ञापराध न हो, तो ऐसे व्यक्ति का समझाना चाहिए कि वह पूर्ण रूप से रसायन का सेवन कर रहा है। यह परिपूर्ण है।

रसायन के विभिन्न प्रकार

(क) कार्य भेद से द्विविध रसायन

1. **संशोधन**—संशोधन रसायन का पूर्वकर्म है। संशोधन के प्रयोग से शरीर के शुद्धीकरण के उपरांत किया गया रसायन प्रयोग ही फलप्रद होता है। संशोधन कम में वमन, विरेचन, निरूह, अनुवासन और नस्यकर्म की गणना होती है।

2. **संशमन**—जो उपक्रम दोषों का शोधन न करे तथा सम दोषों की वृद्धि न करे और विषम दोषों को सम करे, उसे शमन या संशमन कहते हैं। ये हैं—

पाचन	-	आमदोषों को पकाने वाला।
दीपन	-	अठराग्नि को प्रदीप्त करने वाला।
क्षुधा	-	उपवास करना।
त्रृषा	-	प्यासे रहना।
व्यायाम	-	शारीरिक श्रम का कार्य करना।
आतम	-	धूप में रहना।
मारूत	-	वायु सेवन।
लेखन	-	शरीर को कृश बनाना।

रसायन के प्रयोग

(क) **प्रयोजन भेद से**—1. काम्य, 2. नैमितिक और 3. आजस्रिक ये तीन प्रकार के रसायन होते हैं।

(ख) **भेषज भेद से**—द्रव्यभूत तथा अद्रव्यभूत- ये दो प्रकार के रसायन होते हैं।

द्रव्यभूत—हरीतकी, आमल, पिप्पली, दशमूल, अष्टवर्ग, बला, नागबला, शतावर, वचा, हरिद्रा आदि।

अद्रव्यभूत–आचार रसायन, यम, नियम, आसन, प्राणायाम, शौच, सन्तोष,तप, स्वाध्याय आदि।

(ग) प्रयोग भेद से–1. कुटीप्रावेशिक, वातपपिक और 3. द्रोणीप्रावेशिक। ये तीन रसायन हैं।

कुटीप्रावेशिक-समुचित लंबाई चौड़ाई ऊँचाई वाली, तीन दीवारों की गैलरीवाली, मोटी दीवार वाली, सभी ऋतुओं के सुखद, सूक्ष्म गवाक्ष्युक्त, प्रकाशयुक्त कुटी का निर्माण करा, शुद्ध शरीर होकर विधिवत् प्रवेश करें और रसायन औषधि का सेवन करें।

वातपपिक-यह वह रसायन प्रयोग है, जो खुल स्थान में रहकर किया जाता है।

आचार रसायन

1. सत्य बोलना
2. क्रोध न करना
3. मद्यपान न करना
4. अवैध मैथुन नकरना
5. किसी प्रकार की हिंसा न करना
6. शक्ति से अधिक परिश्रम न करना
7. शान्त रहना
8. प्रिय वचन बोलना
9. मन एवं शरीर से पवित्र रहना
10. धैर्य धारण करना
11. तपस्या
12. देवता-गो-ब्राह्मण-आचार्य-गुरु और वृद्धों की सेवा करना
13. क्रूरता से दूर रहना
14. दूध और घृत का नित्य सेवन करना

15. संकीर्णता का विचार न रखना

16. अपनी इन्द्रियों को आध्यात्मिक विषयों में लगाना।

इन उपर्युक्त गुणों से युक्त मनुष्य यदि रसायन का सेवन न भी करे, तो उसे रसायन सेवन के फल प्राप्त होते हैं और इन गुणों से युक्त व्यक्ति यदि रसायन का सेवन करता है, तो वह रसायनों के सेवन से होने वाले सभी गुणों का पर्याप्त मात्रा में प्राप्त करता है।

जिन व्यक्तियों ने शारीरिक और मानसिक दोषों से शरीर और मन का शोधन कर लिया है और जिनकी आत्मा अपने वश में है, वे यदि आयु बढ़ाने वाले या जरा या रोगों को दूर करने वाले रसायनों का सेवन करते हैं तो उन्हें रसायन-सेवन का पूर्ण लाभ प्राप्त होता है तथा उनके मनोरथ की सिद्धि होती है।

वाजीकरण आयुर्वेद के आठ अंगों का अंतिम अंग 'वाजीकरण तंत्र' है जिस शास्त्र में अल्प, दुष्ट, क्षीण और शुष्क वीर्य वाले मनुष्यों के वीर्य की पुष्टि, शोधन, वृद्धि और उत्पति तथा स्वस्थ लोगों में मैथुन के समय हर्ष बढ़ाने के लिए उपाय और औषध का वर्णन किया जाता है, उसे वाजीकरण कहते हैं।

अथर्ववेद में वाजीकरण के अनेक संदर्भ मिलते हैं। वहाँ कृश और निर्वीय पुरुषों की चिकित्सा का वर्णन किया गया है। वाजी (वीर्य सम्पन्न) बनाने के लिए शेपहर्षणी (शिश्नोतेजक) औषधि का प्रयोग बतलाया गया है–

यां त्वा गन्धर्वो अखनत् वरुणाय मृभ्रिजे।
तां त्वा वयं खनामहयोषधिं शेपहर्षणीम्।।

नपुंसक के शिश्न का अश्व, खच्चर, बकरा-भेड़ा, वृषभ, हस्ती और गदर्भ के शिश्नों की तरह वाजीवन बनाने का वर्णन मिलता है–

अश्वस्याश्वतरस्याजस्य पेत्वस्य च
अथ वृषभस्य ये वाजास्तानस्मिम धेहि तनुर्वाशन।।

एक मंत्र में यह कहा गया है—'मैं चिकित्सक तेरे शिश्न को इस तरह फैलाता हूँ, जिस प्रकार धनुष पर प्रत्यन्चा तानी जाती है।' अन्य मंत्र में इस प्रकार का उल्लेख है—'हे पुरुष! स्त्री संभोग काल में तेरा शिश्न हस्ती, हश्व, गर्दभ और मृग के शिश्न जितना दीर्घ हो जाये। अन्य भी अनेकानेक मंत्र हैं, जिनमें वाजीकरण सामर्थ्य का उल्लेख है।

वाजीकरण और कामशास्त्र ये दोनों एक ही सिक्के के दो पहलू हैं। चरक संहिता में कहा गया है कि गुणवान सन्तान और कामसुख की कामना से वाजीकरण औषधों का नित्य प्रयोग करना चाहिए—

तस्मादपत्यमन्विछन् गुणां श्चापत्सश्रितान्।
वाजीकरणनित्यः स्यादिच्छन् कामसुखानि च।।

दूसरी ओर वात्स्यायन के कामसूत्र में कहा गया है कि वात्सयायन के कामसूत्र और सन्तानोत्पति है। इस प्रकार दोनों का लक्ष्य एक ही है।

वाजीकरण कामशास्त्र का पूरक तंत्र है और काम जीवन की मूलतम प्रवृति है, जो अशरणशरण, करुणावरुणालय, आनन्दकन्द, सच्चिदानन्द पराब्रह्म के अन्तःकरण में सृष्टिसृजन की इच्छा के रूप में स्थित है। कामेच्छ मन का रेतस् (वीर्य) है। 'इच्छा' या कामना के उद्भव का अधिष्ठान मन है इसलिए काम को 'मनोज' या 'मनोभाव' कहते हैं और उससे उत्पन्न कर्मात्मक इच्छा-प्रवृति का उत्कृष्टतम एवं अंतिम सार परिणाम है, मनोज। अतएव काम को मन का रेतस या शुक्र भी कहते है। काम एक लोकोतर विश्वजयी भाव है, जिसमें में काम का उद्देश्य सुख और सन्तानोत्पति कहा गया है। इन दोनों का ही संबंध इन्द्रियसुख से है।

सन्तानोत्पति के लिए काम सेवन यौवनकाल में करना चाहिए। सन्तान गृहस्थाश्रम को जोड़ने की जंजीर है। जीवन-धर्म में सन्तानोत्पति का कार्य अत्यंत महत्वपूर्ण है। पुत्र उत्पन्न करना एक सामाजिक, सांस्कृतिक, आर्थिक और राजनैतिक आवश्यकता है। अतएव समाज ने एक नियम बाँध रखाहै कि प्रत्येक व्यक्ति अपने प्रतिनिधि के रूप में

समाज को एक पुत्र का उपहार दे जाये। भौतिक दृष्टि से यौन संबंध स्थापित करना 'काम' का एक प्रतीक है।

इसे व्यवस्थित बनाने के लिए समाज ने विवाह की व्यवस्था की तथा उसकी उपयोगिता पुत्रोत्पति तथा आश्रमों--ब्रह्मचर्य, वानप्रस्थ और सन्यास के पोषण में मानी गयी। मैथुन, माँस और मद्य सेवन ये भी काम के ही रूप हैं। और समाज ने इनके सेवन की भी अनुमति दी है किन्तु उसकी एक मर्यादा बना दी गयी पुत्रैषणा का साधक वाजीकरण है, इसलिए गुणवान सन्तान तथा कामसुख की कामना से वाजीकरण का नित्य सेवन वान्छनीय है।

शास्त्रानुमोदित विधान के अनुसार 'काम' का या 'वाजीकरण' का चरमोत्कर्ष स्त्री शरीर में निहित है। 'वाजीकरण' का सारा रहस्य स्त्री के लीलाविलास में, स्त्री के प्रेमालाप और स्निग्ध स्नेह में समाया हुआ है। इस प्रकार कामशास्त्रानुकूल आयुर्वेद अन्निद्य रति-क्रीड़ा ही वाजीकरण का विषय है। स्त्री वृषत्व की उद्दीपक है। स्त्री से ही संसार का सच्चा सुख है। इसलिए कामी जनों को इधर-उधर भटकने की आवश्यकता नहीं है। उनके लिए तो परमात्मा ने स्त्री शरीर में ही सारी इन्द्रियों की संतृप्ति का मसाला भर दिया है, जसा कि भर्तृहरि ने कहा है–

रसिकों के देखने योग्य क्या है?-मृगनमयी कामिनियों को प्रेमपूर्ण प्रसन्न मुख। उनके सूँघने योग्य क्या है? उनके मुख से निःसृत वाष्प। सुनने योग्य क्या है?--उनके मधुर वचन। आस्वादन योग्य क्या है?-उनका ओष्ठपल्लवरस। स्पर्श करने योग्य क्या है?—उनका कोमल शरीर। ध्यान करने योग्य क्या है?-उनका यौवन और विलास।

शब्द, र्स्पश, रूप, रस, गन्ध-ये एक-एक विषय आन्नद और स्नेह को उत्पन्न करते हैं और जब ये सब एकत्र स्त्री-शरीर में प्रतिष्ठित हो जाते हैं, तो फिर क्या कहना? अर्थात और भी मनोहर हो जाते हैं।

काम अचिन्त्य शक्ति है। यह स्वाभाविक प्रवृति किस प्रकार जीवन

को नियंत्रित कर सुखद और सन्तानोत्पति योग्य बना सकती है? इसके सम्पूर्ण ज्ञान के लिए और कामशक्ति के महत्व को स्थिर रखने के लिए 'वाजीकरण तंत्र' को एक आयुर्वेदांग के रूप में प्रतिष्ठित किया गया। यह सद्ग्रहस्थ प्रणेता शास्त्र है। स्त्री और पुरुष के मन की एकता होना ही काम प्रवृति का फल है।

मनुष्य बलवान, शक्तिशाली, सुंदर और धनोपार्जन में समर्थ हो और स्त्री रूपवती, गुणवती, मनोहर, ग्रहकार्य में निपुण, पतिपरायण, प्रसन्नवंदना और मुट्ठी बाँधकर खर्च करने वाली हो, तो परिवार सुखी होता है।

इस संसार के सभी लौकिक व्यवहार पुत्र को केन्द्र बनाकर चलते हैं। तृप्ति-संतोष-प्रीती-सुख-जीविकाधनोपार्जन-वंशविस्तार-कुलकीर्ति-यश-लोक-परलोक तथा अन्य जो भी सुखदायक कार्य किये जाते हैं, वे सभी पुत्रपरक होते हैं और पुत्र भी पिता की संतुष्टि के लिए पिता के कार्य-व्यापार में संलग्न रहता है।

पूर्वोक्त सन्दर्भों से यह बात स्पष्ट हो गयी है कि 'वाजीकरण तंत्र' को स्वतंत्र आयुर्वेदांग मानना एक सांस्कृतिक, धार्मिक, सामाजिक और आर्थिक आवश्यकता है क्योंकि इस तंत्र में निम्नांकित विशेषताएँ हैं–

1. इस तंत्र में गर्भोत्पतिकारक उत्कृष्ट शुक्र ही उत्पति करने वाली औषधों और उपायों का वर्णन किया गया है। जीवन की महत्वपूर्ण उपलब्धि है– सन्तानोपादन, और उसमें समर्थ शुक्र के निर्माण तथा उसको गुण-सम्पन्न बनाने के लिए वाजीकरण तंत्र उपदेश करता है।
2. इस तंत्र पुरुष को अधिक वीर्य सम्पन्न बनाने के लिए औषधों के सेवन का उपदेश करता है जिससे पुरुष पुत्र सन्तान ही उत्पन्न करे, क्योंकि शुक्र की प्रबलता और अधिकता होने पर ही पुत्र उत्पन्न होता है। वाजीकरण औषध की सेवन करने पर पुरुष की शुक्र मात्रा तथा शक्ति से प्रबल हो जाती हैं, अतः वह स्त्री

की स्त्रीत्व-गुणविशिष्ट कन्या सन्तान उत्पन्न करने की शक्ति को पराभूत कर पुत्र ही उत्पन्न करता है।

3. स्त्री के काय-शांति और पुरुष को कामसुख की प्राप्ति वाजीकरण से होती है।
4. यह गर्भधारण के साथ गर्भपोषण भी करता है।
5. यह क्षीण, अल्पवीर्य, रिरंसु पुरुषों को वीर्य सम्पन्न बनाकर उन्हें सम्भोग-क्रिया के योग्य बनाता है।
6. यह रमणेच्छा में वृद्धि करने, स्तम्भन, चिरवेग आदि के लिए औषध और उपाय बताता है।
7. यह नपुंसकता एवं मानसिक क्लेष्य आदि विकारों को दूर कर प्रेमपूर्वक सानन्द, स्वस्थ तथा सुखी जीवन के निर्माण का मार्ग प्रशस्त करता है।
8. वाजीकरण का उच्च लक्ष्य है—पशुवृतिमूलक कामवासना पर विजय पाकर सद् गृहस्थ बनाना, जिससे पुरुष ब्रह्मचर्य और मन की एकाग्रता द्वारा मर्यादानुसार संसार का व्यवहार चला सके।

वाजीकरण का इतिहास चिरनूतन और सतत् गामी है, क्योंकि इसकी धारा का प्रवाह अविश्रान्त गति से चलता ही रहता है। यह पुरुष को पौरुष और पराक्रम का पथेय देकर संसार-चक्र चलाने की शक्ति प्रदान करता है।

वाजीकरण का प्रयोजन और फल

1. संसार की निरन्तरा और प्राणिजगत् की वंशवृद्धि हेतु।
2. पुत्र-पौत्र-प्रपौत्र आदि की परम्परा को अक्षुण्ण रखने हेतु।
3. बल-वीर्य-पौरुष-पराक्रम की वृद्धि तथा सुरतानन्द सुखोपभोगार्थ।
4. ब्रह्मानन्दसहोदर स्त्री-सम्भोगानन्द के यथेष्ट अवसर पाने हेतु।

5. सौन्दर्य की प्रतिमूर्ति और विवात्मा की सर्वोत्कृष्ट सृष्टि स्त्रीजन के लिए।
6. सर्वानन्दाधिष्ठान, सन्तानरूपी अमृत के स्रोत, जननेन्द्रिय के पुंस्त्वजागरणार्थ।
7. मैथुन के समय कामीजनों के शिश्नोतेजना एवं शिश्नकाठिन्य हेतु।
8. चिरकाल तक वीर्यस्तम्भनपूर्व कामिनीजन-सम्भोग एवं अनुरन्जनार्थ।
9. संसार के सर्वोतम सुख रतिकर्म में प्रहर्षकपूर्वक पूर्णसामर्थ्य-प्राप्त्यथ।
10. काम्यता, मनस्तुष्टि, तेज, विक्रम, वर्ण, स्वर एवं अजस्र यौवन संरक्षणार्थ।

वाजीकरण के योग्य पुरुष

1. जितेन्द्र - वाजीकरणमविच्छेत् पुरुषों नित्यमात्मवान्
2. अपत्यार्थी - तस्मादपत्यमन्विच्छन।
3. कामसुखाथी - इच्छन् कामसुखानि च।
4. उपभोगसुखार्थी।
5. वीर्यवर्धनार्थी।
6. पुत्रार्थी वृद्ध।
7. अश्ववत् यथेष्ट मैथुनाथी।
8. युवा की तरह प्रहर्षार्थी वृद्ध।

   जरापरीताअप्यबलो योगेनायेन विन्दति।
   नरोअपतयं सुवि पुलं युवेव च स हृष्यति।।
9. अश्ववत् रमण तथा गजवत् शुक्रसेचनार्थी
10. 16 से 70 वर्ष तक की आयु, इत्यादि।

वाजीकरण के लिए अयोग्य पुरुष

1. जो बालक सोलह वर्ष की उम्र का हो जाता है वह वाजीकरण के अयोग्य होता है, क्योंकि रस-रक्त-मांस-अस्थि-मज्जा और शुक्र—ये सात धातुएं उसके शरीर में पूर्णतया विकसित नहीं हुई होती हैं। यदि वह स्त्री सम्भोग करता है, तो वह उसी प्रकार क्षीण या शुष्क हो जाता है, जैसे अल्प जलवाले तालाब शीघ्र ही सूख जाते हैं।
2. सतर वर्ष की आयु पार कर जाने वाला वृद्ध व्यक्ति वाजीकरण सेवन के अयोग्य होता है क्योंकि जिस प्रकार सूखा, रूक्ष, कृमि-भक्षित, जीर्ण-शीर्ण काष्ठ स्पर्शमात्र से शीघ्र टूट जाता है, उसी प्रकार वृद्ध पुरुष स्त्री संगम करने से शीघ्र नष्ट हो जाता है।
3. वृद्धावस्था, चिन्ता, रोग, साहसिक कार्य, अनशन अथवा अधिक स्त्री-सम्भोग करने के कारण जिनका शुक्र बिल्कुल क्षीण हो गया हो, वे वाजीकरण के अयोग्य हैं।
4. साधु महात्मा और ब्रह्मचारी।
5. स्त्री-विहीन विधुर।
6. अविवाहित।
7. अजितेन्द्रिय-चंचलचित।
8. इन्द्रिय विषयों में अति आसक्त।
9. गुप्त रोगों से ग्रस्त।

वाजीकरण हेतु श्रेष्ठ स्त्रियों के लक्षणः स्त्री शरीर से इन्द्रियों के सभी विषय मनोअनुकूल स्वरूप में प्रतिष्ठित होते हैं। जब एक-एक विषय मनुष्य के मन को उन्मत बनाकर नचा देते हैं, तो यहाँ स्त्री-शरीर में तो वे एक समुदाय के रूप में विद्यमान हैं, इसलिए स्त्री अधिक प्रेमवती होती

है। उसमें संतानोत्पति निहित है। एक ओर वह पूज्या वात्सल्यमयी ममता की मूर्ति माता है तो दूसरी ओर सारे कष्टों को विस्मृत करा देने वाली प्रियमता सहधार्मिणी भी है।

1. जो स्त्री प्रहर्ष उत्पन्न करने वाली होती है। उसे वाजीकरण के सभी साधनों में सर्वश्रेष्ठ स्थान है। ऐसी स्त्री का विशिष्ट गुण यह होना चाहिए कि उसके दर्शन या स्मरण मात्र से पुरुष का विषाद दूर होकर हर्ष की उत्पति हो जाये। विषाद के बादलों की काली घटाएं छंट कर चन्दह्रास छा जाये, प्रसादमय स्वच्छ वातावरण का माधुर्य फैल जाये। पुरुष को सर्वात्मना अपने आकर्षणपाश में आबद्ध कर ले, तभी वह पुरुष में कामुकता और शुक्र की प्रवर्तिनी बन सकती है तथा स्मरण-चिन्तन-स्पर्शन आदि से शुक्रप्रवर्तन कराने के कारण वह उत्कृष्ट वाजीकरण कहलाती है।

2. जो औरत युवावस्था, सुन्दरता, मधुरवाणी, उतम लक्षण, शिक्षा, भय को भूल जाती है, जिसे देखकर मन-प्राण प्रसन्न और प्रफुल्लित हो जाते हैं, शरीर का रोम-रोम रोमाचिंत और आहलादित हो जाता है, वह स्त्री वाजीकरण होती है।

3. जिस स्त्री के साथ मैथुन करते समय पुरुष को ऐसा अनुभव हो कि वह पहली बार मैथुन में प्रवृत हुई है, नवीना है, मानो पहली बार उसके संभोग का आन्नद लिया जा रहा है, प्रतिदिन ऐसा आनन्द जो पहले कभी मिला ही नहीं था। जिसके साथ बार-बार संभोग करने पर भी तृप्ति नहीं मालूम होती है, ऐसी स्त्री अत्यंत वृष्य मानी गयी है और पुरुष उसके हाव-भाव श्रृंगार के वशीभूत रहता है।

वाजीकरण के लिए पूर्व-कर्मः जिस प्रकार किसी कपड़े पर रंग चढ़ाने के लिए पहले उसे धोकर साफ कर देना पड़त है, क्योंकि मैले कपड़े पर कोई रंग नहीं चढ़ सकता, उसी प्रकार वाजीकरण के प्रयोग के पूर्व भी शरीर की वमन-विरेचन आदि पन्चकर्म के द्वारा यथायोग्य सुशुद्धि करनी

चाहिए अन्यथा मलिन शरीर में वाजीकरण योगों के सेवन से कोई लाभ नहीं होता–

तस्मात् पुरा शोधधनमेव कार्य बलानुरूपं, न हि वृष्यभेगाः।
सिध्यन्ति देहे मलिने प्रयुक्तताः क्लिष्टे यथा वाससि रागयोगाः।

अतः वाजीकरण सेवन के पूर्व पुरुष को चाहिए कि वह स्नेहक-स्वेदनपूर्वक वमन-विरेचन द्वारा शरीर कर शोधन कर लें। तत्पश्चात बल-वर्ण-वीर्यवर्धक एवं संतानप्रद निरूह और अनुवासनवस्तियों का प्रयोग करें। घृत-तेल-मांसरस-दुग्ध, शर्करा और मधु से संयुक्त निरूह एवं अनुवासन लेने के अतिरिक्त दूध मांसरस का सेवन करना चाहिए। ऐसा करने से शरीर इस प्रकार से सुशुद्ध हो जाता है जिससे कि वाजीकरण योगों का सेवन किया जाय तो उससे शुक्र की वृद्धि हो तथा मैथुन में हर्ष, बल एवं पुत्र की प्राप्ति हो–

अथ स्निग्धविशुद्धानां निरूहान् सानुवासनान्।
धृततैलरसक्षीरशर्क़राक्षौदद्र संयुतान्।।
योगविद्योजयेत्पूर्व क्षीरमांसरसाशिनम्।
ततो वाजीकरण योगान् शुक्रापत्यविवर्धनात्र्।।

सहवास के पूर्व सेवन करने योग्य पदार्थ और आचार

1. जो द्रव्य मधुर, स्निगध, जीवनीय, वृंहणीय और गुरु गुणयुक्त हों तथा मन में हर्ष उत्पन्न करनेवाले हों, ऐसे वृष्य द्रव्यों के सेवन से शरीर में वाजीकरणशक्ति अर्जित करके कामवासना का वेग उत्पन्न होने पर एवं स्त्री के हाव-भाव आदि से हर्ष होने पर संभोग के लिए स्त्री के पास जाना चाहिए।
2. मैथुन की प्रारंभिक स्थिति में मर्यादारहित होकर स्त्री के सभी अंगों को स्वच्छतापूर्वक छेड़ना चाहिए। उसमें जितना जोश दिखलाया जा सकेगा, उतना ही अधिक वे उत्तेजित होंगी।

3. 'काम' भी एक कला है। 'कला' आनन्द और सौन्दर्य का मिलन बिन्दु है। कला कए उच्चकोटि की अभिव्यक्ति है, जिसका रसास्वदान ब्रह्मानन्द के समकक्ष किया जाता है। रतिक्रीड़ा भी एक कला है, क्योंकि इसमें स्त्री-पुरुष को एक-दूसरे के स्वभाव तथा प्रवृतियों को समझकर दक्षतापूर्वक व्यवहार करना पड़ता है।

ज्ञानेन्द्रियों के सभी विषय वाजीकरण या ब्राह्म सुख के आलम्बन हैं, जो कामानन्द को पा लेने के लिए पुरुष को उकसाते हैं। इन्द्रिय-विषयों की अनुभूति कामेच्छा को बढ़ाती है क्योंकि इन इन्द्रियों द्वारा जो ब्रह्म संभोग सुख प्राप्त होता है, वह आन्तरिक संभोग के रसास्वाद का उत्प्रेरक होता है।

इस प्रकार वाजीकरण कामशास्त्र की एक पूरक शाखा है जो जीवन की मूलतम प्रवृति 'काम' का नियमन करती है। काम एक प्रबल सम्मोहन शक्ति है और वाजीकरण काम को लोकैषणा की पूर्ति के लिए धर्मयुक्त श्रेष्ठ साधन के रूप में प्रस्तुत करने का ज्ञान है। वाजीकरण का एक उच्च लक्ष्य है--पशुवृतिमूलक कामवासना पर विजय प्राप्त कर सद्गृहस्थ बनाना और मानव के चरित्र को उदात बनाना।

6

प्रमुख औषधियाँ

अर्क—इसका वनस्पति नाम तथा है। यह पौधा देश के शुष्क प्रदेशों में विशेषतः सिन्धु से झेलम, अवध, मध्य भारत तथा दक्षिण में पाया जाता है। इसके फल तथा फूल विभिन्न धार्मिक कार्यों में प्रयुक्त होता है।

दाँत दर्द को दूर के लिए पठानों द्वारा इसकी टहनी से दाँत को ब्रश किया जाता है। हैजा होने पर इसके फूल को औषधि के रूप में प्रयोग किया जाता है।

अपामार्ग—यह इसका वानस्पतिक नाम है तथा इसका वर्णन अथर्ववेद तथा संहिता में उपलब्ध है। अथर्ववेद में इस पौधे के औषधिय गुणों का वर्णन है। इसकी पहचान चिरचिड़ा से की गयी है। इसकी टहनी सिर्फ एक तरफ बढ़ती है जबकि फल दूसरी ओर। यह सभी प्रकार की दुष्ट आत्माओं को दूर करने के प्रयोग में आता है। शतपथ ब्राह्मण में इसका वर्णन पलाश तथा विकन्टक के साथ है। अपामार्ग का फल स्वाद में कसैला होता है तथा इसका प्रयोग खून को साफ करने तथा घाव को ठीक करने में होता है। यह बिच्छु के डंक को भी ठीक करता है। इसमें पेट दर्द, कफ, खुजली तथा अन्य रोगों को भी दूर करने की क्षमता है।

अपस्कम्भ—यह एक प्रकार की बूटी है। यह विष प्रतिकारक है। शरीर के जिस भाग पर जहर का प्रभाव है वहाँ पत्ती रगड़ने पर विष का प्रभाव खत्म हो जाता है।

अरुन्धती—इसका वनस्पति नाम Sida Cordifolia है। अथर्ववेद में कई स्थलों पर इसे घाव को भरने या ठीक करने के गुणों से परिपूर्ण बताया गया है। यह केवल घावों को तथा टूटे को ही ठीक नहीं करता बल्कि गायों के दूध को भी बढ़ाता है। यह लता के रूप में न्यग्रोध, अश्वत्थ, पर्ण इत्यादि वृक्षों पर फैलता है। इसका रंग सोने की तरह होता है। इसे सीलची तथा लाक्षा कहते हैं लेकिन शायद यह इस वनस्पति का उत्पाद है।

अंजन—इसकी लकड़ी सुगन्धित होती है तथा यह पहाड़ी स्थल पर पैदा होता है। आँख से संबंधित सभी बीमारियों में इसका मलहम उपयोगी होता है। महादेव तथा हनुमान की पूजा में इसका फूल काम में आता है। यज्ञ की समिधा में इसकी लकड़ी का उपयोग होता है।

अश्वगन्ध—यह औषधीय पौधा है। जिसकी पहचान 'अश्वगन्धा' से की जाती है जिसका शाब्दिक अर्थ 'घोड़े के समान गंध' होता है। इसका लैटिन नाम Physalis flexuosa है। इसका वानस्पति नाम Withania somnifera Dunal है। यह पौधा औषधीय गुणों से भरा है तथा आज भी इससे दवा बनता है।

दवा के रूप में अश्वागंधा निम्नलिखित बीमारियों को ठीक करता है—

क्षय रोग, साधारण तथा अत्यधिक दुर्बलता, स्नायवीय दुर्बलता, स्मरण शक्ति की कमी, श्वेत प्रदर, शुक्राणु की कमी, कमर दर्द, चर्म रोग इत्यादि।

आदार—आदार एक प्रकार का पौधा है जिसे ब्राह्मण साहित्य में सोम का विकल्प बताया गया है। शतपथ ब्राह्मण में बताया गया है कि जब आग में इसकी लकड़ी डाली जाती है तो इसकी लौ बढ़ जाती है। ऋग्वेद में भी आदार का उल्लेख है। प्रियव्रत शर्मा ने अपनी कृति द्रव्य गुण विज्ञान में इसकी पहचान अदरक से की है।

आबय—इस औषधीय पौधे का सर्वप्रथम उल्लेख अथर्ववेद में हुआ है। इसका वानस्पतिक नाम Brassica juncea है। विभिन्न भारतीय क्षेत्रों में इसे अनेक नामों से जाना जाता है। जैसे—राई, सरसों, बादशाही राई इत्यादि। यह सम्पूर्ण भारत में उपलब्ध है। अथर्ववेद में इसके औषधीय गुणों की चर्चा की है। मरोड़ा, वातविकार इत्यादि में बहुधा इसका उपयोग होता है। यह पाचक का भी कार्य करता है।

आसुरी—अथर्ववेद में इस औषधि का उल्लेख है। कुष्ठ रोग में यह दवा का काम करता है। यह कीटाणु को खत्म कर घाव को ठीक करता है। इस पौधे की पहचान अभी तक नहीं हो पायी है।

उशाना—इस पौधे का प्रथम वर्णन शतपथ ब्राह्मण में मिलता है। पहाड़ी क्षेत्रों में उगने वाला यह पौधा सोम से मिलता-जुलता सा प्रतीत होता है।

उर्जयन्ती—यह ऋग्वेद में वर्णित चार औषधियों में से एक है। यह शक्ति को बढ़ाता है और सक्रियता लाता है तथा शरीर के स्वास्थ्य की रक्षा भी करता है।

काकमाची—यह एक सामान्य जड़ी बूटी है जो सम्पूर्ण भारत में पाया जाता है। इसका वानस्पतिक नाम Salanum nigrum linn है। कौशिकी सूत्र के अनुसार भृंगराज के साथ मिला कर लगाने से बालों का झड़ना रुकता है। काकमाची हृदय रोग, बुखार, प्लीहा लीवर की वृद्धि, चर्मरोग इत्यादि करने के ठीक काम में आता है। यह विष के प्रभाव को भी खत्म करता है।

कीराततिक्त—इसका वानस्पतिक नाम Sweria Chirata Buch Ham है। यह हिमालय के वीरान क्षेत्रों में पाया जाता है। हिन्दी में इसे चीरायता कहते हैं। स्वाद में काफी कड़वा होता है। पेट को ठीक करने तथा कीड़ा को मारने के लिए औषधि के रूप में इसका उपयोग होता है। इस पौधा को सम्पूर्ण रूप में औषधि के काम में लाया जाता है। यह

लीवर को भी क्रियाशील करता है।

कुष्ठ—अथर्ववेद में इसका वर्णन पाया जाता है। इसका वानस्पतिक नाम Costus Speciosus or Cababicus है। यह सोम के साथ हिमालय की ऊँची शिखरों पर पेदा होता है। यह अनेक रोगों को ठीक करने के कारण विश्वभेषज कहलाता है। यह सरदर्द, क्षय-रोग तथा नेत्र-रोग में उपयोगी है। यह अपने सभी रूपों में बुखार को ठीक करता है। यह कुष्ठ रोग को भी अच्छी तरह से ठीक करता है।

क्षत्रियनाशिनी—यह जड़ी बूटी वंशानुगत क्षय-रोग को दूर करता है। इसके अतिरिक्त यह सर-दर्द बाल संबंधी रोग तथा पेचिश में उपयोगी है।

गुग्गुलु—इसका वानस्पतिक नाम Commphora mukul या Bulsamo-dendron Mukul है। गुग्गुलु एक वृक्ष है जिसके तने से सुगंधित ठोस पदार्थ निकलता है। यह अति ज्वलनशील है। वैदिक साहित्य के अनुसार यह अग्नि का विश्राम-स्थल है। गुग्गुलु एक होमद्रव्य है जिससे दैविक सुगन्ध निकलता है। अथर्ववेद के अनुसार गुग्गुलु के धुएँ से यक्ष्मा के कीटाणु का नाश होता है। आजकल भी यह होमद्रव्य के रूप में व्यवहृत होता है। यह सिन्ध, बलूचिस्तान तथा राजपूताना के पहाड़ी क्षेत्रों में पाया जाता है।

चीपुदु—यह एक औषधीय जड़ी-बूटी है। अथर्ववेद में इसका उल्लेख सर्व रोग नाशक औषधि के रूप में हुआ है।

जंगिड—जंगिड स्वास्थ्य की रक्षा करने वाला पौधा है। यह विभिन्न रोगों में ताबीज का काम करता है--तकमन, बलरस, आशरी, बुखार, बात-संबंधी दर्द इत्यादि। यह इतना महत्वपूर्ण और स्वास्थ्यरक्षक माना गया है कि इसे विश्वभेषम की संज्ञा दी गयी है। यह वाराणसी तथा इसके आस-पास के क्षेत्रों में बहुतायत में पाया जाता है।

जीवन्ती–इसका वानस्पतिक नाम leptademia reticulata है। यह सिक्किम, कोण्कण, नीलगिरी तथा दक्षिण भारत की पहाड़ियों पर मिलता है। यह बीमार व्यक्ति को नवजीवन देता है। यह स्वास्थ्य को कायम रखने वाला, बीमारी को दूर करने वाला तथा शक्ति से भरा है। यह सर्प के काटने पर भी काम में आता है।

ताजद्‌भंग–इसका वानस्पतिक नाम Ricinus Communis है। इसकी पहचान एरण्ड से की गयी है। इसका तेल हल्का तथा सक्षम रेचक का काम करता है। इसके प्रयोग से कब्ज का प्रभाव कम होता है। इसकी पती को दूध बढ़ाने के काम में उपयोग किया है। घाव तथा चर्म रोग में यह उपयोगी है। दमा को दूर करने के लिए इसके जड़ का प्रयोग किया जाता है। एरण्ड अफ्रीका मूल का है जो अब तक भारत में बहुतायत में पाया जाता है।

तलाश–इसका वानस्पतिक नाम Flacourtia cataphracata Roxb है। किन्तु प्रियवत शर्मा ने इसकी पहचान abies webbiana Linn से की है। इसका उपयोग विभिन्न बीमारियों के उपचार में किया जाता है। तलाश की सूखी पतियों से दमा, खाँसी ठीक किया जाता है। यह सीने की बीमारियों को ठीक करता है। अतिसार, पेचिश तथा अपच को दूर करने के लिए यह अचूक दवा का काम करता है। लीवर को भी ठीक करता है।

तुलसी–इसका वानस्पतिक नाम Ocimum Sanctum Linn है। यह पूरे भारत में प्रत्येक हिन्दु परिवार के आवास तथा मंदिरों में पाया जाता है। यह विभिन्न बीमारियों में काम आता है। यह पुराना ज्वर, रक्तस्राव, पेचिश तथा मंदाग्नि को ठीक करता है। बिच्छु के काटे जाने पर इसकी पती रगड़ने से काफी आराम मिलता है। इसका जड़ ज्वररोधी है तथा नींबू के रस के साथ इसकी पती के सेवन करने से पेट की कृमि खत्म हो जाता है।

नलद—यह एक प्रकार का सुगंधित जड़ी-बूटी है। वास्तव में यह जटामांसी है। इसके फूल से माला बनाया जाता है। यह कुमायूं, सिक्किम तथा बर्मा में पाया जाता है।

निकता—सायन ने इस औषधीय जड़ी-बूटी की पहचान काकमाची से की है यह बालों के जड़ों को मजबूत कर झड़ने से रोकता है।

नयास्तिका—इसकी पहचान शंखपुष्पी से की गयी है जिसका वानस्पतिक नाम andropogon aciculates है। यह बुद्धि को बढ़ाता है। यह खून को साफ करता है तथा स्वास्थ्य की रक्षा करता है।

पाटा—इसका वानस्पतिक नाम Clypea hernandiforlia है। यह लता है जिसकी पहचान लाठा से की गयी है जो अनेक औषधीय गुणों से सम्पन्न है।

पिप्पली—इसका वानस्पतिक नाम Piper longum linn है। यह वर्षा ऋतु में पैदा होता है तथा ग्रीष्म ऋतु में सुख जाता है। यह पूरे भारतवर्ष में पाया जाता है। इसके रस से आँखों की सभी बीमारियाँ ठीक हो जाती हैं।

पृश्निपर्णी—इसका वानस्पतिक नाम Hemionitis cordifolia है। यह रोगों को ठीक करता है तथा अच्छा स्वास्थ्य प्रदान कर जीवन को खुशियों से भर देता है। रांथ ने इसकी पहचान 'लक्ष्मण' नाम जड़ी बूटी से की है जो बांझपन को दूर करता है। सुश्रुत के अनुसार दूध के साथ इसे मिला कर देने से गर्भ की रक्षा होती है। इससे पता चलता है कि यह गर्भपात से बचाने का मुख्य दवा है। यह वात,पित और कफ को भी कम करता है।

प्रमान्दनी—यह होमद्रव्य है तथा इसका उल्लेख गुग्गुल और औक्षगंधी के साथ किया गया है।

वृहती—इसका वानस्पतिक नाम solanum indicum linn है। इसके फूल का रंग सफेद होता है। नवजात शिशुओं की दवा के रूप में

इसका प्रयोग होता है। यह पूरे भारतवर्ष में पाया जाता है। यह दमा, सूखी खाँसी, सीना दर्द, ज्वर, कृमि, लीवर के बढ़ने, दाँत दर्द इत्यादि में दवा का काम करता है।

मदावती—यह नशीला तथा विषैला पौधा होता है।

रजनी—इसका वानस्पतिक नाम संभवतः Curcuma longa है। यह कुष्ठ रोग को दूर करता है। इसके उपयोग से न केवल कुष्ठ ही ठीक होता है बल्कि चमड़े का रंग भी वास्तविक रंग में आ जाता है।

रामा—सायण ने इसकी पहचान भृंगराज से की है। यह एक प्रकार का घास है जिसकी पतियाँ हरी और तने रस भरी होती हैं। यह कुष्ठ को ठीक करता है तथा सर और शरीर के अन्य अंगों के सफेद दाग को भी ठीक करता है। प्रायः यह रात में बढ़ता है।

रोहिणी—इसका वानस्पतिक नाम soymida febrifenga A juss है। यह बहुपयोगी जड़ी-बूटी हैं यह टूटे हुए हड्डी को जोड़ने के लेप के रूप में प्रयुक्त होता है। यह पत्थर के चोट से बने घाव को भी ठीक करता है।

वचा—इस औषधि के प्रयोग से विष का प्रभाव खत्म हो जाता है। यह स्मरण शक्ति को बढ़ाता है तथा बोलने की क्ष्मता में वृद्धि करता है।

शंखपुष्पी—शंखपुष्पी बौद्धिक क्षमता को बढ़ाता है। शंखपुष्पी के अन्य समानार्थक हैं- सहस्त्रपर्णी, न्यास्तिका, सुभंगकर्णी और कल्याणी।

शण—इसका वानस्पतिक नाम crotalaria juncea L है। इसकी पहचान शन या सनई से की जा सकती हैं शन विषकंध नामक रोग को दूर करता है। यह रोग शरीर के उचित विकास का अवरोधक होता है। इसके रेशे से धागा बना कर कपड़ा बुना जाता है।श्रौत सूत्र के अनुसार यज्ञ के समय इसका मेखला पहनना चाहिए। पेट के गैस को दूर करने के लिए इसके पते का इस्तेमाल होता है। इसके बीज से खून साफ होता है तथा बीज के पाउडर को तेल में मिलाकर लगाने से बाल बढ़ता है।

शतवार—इसका वानस्पतिक नाम asperagus racemosus है। इसमें अनेक बीमारियों को दूर करने की क्षमता है। यह विशेषतया उतर भारत में पाया जाता है। इसका जड़ पेचिश तथा अतिसार को दूर करता है। तेल के साथ इसके जड़ को उबाल कर लगने से सभी चर्म रोग ठीक होता है। यह पाचन क्रिया को भी सही करता है। शतवार कुते के काटने का अचूक औषधी है।

शफफ—यह पानी में उत्पन्न होता है। इसमें ठंडक पहुँचाने की क्षमता है। यह सम्पूर्ण भारतवर्ष में झील तथा तालाबों में पाया जाता है।

शिगुरू—इसका वानस्पतिक नाम andropogon muricatus या hypernthera moringa है। इसकी पतियाँ कृमि-नाशक का काम करती है। पीलिया रोग को ठीक करने के लिए इसके बीज और पतियों का प्रयोग दवा के रूप में होता है।

शीरीस—इसका वानस्पतिक नाम allizzia lebback है तथा यह गृह-सूत्र में भी उल्लिखित है। इसका फूल औषधि का काम करता है। इसके छाल तथा बीज का उपयोग खूनी बवासीर, अतिसार में किया जाता है। बीज से निकाले गए तेल का प्रयोग कुष्ठ रोग में किया जाता है। छाल के पाउडर मसूढ़ों को मजबूत करते हैं। पीलिया रोग को ठीक करने के लिए इसके बीज तथा छाल बहुत उपयोगी होते हैं।

शिलाची—इसका वानस्पतिक नाम boswellia glabra है। यह परजीवि पौधा है जो दूसरे वक्षों के तनों के सहारे बढ़ते हैं। अरुन्धती तथा लाक्षा इसके समानार्थक पौधे बताये गये हैं। यह मध्य भारत के पहाड़ी क्षेत्र तथा कोरोमण्डल के तटीय इलाकों में पाया जाता है। धार्मिक अनुष्ठान के समय इसके सुगन्धित क्षाल का बहुत बड़े पैमाने पर उपयोग होता है। यह चर्म रोग, मूत्र विकार, स्नायवीय रोग तथा घावों को ठीक करता है।

सीतिका—यह जले हुए चमड़े को ठीक करने के काम में आता है।

सर्षप—इसका वानस्पतिक नाम brassica Nigra है। इसकी पहचान राई से की जाती है। इसका तेल स्नान पूर्व शरीर पर मालिश करने के काम में तथा तेल के काम में आता है। नाक पर हल्का सा लगाने से पानी निकलना बंद हो जाता है। इसका तेल शरीर को सूर्य की सीधी किरणों से बचाता है।

सहदेवी—यह बीमारियों को दूर करने वाला तथा ऊर्जा से परिपूर्ण माना गया है। दूध की वृद्धि के लिए भी उपयोग होता है। अथर्ववेद में सहदेवी के लिए निम्नलिखित विशेषणों का प्रयोग हुआ है।—अरुन्धती, सुभागा तथा जीवला।

सहमान—इसे पृश्निर्णी विशेषण से जाना जाता है। यह शक्ति से भरा होता है तथा पुरुषों का पौरुष बढ़ाने में सक्षम माना गया है।

सहस्रपर्णी—यह एक बहुत उपयोगी जड़ी-बूटी है। ऐसी मान्यता है कि यह शक्ति प्रदान करता है। यह बड़े विस्तृत क्षेत्र में विस्तार लेता है जिसमें एक हजार पतियां होती हैं। इसमें एक सौ प्रतान तथा तैंतीस नीचे की ओर का अंकुरन होता है। इसका रंग भूरा होता है।

सोम—सोम रस, सोम यज्ञ तथा सोम पौधा वैदिक पुजारियों का एक महत्वपूर्ण एवं विशिष्ट पहलू है। सोम दैविक उत्पति है और यह जीवन प्रदान करता है। अभी तक इस पौधे की पहचान संभव नहीं हो पायी है। सोम पाँच प्रकार का माना गया है—

1. Sarcostamma brevistigma. 2. S. Intermedium. 3. Periploca aphylla 4. Ephedra-vulgaris 5. Cannabis dativa.

सक्त्य—इसे औषधियों में श्रेष्ठ माना गया है। यह श्रीलंका, बलूचिस्तान तथा पश्चिमोतर हिमालय की तराई के शुष्क इलाकों में पाया जाता है।

हरिद्र—इसका वानस्पतिक Curcuma longa linn नाम है। यह हल्दी के नाम से भी जाना जाता है। इसके चूर्ण को पानी के साथ शरीर

पर मालिश करने से त्वचा मुलायम होता है। गर्म दूध के साथ पीने से सर्दी ठीक होता है। मूत्र रोग में यह उपयोगी है।

स्रकपर्ण—इसका उल्लेख केवल ब्राह्मण ग्रंथों में हुआ है। इसकी पहचान कनेर से की गयी है। इसका फल सफेद, पीला तथा लाल होता है। यह नेपाल से कश्मीर तक 6500 फीट की ऊँचाई पर प्राप्त होता है। इसका वानस्पतिक नाम Nerium ordosum है।

हरीतकी—इसका वानस्पतिक नाम Terminalia Chebula है तथा इसकी पहचान हर्रे से की गयी है। यह उतर भारत, मध्य प्रदेश, पश्चिम बंगाल, दक्षिण भारत तथा अन्य प्रदेशों में बहुतायत से पाया जाता है। यह भोजन पचाने तथा कब्ज को दूर करने में औषधि का काम करता है। दमा, पेचिश, बुखार, कफ, मूत्र रोग, बवासीर, प्लीहा का बढ़ना इत्यादि रोगों को ठीक करने के लिए हरीतकी दवा के रूप में प्रयोग किया जाता है।

पेड़ पौधे

अध्याण्डा—इसकी पहचान तथा Mucanna pruriend, Phyllanthus ruinaria से की है। अध्याण्डा के जड़ का पाउडर महिलाओं को गर्भाधान के लिए दिया जाता था। यह हिमालय के मैदानी इलाके, श्रीलंका, आसाम, बर्मा में पाया जाता है।

अरदु—मैकडोनाल्ड तथा ग्रीफिथ ने इसे Colosanthes indica कहा है जिसकी लकड़ी से रथ का धुरा बनता है। मजुमदार ने इसे Prospis specigera तथा Acacia suma कहा है। इस वृक्ष का छाल तथा इसकी पतियों का काढ़ा जन्म के बाद बच्चे को शक्तिवर्धक के रूप में दिया जाता था।

अश्वत्थ—इसका वानस्पतिक नाम Ficus religiosa है। इसे हिन्दी में पीपल भी कहते हैं तथा यह पूरे देश में सभी जगहों पर पाया जाता

है। इसका फल रेचक औषधि है। अश्वत्थ का बीज ठंडा तासीर का होता है। इसकी पती विरेचक, छाल, ठंडा, स्तंभक, का काम करता है।

आमलक—इसका वानस्पतिक नाम Emblica officinalis gaertn है। छांदोग्य उपनिषद् में इसका वर्णन एक बड़े पेड़ के रूप में हुआ है। वृक्ष के नाम के आधार पर ही इसके फल का नाम भी आमलक है। वृक्ष के सभी अवश्व औषधि के काम में आते हैं। यह कृमि, अम्लता, मधुमेह इत्यादि रोगों को ठीक करता है।

आम्र—इसका वानस्पतिक नाम Magnifera indica L है। यह सम्पूर्ण भारत में पैदा होता है। इसका फल काफी स्वादिष्ट तथा पौष्टिकता से परिपूर्ण होता है। यह अतिसार, पेचिस, खूनी बाबासीर, कृमि, खुजली, मधुमेह, श्वेत-प्रदर इत्यादि को ठीक करता है।

उदुम्बर—इसका वानस्पतिक नाम Ficus glomerata Linn है तथा इसकी पहचान गुल्लुर से की गयी है। हिस्टिरिया रोग में इसका प्रयोग होता है। इसके जड़ से पेचिश तथा छाल से अल्सर ठीकहोता है।

एरण्ड—यह लगभग पूरे भारत में पाया जाता है। इसका बीज और तेल विरेचक का काम करता है। अतिसार को ठीक करने के लिए इसकी जड़ को औषधि के रूप में दिया जाता है। इसका तेल खुजली को ठीक करने तथा घाव को साफ करने के काम में आता है।

कपिल्लक—इसका वानस्पतिक नाम Feronia elephantum है। यह कंटिला वृक्ष है जो भारत, श्रीलंका में पाया जाता है। अतिसार तथा पेचिश में इसका फल तथा गोंद औषधि के रूप में दिया जाता है। यह पुंसत्व भी बढ़ाता है।

कम्पिल्लक—इसका वानस्पतिक नाम Crinum amaryllacee है। यह बुखार को ठीक करने के उपयोग में आता है।

करज—इसका वानस्पतिक नाम Pongamia glabra है। ऋग्वेद

तथा अथर्ववेद में इसे अपवित्र की श्रेणी में रखा गया है। आँत संबंधी गड़बड़ी को दूर करने के लिए बच्चों को इसकी पती दी जाती है।

करीर—इसका वानस्पतिक नाम Capparis aphylla है। यह पहाड़ी क्षेत्र में पाया जाता है। कृमि को नष्ट करने के लिए इसके जड़ तथा पती का प्रयोग किया जाता है।

क्रमुक—इसका वानस्पतिक नाम Areaca catechu हैं। इसें हिन्दी में सुपारी कहा जाता है। कच्चा सुपारी में स्तम्भक शक्ति होती है तथा आँत संबंधी शिकायतों को दूर करने के लिए उपयोगी होता है। इसका पाउडर कमजोरी से हुए अतिसार को ठीक करता है।

खदिर—इसका वानस्पति नाम Acacia catechu है। इसको हिन्दी में खैरेया कत्था भी कहते हैं। चर्म रोग को ठीक करने के लिए चिकित्सक इसका प्रयोग आंतरिक और ब्राह्य दोनों तरीकों से करते हैं।

जयपाल—इसका वानस्पतिक नाम Crroton tiglium Linn है। यह जमालगोटा के नाम से प्रसिद्ध है। इसका वृक्ष मलक्का, बर्मा ओर श्रीलंका में होता है। प्राचीन काल में यह सर्वत्र भारत में पाया जाता था। इसका प्रयोग रेचनकर्म के लिए होता था।

जातीफल—इसका वानस्पतिक नाम Myristica fragrans Houtt है। चरक, सुश्रुत, और वाग्मार में मुखशुद्धि आदि के लिए जातीफल का प्रयोग विहित है। ऐसा प्रतीत होता है कि सामान्य प्रयोग होने के बावजूद भी इसका औषधीय प्रयोग मध्यकाल के पूर्व प्रारंभ नहीं हुआ।

तुवरक—इसका वानस्पतिक नाम Hydnocarpus wightiana Blume है। चरक में इसका उल्लेख नहीं है। सुश्रुत ने इसका अनेकों बार उल्लेख किया है। इसके वृक्ष पश्चिमी घाट के जंगलों में होते हैं। इसके बीजों के तेल का उपयोग कुष्ठ और प्रमेद में किया जाता था।

नलद—इसका वानस्पतिक नाम Nardostachys jatamansi Dc है। इसे जटामासी के नाम से भी जाना जाता है। यह नेपाल, भूटान आर

सिक्किम में पाया जाता है। यह पाचन, श्वसन तथा पीलिया रोगों को ठीक करने के लिए उपयोगी माना गया है।यह कुष्ठ, हिस्टरिया, को भी दूर करता है। यह बालों को काला करता है तथा उसकी वृद्धि भी करता है।

न्यग्रोध—इसका वानस्पतिक नाम Ficus bengalensis तथा लैटिन नाम Ficus indica है। इसकी पहचान वट वृक्ष से की गयी है। यह जलन, तृष्णा, मूर्छा, कफ, पित तथा रक्तस्त्राव को ठीक करता है। पेचिश, अतिसार, मधुमेह, दाँत दर्द को भी ठीक करने की क्षमता भी इसमें है।

धत्तूर—इसका वानस्पतिक नाम Dhatura metal Linn है। चरक में इसका उल्लेख नहीं है। सुश्रुत में इसके बीज के दो प्रयोग का उल्लेख है। (1) नाड़ीव्रण में उपयोगी तेल के साथ, तथा (2) अलर्कविर्ष में। सर्पविर्ष में भी धतुर का प्रयोग उल्लिखित है। रसरत्नसुच्चय ज्वर, यक्ष्मा, ग्रहणी, शूल आदि में इसका प्रयोग बतलाया गया है।

बदर—इसका वानस्पतिक नाम Zizyphus jujuba है। इसका अवशेष हड़प्पा से मिला है। इसके वृक्ष का छाल रंगने के काम में आता है।

बिल्व—यह एक प्रकार का कँटीला वृक्ष होता है। इसका वानस्पतिक नाम Aegle marmelos corn है। इनके अन्य समानार्थक नाम हैं—Crataeva marmelos, Crataeva religiosa इत्यादि। इसे हिन्दी में बेल कहते हैं। यह सम्पूर्ण भारतवर्ष में उगाया जाता है। इसका फल तथा पते भगवान को अर्पित किये जाते हैं। इसका फल पेचिश तथा अतिसार का रामवाण औषधि माना गया है।

बब्बूल—इसकी पहचान हिन्दी के बबूल से की गयी है। इसका वानस्पतिक नाम Acacia arbica है। तथा इसके अन्य समानार्थी नाम हैं—Mimosa arabica, Acacia versa , Acacia nilotica इत्यादि।

सोढल निघण्टु में सर्वप्रथम बबूल और उसके फल का गुण निर्दिष्ट हैं। अतिसार में इसकी पती तथा राज्ययक्ष्मा में इसका आसव प्रयोग में आता है।

मंजिष्ठा—यह पश्चिमोतर हिमालय, नीलगिरि की पहाड़ी तथा अन्य पहाड़ी क्षेत्रों में पाया जाता है। इसका वानस्पतिक नाम Rubia corfifolia Linn है। इसके सूखे हुए जड़ का प्रयोग, पीलिया, जलोदर, लकवा इत्यादि में बहुतायत से होता है।

वरण—इसका वानस्पतिक नाम Crataeva roxburghii है। टी. बी. होने पर इसकी लकड़ी का ताबीज बांधने का प्रवाधान है। यह स्वाद के कड़वा, प्रकृति में गर्म होता है तथा यह खून साफ करता है। यह वात को भी खत्म करता है।

विदारी—इसका वानस्पतिक नाम Batatas paniculata है। इसके तने तथा जड़ के पाउडर देने से दूध का स्त्राव बढ़ता है। बिच्छू के डंक में भी इसकी औषधि दी जाती है।

शमी—शमी को पवित्र वृक्ष माना गया है। Prosopis spiciger तथा mimosa suma इसके लैटिन नाम बताये गये हैं। लड़के के जन्म के लिए गर्भवती महिला को इसका रस मधु के साथ दिया जाता था।

शाल्मली—यह लोक भाषा में शेमल के नाम से जाना जाता है। इसका गोंद अतिसार, पेचिश में दिया जाता है। यह बच्चों को मृदु विरेचक के रूप में दिया जाता है। इसकी लकड़ी बहुत हलकी तथा मुलायम होती है।

शाल—इसका वानस्पतिक नाम Shorea roubst है। इसका वृक्ष काफी लंबा और अच्छा होता है। इसकी लकड़ी कठोर मानी गयी है जिसका प्रयोग मकान तथा अन्य उपकरण बनाने के काम में आता है। यह नासूर तथा चर्म रोग को ठीक करता है।

शिंशपा--इसका वानस्पति नाम dalbergia sisu है। यह पश्चिमी हिमालय क्षेत्र में 4000 फीट की ऊँचाई पर तथा गंधार, बलूचिस्तान, सिंध और पंजाब में पाया जाता है। यह कुष्ठ रोग को ठीक करने में उपयोगी माना गया है।

सनाय--इसका वानस्पतिक नाम cassia angustigolia vahl है। यह मूलतः दक्षिणी अरब तथा सोमाली के तट पर होता है। यह तिक्तरस है तथा ज्वर, कुष्ट आदि में उपयोगी है।

सिनकोना--इसका वानस्पतिक नाम cinchona succirubra pavaon है तथा यह वृक्ष दक्षिण अमेरिका का मूल निवासी है। 1820 में पेलिटियर और कैवेण्टो ने सिनकोना छाल से किनोना को अलग किया जो विषय ज्वर के लिए रामवाण औषधि सिद्ध हुआ।

अलाबु--अथर्ववेद में इसका सबसे पहले वर्णन उल्लिखित है। इसका वानस्पतिक नाम cucurbita lagenaria है। कुछ लोग इसे अमेरिका और कुछ लोग अफ्रीका यह एशिया का मूल मानते हैं। यह भारत मे प्राचीन काल से प्रचलित है। क्योंकि प्राचीन संहिताओं में इसका वर्णन उपलब्ध है। चीनी के साथ इसकी पत्तियाँ पीलिया रोगी को औषधि के रूप में दिया जाता था। फल का गुदा मृदु विरेचक है।

अवका--इसका वानस्पतिक नाम Blyxa octandra है। यह पानी में उत्पन्न होने वाला पौधा होने के कारण वर्षा ऋतु में बहुतायत से पाया जाता है। इसे हिन्दी में सेवार भी कहते हैं। अथर्ववेद में कहा गया है कि यह यक्ष्मा को ठीक कर सकता है।

उर्वारू--इसका वानस्पतिक नाम Cucumis Sativus है। ऋग्वेद में इसे उर्वारू तथा अथर्ववेद में उर्वारूक कहा गया है। हिन्दी में इसी को खीरा के नाम से जाना जाता है।

कुमुद--इसका वानस्पतिक नाम Namphaea lotus है। यह तालाब और कुण्ड में बढ़ता है। इसका बीज मधुमेह में काम आता है। इसके जड़

में यार्करा, गोंद तथा एसिड होता है। इसके फूल कफ में दवा के रूप में काम आते हैं।

पुण्डरीक—इसका वानस्पतिक नाम Nymphaea nelumbo है। इसका फुल अतिसार, कॉलरा, बुखार तथा लीवर की शिकायत को ठीक करता है।

पुष्कर—वैदिक ग्रंथों में इसका उल्लेख आया है। अथर्ववेद में इसकी मीठी सुगन्ध का वर्णन है। इसका फूल कफ को तथा बीज मधुमेह को उपचारित करता है।

मदावती—अथर्ववेद में इसे मादक पौधे की श्रेणी में रखा गया है। यह लता है जिसका वानस्पतिक नाम Vist vinifera है। हिन्दी में अंगूर तथा संस्कृत में द्राक्षा कहलाता है। इसका रस ठंडा होता है तथा अतिसार में उपयोगी दवा का काम करता है। यह शराब बनाने के काम में भी आता है।

तृणअर्जुन—इसका वानस्पतिक नाम Terminnalia arjuna W & A है। यह पूरे भारतवर्ष में पाया जाता है। यह रक्तस्राव, पेचिश, अतिसार तथा हृदय रोग में औषधि के रूप में उपयोगी माना गया है।

अश्वलाल—इस तृण का प्रारंभिक संकेत शतपथ ब्राह्मण में मिलता है। इसका वानस्पतिक नाम Saccharum spontaneum है। हस्तिनापुर से इसके अवशेष प्राप्त हुए हैं।

अण्डिका—इसकी पहचान नगरमोथा से की जाती है। बुखार को ठीक करने हेतु इसका उपयोग औषधि के रूप में किया जाता है। कश्मीर, साइबेरिया तथा यूरोप में इसे पाया जाता है।

इक्षु—इसका वानस्पतिक नाम Saccarum officinarum Linn है। इसका प्रथम संकेत अथर्ववेद से प्राप्त होता है। इसकी पहचान गन्ने से की गयी है। पित और वात के कारण जो असंतुलन उत्पन्न होता है

उसे इसका रस ठीक करता है। मूत्र रोग, पेचिश, पीलिया इत्यादि रोगों की भी यह औषधि है।

दर्भ—अथर्ववेद में इसकी विशेषताओं का वर्णन है। यह बहुत तेजी से फैलता है। यह मस्तिष्क और शरीर पर शमक का काम करता है। यह पेचिश में भी उपयोगी है तथा बिच्छु और सर्प के दंश को भी ठीक करता है।

दुर्वा—इसका वानस्पतिक नाम Panieum dactylon है। इसका ऋग्वेद में अनेक स्थलों पर उल्लेख है। यह नर्म मिट्टी में बहुत तेजी से फैलने वाला घास है। इससे निकाला गया रस मूत्रवर्धक होता है। यह पेचिश, अतिसार में भी उपयोगी माना गया है।

धव—इसका वानस्पतिक नाम Grislea tomentosa है। उतर भारत में इसका सूखा फूल, अतिसार, पेचिश, आंतरिक रक्तस्राव, यकृत की गड़बड़ी, बवासीर में उपयोगी औषधि के रूप में व्यवहत है।

भांगा—इसका वानस्पतिक नाम Cannabis indica है। भंग शब्द ऋग्वेद में अभिषवाचक है। अथर्ववेद में भी उपलबध है। यह सम्पूर्ण विश्व में सूत्रों एवं बीजों के लिए उगाया जाता है। यह मादक द्रव्य के रूप में प्रयुक्त होती है। यह मध्य एशिया मूल का माना गया है।

मुंज—इसका वानस्पतिक नाम Saccharum munja है। तथा ऋग्वेद में इसका उल्लेख मिलता है। इसे पवित्र घास माना गया है। यह प्यास मिटाती है तथा पेचिश, अतिसार और बुखार को ठीक करता है।

वंश—इसका वानस्पतिक नाम Bambusa arundinacea है। ऋग्वेद में बाँस के रूप में इसका उल्लेख हुआ है। यह बहुतायत से पैदा होता है। इसकी अनेक जातियाँ भारत में पायी जाती हैं। इसकी ऊँचाई 50 से 120 फीट तक होती है। हड़प्पा सभ्यता के निवासी भी इससे भलीभाँति परिचित थे। यह उद्‌भेदी रोग की विशेष दवा है।

अन्य

उपवाक—इसका वानस्पतिक नाम Wrightea tinctoria या Wrightea antidysenterica के नाम से जाना जाता है। अनाज की एक जाति के रूप में वाजसेनयी संहिता और ब्राह्मण ग्रंथों में वर्णन है। यह राजस्थान, मध्य-प्रदेश तथा अरबिया में पाया जाता है। इसका बीज पेचिश में दिया जाता है। इसका बीज कामोतेजक भी माना गया है।

करवीर—इसका वानस्पतिक नाम Nerium odoraturm है। इसकी पहचान करने से की जाती है। दाद होने पर इसकी जड़ तथा छाल को लगाने से ठीक हो जाता है।

खल्व—इसका अवशेष अतरंजिखेड़ा से प्राप्त हुआ है। इसकी प्राचीनता 1200 ई. पू. सिद्ध होती है। यह दाल के रूप में व्यवहृत होता है। इसे अनेक प्रकार से भोजन के रूप में खाया जाता है। स्वास्थ्य हेतु इसे अत्यन्त पौष्टिक माना गया है।

अदरख—इसका वानस्पतिक नाम Zingiber officinale त्वेम है। यह स्वाद में कटु है। इसका प्रभाव अमाशय, पाचन क्रिया और आँत पर पड़ता है जिसके कारण पाचक रस की वृद्धि होती है। हृदय, कांस, श्वास पर भी इसका प्रभाव पड़ता है।

अजवायन—इसका वानस्पतिक नाम Carum capticum है। इसमें थायमोल नामक द्रव्य पाया जाता है जो शूल और वायु का नाश करता है। इसमें राई की विक्ता, चिरायते का कडुवापन, कटु पौष्टिक और हींग का संकोचन विकास, वायु नाशक गुण एकत्रित हैं। यह कृमि नाशक भी है।

तुलसी—यह एक कीटाणु नाशक रसायन है। इस वनौषधि का उपयोग प्राचीन समय से आयुर्वेद में होता आ रहा है। यह कटु, वात कफ शामक, कफ निस्सारक, ज्वर नाशक, कास श्वास पार्श्वशूल इत्यादि में उपयोगी है।

अर्कमूल—इसका वानस्पतिक नाम Calotro pisprocera है। श्वास, सर्दी, दाद, कुष्ठ आदि रक्त एवं चर्म विकारों पर इसका अति उतम कार्य होता है। कफ को ढीला कर निकाल देता है। स्वेदजनक होने के कारण इसका उपयोग से ज्वर का वेग पसीना आकर कम हो जाता तथा बल प्रदान करता है।

अशोक—यह गर्भाशय एवं आन्त्र पर कफ पित शामक, तृष्णा हर, कृमिनाशक, रक्त विकार नाशक, दाद नाशक, स्त्री शोध हर शूल नाशक, रक्त शोधक, त्रिदोष, गर्भाशय की शैथिल्यता आदि नाशक है। मुंख्यतः स्त्री रोगों को दूर करने के कारण इसे 'स्त्री शोक नाशक' कहा गया है।

बावची—वानस्पतिक नाम Hydrocotyle asiatica है। यह त्रिदोष शामक, स्मरण शक्ति वर्द्धक, मस्तिष्क दौर्वल्य उन्माद, अप्समार, अग्नि मान्ध हिस्टीरिया नाशक है। केवल हृदय या मस्तिष्क ही नहीं बल्कि समस्त धातुओं की दुर्बलता दूर कर उन्हें सशक्त बनाने में भी प्रभावशाली है।

गोखरू—यह आठों प्रकार के मूत्र, वृच्छ तथा मूत्रवह संस्थान के सभी विकारों, वीर्य क्षय, अश्मरी, प्रमेह तथा धातु जन्य विकारों में उपयोगी है।

लहसुन—इसमें अम्ल रहित मधुर, तिक्त आदि पाँच प्रकार के रस हैं। स्निग्ध, कृष्ण, वीर्य, पाचन, सारक रस ओर विपाक में चरपरा, तीक्ष्ण अनुरस मधुर है। कीटाणु नाशक गुण के कारण क्षय रोगों में इसका प्रभाव बड़ा ही लाभदायक होता है तथा समस्त वात व्याधियों विशेषकर कटिशूल गृध्रसी, धर्नुवात, पीठ अकड़ना, पक्षाघात, हिस्टीरिया आदि में इसकी क्रिया महत्वपूर्ण तथा संतोषजनक होता है। श्वास खाँसी में आशातीत लाभ होता है।

इस प्रकार आहार तथा अन्य लौकिक उपयोग के अतिरिक्त औषधि वनस्पति का औषध रूप में प्रयोग महत्वपूर्ण था। पाश्चात्य मनीषियों की

ऐसी धारणा है कि वैदिक काल में केवल अन्धविश्वास के आधार पर जादू-टोने के रूप में ही औषधियों का व्यवहार था, उनका कोई वैज्ञानिक प्रयोग नहीं था, यह तथ्य के विपरीत है। वेदों में आयुर्वेद के मौलिक तत्व निहित हैं और चिकित्सा का आधार भी सूत्र रूप में निहित है। औषधि विज्ञान पर्याप्त उन्नत था जो दीर्घकालीन अनुभव एवं प्रयोग का परिणाम था।

7

साध्य एवं असाध्य रोगों का वन औषधियों द्वारा उपचार

अतीस

यह हिमालय पहाड़ की 2100 मी. से लेकर 3800 मी. तक की ऊँची चोटियों पर पाया जाता है। यह जुलाई, अगस्त, सितम्बर में पाया जाता है। यह लम्बी आयु वाला पौधा होता है। इसकी लम्बाई 30 से.मी. से 100 से. मी. तक होती है इस पर नीले रंग के फूल आते हैं। इस पर पाँच धारीवाला फल लगता है। इसके अन्दर 20 से 25 तक बीज होते हैं।

गुण

1. वीर्य में वृद्धि—खुराक 2 माशे से 4 माशा तक।

2. बच्चों के रोगों में बहुत लाभकारी है। जैसे-उल्टी, पेचिश, बुखार, खाँसी, पेट दर्द के लिये काफी लाभदायक सिद्ध हुआ है।

3. इसका प्रयोग कास, अर्श, ज्वर, प्रतिश्याय, पेट दर्द, अजीर्णजप्यविष आदि रोगों के लिये भी लाभकारी है।

4. पेट दर्द के लिये इसका चूर्ण उपयोगी है।

इसकी जड़ में दो कन्द होते हैं एक नया एक पुराना। जब आप कोई दवाई तैयार करें तो दोनों कन्दों को अलग-अलग सुखाएँ। इनमें नया कन्द अधिक गुणकारी है।

वत्सनाम

हिन्दी नाम—वछनाग, मीठा विष, तेलिया विष।

1. यह औषधि विषैली होने पर भी सूक्ष्म मात्रा में प्रयोग करने से जीवन देती है। इसलिए इसे अमृत कहते हैं।

2. इसके खाने से बछड़े मर जाते हैं।

3. नाभि के समान मूलकन्द होता है अतः उसे वत्सनाम कहते हैं।

4. विकासी गुणों वाला होने से यह सारे शरीर में फैल जाता है, इसलिये इसे विष कहते हैं। 5. जीवन के लिये यह खतरा है।

पहचान—मूलकन्द 60 से.मी. से लेकर 1 मी. तक होते हैं। मूलकन्द लम्बी आयुवाला दो कन्दों वाला होता है, जिसकी लम्बाई 4 से.मी. से 8से. मी. तक होती है। अगस्त में इस पर फूल आते हैं और सितम्बर, अक्टूबर में फल लगते हैं। यह हिमालय, कश्मीर, सिक्किम, नेपाल, भूटान में पैदा होता है। यह केवल 2700 से लेकर 3600 मीटर की चोटियों पर ही पाया जाता है।

उपयोगिता

1. बुखार में इसके सेवन से बुखार उतर जाता है।

2. इसका शुद्धवत्सनाम चूर्ण हृदय के रोगों के लिए अति उपयोगी माना जाता है।

3. पेट रोगों के लिए इसका शुद्ध चूर्ण लाभदायक है।

4. पक्षपात तथा गठिया रोगों के लिए भी लाभकारी है।

5. पित प्रकृति में वत्सनाम का प्रयोग नहीं करना चाहिए।

6. पीत तथा कफ प्रकृति वाले के लिए यह बहुत ही उपयोगी सिद्ध हुई है।

7. निमोनिया, प्लुरसी, हृदयवाण शोथ, अन्त्रावरण शोथ और कास रोगी की लिये लाभदायक है।

8. बालों के रोगों के लिए लाभदायक है।

9. कुष्ठ, सन्निपात, मधुमेह, शोथ आदि रोगों के लिये भी इसका चूर्ण अति लाभदायक है।

निर्विषा (विषभवा)

हिन्दी नाम—निर्विषी यूनानी नामः जद्वार

इस बूटी को विषरहित माना गया है। इसे विषहा कहा गया है। जहाँ पर वछनाग पाया जाता है, उसी के साथ पैदा होने से इसे विष भवा कहा गया है। यह हिमालय के पहाड़ों पर होती है। यह 60 से.मी. से 90 से.मी. तक लम्बा उर्ध्व संस्थित क्षुप है। इस पर जुलाई, अगस्त में फूल आते हैं। फल सितम्बर में लगता है। औषध संग्रहकाल सितम्बर, अक्तूबर। प्रयोज्य अंग-मूलकन्द।

आपको यह सुनकर आश्चर्य होगा कि यह 3000 से लेकर 3800 मीटर तक की ऊँचाई पर होता है।

सावधानी—आजकल बढ़ती बीमारी के कारण निर्विषी के नाम से कई कन्द बेचे जाते हैं। असल में कुछ धोखेबाज वत्सनाभ के समान कन्दों को इसी नाम से बेचते रहते हैं क्योंकि यह कन्द निर्विषी के फूलों से मिलते-जुलते होते हैं। ऐसे नकली कन्द की पहचान इस तरह की जा सकती है कि इसे चबाने से जीभ सुन्न सी हो जाती है। और सारी जबान पर चिपचिपाहट भी हो जाती है। जो चबाकर सुन्नता को कम कर दें वह असली मानी जाती है। और यह भूरे रंग का होता है।

खुराक—1/2 से 1 ग्राम तक

उपयोगिता

1. खाँसी रोग में इसकी गोलियाँ बनाकर रोगी को देते हैं।

2. विष नाशक होने के कारण सब विषों में इसका प्रयोग किया जा सकता है।

3. हर प्रकार के शोथों पर इसका लेप लाभदायक है।

4. कामला, मूत्रकृच्छ, कष्ठार्तव, जलोदर आदि में उपयोगी है।

5. नाड़ियों के लिये शक्तिवर्द्धक होने के कारण अनेक रोगों से मुक्ति दिलाता है।

6. जिन लोगों को रात को नींद नहीं आती उनके लिये लाभकारी है।

7. यह यकृत उतेजक एवं पितसारक भी है।

मात्रा–4 रती से 1 माशे तक।

यूनानी हकीम इसे जद्वार के नाम से पुकारते हुए अनेक रोगों के लिये प्रयोग में लाते हैं।

ममीरा

हिन्दी नाम–ममीरा, ममरी।

यह क्षुप काबुल से लेकर आसाम तक के हिमालय प्रदेश एवं चीन में अधिक मात्रा में पाया जाता है। यह बिना काँटों का शाकीय क्षुप होता है। क्षुप एक वर्षीयु एवं मूल (राहजोम), बहुपर्षायु 1 से 3 इंच लंबे गोलाई लिये हुए झुर्रीदार तथा तोड़ने पर पीताभ वर्ण के चक्राकार एवं स्वाद में तिक्त होता है। इसी कारण असमी लोग इसे मिष्मी तीता कहते हैं। पर्ण गाजर जैसे तीन भागों में बँटा होता है। इसके फूल सफेद रंग के छोटे आकार के होते हैं जो सितम्बर, अक्टूबर में खिलते हैं। यदि इसकी औषधि तैयार करना चाहते हैं तो सितम्बर, अक्टूबर में इसका संग्रहण करें।

उपयोगिता

1. आँखों के रोगों में आँख पर इसका लेप करते हैं। ममीरा द्वारा निर्मित सुरमा आँखों में लगाने से आँखों के हर प्रकार के रोग जैसे आँख की फूली एवं लालिमा, जलन दूर हो जाते हैं।

2. बारी से आने वाले बुखार में, बुखार आने से पहले। 1 से 3 मि. ग्राम की मात्रा में 3 घंटे के अन्तर पर सेवन करने से बुखार टूट जाता है।

3. पेट तथा जिगर की खराबी में इसका चूर्ण बनाकर सुबह-शाम लेने से पट संबंधी रोग ठीक हो जाता है।

4. मानव शरीर की हर कमजोरी को दूर करता है।

5. इसकी तासीर गर्म और खुश्क है।

पीतमूला

हिन्दी नाम—पीली जड़ी

पहचान—यह 60 से.मी. से लेकर 2 मी. तक लंबा होता है। तोड़ने पर इसका रंग पीला हो जाता है तभी इसे पीली जड़ी कहते हैं। इसके फूल सफेद होते है। जो जून, जुलाई में आते हैं। यह उतरी हिमालय में 900 मी. से 3000मी. की ऊँची पहाड़ियों पर ही पैदा होता है। इसका रस खटास लिये होता है।

उपयोगिता

1 आँख रोगों में इसकी पीली जड़ी का सुरमा बनाकर आँखों में लगाने से इन्सान रोग मुक्त हो जाता है।

2. उदर शूल रोग में इसका चूर्ण या क्वाथ बहुत उपयोगी माना जाता है। इसके प्रयोग से जठर रस तैयार होता है और अन्न पचता है।

3. बुखार के रोगियों के लिए इसकी जड़ का क्वाथ लाभदायक है।

4. युनानी मतानुसार कास, श्वांस एवं फुफ्फुस रोगों में भी इसका प्रयोग करते हैं।

उपकुंचिका

हिन्दी नाम—कलौंजी

कलौंजी में इतने अधिक गुण होते हैं कि इसे पृथ्वी का स्वर्ग भी

कहते हैं। भारत में इसकी पैदावार बिहार, पंजाब तथा उत्तर प्रदेश में होती है। कलौंजी के बीज तिकोने तथा काले तथा गहरे भूरे रंग के होते हैं। बीजों के ऊपर खुरदरा छिलका होता है।

उपयोगिता

1. औरतों की गर्भाशय की सारी त्रुटियों को दूर करता है।

2. यदि इसे जीरक के साथ मिलाकर दिया जाय तो बच्चे के जन्म के समय नारी को कोई कष्ट नहीं होता है।

3. सूजन से मुक्ति पाने के लिये कलौंजी की धूनी लाभकारी है।

4. मूत्र, धात रोगों में कलौंजी काफी लाभकारी होती है। 5. बुखार कैसा भी हो कलौंजी का सेवन लाभदायक है। 6. इसकी तासीर गर्म और खुश्क है।

काँडीर

हिन्दी नाम—जल धनियाँ, प्लेग बूटी।

यह वर्षायु मसृण 60 से.मी. से लेकर 1 मीटर तक लंबा होता है। इसके अन्दर का भाग पीला होता है। देखने में यह धनिये की पत्तियों जैसा 3 पत्र में विभक्त होता है। इस पर फूल जनवरी से मार्च तक आते हैं। फल काल फूलों के बाद शुरु होता है। प्रयोज्य अंग—पंचांग स्वरस। यह मैदानी क्षत्रों से लेकर हिमालय में 1200 मीटर तक की ऊँचाई पर पाया जाता है। तासीर—कटु, तेज, तीखी, विस्फोट कारक, सर, वातनाशक आर्तनाशक, आर्तवजन, पाचक।

उपयोगिता

1. जिन लोगों के शरीर पर गिलटियाँ उभर आती हैं, उनके लिये यह अच्छी दवा है।

2. विष्फोटक होने के कारण आमवात में इसका प्रयोग करते हैं।

3. गुल्म तथा उदर रोगों में वैद्य सावधानी से इसका प्रयोग करते हैं।

4. प्लेग रोगियों को प्लेग की गांठों पर इसका लेप करके प्लेग मुक्त हो सकते है।

भव्य

हिन्दी नाम—चालता करंवल

इसके वृक्ष एवं पुष्प दिखने में सुन्दर लगते हैं। यह 10 से.मी. से लेकर 15 से.मी. तक लंबा होता है। इसके पत्ते बड़े एवं सुन्दर होते हैं। फूल सफेद रंग का होता है। फूल काल मार्च से अप्रैल। यह नेपाल से आसाम तक एवं बंगाल से कोंकण तक तथा गुजरात के कुछ भागों में पाया जाता है।

तासीर—रस मधुर, शक्ति, बलगम नाशक, हृदय को शक्ति देने वाला है। बुखार में इसके शर्बत देने से लाभ होता है।

चम्पक

हिन्दी नाम—चम्पा

ये विषनाशक गुणों वाले होते हैं। इसके फूल सुनहरे रंग के होते हैं। पत्ते तथा फूल सुगन्ध वाले होते हैं। पुष्प अप्रैल से जून तक आते हैं। इसके वृक्ष सीधे 10 मीटर से 20 मीटर तक ऊँचे होते हैं जो बंगाल, असम के जंगलों में स्वंय जमते मिलते हैं। भारत के प्रायः सभी प्रदेशों के उद्यानों में इसके वृक्ष लगे हुए मिलते हैं।

उपयोगिता

1. इसकी जड़ अनार्तव तथा कष्ठर्तव में लाभदायक है।

2. जड़ का चूर्ण आमवात एवं जीर्ण संधिधवात में उपयोगी है।

3. फूल का रस देने से शरीर शांत होता है तथा पेशाब खुलकर आता है।

4. बुखार को भगाता है।

5. नारी योनि रोग में चम्पा के फूल, जूही के फूल एवं मुलेठी के चूर्ण में घी डालकर एक गोली रोज योनि में रखाने से योनि की दुर्गंध दूर हो जाती है।

सीताफल

हिन्दी नाम—सीताफल

इसके पत्तों को मसलने से अप्रिय गन्ध आती है। इसका फल बड़ा, गोल, गढ़े तथा उभार लिये होता है। इसका रंग हरा, पकने पर पीला गुलाबी होता है। अन्दर से पीले बीज निकलते हैं। फल अगस्त, सितम्बर, में आते हैं। इसके प्रयोज्य अंग-फल, पत्र, बीज।

गुण—रस मधुर, वीर्य शीत, स्वाद में खट्टा मीठा दिल को शक्ति देने वाला तासीर गर्म तर है।

उपयोगिता

1. जिन लोगों के सिर में जूएँ पड़ जाती हैं उन्हें मारने के लिये सीताफल के बीजों का चूर्ण बनाकर इसके पत्तों के स्वरस के साथ प्रयोग करते हैं।

2. पित्त शामक होने से दिल की धड़कन को कम करता है।

3. पित्त प्रकृति एवं वात रोगियों के लिये बहुत लाभदायक है।

गुडूची

हिन्दी नाम—गिलोय

यह व्याधियों से रक्षा करती है। इसके सेवन से अकाल मृत्यु नहीं होती अर्थात् जो लोग गिलोय का सेवन करते हैं वे रोगी नहीं होते तथा लंबी आयु पाते हैं। यह लंबी आयु वाली आरोही लता है। इस पर अप्रैल, मई में फूल आते हैं। मई में ही यह फलदार होती हैं।

उपयोगिता

1. वात ज्वर में गुडूची श्रृतशी कषाय।

2. विषम ज्वर में इसका स्वरस।

3. कामला में गुडूची का प्रयोग लाभकारी है।

4. वामरक्त में गुडूची का प्रयोग लाभदायक है।

5. गुडूची की जड़ से प्रमेह, कुष्ठ कंडू, जीर्ण ज्वर आदि कतिपय रोगों में बहुत लाभदायक है।

मात्रा—चूर्ण 1 से 3 ग्राम, क्वाथ 3 से 8 तोला, स्वरस 1 से 2 तोला, सत्व 6 से 1 माशा।

पाठा (माठ, पाड़वेल)

इसका अर्थ है मधुवाणी करने वाला तथा रोगों से मुक्त करने वाला, यह आरोही लता जाती का एक अंग है। सफेद फूल जुलाई, अगस्त में आते हैं हिमालय की 1500 मी. की ऊँचाई से लेकर मैदानी क्षेत्र में भी पैदा होती है।

किन रोगों का उपचार करता है?

1. अतिसार—इस रोग में दही की लस्सी के साथ पाठा के पत्ते देते हैं।

2. शारीरिक शक्ति पाने के लिये गाय के दूध की दही के साथ पाठा की जड़ का चूर्ण देते हैं।

3. मलेरिया या सर्दी के बुखार में पाठा की जड़ का चूर्ण दूध के साथ देने से बुखार टूट जाता है।

4. नारी योनि में पाठा की जड़ के चूर्ण की पोटली रखने से बच्चे का जन्म बड़े आराम से होता है।

5. वृक एवं मूत्राशय के व्रणों में पाठा मूल का उपयोग लाभकारी है। 6. कुपचन, उर शूल, अतिसार, रक्तिसार एवं ज्वरातिसार भी सुगन्धित द्रव्यों के साथ मिलाकर देते हैं।

मात्रा—चूर्ण 1 से 2 माशा, क्वाथ 2 से 4 औंस।

राजपाठा (गिन्दाड़ू, आकनादी)

यह बहुवर्षायु आरोही लता है जिस पर मई, जून में फूल आते हैं। इसके पुष्प छोटे मंजरियों पीताभ एवं नारंगी रंग के होते हैं। मूल कन्द इसे प्रयोज्य अंग हैं। यह हिमालय की 900 मीटर से 1900 मीटर की ऊँचाई तक की चोटियों पर पायी जाती है।

उपयोगिता—बच्चों के पेट के रोगों, अतिसार, अर्श जेसे रोगों में इसकी जड़ को पीकर गाय के दूध की दही के साथ देते हैं। पेशाब के हर प्रकार के रोगों में भी इसका उपयोग किया जा सकता है।

मात्रा—चूर्ण 1 से 3 माशा, क्वाथ 2 से 4 औंस।

छिलहन्ट (जल जमनी)

इस बूटी की विषध्य होने से गारूड़ी कहलाती है।

यह कफ एवं वायु शमन करने वाला होता है। इसकी पहचान यह है कि इसकी लतायें पेड़ों पर चढ़ी होती हैं। फूल छोटे, एक लिंगीय, हरिताभ होते हैं। जब इस पर फल लगता है तो वह पकने पर काले बैंगनी रंग का रसदार एवं बीज वाला होता है।

पत्तों का जल मसलने पर जल जम जाता है। इसलिये इसे जल जमनी कहते हैं। पुष्पकाल—जुलाई, अगस्त। प्रयोज्य अंग—मूल, पत्र।

उपयोगिता—इसका रस कड़वा, खाँसी का शत्रु शीतल, वल्य, सारक, त्रिदोषघ्न, मूत्रजनन एवं ज्वरघ्न है।

1. आमवात एवं सन्धिशोथ में इसको त्रिकूट के साथ लेने से लाभ होता है।

2. उपदेश में पत्रस्वरस जीरक एवं मिश्री के साथ सेवन करें।

3. पाताल गारूड़ी का सेवन करने से शरीर में कोई कष्ट नहीं रहता।

4. वस्तिशोथ तथा प्रमेह में इसकी जड़ का प्रयोग किया जाता है।

5. चोट लगने पर इसके पत्तों को बाँध देने से लाभ होता है। खुराक 2 से 3 माशे चूर्ण एवं 2 मिलीग्राम से 3 मी. ग्रा. तक स्वरस।

दारूहरिद्रादि वर्ग

इस जड़ी बूटियों के वर्ग में 12 कुल तथा उनकी सहयोगी बूटियों की संख्या करीब 210 है। इसमें बहुवर्षाय वृष तथा पौधे आते हैं। इन पर फूल दो-तीन चक्रों में आते हैं। बीज कोष एक, फल मांसल, बीज काफी संख्या में पाये जाते हैं। इस जाति के पौधे तथा वृक्षों में वर्वेरिन नामक अल्कोलायड़ होता है।

दाहरिद्रा (हारू हल्दी)

काष्ठ हल्दी के समान पीला होता है। इसके पौधे काँटेदार झाडियों जैसे होते हैं। इसका फल दो-तीन इंच लंबा होता है। इसमें अप्रैल, जून मास में फूल आते हैं। पुष्प संख्या में अधिक पीत वर्ण के सघन मंजरियों में खिलते हैं। जुलाई, अगस्त में फल आते हैं। प्रयोज्य अंग-मूल, फल। मूल क्वाथ से तैयार किया हुआ घन सतव को रसौत कहते हैं। यह हिमालय की 1500 से 3000 मी. की चोटियों पर पैदा होता है। यह उत्तराखण्ड, गढ़वाल, कुमाऊँ, हिमाचल प्रदेश, कश्मीर, नेपाल, सिक्किम आदि सभी स्थानों में मिलती है।

उपयोगिता

1. चोट लगने पर दारूहरिद्र का लेप बड़ा गुणकारी माना जाता है।

2. नेत्र रोगों में रसौंत का उपयोग बहुत लाभदायक होता है।

3. मुँह के सारे रोग, रक्त प्रदर तथा नाड़ी व्रणों से रसौंत को शहद के साथ मिलाकर प्रयोग में लाने से लाभ होगा।

4. श्वेत प्रदर रोग में इसका चूर्ण मधु या चावल के पानी के साथ देने से लाभ होता है।

5. कामला रोग में दारू हल्दी का रस अथवा क्वाथ सुबह-शाम मधु के साथ खायें तो रोग से मुक्ति मिलेगी।

6. प्रमेह रोग में दारू हलदी का चूर्ण उपयोगी है।

7. हैजा रोग में घनसत्व को दिन में 4 से 6 की मात्रा में देने लाभ होगा।

मात्रा—दारू हल्दी चूर्ण 3 से 6 मि. ग्रा. घनत्व—4 से 6 रत्ती।

वन कर्कटी (वन ककड़ी)

इसे जंगली ककड़ी भी कहते हैं। यह दो से तीन फूट ऊँचा पौधा है। यह अधिकतर उत्तराखण्ड, कुमाऊँ, हिमाचल, प्रदेश, गढ़वाल, कश्मीर, लद्दाख क्षेत्र की पहाड़ी चोटियों पर 2600 मीटर से लेकर 3600 मीटर की ऊँचाई तक पैदा होता है।

पुष्पकाल—मई, जून। फल- अगस्त, सितम्बर,। प्रयोज्य अंग, मूलसत्व।

पुराने दस्त रोग तथा कैंसर रोगों के लिए यह अच्छी दवा है।

कमल (कमलादि वर्ग)

इस प्रकार के पौधे अधिकतर पानी में ही होते हैं। हिन्दु धर्म के लोगों का विश्वास है कि कमल के फूल पर लक्ष्मी जी विराजमान रहती हैं। इस फूल को पूजा योग्य माना जाता है तभी इसे मन प्रिय भी कहा गया है। यह तालाबों के बीच में पानी के अन्दर जन्म लेता है। कीचड़ वाले गन्द पानी के तालाबों में यह अधिक पाये जाते हैं।

पुष्पकाल–मई, जून। फल–अगस्त, सितम्बर।

यह शीतल कमल गर्मी को समाप्त करके शरीर में नयी शक्ति प्रदान करता है। महर्षि चरक ने सूत्र स्थान के चौथे अध्याय में पदमोत्पल, नलिन, कुमुद, सौगन्धिक, पुंडरिक, शतपत्र का एक साथ उल्लेख करके कमल की जातियाँ गिनाकर इन्हें मूत्रविरेचनीय दशेमानि में रखा है। गर्भस्थापन विधि में–"पदमोत्लल, कुमुद किंजल्कांश्चास्यै, समधुशर्करान लेहार्थ दापयेत" कहा है। आसव यानि द्रव्यों की गिनती में भी कमल के फूल का नाम है। कमल की जातियों पर एक नजर।

कुमुद (नीलोफर)

यह जल में पैदा होने वाला विशेष पुष्प है। मूल जलाशय के सतहों पर फैलता है। पुष्प नीलाभ श्वेतवर्ण के होते हैं। यह अधिकतर कश्मीर की झीलों में सबसे अधिक पैदा होता है।

इसके सारे लाभ कमल सदृश ही हैं।

मखान्न (मखाना)

यह भी कमल की नस्ल का एक पौधा है। क्षुप काण्डहीन कांटेदार पर्ण पानी पर तैरते रहते हैं। इसके फूल नीचे से बैंगनी लाल रंग के होते हैं। बीज मटर के दाने के बराबर होते हैं। जिन्हें बालू में भूनने पर फूल जाते हैं। जिन्हें मखाना कहते हैं।

प्राप्ति स्थान–उत्तर भारत, मध्य प्रदेश, बिहार के मिथिला प्रदेश, विशेष रूप से दरभंगा के तालों में पाया जाता है।

1. भुने हुए मखानों को शुक्रस्राव, वीर्याल्पता में दुध के साथ सेवन करते हैं। प्रसवोतर जन्य दौर्बल्यता में मखाना का प्रयोग हितकर है।

2. गर्मी नाशक है। जिगर के लिये लाभदायक है। इसमें शेष सभी गुण कमल के ही हैं।

स्वर्ण क्षीरी (सत्यानीसी, कंटेली, चोकमूल)

यह पौधा अधिकतर हिमाचल प्रदेश में पैदा होता है। इसलिये इसे हिमवती का नाम दिया गया है। असल में इसे चार द्रव्यों का संग्रह माना जाता है--1. स्वर्णक्षीरी (सत्यानासी), 2. हिरवी (हिमावली), 3. पीत मूली, 4 रेवेन्द उशारा (कंकूष्ठ)। अब इन सभी चारों द्रव्यों का अलग-अलग वर्णन यहाँ पर दिया जा रहा है:

सत्यानासी (स्वर्णक्षीरी)

यह 30 से. मी. से 1 मी. तक ऊँचा होता है। असल में यह मैक्सिको का पौधा है जो भारत मे भी प्राकृतिक रूप से पाया जाता है। इसके पत्ते तोड़ने से पीले रंग का दूध निकलता है। इसी कारण विद्वानों ने इसे स्वर्णक्षीरी कहा है।

उपयोगिता

1. इसका दूध मूत्रजनन एवं व्रणरोपण में उपयोगी है।

2. जिनकी आँखों में फूल पड़ जाते हैं उनके लिये क्षीर बहुत उपयोगी माना गया है।

3. उपदंश रोग में इसकी जड़ को काफी उपयोगी माना गया है।

4. जड़ की छाल त्वच के विकारों के लिये लाभदायक है।

5. सत्यानासी का तेल मृफरेचक है। मात्राप– बीज चूर्ण 1 से 3 ग्राम तेल, 15 से 30 बूंद, जड़ का चूर्ण 1 ग्राम से 3 ग्राम।

स्वर्ण क्षीरी के वर्वरीन एवं प्रोटीपीन के तत्व पाये जाते हैं। इसके बीजों में 22 से 36 प्रतिशत स्थिर तेल पाया जाता है।

हिरवी (हिमावली)

यह एक जड़ वाला पौधा है जिसकी अनेकों शाखायें होती हैं। इसके फूल गुच्छों की तरह पीले रंग के नजर आते हैं। जड़ को तोड़ने पर सफेद

रंग का दूध निकलता है। इसकी जड़ का लेप रोगों के लिए किया जाता है। कश्मीरी लोग इसे हिरवी कहते हैं।

पीत मूली (रेवन्द चीनी)

हिमालय की ऊँची चोटियों पर पैदा होता है जो अति गुणकारी होता है। इसकी जड़ का प्रयोग मानव स्वास्थ्य की रक्षा के लिये किया जाता है। इसमें वे सारे गुण पाए जाते हैं जो स्वर्णक्षीरी में होते हैं।

रेवन्द उशारा (कंकूष्ठ)

यह रेवन्द उशारा शास्त्रीय स्वर्णक्षीरी है।

अहिफेन (अफीम)

इसका पौधा 80 से. मी. से लेकर 1.2 से.मी. तक ऊँचा होता है। असल में इसका बीज विदेश से भारत आया है। इसके फूल नीली आभा लिए हुए श्वेत वर्ण के होते हैं। हरे पौधे पर 5 से 8 तक फल लगते हैं जिसके अन्दर काफी संख्या में चौलाई के बीज के समान दाने पाये जाते हैं। इन बीजों को पोस्ता दाना एवं फल पर सुबह के समय चीरा लगाया जाता है जिनमें से दूध जैसा स्राव निकलता है। इसी को अफीम कहते हैं।

अफीम के बीज से खसखस तैयार होती है। भारत में बिहार, राजस्थान, उत्तर प्रदेश का पूर्वी भाग, गढ़वाल, कश्मीर में इसकी खेती होती है।

उपयोगिता

1. असल में अफीम एक विषैली औषधि है। इसके सेवन से गहरी नींद आती है। आत्महत्या के लिए बहुधा लोग इसका प्रयोग करते हैं।

2. ग्राही औषधियों के साथ अतिसार एवं संग्रहणी में इसका चूर्ण

विशेष लाभदायक है। रक्तिसार में देने से रक्त का गिरना बन्द हो जाता है।

3. अफीम में उतेजक आह्लादकर शामक स्वापजनन, पीड़ा शाकम, शूलघ्न मादक, कफघ्न जैसे अनेक गुण पाये जाते हैं।

4. यह एक विषैला पदार्थ है। इसे औषध योगों में डालने से पहले अच्छी तरह शुद्ध कर लें।

मात्रा—30 मि. ग्राम से 125 मि. ग्राम।

पोस्त डोडा—1 ग्राम से 3 ग्राम।

खसखस बीज—जितनी जरूरत हो।

पर्पटादि वर्ग

प्रायः छोटे पौधे ही इस वर्ग में आते हैं जो बहुत कमजोर होने के कारण असानी से टूट जाते हैं। इनके फूल भी छोटे होते है। इनके अंदर से एक बीज किसी में अनेक बीज निकलते हैं।

पर्पट (पित्तपापड़ा)

यह एक वर्ष आयु वाला होता है 30 से. मी. से 60 सें. मी. ऊँचा होता है। यह कई भागों में बँटा होता है। यह वनस्पति अधिकतर गेहूँ की खेती के साथ ही पायी जाती है। फूल आने का समय जनवरी, फरवरी है। बुखार, आम सर्दी, जुकाम में पर्पट का क्वाथ देने से खूब पसीना आता है तथा खुलकर पेशाब आने से इन्सान रोग मुक्त हो जाता है। कब्ज दूर होती है। शरीर हल्का हो जाता है। यह अनेक जड़ी बूटियों के साथ मिलाकर दूसरे कई रोगों को दूर करता है।

पहचान

इसके फूल पीले, सफेद, गुलाबी या जामुनी रंग के होते हैं। पुष्प की पंखुड़ियाँ चार, एक दूसरे के आमने सामने होती हैं। इसके बीजों से

जो तेल निकलता है वह खाने के काम आता है। इस वर्ग की वनस्पतियाँ तिक्त, कटु एवं विदाही होती हैं।

चन्द्रसूर (हालो, हालिम, चन्सूर)

इस पौधे की ऊँचाई 30 से 60 से. मी. तक होती है। इसके फूल छोटे-छोटे सफेद रंग के होते हैं जो जनवरी, फरवरी मास में आते हैं। इसके बीज भी काफी लाभकारी होते हैं। पूरे देश में इसकी खेती होती है। इसका चतुर्बीज चूर्ण प्रतिदिन लेने से सारे वात रोग दूर हो जाते हैं। साथ ही अजीर्ण, शूल, आध्मान, पार्श्वशूल, कटि पीड़ा जैसे रोगों से भी मुक्ति मिलती है। चतुर्बीज चूर्ण में मैथी, चन्द्रशूमर, अजवायन, काला जीरा ये चार बीज आते हैं।

यदि इसे नीबू के रस में पीसकर किसी भी अन्दर के दर्द विशेष रूप से पेट दर्द, आन्तरिक शोथ, आमवात एवं सन्धिशूल में लेप किया जाय तो पीड़ा से आराम मिलता है।

इसके बीजों में से खुशबुदार तेल निकलता है। पंचांग में आयोडीन, लौह, फास्फोरस, पोटाश, गन्धक आदि लवण पाये जाते हैं।

खूवकला (खाकथी, खूबकलाँ)

यह पौधा 30 से 60 से.मी. तक ऊँचा होता है। इसके फूल पीले रंग के, फलियाँ लम्बी पतली सरसों के सदृश होती हैं। इनमें से पोस्त के दानों की तरह छोटे-छोटे बीज निकलते हैं। यह उतर भारत के राजस्थान, पंजाब प्रान्तों में अधिक मात्रा में मिलता है।

उपयोगिता—खाँसी को दूर करता है। बुखार से मुक्ति दिलाता है। दर्द वाले भागों पर इसका लेप करने से आराम मिलता है। शक्ति देने वाले माजूम तैयार करते समय इसके बीज मिलाये जाते हैं। यह उष्ण एवं तर तथा शक्तिवर्द्धक है।

मुलक (मूली)

यह जमीन के भीतर उगती है। इसके पते हरे रंग के लंबे ऊपर रहते हैं। इस पर आने वाली फलियों को मंगूरा कहते हैं। यह दो प्रकार की होती है। लघुमूलक और नेवार मूलक। इसमें लंबी मूली अधिक गुणकारी होती है। पुष्पकाल–जनवरी से मार्च। उपयोगी अंग–कन्द, बीज, पत्र, फलियाँ। मात्राः बीज चूर्ण–1 से 3 ग्रा. 1 पत्रस्वरस–2 से 4 ग्राम।

उपयोगिता

1. अर्श में सूखी मूली का जूस बनाकर देने से लाभ होता है।

2. जिगर की खराबी में मूली का स्वरस बहुत लाभ देता है।

3. खाँसी,वायु रोग-मूली पर काला नमक काली मिर्च लगाकर खाने से दूर हो जाते हैं।

4. हर प्रकार के शोथ में तिल के साथ मूली का सेवन लाभकारी है।

5. कानों में दर्द हो तो मूली का रस गर्म करके कान में डालें तो दर्द दूर हो जायेगा।

6. बीज और पते अर्शमरीनाशक हैं।

7. बीजों में उड़नशील तेल पाया जाता है।

8. बीजों में गन्धक, फास्फोरस एसिड पाया जाता है। कन्दों में क्षार तथा कार्बोहाइड्रेट तत्व पाये जाते हैं।

राजिका (राई)

राई सरसों के पौधों जैसा ही होता है। लेकिन इसकी पतियाँ वैसी नहीं होतीं। फूल हल्के पीले रंग के होते हैं। बीज भूरे रंग के होते हैं। इसमें दिसम्बर, जनवरी में फूल आते हैं।

बीज का चूर्ण–1 से 3 ग्राम।

इसका रस कड़वा होता है जो खाँसी और वात रोग नाशक है। दर्द वाले स्थानों पर राई का लेप करने से दर्द को आराम मिलता है। कमर का दर्द, पक्षाघात, सन्धिवात से मुक्ति दिलाता है।

सर्षप (सरसों)

मांगलिक होने के कारण यह कामना की सिद्धि करता है।, जिसका तेल कटु होता है जिसकी शक्ति से भूतों का नाश हो जाता है।

इसकी खेती जौ और गेहूँ के साथ की जाती है। प्रलेप के रूप में प्रयुक्त करने से इसकी क्रिया राई जैसी ही होती है। परन्तु वर्ष्य तथा वल्य क्रिया के लिये बीजों को पीसकर लगाया जाता है या तेल की मालिश की जाती है। सेंधा नमक में इसका तेल मिलाकर मसूढ़ों तथा दांतों पर मलने से दांत पक्के हो जाते हैं।

उरूस्तम्भ रोग में फल और सरसों को गाय के मूत्र में पीसकर लेप करें तो लाभ होता है।

उन्माद, अपस्मार रोग में करंज के बीज एवं सफेद सरसों को बराबर मात्रा में लेकर बकरी के मूत्र में मिलाकर रख लेना चाहिए। अच्छी तरह कुट पीसकर बारीक कपड़े में छानकर रखें। दुखती आँखों और आँख के हर प्रकार के रोगों को आराम देता है।

वरुण (वरण, वरना)

गुल्मादि रोगों के नाश के लिये उपयोगी है। पहचान—यह मध्यम आकार का पर्णपाति वृक्ष है। इसके पत्ते लंबे नुकीले होते हैं। इस पर सफेद रंग के गुच्छेदार फूल खिलते हैं। जिन पर बहुत भंवरे भंडराते रहते हैं। कुछ लोग इसी कारण इसे अमरप्रिय भी कहते हैं।

फल कागजी नींबू के सदृश गोलाकार एवं पकने पर लाल रंग का होता है। पुष्प काल—फरवरी, मार्च। फल काल-अगस्त। प्रयोज्य भाग-छाल, जड़ पत्ते।

वरुण की जड़ को क्वाथ शहद में मिलाकर पीने से गंडमाला एवं विद्रधी से मुक्ति मिलती है।

अश्मरी में वरुण की जड़ को क्वाथ में उसकी छाल का चूर्ण डालकर देने से रोग से मुक्ति मिलती है।

मूत्र रोगों में वरुण क्वाथ देने से लाभ होता है।

हिंस्त्रा (हैंस, कंथार)

इस पर इतने बड़े-बड़े काँटे होते हैं कि जिसको एक बार लग जाये तो वह दर्द के मारे चीखने लगता है। इसमें सफेद फूल आते हैं। फल मटर के दाने जैसा काले रंग का होता है। यह पूरे भारत पें खुश्क स्थानों पर होता है। पुष्प काल—जुलाई, अगस्त। फल काल-शीतकाल। प्रयोज्य अंग-फल, मूल।

इसका रस हल्के से गर्म पानी में मिलाकर यदि एक एक बूँद नाक में डाला जाय तो गोधा विष नष्ट होता है। काण्ड का मूलत्वक पक्षाघात, उदरशूल, वातरक्त, प्रतिश्याय संधिवात आदि में उपयोगी है।

करीर

भेद नादि गुण विशेष होने से मल, विष और कफ जैसे रोगों से मुक्ति दिलाने वाला है।

क्योंकि यह अधिकतर रेतीले क्षेत्रों में पैदा होता है। इसलिए इसे मरुरूह भी कहते हैं।

इसके पौधे पर पत्ते नहीं मात्र काँटे ही मिलते हैं। कभी कभार हल्के-हल्के पत्ते शाखाओं पर फूटते हैं। परन्तु वे अपने आप ही झड़ जाते हैं। इस पर लाल, गुलाबी रंग का फल आता है। कच्चा फल हरा होता है। इसका आचार लोग खुश होकर खाते हैं। पुष्पकाल—जनवरी से मार्च। प्राप्ति स्थान—भारत वर्ष के उष्ण प्रदेशों में पंजाब, राजस्थान, कच्छ, गुजरात एवं गंगा के उत्तरी मैदानों में पाया जाता है।

उपयोगिता

1. शौथ रोग में करीर पुष्प का चूर्ण काफी उपयोगी है।

2. अर्श रोग में करीर के कोमल फलों को गर्म पानी में उबालकर धूप में सुखाकर दही के साथ खाने से दुःख दूर होता है।

3. इसकी जड़ मृदु रेचक एवं शोथ में विशेष लाभकारी है।

4. नेत्र रोगों मे करीरफल का शाक उपयोगी है।

वनप्शि (वनफसा)

इसका पौधा बहुत छोटा और पहाड़ी क्षेत्रों में होता है। इसके फूल बहुत छोटे बैंगनी नीले रंग के होते हैं। पंचांग को बनफसा एवं पुष्प को यूनानी में गुलवनफसा कहते हैं। यह पूरा के पूरा पौधा ही लाभकारी है। इसके पौधे कश्मीर, हिमाचल प्रदेश में 1800 से 2700 मीटर ऊँचाई तक होते हैं।

यह शरीर के अनेक रोगों को ठीक करता है। गले की हर बीमारी के लिये वनुसा को उपयोगी माना गंया है। इसका शर्बत पेट के हर प्रकार के रोगों को ठीक करे,अंतड़ियों को साफ करता है।

जिन लोगों के गले पक जाते हैं, पानी तक नहीं पिया जाता। अक्सर खाँसी जुकाम रहता हो, नजले का प्रकोप हो, उन्हें देशी घी में वनफसा का तड़का लगा दूध में डालकर दो समय दूध पीना चाहिए। उसमें से वनफसा को निकालकर गले पर बांध लेने से अनेक रोगों से मुक्ति मिलती है।

खाँसी रोग में वनफसा के साथ थोड़ी मुलहठी कूटकर चाय में उबाल कर पीने से रोग से मुक्ति मिलती है।

तुर्वकादि वर्ग

इस वर्ग मे बड़े-बड़े वृक्ष तथा गुल्म आते हैं। मानव शरीर के यह सबसे बड़े सहयोगी माने जाते हैं। इसका ज्ञान आपको देना इसलिये भी

जरूरी है कि इस वर्ग के पौधों से मानव जाति के स्वास्थ्य को काफी लाभ पहुँचा है। तुर्वाकादि वर्ग की जाति निम्न है–

तुवरक (चालमुगरा)

इसके वृक्ष बहुत सुन्दर होते हैं। पत्ते शरीफे जैसे चमकदार, 12 से 25 से. मी. तक लंबे 3.75 से 7.5 से.मी. चौड़े, आयताकार या भालाकार लंबे नुकीले होते हैं। फूल सफेद रंग के गुच्छों में होते हैं। इसके बीजों से जो तेल प्राप्त होता है वह अनेक रोगों में काम आता है। इसका चूर्ण पेट रोगों में लाभकारी हैं।

मात्रा बीजचूर्ण–बच्चों के लिये 1 से 3 ग्राम, बड़े लोगों के लिये 60 बूंद तेल को मक्खन या मलाई के साथ देना चाहिए। पैदावर–दक्षिण भारत तथा लंका में होती है।

तुवरक तेल को कुष्ठ रोग में खदिर क्वाथ एवं मधुघृत के साथ सेवन करने से लाभ होता है। चर्म रोगों पर इसकी मालशि करने से लाभ होता है।

प्राचीनामलक (पचनाला)

यह गुल्म जाति का वृक्ष है। इस पर गुलाबी फूल आते हैं। इसके पत्ते नुकीले लंबे होते हैं। फूल जुलाई, अगस्त में आते हैं। फल आने का समय नवम्बर, दिसम्बर है। प्राप्ति स्थान–भारत के मैदानी भागों से लेकर हिमालय की निचली घाटियों में 900 मी. तक की ऊँचाई तक मिलते हैं।

उपयोगिता–स्वादिष्ट, लघु दीपन, पाचन, मधुर, क्षुधावर्द्धक तथा त्रिदोषहन है।

बिकड़ कत (कंडाई कांगू)

यह गुल्म जाति का काँटेदार वृक्ष है। इसके फूल हरे पीत रंग के होते हैं। फल गोल तथा पकने पर गहरा लाल रंग का हो जाता है। फूल

आने का मौसम मार्च, अप्रैल है। फल मई, जून में आते हैं। इसके प्रयोज्य अंग फल और छाल हैं । यह अधिकतर देश के मैदानी भागों में होता है।

उपयोगिता—पाचन शक्ति इसमें भरपूर होती है। पेट रोगों में भी इसका उपयोग किया जाता है।

चरक संहिता में—स्वादु कंटक, स्त्रवावृक्ष आदि नामों से भी पुकारा गया है।

लोणिकादि वर्ग

इस वर्ग में अधिकतर अनेक छोटे-छोटे पौधे एवं प्रसर जाति की वनस्पतियाँ पायी जाती हैं। भले ही यह पौधे छोटे हैं परन्तु इनके गुण काफी बड़े हैं। इस वर्ग के पौधे कटु, द्रव्य, कफ, वातहर, पित्तल एवं सर होते हैं।

लोणिका (मोटी लोणी, छोटी लोणी)

इसके पर्ण स्फानवतु, आयताकार, एकान्तर, गोल, खंडिताग्र, 2 से. मी. लंबे और स्वाद मं नमकीन होते हैं। फूल गुच्छों में आते हैं जिनका रंग पीला होता है। बीज काले रंग के छोटे होते हैं। यह परिसृत एवं वर्षायु शाकीय पौधा है जिन पर अगस्त सितम्बर में फूल आते हैं।

यह पौधा भारत के वर्षा वाले क्षेत्रों में तथा हिमालय की चोटियों पर 1200 मी. की ऊँचाई तक पाया जाता है।

पेशाब रोग में लोणिक का क्वाथ देने से पेशाब खूब खुलकर आता है।

इसके अतिरिक्त अत्यंत दाह एवं वेदना में लेप करने से भी लाभ होता है। हकीम वृक, मूत्राशय एवं फुफ्फुस के रोगों में इसे विशेष उपयोगी मानते हैं। इसके अतिरिक्त श्वास, कास, प्रमेह, गुल्म, अर्श में उपयोगी है।

नागके शरादि वर्ग

इस वर्ग में बड़े वृक्ष तथा गुल्म होते हैं और इसमें से राज जैसा रस निकलता है। इनका विवरण इस प्रकार है–

नागकेशर (पीला नाग केशर)

इसके पुंकेशर बहुत सुन्दर होते हैं जो औषधि के काम में आते हैं। इस वृक्ष के फूल भी बहुत सुन्दर होते हैं। इस पर मार्च अप्रैल में फूल आते हैं।

यह बहुत महंगा होता है इसलिए कुछ धोखेबाज लोग नाग केशर कहकर बेचते हैं। जो मालाबार क्षेत्र में खूब पाया जाता है। यदि आप को पीला नाग केसर न मिले तो इससे काम चला सकते हैं। इसमें पीले नाग केशर के गुण नहीं होते परन्तु फिर भी औषधि के रूप में इससे काम चल जाता है।

उपयोगिता

1. अर्श, रक्तातिसर,रक्तप्रदर, रक्त कास, रक्तपित के रोगों में यह सबसे उतम औषधि है।

2. नाग केशर के बीजों से निकाला हुआ तेल संधिवात, पामा आदि रोगों के लिये लाभदायक है।

3. रक्तस्रावी अर्श में आधा तोला नाग केशर, मक्खन एवं चीनी के साथ सुबह देने से स्वास्थ्य को लाभ होता है। इसके कच्चे फल से तेलीय राल निकलता है। बीजों में से तेल निकलता है। फूलों का चूर्ण बनाया जाता है जो सेहत के लिये उपयोगी है।

मचुकुन्द

यह वृक्ष मध्यमाकार, सघन एवं मृदु शाखाओं वाला होता है। इसमें मार्च, अप्रैल, में बड़े सुगंधित, द्विलिंगी, पर्णकोणीय, एकलक्रम में या छोटे

पुष्प व्यूहों में निकलते हैं, जिसमें 2 से 3 पुष्प पीताभ वर्ण के होते हैं। अगस्त, सितम्वर, में लंबगोल, पंचकोषीय एवं बाहर से गाढ़े भूरे रंग के फल आते हैं। यह हिमालय की तराई वाले क्षेत्र में अधिक मिलता है। सिर दर्द में इसके फूल खरल में पीसकर सिर पर लगाने से सिर दर्द ठीक हो जाता है। वारक्त, विसर्प कास, स्वर भंग एवं गर्भाशय रक्तस्राव और गर्भाशय शोथ में यह उपयोगी माना गया है। खाँसी के लिये इसका रस उपयोगी है। यह खून को साफ करता है। पुष्पों में सुगन्धित उड़नशील तेल पाया जाता है। मुख्य योग—हिमांशुतेल।

आवर्तनी (मरोड़फली)

इसके गुल्मांकृति के सघन एवं छोटे-छोटे वृक्ष होते हैं जिन पर जुलाई अगस्त में लाल रंग के फूल आते हैं और अक्तूबर नवम्बर में फल लगता है।

प्रयोज्य अंग-फल (मरोड़ फली), मूल एवं त्वक्। मात्रा फल चूर्ण—1 से 3 ग्राम।

उपयोगिता

1. इसके फल तथा जड़े रोगियों के काम आती हैं।

2. पेट रोगों के लिये इसका काढ़ा लाभकारी है।

3. बच्चों को पेचिश लगने पर मरोड़ फली को घिसकर देने से यह रोग ठीक हो जाता है।

4. बाल रोगों, विशेषकर पेट रोगों के लिये यह बहुत ही सफल दवाई का काम करता है।

5. मरोड़ फली के मूल की छाल का क्वाथ मधुमेह में उपयोगी है।

धन्वन (धामन)

इस वृक्ष की शाखायें काफी लंबी और लचकदार होती हैं इसलिये

इसकी रस्सी बनाते हैं। इसमें अप्रैल-जून में फूल आते हैं। इसमें अगस्त से नवम्बर तक फल आते हैं। यह भारत के कई प्रान्तों में पाया जाता है। इसकी जड़ का लेप तैयार करके जख्मों पर लगाने से जख्म शीघ्र भर जाते हैं। यह भारत के समशीतोष्ण प्रान्तों में विशेषकर उत्तर प्रदेश, मध्य प्रदेश, राजस्थान, गुजरात, बिहार के मैदानी भागों में सर्वत्र प्राप्त है।

परूषक (फालसा)

इस पर अप्रैल से जून तक फूल आते हैं तथा फल जुलाई-अगस्त में लगते हैं। इसका रस मीठा होता है।

इसके फलों का शर्बत बनाया जाता है जो गर्मी में लू से बचाता है। पेट के अनेक रोगों को भी ठीक करता है। जिन लोगों को ब्लड प्रेशर रोग है उनके लिए यह अति उपयोगी है।

चच्चु (चेन्च)

यह वर्षा के दिनों मे ही पैदा होता है। इसके तीन वर्ग हैं—1.चन्चु 2. बृह चच्चु। इसमें जुलाई-अगस्त में फूल आते हैं। फल अगस्त-सितम्बर में आते हैं। इसके पत्तों को आदिवासी लोग शाक के तौर पर प्रयोग में लाते हैं। स्वास्थ्य विद्वानों के मतानुसार इसकी तीनों किस्मों का उपयोग अतिसार, अर्श, ग्रहणी, गुल्म, दर्द, रोगों के लिये लाभकारी है।

रुद्राक्ष

ये मध्यम आकार के होते हैं। नेपाल, असम, बंगाल और बिहार मं पाये जाते हैं। इसके पुष्प श्वेत वर्ण के होते हैं। फल नीलाभ गोल, बीज कठोर एवं धारीदार होता है। इन रेखाओं के आधार पर एक मुखी रुद्राक्ष से लेकर 14 मुखी रुद्राक्ष तक मिलता है। पंचमुखी और एक मुखी रुद्राक्ष विशेष उपयोगी माना जाता है। नेपाल का रुद्राक्ष सर्वश्रेष्ठ माना जाता है। भारतीय धर्म ग्रंथों में इसका विशेष स्थान है। इसकी माला को सबसे पवित्र और भाग्यशाली माना जाता है। धर्म के नाते भी इसकी अपनी एक

मान्यता है। हृदय रोग और रक्त चाप में रुद्राक्ष की माला पहनने से रोग ठीक हो जाते हैं। यह हमारे धर्म ग्रंथ में लिखा है।

पुष्प काल—जनवरी-अप्रैल

इसकी जड़ से बुखार का उपचार किया जाता है।

अतसी (अलसी)

संस्कृत श्लोक में इसके बारे में कहा गया है कि "अतति सततं गच्छति इति अतसी" अर्थात् मीठें गुणों को धारण करने वाले इसं पौधे को अतसी कहते हैं क्योंकि इसके फूल नीले होते हैं। इसलिये इसे नील पुष्पी भी कहा जाता है। यह भारत का आदिवासी पौधा है।

इसके फूल पार्वती जी को पसन्द थे। इसलिये इसे उमा पुष्पी भी कहा जाता है। पुष्प काल—फरवरी, मार्च। फलकाल-जून, जुलाई। प्रयोज्य अंग—बीज, बीज चूर्ण, 3 से 6 ग्राम।

उपयोगिता

1. पके हुए व्रणभेदन के लिये इसको कूटकर लेप करने से काफी लाभ होता है।

2. वात प्रधान वर्ण में वेदना तथा कष्ट होने पर इसका तेल लगाने से लाभ होता है।

3. इसका प्रयोग पेचिश रोकने के लिये भी किया जाता है।

4. अलसी के तेल तथा चूने के पानी से तैयार किया हुआ मरहम जले हुए स्थान पर लगाने से जलन ठीक हो जाती है। गन्धक के साथ यह तेल त्वचा विकार में उपयोगी है।

5. वायु के दर्द से मुक्ति पाने के लिये अलसी का तेल लगाने से आराम होता है।

गोक्षुर (गोखरू)

इसके काँटे ही गुणकारी माने जाते हैं। जो मानव शरीर में यदि चुभ जायें तो ऐसा लगता है जैसे कुत्ते ने काट लिया हो। इसका पौधा खड़ा नहीं बल्कि धरती पर लेटा होता है। जो काँटों से भरा रहता है। पुष्प, अगस्त, सितम्बर, में आते हैं और अक्टूबर, नवम्बर में इस पर फल लगते हैं। प्रयोज्य अंग–पंचांग, फल, फलचूर्ण 3 से 6 ग्राम।

उपयोगिता

1. आमवात में गोखरू तथा शुष्ठिका काढ़ा हर रोज बनाकर पीने से कटा दर्द दूर हो जाता है।

2. गोखरू का चूर्ण दूध में उबालकर पीने से 'वाजी करणार्थ' में लाभ होता है।

3. पेशाब रोगों में गोखरू पंचांग का काढ़ा मिश्री तथा शहद के साथ मिलाकर पीने से आराम मिलता है।

गोखरू विभिन्न प्रकार के रोगों में लाभकारी सिद्ध हो चुका है। जैसे मधुमेह, प्रमेह, गर्भाशय शोथ, गर्भस्राव, वातरक्त, पित तथा अन्य कई रोग गोखरू के प्रयोग से भागते नजर आते हैं।

धन्वयास (धमासा)

यह आम तौर पर खुश्क भूमि पर ही होता है। इस पर जून में फूल आते हैं। इसे आम लोग धन्वयास या धमासा नाम से पुकारते हैं। इसमें काँटे बहुत अधिक होते हैं। इसलिये इसे छूना भी बहुत कठिन है।

उपयोगिता

1. धमासा का काढ़ा ठंडा करके चन्दन एवं मिश्री मिलाकर पीने से रक्तपित रोग ठीक हो जाता है।

2. खाँसी में धमासा का काढ़ा मधु डालकर पीने से खाँसी ठीक हो जाती है।

3. गले के हर प्रकार के रोगों के लिये धमासा के काढ़े में थोड़ा नमक डालकर गरारे करें, लाभ होगा।

4. श्वास-कास, ज्वर, अतिसार, ग्रहणी, कुष्ठ, जलोदर रोगों के लिये भी लाभदायक है।

कर्म रंग (कमरख)

यह सदाबहार तथा छोटे कद का वृक्ष है। छोटे सफेद रंग के फूल इसकी सुन्दरता को बढ़ाते हैं। फल 3 से 4 इंच लंबे पाँच धारी वाले, गूदेदार, सुगन्धित, हरे रंग के होते हैं तथा पकने पर पीले रंग के एवं स्वाद में मधुर अम्ल के होते हैं। इसलिये यह अधिकतर बागों में लगा रहता है।

इसका उपयोग बुखार रोगियों के लिये अधिक लाभकारी है। इसका शर्बत अधिक उपयोगी है। इसके फल में विटामिन ए अधिक मात्रा में पाये जाते हैं इसलिये यह शारीरिक कमजोरी को दूर करता है। अपक्व कमरख अम्ल, उष्ण वातहर एवं पित्तकर होता है। स्कर्वी में इसकें फुलों का सेवन किया जाता है। इसके फलों से शाक, चटनी, अचार एवं शर्बत बनाया जाता है।

निम्बूक (नींबू)

यह छोटे से आकार का पीले रंग का फल है। इसका फल आजकल तो वर्ष भर मिलता रहता है। इसमें विटामिन सी काफी मात्रा में पाया जाता है इसलिये यह स्कर्वी में उपयोगी है।

पेट की खराबी, जिगर की खराबी, गर्मी का बुखार, लू लगने पर नींबू का रस, काला नमक, काली मिर्च, चीनी के साथ मिलाकर देने से काफी लाभ होता है।

बिल्व (बेल)

धार्मिक भावना की दृष्टि से यह बात बेल के लिये कही गयी है कि यह लक्ष्मीजी का पूज्यफल है। इसका वृक्ष मध्यम आकार का होता है फूल सफेद होते हैं। फूल आने का समय मार्च-मई है। फल जून-जुलाई में तैयार होता है। इसके फल पत्ते छाल दवाओं का काम देते हैं। यह भारत के पूरे देश में पैदा होने वाला पोधा है।

उपयोगिता

1. इसके उपयोग से खाँसी, गर्भाशय शोथ, सांस जैसे रोग दूर हो जाते हैं।

2. पित्तातिसार एवं रक्तातिसार में बिल्व का चूर्ण मुलेठी एवं मिश्री के साथ प्रयोग करने से लाभ होता है।

3. गहण रोगियों को इसका चूर्ण शुष्ठी के साथ मिलाकर लेने से लाभ होता है।

4. शूगर रोगियों को इसके पत्तों का रस निकालकर लेने से लाभ होता है।

5. दिल के रोगियों के लिये बिल्व काफी लाभकारी है।

6. कर्ण शूल एवं कर्णस्राव में बिल्व तेल लाभ पहुँचाता है।

कपित्थ (कैथ)

मध्यम कद का यह वृक्ष काँटेदार होता है। इस पर फूल अगस्त तथा सितम्बर में आते हैं। फल अक्टूबर में आते हैं।

प्रयोज्य अंग—फल, छाल, पत्र, गोंद फल चूर्ण 1 से 3 तोला।

उपयोगिता

1. अर्श रोग में कतित्थ एवं बिल्व का जूस बनाकर दिया जाता है।

2. खून का दबाव यदि अधिक होता है तो इसका कल्क घी में भूनकर सेवन करने से लाभ होता है।

3. खाँसी के लिये कपित्थ का शर्बत दही के साथ सेवन करने से लाभ होता है।

4. नेत्र के विकारों में पत्र स्वरस मधु के साथ अंजन करनेसे लाभ मिलता है।

5. मूत्र की रक्त शर्करा को कम करने हेतु कोमल पत्रों का उपयोग किया जाता है।

6. कपित्थ का गोंद अतिसार, ग्रहणी एवं प्रवाहिका में मधु के साथ दिया जाता है।

7. कपित्थ मूल स्वरस श्वास में उपयोगी है। अथर्ववेद में कपित्थ मूल को वीर्यवर्धन एवं वल्य कहा गया है।

हरमल

यह 30 से. मी. से 90 से.मी. ऊँचा होता है। इसमें जुलाई-अगस्त में फूल आते हैं और फल सितम्बर अक्टूबर में आता है। वैसे यह पौधा मूल रूप से ईरानी है मगर अब यह पूर्ण रूप से भारतीय बन चुका है।

उपयोगिता

1. यह पक्षाघात तथा ग्रध्रसी में हरमल बहुत लाभकारी है।

2. पेशाब के हर प्रकार के रोगों मे हरमल का क्वाथ काफी उपयोगी है।

3. आमवत में भी इसके बीज के प्रयोग से अच्छे फल निकले हैं।

4. छोटे कस्वों तथा जहाँ पर डॉक्टर समय पर नहीं मिल पाते वहाँ की दाइयाँ बच्चे के जन्म के समय इसका प्रयोग करती हैं। गर्भपात के लिये भी बीजों का प्रयोग लाभदायक है।

5. दमा, खाँसी तथा हिचकी रोगों का उपचार भी इससे किया जाता है।

सावधानी–कुछ क्षेत्रों में मेहदी के बीज हरमल के नाम से बेचे जा रहे हैं। असली हरमल के बीज स्वाद मे तिक्त होते हैं कुचलने पर इनमें से तम्बाकू जैसी मादक सुगन्ध आती है। आकार में बीज धूसर, कृष्णवर्ग के नाना रूप कोणाकार होते हैं।

सुदाव (सिताव)

यह एक प्रकार का शाकिया पौधा होता है। इसकी शाखायें रेशम की भांति मुलायम होती हैं। छोटे-छोटे फूल पीत वर्ण के जुलाई अगस्त में आते हैं। जो सितम्बर अक्टूबर में फल बन जाते हैं।

उपयोगिता

1. इसके पत्तों का स्वरस बच्चों के आक्षेप रोग के लिये अति लाभकारी है।

2. इसके पत्तों का काढ़ा अतिसार, गुल्म, उदर शूल के लिये लाभकारी है।

3. बुखार में इसका प्रयोग करने से खूब खुलकर पसीना आता है। बुखार से मुक्ति मिलती है।

4. कानों के दर्द में इसके पत्ते के रस की दो बूंद कान में डालने से कान दर्द ठीक हो जाता है।

तेजोहवा (तेजबल)

इसमें अग्नि के गुण होते हैं। इसके गुल्माकृति के छोटे कद के वृक्ष होते हैं जिन पर अप्रैल-जून में फूल आते हैं। इसके फल नुकीले होते हैं।

उपयोगिता

1. अफरा रोग के लिए इसके बीज काफी लाभकारी हैं।

2. मुँह की गन्दगी साफ करने तथा दाँतों को साफ करने के लिये दन्त मंजन में इसे डाला जाता है।

3. बदहजमी तथा पेट की खराबी के लिये इसका चूर्ण का प्रयोग लाभदायक है।

इङ्गुदी (हिंगोट)

यह हिंगोट का वृक्ष छोटे कद का तथा कांटेदार होता है। इस पर अप्रैल-मई में पुष्प आते हैं और सितम्बर, अक्टूबर में फल आते हैं। वनवासी तपस्वी इसका तेल प्रयोग में लाते हैं। इसकी मात्रा 5 से 10 बूंद तक है।

उपयोगिता

1. कुष्ठ रोग में इसका तेल काफी लाभकारी है।

2. दुष्टवर्ण में इंगुदी का तेल रोपण के लिये प्रयोग में लाया जाता है। बीज का प्रयोग कास में करते हैं।

3. खाँसी रोग में इसके फल का प्रयोग लाभ देता है।

अरतु (अरलु, महानिम्ब)

अरलु वृक्ष 60 से 90 फुट तक लंबे होते हैं। इसमें मार्च में फूल आते हैं तथा फल जुलाई-अगस्त में आते हैं।

उपयोगिता

1. अतिसार में अरतु के छाल से निकाला गया रस मधु के साथ देने से लाभ होता है।

2. कान के दर्द में इसका रस कान में डालने से आराम मिलता है।

3. बुखार तथा आम कमजोरी के लिये इसकी छाल का प्रयोग में लाया जाता है।

शल्लकी (धूपसलई)

इसके वृक्ष मध्यम आकार के बड़े सुन्दर होते हैं। यह अधिकतर पहाड़ी ढलानों पर ही होता है क्योंकि इसके पत्ते हाथी बड़ी खुशी से खाते हैं इसलिये इसे कुछ लोग 'गजभक्ष्या' कहकर भी पुकारते हैं। इस पर मार्च-अप्रैल में फूल आते हैं और फल अगस्त-सितम्बर में पकता है।

फल-अण्डाकार, लंबा आयताकार एवं पकने पर हरिताभ, पीत वर्ण के होते हैं। वृक्षों पर चीरा लगाने पर एक प्रकार का गोंद निकलता है जिसे भारतीय लोबान कहते हैं।

उपयोगिता

1. अतिसार में शलक्की की छाल का चूर्ण मिश्री तथा शहद में मिलाकर सेवन करने से लाभ होता है।

2. साँस रोग में इसका चूर्ण लाभकारी है।

3. खाँसी, गले के रोग, बादी, कुष्ठ रोगों में भी यह लाभकारी माना जाता है।

4. मसाने की कमजोरी के कारण जो पेशाब के रोग पैदा हो जाते हैं उनके उपचार के लिए भी इसका उपयोग होता है।

5. पेट अथवा कमर दर्द में इसके पत्ते को कूटकर, इसका लेप करने से इससे आराम मिलता है।

निम्ब (नीम)

चरक के अनुसार, नीम मानव जीवन को रोग मुक्त करने में अत्यंत लाभकारी वृक्ष है जिसका हर भाग मानव शरीर की रक्षा में काम आता है।

यह वृक्ष काफी लंबा और फैला होता है। इसके पत्ते कड़वे होते हैं। इसका फल अपने अन्दर मीठापन लिये होता है। इसकी छाल, पत्ते, फल, फूल सभी काम के होते हैं। इसके बीजों को निमोली कहते हैं जिनसे तेल निकलता है। अप्रैल, मई में पुष्प खिलते हैं तथा इसके बाद फल बनते हैं।

इसकी छाल के चूर्ण को खाने के लिये 1 से 2 मि. ग्रा. 1 तेल का प्रयोग 4 से 10 बूंद तक करना चाहिए।

उपयोगिता

1. चर्म रोगों में नीम के पत्तों का तथा फलों का बना चूर्ण लाभदायक होता है। ऐसे लोगों को नीम के पत्ते उबालकर उस पानी से स्नान करने से लाभ होगा।

2. खून में खराबी तथा वात में पटोलपत्र तथा नीम के पत्ते का काढ़ा बनाकर शहद के साथ सेवन करने से लाभ होगा।

3. कामला रोग में नीम के पत्ते के स्वरस को शहद के साथ सेवन करने से लाभ होगा।

4. शरीर के किसी भाग में भी दर्द हो तो नीम का तेल लगायें। हर प्रकार के फोड़े-फून्सियों में इस तेल को लगाने से लाभ मिलेगा।

5. संधि शोथ एवं आमवात में इसके तेल की मालिश करनी चाहिए।

6. इसके पुराने वृक्षों से स्वयं द्रव रस निकलता है जिसे नीमताड़ी कहते हैं। इसका उपयोग औषधि बनाने में होता है।

महानिम्ब (बकायन, डिकडेकन)

इसका वृक्ष एवं फल बड़े होते हैं। यह नीम की ही शक्ल का वृक्ष है। इन दोनों में अन्तर कुछ नहीं परन्तु फल और गुण तो अलग-अलग

हैं। मार्च, अप्रैल में पुष्प नीली आभा लिये हुए सफेद रंग के खिलते हैं। सितम्बर, अक्टूबर में फल बनते हैं। फल गुच्छों में नीम के फलों से बड़े गोलाकार पकने पर पीले रंग के होते हैं। फल गुठलीदार होते हैं।

उपयोगिता

1. प्रमेह रोग में फलों का प्रयोग करने का विधान है।

2. अर्श, कुष्ठ, साँस, गुल्म रोगों में भी लाभकारी है।

3. फोड़े-फुन्सियों तथा चर्म रोगों में इसके पत्तों का काढ़ा शहद में मिलाकर पीने से लाभ होता है।

मांस रोहिणी (रोहिणी)

चरक जी कहते हैं कि मांस रोहिणी मांस को बनाती भी है और इससे सारे घाव भी भर जाते हैं। अप्रैल-मई में इस पर पॅमल आते हैं। फल सर्दी में लगता है। यह मैदानी क्षेत्रों में बन्देलखण्ड, मिर्जापुर, बिहार, मध्य प्रदेश, छोटानागपुर के जंगलों में पाया जाता है।

उपयोगिता

1. अतिसार रोग में इसकी छाल का उपयोग किया जाता है।

2. बुखार में इसके काढ़े का सेवन लाभ देता है।

3. साँस रोग, कृमि, खून की खराबी में भी इसका प्रयोग लाभकारी माना गया है।

4. इसकी छाल में तिक्त, सत्व तथा राल, स्टार्च एवं टैनिक एसिड आदि पाये जाते हैं।

5. इसका काढ़ा स्तम्भक, व्रणरोपक एवं व्रणशोधक है।

ज्योतिष्मती (मालकंगनी)

इसका अर्थ है–बीज का तेल जो नेत्रों के लिए ज्योतिवर्धक है। कंगूनी अग्निदीपक, बुद्धिवर्धक, स्मृतिप्रद होने से सुख देती है। इसकी

पहचान वृक्षारोही झाड़ी सदृश लता के रूप में की जाती है। इसके पत्ते कई प्रकार के होते हैं। फूल छोटे, पीताभ, हरित वर्ण के होते हैं जो मई में आते हैं और फल मटर के आकार के पकने पर लाल-पीले रंग के तीन कोष्ठों वाले एवं प्रत्येक कोष्ठ में तिकोने बीज होते हैं। इस पौधे पर फल सितम्बर, अक्टूबर में आते हैं। प्रयोग के लिए बीज तथा बीजों के तेल की मात्रा 2 से 10 बूंद तक। इसकी पैदावार हिमालय की नीचे वाली घाटियों से लेकर मैदानी भागों के समशीतोष्ण प्रदेशों में होती है।

उपयोगिता

1. ज्योतिष्मति तेल शिरोविरोचन के लिये लाभकारी माना जाता है।

2. मिरगी रोगियों के लिये भी यह तेल लाभकारी है।

3. मालकंगनी के बीजों को भी दवाई के रूप में प्रयोग में लाते हैं। यह पेशाब के रोगों व वात को दूर करता है।

4. जिन लोगों की स्मरण शक्ति कम हो जाती है उन्हें मालकंगनी के तेल को गायं के घी के साथ देना चाहिए। इससे उनकी खोयी हुई स्मरण शक्ति फिर से वापस आ जायेगी।

5. ज्योतिष्मती तेल मन्द बुद्धि के लोगों के लिये भी लाभकारी है।

अरिष्ठक (रीठा)

इसके वृक्ष बहुत बड़े होते हैं और पत्ते भालाकर के होते हैं। फूल हल्के गुलाबी रंग के जो सितम्बर अक्टूबर में आते हैं तथा मार्च-अप्रैल में फलों का रूप धारण करते हैं। इसेस फेन उत्पन्न होता है। पानी में डालने पर यह झाग देता है। इसका लाभकारी भाग फल का छिलका व बीज हैं। यह बंगाल, आसाम, उत्तर प्रदेश में पाया जाता है।

उपयोगिता

1. सिर दर्द में रोगियों की नाक में रीठे का रस दो बूँद डालने से

लाभ होता है।

2. हिस्ट्रीया के रोगियों के लिये रीठे के छिलके की धूनी देने से लाभ होता है।

3. यह वात, कफ, कुष्ठकण्डू रोग नाशक है।

यह ध्यान रहे नाक में दो-तीन बूँद से अधिक नहीं डालनी चाहिए बच्चों के लिये एक ही बूंद काफी है।

राजबदर (उन्नाव)

यह एक प्रकार के छोटे कद का झाड़ीनुमा कांटेदार वृक्ष होता है जिस पर सितम्बर-नवम्बर में फूल आते हैं। फल दिसम्बर से मार्च तक आते हैं। इसके काम आने वाले भाग शुष्क फल, पत्ते, छाल, गोंद है। भारत में यह पंजाब, हिमालय, कश्मीर, उतर प्रदेश एवं बंगाल में पाया जाता है।

उपयोगिता

1. अर्श के रोग में इसकी जड़ के काढ़ से रोगी को लाभ होता है।

2. शूगर रोग में यह लाभकारी है।

3. आँख के रोग में इसके पत्तों का लेप गुणकारी है।

द्राक्षा (मुनक्क) स्वादिष्ट रस होने से इसे द्राक्षा कहते हैं। इसका रस अति स्वादिष्ट होता है। यह फल एक लता से मिलता है। इसके दो वर्ग हैं। एक तो जंगली तथा दूसरा घरेलू। यह सफेद और लाल रंगों में ही मिलता है। किशमिश भी इसी से मिलती-जुलती इसी का एक स्वरूप है। इसमें मार्च-अप्रैल में फूल आते हैं। अगस्त-सितम्बर में फल आते हैं। इसकी पैदावार केवल पहाड़ी क्षेत्रों में ही होती है।

इसके रस तथा मुनक्के के प्रयोग से क्षय, बेहोशी, मस्तिष्क रोग, बार-बार प्यास लगना, कामला, रक्तपित, साँस रोग, खाँसी, दमा, साँस का फूलना, मूत्रकृच्छ, शुक्रदौर्बल्य जैसे रोग ठीक हो जाता है।

अस्थि श्रृंखला (हड़जोड़)

इसकी लंबी लतायें होती हैं। इसके पौधे पर जुलाई, अगस्त में फूल आते हैं। सितम्बर में फल आते हैं जो बड़ी मटर के बराबर रक्त वर्ण के होते हैं। प्रत्येक फल में एक बीज होता है। बीज बाहर से भूरे रंग का होता है।

उपयोगिता : हड्डी टूटने पर हड़जोड़ को घी में पकाकर सेवन करें और टूटी हुई हड्डी पर इसका लेप करने से लाभ होगा।

ग्रहणी, अग्निमांद्या, रक्तपित एवं अनियमित अर्तांव में उपयोगी है। शाखाओं का चूर्ण श्वास में उपयोगी है। पत्र एवं कोमल शाखाओं का चूर्ण अजीर्ण तथा उदर रोग में लाभदायक है। नकसीर में स्वरस का नस्य देते हैं। हड़जोड़ में कैल्सियम, आक्जलेट, केरोटीन और विटामिन सी होता है।

शाल्मली (सूमर, सेमल)

यह आमतौर पर जंगलों में ही पैदा होता है। इसका पौधा कई वर्ष तक जीवित रहता है। इसमें काफी रस होता है और चिकानाहट भी। इसके वृक्ष पर बहुत कांटे होते हैं। इसेक मोटे तनों में से एक प्रकार का रस प्राकृतिक रूप से निकलता रहता है जो जम जाता है। इसे 'माच रस' कहते हैं।

पुष्पकाल—मार्च, अप्रैल। फलकाल- जुलाई, अगस्त।

उपयोगिता

1. मोच रस बच्चों के अतिसार रोग में 20 से 30 ग्रेन मिश्री में मिलाकर देने से लाभ होता है।

2. व्रण में इस वृक्ष की छाल को कूटकर उसका लेप करने से लाभ होता है। इसके सेवन से शिशु का जन्म आराम से होता है।

3. वीर्य की वृद्धि में भी उपयोगी है।

4. रक्तपित, प्रदर में छाल का प्रयोग किया जाता है।

गोरख (गोरख इमली)

इसका वृक्ष बहुत बड़ा पर्णपाती होता है। संसार के बड़े वृक्षों में से यह भी एक है। इस वृक्ष की जड़ से लेकर पत्तों तक में खटास होता है। यह नीचे से मोटा एवं ऊपर से शंक्वाकार होता है। पुष्प काल-जनवरी, फरवरी। फलकाल—मार्च, अप्रैल। फल लौकी के समान 9 से 12 इंच लंबे 4 इंच व्यास में कठोर कवच के होते हैं।

उपयोगिता

1. जड़ और छाल के काढ़े को पैत्रिक रोगों में उपलपक रूप में दिया जाता है।

2. गोंद का प्रयोग मुँह को साफ रखने के लिये किया जाता है।

3. फलों के रस का शर्बत गर्मी तथा लू से बचाता है।

4. इसका हल्का काढ़ा बुखार के रोगी को देने से बुखार ठीक हो जाता है। विषम ज्वर में कुनैन की अपेक्षा यह अधिक लाभ करता है।

भूमिबला (फरीदबूटी)

यह पूरे भारतवर्ष में मिलता है इसे अक्सर वर्षो के मौसम में ही जन्म लेता है। चरक जी के मतानुसार यह नागबला वंश से संबंध रखता है। इसके बारे में आपको (नागबला) विवरण अलग से दिया जा रहा है।

अतिबला (कंघी, ककही)

इस पौधे के गुल्म 1.5 मी. से 1.8 मी. तक ऊँचे होते हैं। फूल पीतवर्ण के पाँच पँखड़ियों वाले होते हैं। फल पकने पर उनमें से काले बीज निकलते हैं। बीजों में लुबाब होता है। पुष्प आने का समय अगस्त सितम्बर का है। फल सर्दी के मौसम में लगते हैं। यह पौधा पूरे भारत में मिलता है।

उपयोगिता

1. इसकी जड़ का चूर्ण, शहद एवं घी के साथ लेने से शरीर में शक्ति आती है और प्राणी स्वस्थ रहता है।

2. पेशाब के रोगों में अतिबला का क्वाथ दिन में तीन बार देने से लाभ होता है।

3. रक्त प्रदर में अतिबला की जड़ स्वरस मिश्री तथा देसी घी के साथ देने से लाभ होता है।

4. जिन लोगों को नपुंसकता महसूस होती हो उनके लिये इसके बीज बहुत उपयोगी हैं।

5. वस्तिशोथ में पत्र एवं जड़ का क्वाथ उपयोगी है।

बोल (बीजा बोल)

यह खून को साफ करता है। और गंध एवं शीतलता के गुणों वाला है।

यह गूगल की जाति का वृक्ष है। इसके गोंद को बोल कहते हैं। वृक्ष को छीलने पर एक गाढ़ा रस निकलता है जो गहरे लाल रंग का होता है। इसके वृक्ष झाड़ियों जैसे होते हैं। फूल काल—मार्च-अप्रैल तथा फल मई-जून में आते हैं।

इसके वृक्ष अफ्रीका, अरब, फारस में पाये जाते हैं। मक्का में पैदा होने वाला सबसे अच्छा माना जाता है। हमारे देश में यह बाहर से ही आता है। इसकी पहचान के लिये यह गोल दानों का होता है। बाहर से लाली लिये हुए रंग के या भूरे होते हैं। खाने में कड़वे होते हैं।

यह खून में विटामिन की वृद्धि करता है। वात रोग से मुक्ति दिलाता है। गर्मी के बुखार के लिये लाभकारी है। चर्म रोग, मूत्र रोग, जननेद्रिय रोग, पाण्डूरोग और साँसों की नलियों के रोगों के लिये उपयोगी माना जाता है। गर्भाशय के शोथ में विशेष लाभकारी है।

बाल में 57 प्रतिशत से 61 प्रतिशत तक गोंद और 25 प्रतिशत से 40 प्रतिशत रालीय या रेजिन का अंश अथवा उड़नशील तेल पाया जाता है।

गुग्गुलु (गुगल)

इन वृक्षों के काषों से ही गुगल पैदा होता है। इसके वृक्ष झाड़ियों जैसे होते हैं। इसके फूल एक गुच्छे के अन्दर खिलते हैं। सर्दी के मौसम में गुगल के कांड में चीरा लगाने से एक सुगन्धित निर्यास निकलता है। जिसे गुगल कहते हैं। वृक्ष भारत में काफी संख्या में पाये जाते हैं। पुष्पकाल—मार्च, अप्रैल। फलकाल—मई, जून, प्रयोज्यय अंग निर्यास।

उपयोगिता

1. यह खून साफ करता है। खाँसी को दूर करता है। खून बढ़ाता भी है। पुराना गुगल चर्म रोगों के लिये अच्छा है। व्रण, शीत प्रशासन आदि गुणों वाला होता है। गुगलका उपयोग सन्धिवचाल, उपदेश जैसे रोगों में लाभकारी है। खाँसी बलगम जैसे रोग गुगल से ठीक हो जाते हैं।

2. शोथ रोगी गो मूत्र के साथ गुगल का सेवन करें तो लाभ होगा।

3. जीर्णद्व आमवात, गृधसी, उरूस्तम्भ आदि रोगों में शिलाजीत के साथ गुगल मिलाकर बहुत लाभ करता हैं।

4. गुगल के बाहरी प्रयोगों में तांत्रिक लोग भूत भगाने के लिये इसको आग पर डालकर धूनी देते हैं जिससे कि भूत भागते नजर आते हैं। इसके साथ ही पूजा के लिये भक्तजन धूप के साथ-साथ गुगल की धुनी भी देते हैं।

5. गुगल कीटाणुनाशक भी है।

काकादानी (कनफोटा)

यह वर्षा के मौसम में पाया जाने वाला आरोही लता जाति की एक वनस्पति है। इसके फल सफेद रंग के और फल तीन धार वाले होते हैं। इसका फल पकने पर काले रंग के बीज के ऊपरी भाग पर सफेद निशान होता है। यह बीज कौए की आँख की भांति नजर आते हैं। पुष्प जुलाई, अगस्त में और फल शीतकाल में आते हैं। प्रयोज्य अंग—पंचांग।

उपयोगिता

1. आमवात, वातव्याधि, अर्श, अश्मरी रोगों को जड़ से मिटाता है।

2. कटिशूल, गर्भाशय संकोच निवारण हेतु जड़ का प्रयोग किया जाता है।

3. सिर दर्द पीड़ा में इसके पत्तों का लेप करते हैं। आर्तव दोष तथा मासिक धर्म की विकृति में इसका प्रयोग किया जाता है।

कोशाम्र (कोसम)

इसके वृक्ष बड़े छायादार होते हैं। इस वृक्ष से लाख पैदा होती है। लाख के कीड़े पालने के लिये यह अधिक उपयोगी है। इसके बीजों से तेल निकलता है। कुछ बेईमान व्यापारी इस तेल को सरसों के तेल में मिलाकर लोगों को ठगने का काम भी करते हैं। भारत में यह बहुत से स्थानों पर पाया जाता है। पुष्प काल—मार्च, अप्रैल। फल—अगस्त, सितम्बर। उपयोगी अंग छाल, बीज।

उपयोगिता

1. इसकी छाल चर्म रोगियों के लिये बहुत लाभकारी है। जब कभी पशुओं के व्रणों में कीड़े पड़ जाते हैं तो इसके बीजों का चूर्ण उन पर डालने से ठीक हो जाते हैं।

2. जिन लोगों के बाल झड़ते हों अथवा बाल लंबे करने हों उन्हें

इसका तेल लगाना चाहिए। इसके बीजों मे साइनोजेनेटिक ग्लुकोसाइड पाया जाता है।

आम्र (आम)

आम एक ऐसा स्वादिष्ट फल है कि जिसका नाम लेते ही मुँह में पानी भर आता है।

इसके सेवन से सारे कष्ट एवं रोग दूर हो जाते हैं तथा शक्ति की प्राप्ति होती है।

आम के वृक्ष बहुत बड़े होते हैं। मई जून में इसमें फल लगते हैं।

उपयोगिता

1. लू लगने पर आम के पत्तों का रस निकालकर रोगी को पिलाने से तो रोगी ठीक हो जायेगा।

2. कच्चे आम का अचार डाला जाता है जिसे पूरे विश्व में लोग बड़े चाव से खाते है। यह अति लाभकारी है।

3. पका हुआ आम चूसने से शरीर में नयी शक्ति पैदा होती है। आम का रस पीने से कई रोग दूर हो जाते हैं।

4. इसकी गुठली का प्रयोग अतिसार, रक्तातिसार, सर्दी एवं ज्वर में किया जाता है।

5. पके हुए आम में विटामिन सी, कार्वोहाइड्रेड्स, कैल्सियम, खनिज तत्व, फास्फोरस, लौह, एस्कोर्बिक एसिड, ग्लूकोज आदि तत्व पाये जाते हैं।

आम्रातक (अम्बाडा)

इसका वृक्ष भी काफी बड़ा होता है। इसका पका हुआ फल दूर से बन्दर जैसा लगता है।

इसके सारे गुण आम के गुणों जैसे ही हैं। इसलिए इसे आम्रातक

कहते हैं। बस फर्क इतना ही है कि इसका फल शीतकाल में ही पकता है। इसके वृक्ष मैदानों में नहीं बल्कि हिमालय की निचली घाटियों में होते हैं।

भल्लातक (भिलावा)

इसके गुण अग्नि प्रधान होते हैं। यह आग की भांति ही दाह करता है। इसके वृक्ष मध्यम आकार के पर्णपाती होते हैं। पत्तियाँ बहुत बड़ी टहनियों पर समूहबद्ध होती हैं। इसकी छाल को चीरा लगाने से काले रंग का दाहक तथा स्फोटजनक रस निकलता है। इसके वृक्ष पूरे भारत में पाये जाते हैं।

पुष्पकाल—मार्च, अप्रैल। फल-सितम्बर, अक्टूबर। प्रयोज्य अंग फलमज्जा, तेल।

उपयोगिता

1. हर प्रकार के कुष्ठों में भल्लातक का काढ़ा उपयोगी है।

2. शुष्कार्श में यह गुणकारी औषधि है।

3. उरूस्तम्भ में पिप्लीमूल एवं भिलावे को एक साथ कूटकर शहद के साथ सेवन करने से लाभ हो सकता है।

4. रसायनार्थ, भल्लातक रसायन बहुत ही अच्छी दवाई है।

5. प्लोहीदर में इसे अभया एवं जीरक बराबर मिलाकर लेने से आदमी कष्ट मुक्त हो जाता है।

कर्कट श्रृड़गीं (काकड़ा सींगी)

महर्षि सुश्रुत जी ने काकड़ा सींगी का पाठ इस प्रकार लिखा है—

"यह छोटी जीवन समूहों का कीट गहवर है जिसकी आकृति कर्कट श्रृग सदृश होती है।"

इसके वृक्ष मध्यम आकार के होते हैं तथा पत्ते भालाकार नुकीले तथा लंबे होते हैं। फूल छोटे-छोटे दलपत्र रहित एकलिंगी मंजरियों में खिलते हैं। इन फूलों से लाल रंग के फल बनते हैं जिसे कृमि कहते हैं। इसकी टहनियों पर लंबे लंबे श्रृंग सदृश कृमि गहवर लगते हैं जिन्हें काकड़ा सींगी कहते हैं। इसके वृक्ष हिमालय की घाटियों में पाये जाते हैं। पुष्प-मई, जून। फलकाल-जुलाई अगस्त।

उपयोगिता

1. जुकाम तथा वादी रोगों में काकड़ सींगी का चूर्ण खाने से आदमी रोग मुक्त हो जाता है।

2. बच्चों को यदि श्वास रोग हो तो काकड़ा सींगी का चूर्ण शहद में मिलाकर दें तो लाभ होगा।

3. खाँसी, बलगम तथा दमा रोगों के लिय इस चूर्ण को शहद तथा देशी घी के साथ मिलाकर देने से रोग से मुक्ति मिलती है। च्यवनप्राश में मिलाकर इसे अति गुणकारी बनाया जाता है।

तिन्तिडीक (समाक दान, तुगला)

यह झाड़ियों तथा मध्यम आकार का वृक्ष होता है। इसके पत्ते तिकोने तथा गोलदन्तुधार वाले होते हैं। फूल छोटे-छोटे पीताभ हरित शाखाग्र में स्थित मंजरियों में खिलते हैं तथा फल गोल अंडाकार मसूर के दाने जैसा चिकना एवं भूरे रंग का होता है। फल पकने पर मीठे हो जाते हैं। मई-जून में इस पर फूल आते हैं। अगस्त-सितम्बर में फल तथा गोंद आता है। इसके काम आने वाले भाग फल और गोंद हैं। मात्रा 3 ग्राम बच्चों को 6 ग्राम बड़ो के लिये। यह हिमालय पर उत्तराखण्ड, गडवा, कुमाऊँ, जम्मू, कश्मीर, खांसिया की पहाड़ियों में पाया जाता है।

उपयोगिता—इसका पका फल कासहर एवं कच्चा फल पित तथा खाँसी को दूर करता है। इसकी तासीर ठंडी है। खून के दबाव को ठीक

करने के लिये इसका सेवन अच्छा माना जाता है। बुखार को भी दूर करता है। अधिक पेशाब आता हो तो इसका सेवन उपयोगी है। यह अतिसार, वमन, दाह में भी उपयोग किया जाता है।

प्रियाल (चिरौंजी)

यह दिल के रोगों के लिये बहुत लाभकारी है तभी इसे प्रियाल कहा जाता है। इसके बीजों से तेल निकलता है। इसलिए इसे स्नेह बीज कहते हैं जो खाँसी को दूर करता है। इसमें फूल छोटे तथा सफेद रंग के मंजरियों में खिलते हैं। फलों में एक गुठली होती है। गुठली के अन्दर से जो बीज निकलता है उसे चिरौंजी कहते हैं। इसका फल खाने में मीठा होता है। फूल जनवरी फरवरी में आते हैं फल मई जून में पक कर तैयार होता है। इसका वृक्ष शिवालिक, वनखंड, बुंदेलखंड मध्य प्रदेश तथा राजस्थान तथा दक्षिण भारत में होता है।

उपयोगिता–इसके काम आनेवाले अंग चिरौंजी (गिरी) फल हैं। इसे गंजात्वक बुखार, खाँसी, पेशाब की खराबी में देते हैं। सुश्रुत जी ने इसे वात, पितहर एवं वृष्य लिखा है। पित संसृष्ठ वायु में चिरौंजी का तेल उपयोगी होता है। फुंसी फोड़ों के लिये इसका तेल बहुत लाभकारी है।

अंकोट (अंकोट, ढेरा)

इसके वृक्ष मध्यम आकार के काँटों से भरे होते हैं। फल पक जाने पर ताम्बे के रंग के हो जाते हैं। फूल गुच्छों में खिलते हैं जिनमें खुशबू आती है। पुष्पित अवस्था में यह वृक्ष पर्णविहीन होता है। केवल कांटे एवं पुष्प दिखायी देते हैं। फल बदबूदार गुठलीवाला होता है। फूल मार्च-अप्रैल में आते हैं। फल मई-जून में पककर तैयार होते हैं। भारत में यह उतर प्रदेश राजस्थान, बंगाल, बिहार, उड़ीसा तथा दक्षिण भारत के पर्वतीय प्रदेशों के जंगलों में खूब पाया जाता है।

इसके काम आने वाले भाग हैं–भूलत्वक बीज तथा बीजों का तेल

दर्द वाले हिस्सों पर लगाया जाता है।

अतिसार में अंकोट की जड़ को तन्दुलोदक के साथ पिलाने से दुःख दूर हो जाते हैं। शीघ्र पतन के रोगों में अंकोट के तेल का नाभि पर मालिश करते हैं। जोड़ो के दर्द तथा वायु दर्दो में भी इसके तेल की मालिश करने से प्राणी रोग मुक्त हो जाता है।

पलाश (ढाक)

इसके पत्ते गर्मी के मौसम में बड़े सुन्दर होते हैं। इसके फूल मन को मोह लेते हैं। गर्मी आने से पहले इस पर लाल फूल आते हैं। इसके वृक्ष मध्यम कद वाले, इसके पत्ते काफी लंबे चौड़े अंडाकार साइज के होते हैं। इसमें लंबी फलियाँ फल के रूप में लगती हैं। बीज चपटे होते हैं। इस वृक्ष की लाख भी बहुत अच्छी उपयोगी समझी जाती है। काम आने वाले भाग-बीज, फूल, गोंद, पत्र स्वरस, छाल। (यह ध्यान रखें कि इस वृक्ष से निकलने वाली गोंद को कमरकस कहते हैं।) यह पूरे देश में 9200 मीटर की ऊँचाई वाले पहाड़ों पर होता है।

उपयोगिता

1. गले के रोगों में इसके गोंद की मालिश लाभकारी है।

2. जीर्ण, अतिसार और आँव आने में इसके गोंद का प्रयोग होता है।

3. प्रमेह, कृमि, वात, खाँसी, कुष्ठ, गुल्म,एवं उदर रोगों के लिये भी बहुत लाभकारी है।

विशेष उपयोग–पलाश बीजादि चूर्ण, पलाश क्षार, कृमिकुठार रस, कृमिघातिनीर बटी, महानारायण तेल, पलाश कल्प।

अपराजिता (सफेदनील, कोमल)

इसकी बेल चारों ओर फैली होती है। इसलिये इसे आस्फोता भी

कहा जाता है। इसके पत्ते छोटे तथा चूहिया के कान जैसे होते हैं। इसके फूलों को पवित्र मानकर भगवान विष्णु के चरणों में अर्पण किया जाता है। इसलिये यह पवित्र भी माना जाता है। यह रोगों को पराजय करने में समर्थ है इसलिये इसे अपराजिता कहते हैं। इस पर अप्रैल-मई में फूल आते हैं। फल जून-जुलाई में आते हैं। इसके लाभकारी अंग जड़, बीज, पत्ते हैं। भारत के दूर दराज गाँव के क्षेत्रों में खुली जगहों पर इसकी लतायें देखने को आम मिलती हैं।

उपयोगिता

1. गले की खराबियों, वायु रोग, सन्धिवात, जलोदर, पेशाब रोग, सांप के काटे का उपचार तथा गर्भ स्थापनार्थ एवं उन्माद में इसका प्रयोग लाभकारी माना गया है।

2. उदर रोग एवं कफ रोग में इसकी जड़ तथा बीजों को उपयोगी माना गया है।

3. छोटे बच्चों को यदि श्वास रोग हो तो इसके बीजों को थोड़ा भूनकर एवं चूर्ण बनाकर गुड़ और सेन्धा नमक में मिलाकर देने से दस्त साफ तथा खाँसी से आराम हो जाता है।

इसके कुछ लाभकारी योग

1. गर्भपाम रस, 2. कुमार्यासव, 3. स्वर्ण मकर ध्वज।

मुद्गपर्णी (मुगवन, जंगली मूँग)

चरक जी तथा सुश्रुत जी इस बारे में पूर्ण रूप से एक मत है कि इसके गुण तथ मूँग के गुण एक जैसे ही होते हैं। इसकी लतायें बड़ी लंबी होती हैं। फलियों का रूप मूँग की फलियों जैसा ही होता है। पत्ते पीले रंग के होते हैं। इसका फूल काल जुलाई-अगस्त है। फल सर्दी में लगते हैं। इसकी पैदावार अधिकतर जंगलों में छायादार वृक्षों के पास ही होती है।

उपयोगिता

1. इससे बुखार, क्षय, पित जैसे अन्य कई शारीरिक रोगों का नाश होता है।

2. इसका रस मीठा होता है। इसेक सेवन से वादी शरीर वाले लोगों को आराम मिलता है। अतिसार, ग्रहणी, रक्तपित, शुक्र दोष में उपयोगी है।

3. आँखों के उपनाह हेतु इसका कल्क बाँधा जाता है।

यष्ठी मधु

इसकी जड़ मीठी होने के कारण इसे यष्ठी मधु कहते हैं। इसकी पहचान के लिये पौधे 1 मी. से 1 मीटर तक लंबे होते हैं। इसके फूल हल्के गुलाबी रंग के होते हैं जो अगस्त सितम्बर से आते हैं। इसका उपयोगी भाग केवल इसकी जड़ ही हैं जो अगस्त-सितम्बर से आते हैं। इसका उपयोगी भाग केवल इसकी जड़ ही है। दुःख की बात यह है कि कुछ धन के लोभी जल्लाद किस्म के लोग मुलेठी की जड़ों से मिलती-जुलती लकड़ी लाकर मुलेठी के नाम से बेच देते हैं। धन के लोभी जब दवाइयों में धोखा करते हैं तो उन्हें जल्लाद ही कहा जायेगा। मूलतः यह ईरान, अफगानिस्तान, तुर्किस्तान जैसे देशों की पैदावार है।

उपयोगिता

1. गले के रोगों में इसका प्रयोग होता है। इसका रस ठंडा होता है जिससे शरीर की गर्मी दूर हो जाती है।

2. पेशाब का रुकना दूर करता है। चर्म रोगों को दूर करने वाली मुलेठी मानव जाति के लिये किसी वरदान से कम नहीं है।

कपिकच्छ

यह वह बूटी है जिसके छूने से ही पूरे शरीर में खुजली होने लगती है। इसलिये इसे कंडूरा एवं कच्छूरा भी कहते हैं। इसकी लतायें चक्रारोही

होती हैं। इसके फूल बैंगनी रंग के होते हैं जो जुलाई-अगस्त में खिलते हैं। फल सर्दी के मौसम में आते हैं। औषधि के रूप में इसका बीज और फूल प्रयोग होता है। बीज चूर्ण रूप में होता है जिसकी मात्रा बच्चों के लिये 3 ग्राम, बड़ों के लिये 6 ग्राम तक होती है।

इसकी लतायें बरसात के दिनों मे पहाड़ों की तराई में होता है। कुछ लोग इसकी खेती करके इसे कृष्ण बीज के नाम से बाजारों में बेचते हैं।

उपयोगिता

1. बुद्धि को तीव्र रखने, प्रदर की खराबी, पक्षाघात में यह काफी उपयोगी है।

2. इसकी जड़ से अतिसार रोग का उपचार किया जाता है।

शिंशापा (शीशम)

इस वृक्ष की विशेषता का अन्दाजा आप इस बात से ही लगा सकते हैं कि चरक जी तथा सुश्रुत जी ने अपने ग्रंथों में इसके बारे में लिखा है—शय आक्रोशेधातु से शिशपा बना है अर्थात् यह काटने वाले को शाप देता है।

शीशम का पेड़ काफी बड़ा और शक्तिशाली होता है। इस पर पत्ते खूब आते हैं। इसकी लकड़ी अधिकतर द्वार, फर्नीचर, खिड़की अन्य साज सज्जा का सामान बनाने के काम आती है। पुष्पकाल—फरवरी, मार्च। फलकाल—मई- जून। उपयोगी अंग—सारकाष्ठ, छाल, पत्ते, बीज।

उपयोगिता

1. शीशम की लकड़ी का तेल तिक्त, कटु, कषाय, कृमि, कुष्ठ तथा वायु रोगों के लिये अति लाभकारी है।

2. नेत्र रोगों से शीशम के पत्तों का रस और मधु सम भाग लेकर आँख में डालने से मुक्ति मिलती है। नजर भी तेज हो जाती है।

गुंजा (रत्ती, घुमची)

जंगली कोल भी इसके बीजों से आभूषण बनाते हैं इसलिये यह अधिक प्रसिद्ध है। इसके प त्ते इमली के पत्तों जैसे होते हैं। इनका स्वाद मीठा होता है। फूलों का रंग गुलाबी होता है। इसके फूलों का समय जुलाई-अगस्त है। फल दिसम्बर-जनवरी में आता है। इसका लाभकारी अंश जड़, बीज तथा पत्ते हैं। इसके बीज से बनाये चूर्ण की मात्रा 1 से 1.5 रत्ती है। इसकी लतायें हिमाचल की निचली घाटियों से लेकर मैदानी भागों में सर्वत्र सुलभ हैं।

उपयोगिता—इसकी जड़ और पत्ते मधुर, खाँसी, शामक तथ व्रण रोपक है। यह कंडु, कुष्ठ एवं कृकम नाशक है। स्वरभंग में इसकी पत्तियों की गोलियाँ बनाकर मुँह में रखने से इन रोगों में लाभ होता है। इसकी मूल गृध्रसी, गंडमाला, शिरारोग एवं कृमिदउन्त जैसे रोगों में भी लाभदायक है।

सुश्रुत जी के विचार में इसकी पत्तियों तथा जडों में मुलेठी में पाये जाने वाला ग्लिसरहाजिन नाम का तत्व एवं बीजों में सब्रिन नाम का विषाक्त प्रोटीन पाया जाता है।

पृश्नि पर्णी (पिटबन)

''कलं अजीर्ण श्याति'' इति यानी यह बूटी अजीर्ण रोगों का नाश करती है। इसके फूल गुलाबी रंग के होते हैं जो अगस्त-सितम्बर में आते हैं। फल सर्दी में लगता है। यह हिमालय की तराई में अधिकतर पैदा होते हैं।

उपयोगिता

1. यह खून साफ करने, साँस रोगों, बुखार, प्यास लगना, खून के दबाव के लिये लाभदायक है।

2. पृश्नि पर्णी का काढ़ा बनाकर पीने से खून साफ हो जाता है।

इसकी जड़ को उखाड़कर एवं उसे रक्त सूत्र में लपेटकर बाजू में बाँध लें तो बुखार दूर हो जाता है।

बीजक (बिजय सार)

यह रोगों को नष्ट करने में विशेष सहायक सिद्ध हुआ है। इसके वृक्ष मध्यम आकार के पर्णपाती होते हैं। इसके फूलों का समय जनवरी-फरवरी है। फल मार्च से मई तक आते हैं। गुणकारी अंग—छाल, लकड़ी, गोंद, फूल हैं। यह करीब-करीब सारे भारत के मैदानी क्षेत्रों में पाया जाता है।

उपयोगिता

1. मधुमेह (शूगर, में इसकी लकड़ी की छाल और लकड़ी का सार दोनों का काढ़ा बनाकर पीने से यह रोग दूर हो जाता है।

2. पेशाब रोग, अश्मरी, कामजला एवं पांडु में यह लाभदायक है।

3. गले की खराबी, कानों का दर्द, विसर्प, श्वित्र, उरू, रोग एवं कर्णशूल में इसके प्रयोग लाभकारी सिद्ध हुए हैं।

4. किसी भी दर्द को कम करने के लिये इसका काढ़ा शहद में मिलाकर देने से रोगी को दर्द से मुक्ति मिलेगी।

इससे तैयार होने वाले रसायन—बीजकारिष्ठ, सारासव, महानील, तेल, इत्यादि।

रक्त चन्दन (लाल चन्दन

लाल चन्दन के वृक्ष मध्यम आकार के होते हैं। इसमें छोटे फूल मंजरियों में गुच्छे की शक्ल में आते हैं। फल आने का समय मार्च-अप्रैल है। वही फूल फल (फलियों) का रूप धारण कर लेते हैं। इसके वृक्ष दक्षिण भारत के कर्नाटक, केरल एवं चिंगलपुर की पहाड़ियों पर स्वयं जात रूप में पाये जाते हैं।

उपयोगिता

1. लाल चन्दन का लेप ठंडक पहुँचाता है फोड़े फुन्सियों में इसका लेप बहुत लाभदायक है।

2. बुखार, दाह, पुरानी खाँसी तथा चर्म रोगों में उपयोगी है।

यवासा (जवास, जवासा)

जो खूब फैलता है और बड़ा होता है उसे सास कहते हैं। इसका काँड काँटेदार होता है इसलिये इसे छू पाना काफी कठिन लगता है। कांटे होने से इसके संग्रह करने में कठिनाई होती है इसलिए इसे दुरालभा भी कहते हैं। इसके फूल लाल रंग के तथा फलियाँ थोड़ी टेढ़ी सी होती हैं। जून-जुलाई में इसमें फूल आते हैं। जो अगस्त में फलों का रूप धारण करते हैं।

उपयोगिता—यह गले के रोगों, खाँसी वादी रोगों के लिये उपयोगी माना जाता है। दमा रोगियों को जवासे का धुम्रपान करने से लाभ होता है। अर्श रोगी को जवासे का काढ़ा देने से आराम मिलता है।

पारिभद्र (फरहद)

लाल फूल तथा काँटों से भरी यह बूटी, भारत के तटवर्ती क्षेत्रों में अधिक पायी जाती है। इसके वृक्ष मध्यम आकार के होते हैं। इन पर अप्रैल-मई में फूल आते हैं। जुलाई-अगस्त में फल आते हैं। इसके लाभकारी अंग हैं। जड़, छाल, फूल, पत्ते आदि।

उपयोगिता—परिभद्र के बारे में चरक जी तथा सुश्रुत जी ने एक मत होकर कहा है कि व्रण शोथ, सन्धिवात में लेप, कानों के दर्द में स्वरस की बूंदे, आभयान्तर प्रयोग में बुखार, आक्षेप, शूल, कृमि, फिरंग, मेदा रोग तथा मूत्र रोगों को पारिभद्र दूर करता है।

बुखार को दूर करने तथा निद्रा को लाने के लिये इसकी छाल को काम में लाते हैं। छाल का काढ़ा उपयोगी है।

वाकुची (बावची)

बावची के पौधे एक से चार इंच ऊँचे छोटे, बहुत कोमल रूप धारण किये रहते हैं। इनकी आयु मात्र एक वर्ष की होती है। इनके बीज काले रंग के होते हैं जिन्हें दबाने से एक प्रकार का स्राव सा निकलता है। जिसमें बदबू आती है। पुष्पकाल–अगस्त से अक्टूबर। फल जनवरी से मार्च। प्रयोज्य अंग–बीज, बीज तेल।

उपयोगिता

1. खाँसी, वादी को शान्त करने वाला, पाचन शक्ति को बढ़ाने वाला, कुष्ठ रोगों में लाभ पहुँचाता है।

2. इसका तेल दर्द वाले स्थान पर लगाने से दर्द दूर हो जाता है।

मेथिका (मेथी)

''मैथयति हितस्ति वात कफ जरान्'' इसके बीज वायु तथा कफ, ज्वर का नाश करते हैं। हरी पत्तियों वाली मैथी के बीजों का रंग पीला होता है। इसकी फसल पूरे भारत के मैदानी क्षेत्रों में होती है। इसके बीज और पत्ते ही लाभकारी होते हैं। दिसम्बर में इस पर फूल आते हैं। जनवरी से मार्च तक फल आते हैं। जिसके साथ ही इसमें बीज बन जाते हैं।

उपयोगिता

1. मेथी खून को साफ करतीहै। इसका बना साग शरीर को शक्ति देता है तथा खून को साफ करता है।

2. खाँसी रोग को दूर करती है और वादी रोगों के लिये इसके पत्तों का रस शहद मिलाकर लेने से लाभ होता है।

अगस्त्यं (अगस्तिया)

अगस्त्य मुनि को यह वृक्ष ही प्रिय था तभी तो इसे अगस्त्य कहते हैं। इसके मध्य आकार के वृक्ष पर जुलाई-अगस्त में फूल आते हैं। और

सितम्बर में फल आते हैं। इसके लाभकारी अंग फूल, जड़, पत्ते छाल हैं। यह भारत वर्ष के मैदानी क्षेत्रों में होता है।

उपयोगिता

1. इसके पत्तों का लेप दर्द वाले स्थानों पर करने से दर्द दूर हो जाता है।

2. इसके फूलों का शाक तथा फलियों का अचार बनाकर खाने से स्वास्थ्य लाभ होता है।

3. मसूरिका में इसके छाले का काढ़ा देने से रोग से मुक्ति मिलती है।

4. इसके फूलों को रस आँख में डालते हैं।

जयन्ती (जैत)

इसके वृक्ष दो प्रकार के होते हैं। एक तो मध्यम दूसरे छोटे आकार के मिलते हैं। इन पर जुलाई में फूल आते हैं और सितम्बर में फल लगते हैं। इसके लाभकारी अंग पत्ते, जड़, छाल, फूल, बीज हैं। यह हिमालय की तराइयों में अधिकतर होता है।

उपयोगिता—प्रतिश्याय, गलगंड, कृमि-शोथ आदि रोगों के लिये लाभदायक है। सन्धिवात में इसके पत्तों का लेप करते हैं। कण्डुनाशक के लिये जयन्ती के बीजों का चूर्ण आटे में मिलाकर त्वचा पर लेप करते हैं।

शण पुष्पी (झुनझुनियाँ)

इसके वृक्ष वर्षाकाल के पश्चात् बंगाल तथा दक्षिण भारत में अधिक पाये जाते हैं। इस पर सितम्बर में फूल आते हैं। अक्टूबर मास में फल तैयार हो जाते हैं। इसके लाभकारी अंग बीज और जड़ हैं।

उपयोगिता—अपस्मार, अतिसार, प्रवाहिका, कुष्ठ, रक्तपित एवं श्लेष्म रोगों में इसकी जड़ का उपयोग किया जाता है। आचार्य सुश्रुत जी

ने वयः स्थापना हेतु इसके बीजों को दूध में पका कर सेवन करने के लिये सलाह दी है। खून साफ करने के लिये इसके बीज अति लाभकारी हैं।

पूतिकरंज (करंजुआ, कंजा)

यह कुछ दुर्गन्ध वाला पौधा है। इस पर काँटे अधिक होते हैं। तभी इसे काँटाकरंज भी कहते हैं। इसके फल में से दो बीज निकलते हैं। जो चिकने तथा अंडाकार होते हैं। इस पर सितम्बर मास में फूल आते हैं। नवम्बर-दिसम्बर में फल आते हैं। इसके प्रयोज्य अंग बीज, पत्ते और जड़ हैं। यह पूरे भारतवर्ष में पाया जाता है।

उपयोगिता—इन रोगों के लिये अधिक उपयोगी है—

1. पुराने बुखार तथा कृमियों को बाहर निकालने के लिये इसके कोमल पत्र बहुत उपयोगी हैं।

2. प्रसूता बुखार में इसके बीजों का चूर्ण लाभकारी है।

3. अर्श, उदर रोग, बुखार, कृमिरोग, मसूरिका जैसे रोगों के लिए यह बहुत लाभकारी है।

पत्तंग (बकम)

इस पर मध्यम आकार के गुल्म पाये जाते हैं। काँटे तथा टहनियों में लाली लिये पत्ते अंडाकार फलियाँ खुशबूदार चपटे बीज, लाल रंग का जो कपड़े को रंगने वाला होता है। इस पर मार्च और मई में फूल आते हैं। फल वर्षा के पश्चात आते हैं। इसके लाभकारी भागों में काष्ठसार है। इसके वृक्ष दक्षिणी भारत में बंगाल तथा बिहार में मिलते हैं।

उपयोगिता

1. खून साफ करे तथा खून पैदा करे।

2. श्वेत प्रदर में यह अति लाभकारी है।

3. रक्त स्राव को बन्द करने के लिये इसका काढ़ा पिलाया जाता है।

4. इसके क्वाथ में बाल भिंगोकर व्रण पर रखने से व्रणरोपण होता है।

5. श्वेत प्रदर में इसके क्वाथ की वस्ति दी जाती है।

सरपूंखा (सरफौंका)

इसके फूल जामुनी, गुलाबी रंग के होते हैं। इसकी फलियाँ 1 से 2 इंच तक लंबी होती हैं। बीज चितकबरे रंग के होते हैं। अगस्त-सितम्बर में इस पर फूल आते हैं। इसके पौधे पूरे भारत में मिलते हैं। इसके प्रयोज्य अंग-पंचांग और सार हैं।

उपयोगिता

1. यकृत, जिगर की खराबी एंव प्लीहा की वृद्धि में इससे अच्छा लाभ होता है।

2. गंडमाला में जड़ का लेप करते हैं। खाज में बीज का लेप करते हैं।

3. इसकी जड़ का धुम्रपान श्वांस में लाभ देता है।

चक्षुष्या (चाकसू)

यह बरसाती पौधा होता है। इस पर लाल-पीले रंग वाले फूल आते हैं। इसकी फली पतली चपटी, बीज चपटे काले, संख्या में तीन से पाँच तक पाये जाते हैं। इस पर जुलाई-अगस्त में फूल आते हैं। इसमें फल सितम्बर में आते हैं। इसका लाभकारी भाग बीज होते हैं। यह पहाड़ी तथा मैदानी क्षेत्रों में पाया जाता है।

उपयोगिता

1. दुखती आँखों तथा अन्य नेत्र रोगों के लिये इसकी पोटली बनाकर आँखों के बाहर रखने से लाभ होता है।

2. चाकसू के बीज अनेक जड़ी बूटियों के साथ मिलाकर लाभ पहुँचाते हैं। विभिन्न प्रकार के रोगों का उपचार इससे किया जाता है।

चरक जी इसके गुण ऐसे बताते हैं--रूक्ष, रस कष्याय तिक्त, विपाक--कटु, वीर्य शीत, प्रभाव-चक्षुष्य, कर्म-लेखन, शोथ विलयन, मूत्रल, मेदो नाशक।

यूनानी चिकित्सा में चाकसू को स्वास्थ्य के लिये विशेष गुण वाला बताया जाता है।

आरग्वध (अमलतास)

चरक जी ने कुष्ठघ्न, कण्डूघ्न एवं विरेचन द्रव्यों में इसकी गणना की है। इसी प्रकार से सुश्रुत ने भी, आरग्वघदि, श्यामादि, अधोभाग हर द्रव्यों में अमलतास की गणना की है। यह चारों ओर से रोगों तथा वेदना को नष्ट करता है। इसके पुष्प अतिशय-सुन्दर एवं वृक्ष औषध उपयोगी होने से यह राज वृक्ष कहलाता है। इसके मध्यम आकार के वृक्ष भारत में आमतौर पर पाये जाते हैं। इस पर अप्रैल 'मई में फूल आते हैं। जून से अगस्त तक फल आते हैं। प्रयोज्य अंग--मूलत्वक, फलमज्जा, पत्र, पुष्प।

उपयोगिता--यह कुष्ठ बुखार, कंडू, हृदय रोग, वात रक्त, उदावर्त्त, कोष्ठ शुद्धि रोगों के लिये अति उपयोगी है। यह रोचक एवं सारक होने के कारण मल को भली भांति निकालता है।

कास मर्द (कसौदी)

यह साँस रोगों के लिये अत्यंत उपयोगी है। यह एक ऐसा पौधा है। जिसे हम आवारा मानते हैं। जो वर्षा के मौसम में सड़कों के दोनों ओर अथवा खाली स्थानों पर अपने आप उग आता है। इसके पत्ते नुकीले, फूल पीले रंग के होते हैं। फूल अगस्त-सितम्बर में, फल अक्टूबर में आता है। लाभकारी अंश पत्ते तथा बीज हैं। खुराक 10 ग्राम बच्चों के लिये तथा 20 ग्राम बड़ों के लिये है। इसके पत्तों में सनाय की तरह विरेचन गुण पाये जाते हैं। बीज बुखार को दूर करने के काम आते हैं। खाँसी रोग में पत्ते की स्वरस का प्रयोग करते हैं।

पेशाब बन्द होने पर इसका प्रयोग लाभदायक है। पत्तियों को पीकर व्रणशोथ एवं विसर्प में लेप करते हैं।

अशोक

इसे नारी वर्ग के रोगों के लिये उत्तम माना गया है। इसके फूल सुनहरी रंग के बहुत सुन्दर होते हैं। इसे कुछ लोग काम वासना को बढ़ावा देने वाला कहते हैं। इन पर मई-जून में फूल आते हैं। उसके पश्चात फिर फल आते हैं। इसका प्रयोज्य अंग छाल है। इसके वृक्ष हिमालय के साथ लगने वाले क्षेत्रों में मिलते हैं। कभी-कभी अपने आप भी पैदा हो जाते हैं।

उपयोगिता—इसके छाल का उपयोग प्रदर, गर्भाशय शोथ, असृदगर, खून की खराबी, अतिसार, चर्म रोग तथा पेशाब, धात में अधिक लाभकारी है।

अम्लिका (इमली)

यह फल अम्ल रस प्रधान होता है। इसके खाने से मुँह ख ट्टा हो जाता है।

इमली के वृक्ष बहुत ऊँचे होते हैं पत्ते लंबे तथा चिकने होते हैं। इसके वृक्ष का बाहरी छिलका बहुत मोटा होता है। इसकी फली काफी लंबी होती है। इसका भी छिलका मोटा होता है। अन्दर से उसका रंग गाढ़े भूरे रंगका होता है। फूल जुलाई-अगस्त में आते हैं। लाभकारी अंश फलों का गूदा, बीज, पत्ते, छाल हैं।

बीज चूर्ण—खुराक 10 ग्राम से 30 ग्राम तक। छोटी आयु वाले लोगों के लिये 10 ग्राम, बड़ों के लिये 30 ग्राम। यह वृक्ष पूरे भारत में पाया जाता है। इसका जन्म प्राकृतिक रूप से होता है। इसकी फसल बोने की जरूरत नहीं पड़ती है। यदि किसी को इमली के बाग लगाकर अपना धन्धा करना हो तो उनके लिये बहुत अच्छा लाभकारी कारोबार बन

सकता है। क्योंकि इमली दवाई से अधिक तो खाना बनाने के लिये तथा स्वादिष्ट व्यंजनों के लिये भी प्रयोग मे लायी जाती है।

उपयोगिता–इमली के बीज प्रमेह नाशक होते हैं। ये वीर्य में आने वाले रोगों के लिये उपयोगी हैं उदरशूल एवं गुल्म नाशक हैं। इमली का गुद्दा प्यास शामक, दाह शामक एवं आनुलोमिम है।,

आवर्त्तिकी (तखड़, आवल)

इसके बहुत शाखों वाले गुल्म होते हैं। फूल पीले रंग के बड़े सुन्दर होते हैं। इसकी फलियाँ काफी लंबी चपटी होने के साथ-साथ उनमें 10 से 20 तक बीज होते हैं। फूल आने का समय जुलाई-अगस्त है। इसके पश्चात् उनमें फल लगते हैं। इसके काम आने वाले भाग-छाल, फूल बीज हैं। यह अधिकतर खुश्क क्षेत्रों में ही पैदा होता है।

उपयोगिता

1. फूल मधुमेह रोगियों के लिये लाभकारी है।

2. अर्त्यात्तव एवं जीर्ण, आँव में पंचांग क्वाथ लाभदायक है।

3. अतिसार में इसकी जड़ को चबाने से आराम मिलता है।

4. इसकी छाल चमड़ा रंगने के काम आती है।

आचार्य वाणभट्ट ने इसके लाभ इस प्रकार बताये हैं–

1. कुष्ठ चिकित्सा के लिये आवर्त्तिकी घी को मिलाकर उपयोग करने से लाभ होता है।

2. जड़ की छाल का रस (काढ़ा) अंडकोश वृद्धि के लिये उपयोगी है। चक्षु पीड़ा होने पर त्वक स्वरस को आँख में डालने से लाभ होता है।

3. गुम चोट एवं फोड़ै-फुन्सियों पर इसका लेप करने से आराम मिलता है।

4. यकृत शोथ में भी यह उपयोगी माना जाता है।

अश्मन्तक (सिरहटा)

सिरहटा के बारे में सब विद्वान एक मत नहीं लगते भले ही यह संदिग्ध द्रव्य है। फिर भी नये विद्वानों ने इसे कंचनार की जातियों का ही एक अंग माना है। इसके वृक्ष मध्यम आकार के होते हैं। पर्ण दो आपस में जुड़े हुए युगल पत्रक होते हैं। इसकी छाल हल्के गुलाबी रंग की रेशेदार होती है। फूल सफेद रंग के बड़े होते हैं जो मई जून मास में खिलते हैं। लाभकारी अंग फूल, पत्ते, जड़, छाल हैं। यह भारत के मैदानी क्षेत्रों में पाया जाता है।

उपयोगिता—इसके बारे में आधुनिक विद्वान नये-नये परीक्षण करने में लगे हुए हैं। परन्तु फिर भी इसके लाभ निम्न प्रकार हैं—

रस कष्याय, वीर्यशीत, कफ पित्तनाशक, वामक, जीवाणु नाशक है। अर्श (बवासीर के मस्सों पर इसके पत्ते के काढ़ पर हर रोज दिन में तीन बार एक घंटे तक बैठने से लाभ होता है।

चक्रमर्द (चक्रवड़ पेवांड़)

चक्रमर्द, दाद रोग को नष्ट करता है। चक्रमर्द वर्षा के मौसम में प्राकृतिक रूप से पैदा होते हैं। यह तीन जोड़े का पता होता है जो 1 से 1.5 इंच तक लंबे अभिलट आकार गोल, एक दूसरे के साथ जुड़े होते हैं। इसकी फलियाँ 5 से 8 तक लंबी, पतली, घेरे में गोलाई लिये हुए चतुष्कोणीय होती हैं। खाकी रंग के गोल बीज होते हैं। इस पर जुलाई-अगस्त में फूल आते हैं। सितम्बर-अक्टूबर में फल लगते हैं। लाभकारी भाग-बीज पत्ते, पंचांग हैं।

उपयोगिता

1. यह कंडफ दाह, विष, वायु गुल्म, कृमि एवं कुष्ठ नाशक है।

2. सिध्म एवं कुष्ठ में चक्रमर्द की जड़ को कांजी में पीसकर लेप करने से रोग मिट जाता है।

3. दर्द रोग में बीज तथा फल स्वरस के साथ पीसकर दर्द वाले भाग पर लेप करने से लाभ होता है।

4. खून की खराबी में इसकी पत्तियों की भूजी बनाकर खाने से लाभ होता है।

5. बीजों से कॉफी बनायी जाती है।

कांचनार (कचनार)

कचनार का वृक्ष प्राकृतिक रूप से धरती का सीना फाड़कर निकलता है और इसके दो पत्ते जुड़े रहते हैं। इसके रंग बिरंगे फूल बहुत ही सुन्दर लगते हैं। फरवरी-मार्च में इस पर फूल आते हैं जो मई-जून में फलों का रूप धारण करते हैं। प्रयोज्य अंग छाल, पुष्प हैं।

उपयोगिता

1. इसकी छाल कृमि, कुष्ठ, गुद भ्रंश, गंडमाला एवं व्रण रोगों का नाश करती है।

2. फूलों से रक्त पित्त का उपचार होता है।

3. गंडमाला पर इसकी जड़ एवं छाल का चूर्ण सोंठ के साथ मिलाकर सेवन करने से लाभ होता है।

4. चर्म रोगों में भी इसकी जड़ का चूर्ण लगाया जाता है।

मार्कडिंका (सनाय)

सनाय के तलोत्थ सीधे क्षुप या गुल्मक होते हैं। शाखायें गोल अथवा कभी कोनों वाली भी होती हैं। पत्ते अंडाकार, सवृन्तक एवं मुसण होते हैं। पुष्प पीले रंग के होते हैं। इसमें जुलाई-अगस्त में फूल आते हैं। फिर यही फूल फलों में बदल जाते हैं। मूलतः यह अरब देशों का पौधा है। अब हमारे ही देश के केरल प्रान्त में इसकी खेती की जाने लगी है। लाभकारी अंग पत्ते तथा फलियाँ हैं।

उपयोगिता

1. कब्ज के रोगियों को कोष्ठ शुद्धि के लिये सनाय उपयोगी औषधि है पित बुखार में सनाय, अमलतास आदि का जुलाब देने से लाभ होता है।

2. वायु रोग, कृमि, खाँसी, गुल्म एवं उदर रोगों में भी काफी लाभदायक है।

बबूल (कीकर)

यह एक प्राकृतिक रूप से पैदा होने वाला वृक्ष होता है। जिसका कद लंबा, चारों ओर फैला हुआ पत्ते, पीले फूल हर मैदानी क्षेत्र में देखने को मिलता है। इस पर अप्रैल, मई में पुष्प आते हैं और सितम्बर, अक्टूबर में फल आते हैं। फल एक लंबी फली की भांति होता है। जिसमें केवल बीज होते हैं। इसके काम आने वाले अंग छाल, गोंद, फल, फूल हैं।

उपयोगिता

1. इसकी टहनी को काटकर देहातों में लोग दातुन करके मुँह के अनेक रोगों से मुक्ति पाते हैं।

2. मुँह के अन्य रोगों तथा दांतों की सुरक्षा के लिये छाल का रस निकालकर कुल्ले करते हैं।

3. गुदभ्रंश में बाहर आये हुए अंग पर छाल के काढ़े में कपड़ा भिंगोकर रखते हैं।

4. कषाय, अर्श, कुष्ठ एवं खाँसी, रोगों में उपयोगी है।

5. इसके फल का अचार डाला जाता है जो स्वास्थ्य के लिये लाभकारी है।

6. इसकी पत्तियाँ श्वेत प्रदर, शुक्ररोग एवं अतिसार में प्रयोग करते हैं।

खदिर (खैर, कत्था)

कत्था भारतीय लोगों के लिये नयी चीज नहीं है। विशेष रूप से पान खाने वाले लोग तो इसके बारे में खूब जानते हैं। परन्तु कत्थे के वृक्ष कैसे होते हैं यह बात बहुत कम लोग जानते हैं।

इसका वृक्ष मध्यम कद का कंटकित होता है। इसके कंटकित पत्ते 1.25 इंच के करीब लंबे दो दो एक साथ होते हैं। फूल पीले रंग के जो मई-जून में आते हैं। फल सितम्बर मे आते हैं। मध्य प्रदेश, बिहार, कोंकण, प्रान्तों के साथ-साथ हिमालय की निचली घाटियों में पाया जाता है।

उपयोगिता

1. गले की रक्षा करने के लिये खदिर मूल कत्था का प्रयोग लाभकारी है। इससे गला खराब नहीं होता। खासकर गाने वाले लोगों के लिये तो यह वरदान है।

2. कत्थे के तेल को पानी में मिलाकर कुल्ला करने से दांत मजबूत होते हैं। मुँह की बदबू गायब होती है। गला साफ होता है।

3. खाँसी को आराम देता है।

4. यह कंडु, व्रण, अरुचि, भेद, प्रमेह, बुखार, पाण्डु रोग जैसे अनेक रोगों के लिये लाभकारी है।

5. खाली कत्थे को ही मुँह में रखने से खाँसी ठीक हो जाती है। इससे गले की जलन, खारिश दूर हो जाती है।

6. गर्भाशय की शिथिलता से उत्पन्न प्रदर, रक्तस्राव में कत्था और बोल दोनों को बराबर भाग में लेकर गोलियाँ बनाकर प्रयोग करने से लाभ होता है।

इरिमेद (अरिमेद)

इसका मेद सार या गोंद दुर्गंधित होता है जबकि शत्रु के समान प्रतीत होता है। इसलिए इसे अरिमेद कहते हैं। यह छोटे कद का वृक्ष

भारत के कई प्रान्तों में पाया जाता है इसकी छाल में से बदबू आती है। इसमें अप्रैल, मई में फूल आते हैं। जून, जुलाई में फल आते हैं। इसके काम आने वाले अंग छाल तथा बीज हैं। यह भारत के उष्ण प्रदेशों में सभी जगह मिलता है।

उपयोगिता—वास्तव में इसमें सारे गुण वहीं हैं जो कत्थे में पाये जाते हैं। असल में यह कत्थे की ही एक किस्म है। इसलिये भी इसकी जरूरत पड़ जाती है जब समय पर कत्था उपलब्ध न हो सके तो इससे भी काम चलाया जा सकता है।

शिकाकाई (सातला)

शिकाकाई का वृक्ष झाड़नुमा और मध्यम वर्ग के कद का होता है। इसके फूल सफेद, गुलाबी पीले मुण्डक में अप्रैल मास में खिलते हैं। सर्दी के मौसम में इस पर फल आते हैं। यह दक्षिण भारत के जंगलों में पाया जाता है।

शिकाकाई के बारे में हमारे द्रव्य गुण वैज्ञानिकों ने इसे इतना लाभदायक नहीं माना हैं। वैसे भी इसके नाम के बारे में हमारे विद्वानों में मतभेद है। जो कि उन्होंने इसे 'सातला' नाम दिया। आम बात यह है कि इसके पत्तों तथा जड़ों के रस से केश निखार का काम लिया जाता है जैसा कि आपने बाजारों में शिकाकाई सोप बिकते देखे होंगे जो केश निखार के नाम से प्रसिद्ध है।

पद्मक (पदमाख)

1800 मी. की ऊँचाई पर पैदा होने वाला यह वृक्ष अधिकतर हिमालय तथा उत्तराखंड की पहाड़ी चोटियो पर होता है। इसके फूल लाल-सफेद रंग के गुच्छों में होते हैं। इनमें से कमल के समान हल्की सी गन्ध आती है। फल पीले तथा लाल रंग के होते हैं। इस पर मार्च-अप्रैल में फूल आते हैं। फल मई-जून में आते हैं जो दोनों सिरों पर कुण्ठित होते

हैं। प्रयोज्य अंग—बीज, गिरी, तेल।

उपयोगिता—पद्मक अनेक रोगों के उपचार के लिये प्रसिद्ध है जिनमें से कुछ इस प्रकार हैं—

1. रक्तपित्त, बुखार, वमन, विष, बेहोशीर, कुष्ठ जैसे रोगों के लिये इसका प्रयोग लाभदायक माना गया है।

2. रक्तपित्त में पद्मकाष्ठ एवं चन्दन का चूर्ण शहद तथा तंडुलोदक में मिलाकर चाटने से रोगी को आराम आ जाता है।

3. गर्भ स्थापन के लिए सिद्ध योग में इसकी योजनाकी गयी है।

वाताम (बादाम)

यह बहुत मध्यम कद का पौधा होता है। बादाम हमारे देश में शक्तिशाली होने के कारण बहुत ही लोकप्रिय है। इसका पर्ण मालाकार एवं बारीक कंगूरेदार होता है। इसके फूल सफेद तथा गुलाबी रंग लिये होते हैं जो अप्रैल मास में आते हैं। अगस्त मास में इस पर फल आते हैं। इसके फल पौधों के साथ पहले तो हरे रंग के होते हैं जिन्हें स्थानीय लोग कच्चे खा जाते हैं। भारत में कश्मीर, हिमाचल में भी इसकी पैदावार काफी हो रही है।

उपयोगिता

1. बादाम के बारे मे हमारे चिकित्सकों का यह मत है कि नारी जाति को बच्चों को जन्म देने के पश्चात के लिए वरदान है, क्योंकि इसे कमर दर्द जैसे रोगों के लिये लाभकारी माना जाता है।

2. औरतों के सफेद पानी (लिकोरिया) जैसे रोगों के लिये बादाम खाना लाभकारी है परन्तु इसे भिंगोकर खाना ही अधिक उपयोगी है। जो लोग इसे भिंगोकर खाते हैं उनके लिये यह किसी रसायन से कम नहीं।

3. बादाम के छिलके को जलाकर दन्त मंजन बनाया जाता है जो दाँतो के लिये लाभकारी है।

4. बादाम रोगन को सिर पर मालिश करने से खुश्की में लाभ होता है तथा बाल झड़ने से रोकते हैं। मस्तिष्क तेज हो जाता है। मन्द बुद्धि लोगों के लिये अति लाभकारी है। जो लोग अधिक दिमागी काम करते हैं। उनके लिये यह एक शक्तिशाली टॉनिक माना जाता है।

5. कानों में बादाम रोगन का एक-एक कतरा हर रोज डालने से कानों की सुनने की शक्ति बढ़ जाती है तथा बहरापन दूर हो जाता है।

6. जो बच्चे जल्दी बोल पा रहे हों या तुतलाकर बोल रहे हों तो उन्हें रात को बादाम की गिरी भिंगोकर सुबह उसके छिलके उतारकर ताजा गाय के मक्खन में मिलाकर देने से उनकी जबान ठीक से काम करने लगती है।

7. रोगों के पश्चात् भी कमजोरी को दूर करने के लिये बादाम की गिरी (पांचलग) को दूध में उबालकर पीने से शरीर की खोयी हुई शक्ति फिर से वापस आ जाती है।

तरुणी (गुलाब)

गुलाब के पौधे झाड़ीदार और छोटे कद के कांटो से भरे होते हैं। इसके फूल कई रंग के होते हैं—लाल, पीले, सफेद, काले, गुलाबी। इन फूलों से गुलाब का अर्क तथा गुलाकन्द तैयार होता है। इस पर सदा फूल आते रहते हैं। इसके उपयोगी अंग फूल ही हैं।

गुलाब मूल रूप से सीरिया का पौधा है। परन्तु अब तो भारत में इसकी अनेक किस्मों की खेती होने लगी है। यह जंगली किस्म के गुलाब होते हैं।

उपयोगिता

1. गुलाब की तासीर ठंडी है। इसका रस पीने से पेट साफ होता है भूख खूब लगती है। यह अन्न को पचाने का काम करता है। यह जिगर के रोगों के लिये अति लाभदायक है और शक्तिशाली है। इसका

अर्क निकालकर तथा शर्बत बनाकर पेट के रोगियों तथा जिनके शरीर के अन्दर अधिक गर्मी होती है तो देते हैं। इसके सेवन से लोग रोग मुक्त हो जाते हैं।

2. गुलाब जल तथा गुलाब का शर्बत लू लगने वाले रोगियों के लिये अमृत से कम नहीं है।

3. बेहोश पड़े व्यक्ति के भी मुँह पर गुलाब जल के छींटे मारने से उसे होश आ जायेगा।

4. गुलाब के फूल ही खुशी के मौके पर भेंट स्वरूप देने की परम्परा भारत में पुरानी चली आ रही है। गुलाब को फूलों का राजा कहा जाता है।

लज्जालु (छुई मुई)

यह एक ऐसी बूटी है जिसे छूने से ही वह एक दम से मुरझा जाती है। तभी इसका नाम लज्जालु (छुई-मुई) रखा गया है। यह आमतौर पर खेतों में, जंगलों में प्राकृतिक रूप से पैदा होती है। इस पर सितम्बर में फूल आते हैं तथा अक्टूबर में फल आ जाते हैं। प्रयोज्य अंग-मूल, पंचांग।

उपयोगिता

1. रक्त तथा पित्त रोगों के लिये लज्जालु का प्रयोग अधिक लाभकारी माना गया है।

2. योनि रोगों के लिये यह अधिक लाभकारी है।

3. इसके मूल का हाथ में लेप कर जहरीलें सांपों को भी पकड़ने का काम सपेरा लेते हैं।

4. साँप के जहर को समाप्त करने के लिये लज्जालु मूल को तंडुलोदक में मिलाकर देने से साँप का जहर समाप्त हो जाता है।

वीरतरू (वरतुली)

यह मध्य आकार का वृक्ष काँटेदार होता है। भारत मे मरुस्थल भागों में यह आम पाया जाता है। इसमें जुलाई में फूल आते हैं। जो पीताभ, रक्तवर्ण के एवं मंजरी में खिलते हैं। फली लंबी चपटी, गहरे भूरे रंग की तथा पकने पर ऐंठी रहती हैं। इसका कष्ठ बहुत कठोर होता है। इसी कारण इसे वीरतरू कहते हैं। इसके उपयोगी अंग मूल, छाल हैं।

उपयोगिता

1. रस और विपाक में कड़वापन जो खाँसी ठीक करे, वीर्य पैदा करे, पेशाब की जलन को दूर करे योनि रोगों को ठीक करता है।

2. संधिवात और शोथ पर इसकी जड़ को घिसकर लगाने से लाभ होता है।

3. आँखों के रोगों में कोमल पत्तों का लेप किया जाता है।

4. मूठगर्भ में यह बहुत लाभकारी है।

शमी (छोंकर)

यह वनस्पति साँस, कास, भ्रम आदि रोगों के लिये लाभदायक है। शमी मानव शरीर के अनेक रोगों का नाश करने वाला है। इसलिये इसे शिवा भी कहते हैं।

यज्ञ को सम्पूर्ण करने के लिये इसकी लकड़ी को पवित्र मानकर उससे आग जलायी जाती है।

शमी के वृक्ष मध्यम आकार के होते हैं। ये पंजाब, राजस्थान, बुन्देलखंड में अधिक मात्रा में पाये जाते हैं। अप्रैल मास में इन पर फूल आते हैं। मई में फल आते हैं। इसे हिन्दु धर्म में देव वृक्ष माना गया है। इसका कारण यह लोक कथा है कि पांडवों ने इसी जाति के वृक्ष पर अपनी अस्त्र-शस्त्र छिपाये थे।

उपयोगिता

1. कुष्ठ, कास, अर्श, बवासीर, कृमि रोग तथा साँस रोगों में उपयोगी है, इसकी छाल संग्राहक एवं रक्त पित्तनाशक मानी जाती है।

2. गर्भपात को रोकने के लिए शमी के फूलों को गाँवों में औरतों को खिलाया जाता है। इन्हें कूटकर मिश्री के साथ मिलाकर गर्भवती को देने से लाभ होता है।

3. इसकी कच्ची फलियों का साग स्वादिष्ट होने के साथ-साथ स्वास्थ्य के लिये भी अच्छा होता है।

पाषाण भेद (परवान भेद)

जैसाकि इसके नाम से ही प्रतीत होता है यह वनस्पति केवल पथरीली धरती पर ही पैदा होती है। इसीलिये इसका नाम पाषाण भेद रखा गया है। इसमें बारीक उपमूल रहते हैं तथा पत्ते कोमल होते हैं। इस पर मार्च में फूल आते हैं, तथा मई तक फल लग जाते हैं। इसके फूल गुलाबी तथा सफेद रंग के होते हैं। यह हिमालय की चोटियों के आस-पास पैदा होती है। 2800 फुट की ऊँचाई से तो इसके जन्म की कहानी शुरू होती है।

उपयोगिता

1. अश्मरी, मूत्रघात, अर्श, योनि रोग, हृदय रोगों के लिए यह उपयोगी है।

2. इसकी जड़ में टैनिक एसिड, ग्लूकोज, स्टार्च, खनिज लवण आदि तत्व पाये जाते हैं। निघण्टु ग्रंथों में पाषाण भेद के चार भेद बताये हैं, यथा 1. पाषाण भेद, 2. वटपत्री, 3. श्वेत शिला, 4. चतुष्पत्री। निघण्टु रत्नाकार ने 3 भेद माने हैं। वनस्पति शास्त्र के आधार पर इसका अध्ययन किया जा रहा है।

सावधानी—पाषाण भेद के नाम से नकली चीजें बाजार में अधिक बिकने के कारण असली चीज की खोज के लिये आपको बहुत जिम्मेदार ओर होशियार से काम लेना होगा। अच्छा तो यही होगा कि आप किसी प्रमाणित दवाखाने से इसे खरीदें।

पर्णबीज (पत्थर चूर)

यह मात्र 4 फुट तक ऊँचा पौधा है। इसके फुल 2 इंच लंबे होते हैं जो सितम्बर में खिलते हैं। इसके एक मास पश्चात् यह फूल फल बन जाते हैं। इसके प्रयोज्य अंग केवल पत्र हैं।

यह प्राकृतिक नहीं बल्कि लोग इसे अपने मन से बीज बोकर या कहीं से छोटा पौधा लाकर लगाते हैं। इस पौधे की सबसे बड़ी विशेषता यह है कि इसके पत्तों को यदि धरती पर कहीं लगा दिया जाय तो यह पौधा पनपने लगता है। यही कारण है कि यह पौधा आम मिलता है। इसके लाभकारी अंग केवल पत्ते ही हैं।

उपयोगिता—इसके पत्तों में मौलिक, आइसोसाइट्रिक एवं साइट्रीन एसीड़ पाया जाता है। इसके पत्तों में कैल्सियम सल्फेट, आग्जलेट तथा एसिड टाइटरेड आफ पोटेशियम पाया जाता है।

रोग नाशक : 1. रक्तार्शप्रदर, अश्मीर, व्रणशोधन, रक्तस्कन्द सब प्रकार के व्रणों का उपचार करने में यह लाभकारी है। 2. स्वास्थ्य रक्षक जड़ी बूटियों में इसका स्थान विशेष हे। आप सब इसका लाभ उठा सकते हैं।

सिल्हक (शिलारस)

यह मधुर एवं वीर्य को बढ़ाने वाली होने के कारण आम लोगों को प्रेम देती है।

वास्तव में इसके बड़े-बड़े वृक्ष होते हैं। इसकी त्वचा पर क्षत करने पर शिला रस प्राप्त होता है जिसका शिला रस शहद के समान गांठे

अर्धघन स्वरूप का जल से भारी अपारदर्शक तथा खाकी भूरे रंग का होता है। इसे बन्द थैलियों में डालकर रख दिया जाता है। असल में इसका बीज तुर्की से भारत आया था। जो धीरे-धीरे सारे भारत में फैल चुका है।

पुष्पकाल—मार्च, अप्रैल । प्रयोज्य अंग—गोंद, रस।

उपयोगिता

1. इसका उपयोग अश्मरी,पेशाबघात, सांस के कष्टों बुखार आदि में किया जाता है।

2. श्वास तथा क्षय रोग मेंशिलारस को शहद में मिलाकर देते हैं।

3. सूजाक के रोगियों को मुलेठी के साथ रस को मिलाकर देते हैं।

4. कंडॅ आदि त्वचा के विकार में तिल के तेल के साथ सेवन करते हैं।

5. अंडवृद्ध को ठीक करने के लिये शिलारस को धतूरे के पत्ते में लगाकर बाँधते हैं।

इसमें एक उड़नशील तेल, सिन्नेमिक एसिड, बेजोइंग एसिड, राल प्रभृति द्रव्य, स्टाइरोल आदि तत्व पाये जाते हैं।

असन (असना)

असन का वृक्ष बहुत बड़ा और चारों तरफ फैला होता है। फूल सुन्दर तथा मन को लुभाने वाले तथा फल पाँच धारियों वाला तथा सख्त बीज होता है। यह अधिकतर जंगलों में ही पाया जाता है। इसके लंबे वृक्ष दूर से ही दिखाई देते हैं।

अप्रैल, मई में फूल आते हैं और जाड़ों में फल बन जाते हैं। इसके प्रयोज्य अंग—छाल, काष्ट। असन के बारे में स्वास्थ्य के विद्वानों में कई आपसी मतभेद पाये जाते हैं। आधुनिक वैद्य लोगों ने जो परीक्षण किये हैं। उनसे यह बात पता चलती है कि वीजक (विजय सार) ही का नाम असन हैं परन्तु फिर भी लोग इन दोनों को अलग-अलग द्रव्य मानते हैं।

धव (धौ)

इसके वृक्ष बड़े-बड़े तथा लंबे होते हैं। जिन पर मई में फूल आते हैं। सर्दी में इनमें फल आते हैं। यह वृक्ष पूरे भारत में पाया जाता है क्योंकि यह प्राकृतिक देन है। इसके प्रयोज्य अंग—छाल, काष्ठ, पुष्प, निर्यास।

उपयोगिता

1. आँखों के हर प्रकार के रोगों में धव के फूलों का अंजन आँखों में डाला जाता है।

2. कुष्ठ, रक्तपित्त, पांडु, प्रमेह, अतिसार आदि में यह बहुत उपयोगी हैं।

3. चाक ने कुष्ठ में खदिर एवं धव के सार का लेप उपयोगी बताया है। विर्सप में धव की छाल जल में घिसकर लेप करने से लाभ होता है।

लवंग (लौंग)

लौंग को सब विद्वानों ने एक मत होकर इसे स्वास्थ्य के लिये अति उपयोगी तथा गुणकारी माना है। महाकवि कालीदासजी ने अपने काव्य में लवंग पुष्पों का गुणगान किया है।

लौंग के मध्यम आकार के वृक्ष होते हैं जो हर समय हरियाली लिये रहते हैं। इन पर हल्के छोटे बैंगनी रंग के फूल मंजरियों में दिखायी देते हुए बड़े सुन्दर लगते हैं। ये वर्षा काल के पश्चात नजर आने लगते हैं और सर्दी के दिनों में इसके फल पक जाते हैं। इसे फल के अन्दर से लौंग निकलती है। इसका पैदावार अधिकतर दक्षिण भारत में तथा कुछ द्वीप समूहों नीलगिरी एवं जंजिबार में होती है। इसके अतिरिक्त यह सुमात्रा, मलाया, जावा, बोर्नियो आदि देशों में पाया जाता है।

उपयोगिता—पेट फूलना, बदहजमी, ठंड का बुखार, पेट दर्द, कास,

साँस रोग, दाँत रोग, सिर दर्द, वायबादी जैसे अनेक रोगों के लिये अति लाभकारी माना गया है।

लौंग का तेल जिसे अंग्रेजी में "गम पेंट" कहते हैं दाँतों पर लगाने से तथा लौंग को दुःखते दाँतों के पास मुँख में रखने से यह दर्द ठीक हो जाता है। लौंग का तेल लगाकर मुँह को ढीला छोड़ देना चाहिये ताकि मुँह से निकलने वाला गन्दा पानी बाहर निकल सके।

जम्बू (जामुन)

इसे नदी के किनारे 'नदी जाता' पैदा होने वाला बताया है परन्तु अब ऐसी बात नहीं है। आजकल तो जामुन के पेड़ आम नजर आने लगे हैं।

इस पर फूल नहीं परन्तु बूर से फल तैयार होता है जो मई-जून में आता है और जुलाई, अगस्त में पककर फल बन जाता है।

जामुन का पेड़ काफी बड़ा होता है। इसके पत्ते 6 इंच तक लंबे तथा 1 से 2 इंच तक चौड़े होते हैं। इसके प्रयोज्य अंग छाल, गुठली, फल हैं।

उपयोगिता

1. मधुमेह में जब जिगर में खराबी आ जाती है तो जामुन की गुठलियों से इसका उपचार किया जाता है।

2. जामुन के फल का आसव तथा सिरका उदर रोगों के लिये बहुत लाभकारी है। विशेषकर अतिसार, संग्रहणी और आँव मे आसव दिया जाता है।

3. प्रदर, पाण्डुरोग और रक्तपित्त के रोगियों के लिये जामुन बहुत गुणकारी मानी जाता है।

जो लोग रोगी नहीं है उन्हें भी जामुन खाना चाहिए इससे वे अनेक रोगों से बचे रहेंगे। निघण्टुकारों में फल की आकृति के अनुसार बड़ा जामुन को वाताल माना है। यही कारण है कि जामुन का सेवन भोजन करने के बाद करना चाहिए।

हिंजल (समुन्द्र फल)

इसका वृक्ष खुश्क स्थानों पर अधिक बढ़ता है विशेष रूप से सागर के तट पर फैली रेत में। इस पर जुलाई मास में फूल आते हैं। जो रक्ताभ वर्ण के मंजरी रूप में नीचे को लटके रहते हैं और फल सर्दी में आते हैं जो लंबे गोल, चतुष्कोणाकार, एक बीज, जड, पत्ते हैं।

उपयोगिता

1. कास और साँस रोग में इसके बीज का चूर्ण प्रयोग करने से लाभ होता है। चूर्ण की मात्रा 3 से 6 माशा।

2. सर्दी के मौसम में जब छोटे बच्चों की पसलियाँ चलने लगती हैं तो इसके फल का लेप बहुत उपयोगी सिद्ध होता है।

3. बच्चों के पेट में आध्मान होने पर एक माशा बीज का चूर्ण देने से लाभ होता है।

कूष्मांड (पेठा)

पेठा के फल को सबसे बड़ा फल कहा जा सकता है जो पेड़ के साथ नहीं बल्कि जमीन पर बिछी बेल के साथ लगा धरती पर पड़ा होता है। फल का छिलका सख्त परन्तु अन्दर से यह बड़ा मुलायम होता है। पेठे की बेल पर अगस्त मास में फूल आते हैं। सर्दी में फल तैयार होता है। पेठे के गुद्दे के अन्दर बड़े-बड़े बीज होते हैं। पेठे की अधिकतर मिठाई बनायी जाती है।

उपयोगिता

1. पेशाब के हर तरह के रोगों के लिये पेठा लाभकारी है।

2. कब्ज रोग को ठीक करता है।

3. पित विकार नाशक है।

4. बीज तेल स्फीतकृमी में काफी लाभकारी है।

धातकी (धाय)

इसके फूलों में किण्वीकरण की प्रक्रिया होती है। इसी कारण इसे मदकरा भी कहा जाता है। इसके झाड़ियों जैसे पौधे होते हैं जिनकी शाखायें जमीन पर फैली रहती हैं। इसके फूल बहुत चमकीले तथा लाल रंग के होते हैं जो अप्रैल, मई मास में आते हैं। इसके बाद फल बन जाते हैं। इसे उपयोगी अंग फूल तथा जड़ हैं। मात्रा-फूलों का चूर्ण 1 माशा छोटों को तथा 3 माशा बड़ों को देना चाहिए।

भारत में यह हिमालय की निचली घाटियों से लेकर मैदानी भागों में स्वयंजात सर्वत्र पाया जाता है।

उपयोगिता

1. अतिसार एवं पुरानी आँव में इसे फूल लाभकारी हैं।

2. दर्द, कृमि उदर एवं श्वेत प्रदर जैसे रोगों में धातकी के फूलों का चूर्ण तंडुलोदक के साथ देने से लाभ होता है।

3. बुखार रोग में शुष्ठी एवं दामिड के साथ देते हैं।

मदयन्त्तिका (मेहंदी)

औरतें इसके पत्तों को कूट पीसकर हाथों पर लगाकर उन्हें रंगीला बनाती हैं। पुरुष सिर के सफेद बालों पर लगाकर उन्हें रंगीन बनाते हैं। मेहंदी के झाड़ीदार पौधे भारत के मैदानी क्षेत्रों में काफी पाये जाते हैं। इन पेड़ों पर पत्तियाँ तथा जून से सितम्बर तक फूल आते रहते हैं। इसके फूल हरे सफेद गुच्छे की शक्ल में आते हैं। फल, गोल, कई बीजों वाले सितम्बर-अक्टूबर में आ जाते हैं।

उपयोगिता--सुहाग की निशानी तथा हर शुभ अवसर पर मेहंदी का लगाना जरूरी समझा जाता है। मेहंदी भारतीय समाज का एक महत्त्वपूर्ण अंग है।

रोग उपचार में भी मेहंदी भारत का एक महत्त्वपूर्ण अंग है।

रोग उपचार में भी मेहंदी का बहुत योगदान है। जिन लोगों के शरीर में गर्मी अधिक बढ़ गयी हो उन्हे मेहंदी का रस मिश्री में घोलकर देना चाहिए। जिन लोगों को गर्मी के कारण सिर दर्द रहता हो उन्हें सिर पर मेहंदी को बारीक पीसकर पानी में भिंगोकर लेप की भांति बालों पर लगाना चाहिए। लगाने के आधे घंटे बाद उसे धो देना चाहिए।

जिन लोगों के बाल आयु के पहले ही सफेद होने शुरू हो गये हों उन्हें मेहंदी का पाउडर पानी में भिंगोकर लगाने से बालों का झड़ना रूक जाता है तथा बाल काले तथा मजबूत हो जाते हैं।

दाडिम (अनार)

अनार के वृक्ष पर्णपाती तथा गुल्मनुमा होते हैं जिन पर अप्रैल-मई में फूल आते हैं जो एकल, रक्तवर्ण के होते हैं। फल अगस्त-सितम्बर में आते हैं। इसके फल गोलाकार, झिल्लीदार, पर्दों द्वारा अनेक कोष्ठों में विभक्त छोटे-छोटे लाल सफेद रंग के रस भरे दाने भरपूर होते हैं। अनार रस भेद से खट्टे एवं मीठे दो प्रकार के होते हैं। खट्टे अनार को अनार बीज और मीठे अनार को वीदाना कहते हैं। सब से बढ़िया अनार कंधार और काबुल के माने जाते हैं। इनके बाहरी छिलके भी लाल होते हैं। प्रयोज्य अंग--ाल, पुष्प, बीज, फल।

उपयोगिता

1. नकसीर फूटने पर अनार के फूल का स्वरस नाक में डालने से लाभ होता है।

2. खूनी बवासीर में अनार के छिलके का चूर्ण तक्र के साथ सेवन करने से लाभ होता है।

3. मीठा अनार त्रिदोषनाशक और खट्टा अनार वात एवं पित्त नाशक है।

4. गर्मी में बुखार, बेचैनी, नींद न आने वाले को अनार का रस शहद में मिलाकर देने से रोग ठीक हो जाता है।

5. अनार की जड़ का चूर्ण चपटे कृमियों में बहुत लाभकारी बताया गया है।

6. अनार का फल, जड़, छिलका तथा पत्ते सबके सारे लाभकारी हैं। कच्चे अनार का अनारदाना हमारे स्वादिष्ट व्यंजनों में सबसे उपयोगी माना जाता है।

सिंघाड़ा

यह फल चूँकी पानी में ही पैदा होता है इसलिए इसे जल फल कहते हैं। सिंघाड़े के पौधे केवल तालाबों तथा उन स्थानों पर ही होते हैं जहाँ पानी रुका हुआ होता है। इसके फूल अगस्त में आते हैं। फल सितम्बर-अक्टूबर में आते हैं। फल पानी में लटके हुए चपटे, तिकोने होते हैं। फलों पर चोंचदार नुकीला उत्सेध होता है। फल कोष में बीज होता है जिसे सिंघाड़ा कहते हैं। सूखे फलों का आटा भी बनाया जाता है। यह प्राकृतिक रूप से पैदा होता है। अब कुछ लोग इसे कारोबार के रूप में लेने लगे हैं।

उपयोगिता

1. पेशाब के रोगियों के लिए सिंघाड़े का क्वाथ अति लाभकारी माना जाता है।

2. स्तन्यजनन में इसका विशेष उपयोग है।

3. विपर्स, प्रमेह, तृष्णा आदि रोगों में इसका विशेष उपयोग है। तासीर ठंडी होती है। जिन लोगों को शरीरिक गर्मी हो उनके लिए यह अति गुणकारी है।

4. सिंघाड़े को कच्चा खाना अधिक गुणकारी है। उबालकर खाने से भी स्वास्थ्य के लिए अच्छा है।

5. सिंघाड़े का चूर्ण बनाकर गर्मी के रोगियों तथा लू लगने वालों को देने से लाभ होता है।

6. सिंघाड़े के आटे की रोटियाँ एवं हलवा त्योहारों पर बनाया जाता है।

सप्तचक्रा (सप्तरंगी)

ये मध्यम आकार के वृक्ष होते हैं। इनकी जड़ को काटने से उसमें कई रंग नजर आते हैं। इसी कारण इन्हें सप्तरंगी भी बोलते हैं। यह हिमालय की निचली घाटियों तथा घने जंगलों में पैदा होने वाला प्राकृतिक वृक्ष है। इस पर मार्च से मई के बीच फूल आते हैं। फल जून के मास में आते हैं। वनस्पति शास्त्र में इसे कहते हैं।

उपयोगिता

1. मधुमेह रोगियों के लिए यह बहुत उपयोगी माना जाता है।

2. प्रमेह, शोथहर, पैत्रिक विकार, रक्तविकार रोगों में यह बहुत लाभकारी है।

एरंड कर्कटी (पपीता)

पपीते छोटे कद के गुल्मनुमा वृक्ष होते हैं जो नारियल के पेड़ की भांति सीधे खड़े रहते हैं। इनमें फल बहुत आते हैं। इसे हरे रंग में ही पेड़ से तोड़कर उसे कुछ दिन कमरे में बन्द रखते हैं। यहाँ पर उसका रंग पीला पड़ जाता है। हरा, पीला रंग पके हुए पपीते की निशानी है जो अन्दर से हल्का लाल गुलाबी तथा पीला होता है। इसके अन्दर काले बीज होते हैं।

पपीते पर अगस्त-सितम्बर में फूल आते हैं। सर्दी में फल पककर तैयार हो जाते हैं। लाभकारी अंग जड़, फल, पत्ते हैं। यह पूरे भारतवर्ष में पैदा होता है।

उपयोगिता

1. रस मधुर, वीर्य उष्ण, विपाक'मधुर, कर्म-त्रिदोषघ्न, जिगर खराबी को दूर करता है। पेट रोगों के लिए उपयोगी।

2. पुरानी कब्ज में हर रोज सुबह उठकर 250 ग्राम पपीता खाने से रोग जड़ से चला जाता है।

3. बीजों का गर्भपात में प्रयोग किया जाता है।

इन्द्रवारूणी (इन्द्रायण)

यह एक लता रूपी पौधा है जिसके इसके सफेद फूल होते हैं जो अगस्त-सितम्बर में आते हैं। फल लंबा होता है। बीज काले, गोल तथा चपटे होते हैं जो एक फल में से काफी संख्या में निकलते हैं। इसके उपयोगी अंग जड़, फल, पत्ते हैं। इसकी खुराक-जड़ का चूर्ण 2 से 3 मि. ग्राम तथा फल का रस 1 से 2 ग्राम। यह लगभग भारत के रेतीले क्षेत्रों में आम पायी जाती है।

उपयोगिता

1. कामला रोगियों को इन्द्रायण की जड़ का चूर्ण गुड़ के साथ सेवन करने से लाभ होता है।

2. सन्धिवात में इसकी जड़ को पिप्पली तथा गुड़ के साथ सेवन करने से लाभ होता है।

3. आँखों के दुखने पर इसके फल का रस एक दो बूंद डालने से लाभ होता है।

4. उदर रोगों में जानवरों के लिये लाल तथा पीला इन्द्रायण लाभदायक है।

5. गर्भस्राव के लिये बीजों का प्रयोग किया जाता है।

6. इसके अलावा जिगर, उदर, शोथ, जलोदर आदि विकारों में काफी लाभ देता है।

7. प्लीहोदर, उन्माद, गण्डमाला में मूल चूर्ण का प्रयोग लाभकारी है।

महाकाल (लाल इन्द्रायण)

इसकी आरोही लतायें हिमालय को निचली घाटियों में 1500 मी. की ऊँचाई तक पायी जाती हैं। इसके गुण भेद सब वही हैं जो इन्द्रवारूणी के हैं।

पटोल (परवल)

परवल आदि गुणों में श्रेष्ठ माना जाता है। यह भी एक वर्षायु अरोही लता होती है। इसके हरे पत्ते बड़े और नुकीले होते हैं। अगस्त मास में इसके फूल आते हैं। इसके पश्चात वे फलों में बदल जाते हैं। इसके फूल एकलिंगी सफेद रंग के होते हैं। फल लंबे और थोड़े गोलाई में और अग्र भाग नुकीले होते हैं। कच्चा फल हरा और पकने पर रक्त वर्ण का होता है। जिन पर सफेद रंग की धारियाँ होती हैं।

उपयोगिता

1. पित्तधान रोगियों के लिये वन्य पटोल पिचांग को विरेचन के लिये देते हैं।

2. पित्त ज्वर, जीर्ण ज्वर, कामला, शोथ, उदर रोगों में इससे विरेचन होकर पाचन शक्ति बढ़ती है।

3. इसके अलावा यह रक्तपित्त शोथ, शिरा रोग, बायबादी तथा विष रोगों मे लाभदायक है।

4. त्वचा के रोगों में पटोल चूर्ण को गिलोय क्वाथ में देते हैं।

5. प्रायः सभी रोगों में पटोल का साग पथ्य माना गया है।

बिम्बी (कुन्दरु)

इसके फल लाल रंग के होते हैं। बिम्ब फल की उपमा आष्ठों से

की गयी है। इसी कारण इसे ओष्ठोपमफला भी कहा जाता है। इसकी लता आरोही शील होती है। काँटे नुकीले तथा मुलायम होते हैं। फूल सफेद रंग के होते हैं जो जुलाई में आते हैं और सितम्वर में फल का रूप धारण करते हैं। फल अण्डाकर, बेलनागर पकने पर रक्तवर्ण के होते हैं।

उपयोगिता

1. कड़वी कुन्दरु की लता खाँसी, बलगम, पित्त रक्तविकार, शोथ पांडुरोग और बुखार से मुक्ति दिलाती है।

2. फल साँस रोगों, कास, वाय (वात), खाँसी, बलगम को दूर करते हैं।

3. मधुमेह रोगियों के लिये इसका साग बहुत लाभकारी है।

4. बिम्बी का प्रभाव रक्त मूत्रगत शर्करा कम करने में लाभदायक है।

शिवालिंगी (शिवलिंगी)

यह एक वर्षायु वर्षा कालीन लता जाति की वनस्पति है। इसके फूल सफेद रंग के होते हैं। शीतकाल में इसमें फूल ओर फल आते हैं। पुष्प पीले हरे रंग के होते हैं। फल हरे, पीले, पकने पर रक्त चित्रित, मांसला बीज शिवलिंग के समान आकृति लिए होते हैं। इसकी लताएँ वर्षाकाल के बाद ग्रामीण क्षेत्रों में बाड़ों पर स्वयंजात पायी जाती है।

उपयोगिता

1. इसका फल जिगर रोगियों तथा प्लीहा विकार नाशक है।

2. शिवालिंगी के पत्तों का लेप शोथ पर उपयोगी है।

3. बीजों को केले केसाथ रजोधर्म के बाद, सम दिनों में सेवन करने से पुत्र रूपी फल प्राप्त होता है।

जीरक (सफेद जीरा)

आम प्रयोग की इस औषध को हर भारतवासी जानता है। परन्तु इस बात को बहुत कम लोग जानते हैं कि इस वर्ग में करीब 2800 किस्मों की वनस्पतियाँ पायी जाती हैं। इसके पत्ते अति साधारण होते हैं। फूल छोटे सफेद, हल्के गुलाबी होते हैं। भारत में इसकी खेती बहुत अधिक की जाने लगी है। इसकी गुजरात, उत्तर प्रदेश एवं पंजाब में खेती की जाती है।

उपयोगिता

1. विषम बुखार में जीरे का चूर्ण गुड़ के साथ सेवन करने से बुखार से मुक्ति मिलती है। साथ ही वायु रोगों से भी पीछा छूट जाता है।

2. इसके अलावा वातकफ, अतिसार, श्वांस रोग, कास, हिक्का, पीनस आदि विकारों में यह लाभदायक है।

3. जीरक चूर्ण खाने से पाचन शक्ति ठीक रहती है। यकृत एवं आँतों को बल मिलता है। योनि रोगों में भी जीरक का उपयोग किया जाता हैं।

जीरक (कृष्ण) काला जीरा

जीरा सफेद तथा काला दोनों का नाम जीरा ही है परन्तु इन दोनों के गुण अलग-अलग हैं। सफेद जीरा की खेती मैदानी क्षेत्रों में अधिक होती है परन्तु काले जीरे की फसल तो उत्तरी हिमालय में 3000 मीटर तक की ऊँचाई पर भी होती है। यह जम्मू कश्मीर, हिमालय,लाहौर, स्फीती, नेपाल, भूटान क्षेत्रों में पाया जाता है।

कृष्ण जीरक के बहुशाखीय एक मीटर तक लंबे शाकीय पौधे होते हैं। इस पर सफेद रंग के फूल छत्रकों में अगस्त, सितम्बर में खिलते हैं। फल (बीज) श्वेत जीरा से पतले कुछ वक्र रेखाकार और सुगन्धित होते हैं। इसकी दूसरी किस्म भी हिमालय में पायी जाती है।

उपयोगिता

1. उदर पीड़ा, कुपचन, आध्मान, पेचिश रोगों के लिए अधिक लाभकारी है।

2. इसमें उड़नशील तेल पाया जाता है। सूखे बीजों में हल्के पीले रंग का द्रव्य पाया जाता है।

3. यह जीरा सफेद जीरे से महंगा होता है। इसलिए व्यापारी लोग इसमें मिलावट करते हैं। यहाँ तक कि कुछ बेईमान लोग सफेद जीरे को भूनकर काला करके मिलावट कर देते हैं। ऐसे में सावधानी बरतनी चाहिए।

4. यह उतेजक गुणों के कारण वेग से शरीर में पहुँचता है।

यवानी (अजवायन)

यह बहुत ही जन उपयोगी पौधा है। इसका कद भले ही 30 से. मी. से लेकर 1.30 मीटर तक होता है मगर इसके गुण तो बहुत बड़े हैं। इस पर फरवरी में फूल आते हैं जो शाखाओं में छत्रक के रूप में सफेद रंग के होते हैं तथा अप्रैल में फल आ जाता है। बीज रूपरेखा में अजमोदा भाग बीज, पते, अर्क हैं । तेल की खुराक 15 से 30 बूंद तक तथा सत अजवायन 3 ग्राम से 4 ग्राम तक लेना चाहिए। अजवायन की खेती करीब-करीब सारे भारत के मैदानी क्षेत्रों में होती हैं।

उपयोगिता

1. प्रसूता औरतों को अजवायन देने से भूख लगने लगती है और उनकी पाचन शक्ति बढ़ जाती है।

2. सूतिका बुखार में अजवायन का सेवन बहुत उपयोगी है।

3. सर्दी के बुखार में सात दिन तक अजवायन को गुड़ के साथ देने से रोगी को लाभ होता है।

4. दाँतों के दर्द में अजवायन को मुँह में रखकर चबाने से दाँत दर्द ठीक हो जाता है। बल्कि मुँह की बदबू भी इससे जाती रहती है।

5. उदरशूल एवं अजीर्ण में इसका अर्क एंव तेल प्रयोग करने से लाभ होता है।

कुटुतुम्बी (कड़वी लौकी)

कड़वी लौकी की बेलें धरती पर बिछी रहती हैं जिनकी लताओं पर सफेद रंग के फूल आते हैं जो बाद में फलों में बदल जाते हैं। इसका रंग हरा होता है। आकार लंबा होता है। यह किसानों द्वारा खेती करने पर ही पैदा होती है। इसके काम आने वाले अंग फल, बीज, पत्ते हैं। अगस्त, सितम्बर में फूल आते हैं और अक्टूबर में फल शुरु हो जाते हैं।

उपयोगिता

1. कड़वी लौकी विष, वमन, पित्त ज्वर, शोथ, व्रण शूल, वात और कफ जैसे रोगों के लिये उपयोगी है।

2. इसका तेल अधोभाग, दुष्टव्रणशोधन कृमि तथा कुष्ठ रोगों को दूर करता है।

जीमूतक (देवदाली)

इसकी प्रसरणशील आरोही लतायें होती हैं। पतले-पतले काँट पाँच कोने वाले, कर्कश होते हैं। फूलों का रंग पीला, सफेद होता है। फल लंबे आकार के तथा हरे रंग के होते हैं। इसकी पैदावार देश के मैदानी भागों में अधिक होता है।

उपयोगिता

1. बुखार रोगियों को पंचांग का सूक्ष्म चूर्ण शीतल जल के साथ देने से लाभ होता है।

2. चूहे के जहर तथा अन्य किसी जहरीले जानवर के काट खाने पर देवदाली फल का चूर्ण दही में मिलाकर देने से जहर का असर समाप्त हो जाता है।

3. इसके अलावा कामला, प्रदर, सांस रोग, हिचकी, पाण्डु, बवासीर, अरूचि, श्रय कृमि रोगों में भी काफी लाभदायक है।

कोषातकी (तोरी अथवा तोरई)

इसका दूसरा नाम तौराई है। यह दो प्रकार की होती है। एक तो खेतों में पैदा की जाती है दूसरी जंगलों में अपने आप पैदा होती हैं। इसकी भी आरोही लतायें होती हैं। फूल सफेद आभा वाले पीले रंग के होते हैं जो अगस्त, सितम्बर में आते हैं। पुष्पों के बाद फल आते हैं।

फल धारीदार होते हैं। इसके लाभकारी अंग फल, पत्ते, बीज, हैं। जंगली तोरई कड़वी तथा खेती वाली मीठी होती है।

उपयोगिता

1 बवासीर रोगियों के मस्सों पर कड़वी तोरी के मूल चूर्ण का लेप करने से मस्से समाप्त हो जाते हैं।

2. कामला रोग में इसके रस का नस्वार देने से रोग में लाभ होता है।

3. गंडमाला रोग में कड़वी तोरी, पिप्पली के साथ मिलाकर नस्वार देने से लाभ होता है।

4. सब प्रकार के कुष्ठ रोगों मे इसका फल लाभदायक है।

5. योनि कन्द में स्वरस दही के साथ देने से लाभ होता है।

6. मूषिक विष में पंचांग क्वाथ पिलाने से लाभ होता है।

कार वेल्लक (करेला)

करेला भी आरोही बेलों की देन है जो खेती द्वारा पैदा किया जाता

है। इस पर सितम्बर में फूल आते हैं। फल अक्टूबर में आता है। इसके काम आने वाले अंग फल, रस, पत्ते हैं।

उपयोगिता

1. बुखार वाले रोगियों को करेले का शाक देने से लाभ होता है।

2. मधुमेह रोगियों को करेले का स्वरस देने से लाभ होता है।

3. मसूरिका में करेले के पत्ते का स्वरस हरिद्रचूर्ण के साथ मिलाकर देने से लाभ होता है।

4. करेला खाँसी,पांडु रोग, व्रण, कृमि, साँस रोग,प्रमेह, कुष्ठ, कास, रोगों के लिये भी अति गुणकारी है।

त्रपुष (कड़वी ककड़ी)

यह कई प्रकार की होती हैं। कड़वी ककड़ी आरोही लता जाति की वनस्पति है। इसके पुष्प एक लिंगी पीत वर्ण के होते हैं। फल दीर्घ-स्थूल श्वेत, हरिताभ होते हैं। पुष्प जुलाई में आते हैं। और फल अगस्त में आते हैं। इसके काम आने वाले अंग बीज, फल हैं।

उपयोगिता

1. यह पेशाब रोगों के लिये लाभकारी है।

2. अनेक प्रकार की पीड़ाओं को भी इसके द्वारा नष्ट किया जा सकता है।

3. यह पित्तनाशक है।

अजमोदा (अजमोदा)

यह एक छोटा सा एक वर्षायु पौधा होता है जिसकी लंबाई 30 से. मी. तक होती है। काण्ड देखने में अजवायन के पौधे जैसा लगता है। इसके बीज बड़े होते हैं। यदि इनको मसलकर सूंघा जाय तो उनमें सौंफ

जेसी बड़ी प्यारी खुशबू आती है। इसमें फरवरी में फूल आते हैं तथा मार्च में फल आते हैं। इसके लाभकारी अंग बीज, जड़ है। खुराक बीज की 9 से 2 ग्राम है। दक्षिण भारत तथा बंगाल में इसकी खेती की जाती है।

उपयोगिता

1. इसके बीजों में से निकलने वाला तेल अनेक प्रकार के दर्दों के लिये लाभकारी है।

2. बीजों का उपयोग, बुखार, तृषा, दाद, सांस रोग, बवासीर और कृमि जैसे रोगों में मुक्ति पाने के लिए किया जाता है। यकृत एवं प्लीहा के विकारों में इसका उपयोग करते हैं।

शतपुरूपा (सोया)

सोये के पौधे छोटे कद के होते हैं जो 30 से 90 सें.मी. तक लंबे होते हैं। बीज (फल) चपटे बारीक होते हैं। फूल दिसम्बर, जनवरी में आते हैं तथा फल फरवरी मार्च में आते हैं। ल़ाभकारी अंग बीज (फल)।

उपयोगिता

1. प्लीहा बढ़ने पर सोया के बीज (फल) सर्षप तेल के साथ देने से लाभ होता है।

2. कामला, पांडफ एवं शोथ रोगियों को भैंस के दूध के साथ देने से लाभ होता है।

3. गुल्मी रोगियों का अरंड के तेल के साथ, कुष्ठ रोगियों को खदिर के काढ़े के साथ, शुष्कविट वाले रोगियों को मांस की तरी के साथ, सोया चूर्ण का सेवन करना चाहिए। इससे यह सारे रोग ठीक हो जाते हैं।

4. वाय बादी तथा रक्त पीड़ा में सोये को दूध में पीसकर पीड़ा वाले भाग पर इसका लेप करना चाहिए। इससे आराम मिलता है। दर्द दूर हो जाता है।

5. बच्चों को पेट दर्द हो, अफरा हो तो सोया का अर्क सुधा मंड के साथ देना चाहिए।

6. पक्षाघात, अर्दित तथा सन्धि शूल में सोया के तेल की मालिश करने से आराम होता है।

7. कान में दर्द हो तो सोया का तेल एक दो बूंद डालने से दर्द कम हो जाता है तथा दो-तीन बार डालने से पूर्ण रूप से कान दर्द ठीक हो जाता है।

मिश्रेया (सौंफ)

सौंफ के विषय में लाखों करोड़ों लोग यह बात अच्छी तरह जानते हैं कि यह अति गुणकारी है। यदि यह भी कहा जाय कि सौंफ सब दुःखों की दवा है तो भी गलत नहीं होगा। परन्तु यह बात तो शायद 1 प्रतिशत लोग भी नहीं जानते होंगे कि यह कैसे पैदा होती है? असल में इसका पौधा खेती द्वारा ही पाला पोसा जाता है। यह प्राकृतिक जड़ी बूटी नहीं है। इस पर दिसम्बर में फूल आते हैं और मार्च-अप्रैल में फल (बीज) आते हैं। बीज (फल) और अर्क प्रयोज्य अंग हैं। भारत के सभी प्रान्तों में इसकी खेती की जाती है।

उपयोगिता

1. पेशाब की गर्मी को कम करने के लिए सौंफ का चूर्ण या अर्क रोगी को देने से लाभ होता है।

2. आँख उल्टी तथा अजीर्ण या पेचिश लगने पर सौंफ को ठंडे पानी के साथ या इसका अर्क देने से लाभ होता है।

3. योनि शूल, वासीर, खून के बढ़ते कास तथा कृमि रोगो के लिये भी अधिक लाभकारी है।

4. नारियों को भी गर्भाशय तथा योनि रोगों के उपचार के लिये सौंफ काफी उपयोगी हैं।

5. प्लीहा तथा जिगर के रोगों में भी सौंफ गुणकारी है।

6. पेट की मरोड़ को नष्ट करने के लिए कच्ची-पक्की सौंफ का प्रयोग करते हैं।

मंडूक प्रणी (ब्राह्मी)

इसका पौधा छोटे कद का छतेदार परिस्मृत होता है जो प्राकृतिक रूप से तथा खेती बाड़ी द्वारा पैदा होता है। इसकी खेती के लिये अधिक पानी वाली जमीन की जरूरत है। इस पर दिसम्बर से मार्च तक फूल आते हैं। फल काल भी यही है। इसके लाभकारी अंगों में केवल पत्ते ही हैं। फूल श्वेताभ रूप वर्ण के और फल गुच्छों में छोटे-छोटे होते हैं। यह शीत प्रधान एवं नमदार भूमि पर नदी, नालों एवं नहरों के किनारे पायी जाती है।

उपयोगिता

1. इसे मन्द बुद्धि लोगों को घोलकर बादाम के रस के साथ देने से लाभ होता है।

2. जो लोग अधिक दिमागी काम करते हैं उनके लिए भी ब्राह्मी का रस सेवन करना अच्छा है।

3. ब्राह्मी रक्तपित, कुष्ठ, प्रमेहकास, रक्तविकार आदि रोगों के लिये लाभदायक है।

4. मानसिक रोगों में विशेष रूप से प्रयोग करते हैं।

हिड्गु (हिंग)

हींग का पौधा 1 से 3 मीटर प्राकृतिक रूप से तो नहीं बल्कि खेती बाड़ी द्वारा ही पाला जाता है। इस पर सितम्वर मास में फूल आते हैं। फिर कुछ दिनों में यही फूल फलों का रूप धारण करते हैं। हींग के पौधे पहाड़ी क्षेत्रों में ही होते हैं। जैसे कश्मीर,अफगानिस्तान जैसे क्षेत्र। कुछ

हिमाचल में भी पाये जाते हैं। हमारे देश में हींग की पूर्ति के लिए अफगानिस्तान, फारस, पाकिस्तान का सहारा लेना पड़ता है क्योंकि हींग महंगी चीज है। इसलिए कुछ बेईमान लोग नकली हींग तैयार करके बेचने लगे हैं। औषध उपयोग में इस पौधे के काण्ड एवं मूल में चीरा लगाकर राल या गोंद प्राप्त करते हैं जिसे हींग कहते हैं। चीरा लगाने से पौधे से सफेद दूध जैसा गाढ़ा रस निकलता है। 4-5 वर्ष के आयु के पौधे से हींग का संग्रह करते हैं।

उपयोगिता

1. उदर रोग, गुल्म, कृमि, अरोचक, अजीर्ण तथा फुफ्फुस रोगों के लिये हींग बहुत उपयोगी है।

2. सर्दी के बुखार में हींग लाभदायक है।

3. स्त्री रोगों में हींग का प्रयोग काफी लाभकारी है विशेषकर प्रसूता नारी को हींग देने से प्रसव कष्ट में आराम होता है।

4. मानव शरीर के अन्दर वाय, वादी को हींग जड़ से काटती है।

5. दाँतों के दर्द में हींग का जरा-सा टुकड़ा दर्द वाले दाँत के पास रखने से दाँत रोगों से मुक्ति मिलती है।

6. कामला में हींग का अंजन आँख में करने से लाभ होता है।

चोरक (चीरा)

चीरा 4 मीटर तक ऊँचा पौधा होता है जो हिमालय पहाड़ पर पाया जाता है। इस पर अगस्त मास में फूल आते हैं। फल सितम्बर में तैयार होते हैं। इसका उपयोगी अंग जड़ होती है।

उपयोगिता—इसकी जड़ कटु, तीक्ष्ण, उष्ण, दपन, पाचन एवं उतेजक है। अजीर्ण तथा विवन्ध रोगों में इसकी जड़ का सेवन लाभदायक है।

गर्जर (गाजर)

यह धरती में जड़ खाने वाला पौधा है। जिसका उपयोग सब्जियों के रूप में किया जाता है। इसके ऊपरी भाग में पत्ते फूल बीज होते हैं। इसकी खेती किसान लोग करते हैं। सर्दी के मौसम में इसकी फसल तैयार होती है। इसके लाभकारी अंग जड़ और बीज हैं।

रस मधुर, कषाय, विषाक, वीर्य वृद्धि करने वाला है। बीज गर्भस्त्रावकर तथा उतेजक है।

गाजर खाने से शरीर की आम कमजोरी दूर होती है। नया खून बनाने में सहायक होती है। गाजर का जूस स्वास्थ्य के लिये लाभकारी है। पत्तों का साग खाने से कई रोग ठीक होते हैं, ताकत आती है। गाजर का हलवा भी बनाकर खाते हैं।

मंजिजष्ठा (मंजीठ)

यह खून को साफ करती है। मुँह की सुन्दरता में निखार लाती है। इसकी लतायें काफी लंबी होती हैं। लता जाति के इस वृक्ष पर जून मास में फूल आते हैं। सितम्बर में फल आता है। इसका लाभकारी अंग जड़ ही है। यह हिमालय पर्वत की 900 मीटर से लेकर 3200 मीटर तक, उत्तराखंड, कुमाऊँ, हिमाचल प्रदेश, जम्मू-कश्मीर, सिक्किम, दार्जिलिंग आदि स्थानों पर होती है।

उपयोगिता

1. चर्म रोगों तथा खून साफ करने के लिये यह बहुत लाभकारी है।

2. नारी जब बच्चे को जन्म देती है उसकी गर्भाशय को शुद्ध करने के लिये पिप्ली मूल आदि द्रव्यों के साथ प्रयोग करने से शुद्धि होती है।

3. रक्तप्रदर, प्रमेह, कुष्ठ रोगों का उपचार के लिये बहुत लाभदायक है।

नाड़ी हिंगु (डीका माली)

पत्रकलिकाओं में हींग के जैसी ही गन्ध होती है। हिंगु पानी भी है। इसमें गंध भी रखता है। इसके वृक्ष होते है। जो प्राकृतिक रूप से अधिक पैदा होते हैं। इसके पत्तों को तोड़ने पर रस निकलता है जिसमें हींग जैसी गंध होती है। इसके फूल सर्दी के मौसम में आते हैं। अप्रैल तक फल तैयार हो जाते हैं। इसका लाभकारी भाग गोंद है।

उपयोगिता

1. अंतड़ियों के रोगों में इसका प्रयोग बहुत लाभकारी है।
2. गैस रोगियों को इसका सेवन निरन्तर करना चाहिए।
3. गोल कृमि, कंचव रोगों के लिये यह अच्छी औषधि है।
4. पेट के हर प्रकार के रोगों में इसका उपयोग लाभदायक माना गया है।
5. जीर्ण त्वचा के रोगों एवं व्रणों में भी यह उपयोगी है। उन्माद, अपस्मार की चिकित्सा में इस औषधि का उपयोग चरक ने लाभदायक बताया है।

मदन (मैन फल)

यह वामक आदि गुणों के कारण शरीर को एक अनजाना नशा देता है।

इसके वृक्ष कांटेदार होते हैं। उनके हाथ लगाने से कांटे चुभते हैं। इस पर मार्च में फूल आते हैं। अप्रैल में फल तैयार होते हैं लाभकारी अंग फल तथा बीज हैं। मात्रा–फल बच्चों को 1 ग्राम बड़ो को 2 ग्राम।

उपयोगिता–मैन फल बुखार, विद्रधि, गुल्म, शोथ, आनाह एवं व्रण जैसे रोग नष्ट हो जाते हैं। इसके चूर्ण को पानी में भिंगोकर एवं स्वरस में मधु को मिलाकर फिर उसमें सेंधा नमक मिलाकर सुबह उठकर मुंह सेवन करने से पेट के सब रोग दूर हो जाते हैं।

प्रसारिणी (गन्ध प्रसारणी)

इसकी लता प्रसरणशील होती है। अपने गुणों के कारण वात (गैस) का नाश करके संधियों में चेष्टा प्रदान करता है। सारण प्रतानिनी जैसे शब्द इसी अर्थ के बोधक हैं। यह आरोही लता जाति की वनस्पति है। इसकी लताओं से गंध आती है। पतों को मसलने पर इसमें से बदबू आती है। इसमें फरवरी में फूल आते हैं। मार्च-अप्रैल में फल आता है। इसके लाभकारी अंग कांटे तथा जड़े हैं।

उपयोगिता

1. सन्धि वात तथा वायु (गैस) रोगियों को क्वाथ कल्क दूध या तेल सांधत सेवन करने से लाभ होता है।

2. पेशाब रोगों में नारियल के पानी में इसका रस पीने से आराम आता है।

3. बच्चों की हिचकी रोकने के लिये स्वरस का लेप या नसवार के रूप में देने से हिचकी रुक जाती है।

कदम्ब (कदम)

कदम्ब का वृक्ष मध्यम आकार के परन्तु बहुत घनी शाखाओं वाले होते हैं। यह जंगली वृक्ष है जो प्राकृतिक रूप से पैदा होता है। मई, जून में इस पर फूल आते हैं। जाड़ों में फल आता है। इसके लाभकारी अंग छाल, पत्ते, फल हैं।

उपयोगिता—पेशाब रुकने तथा रक्तातिसार रोगों में इसकी जड़ एवं छाल का काढ़ा घी एवं सोंठ के चूर्ण मे मिलाकर प्रयोग करने से दुख दूर होते हैं। रक्त पति, अश्मरी एवं मूत्राघात में भी प्रयोग होता है।

हरिद्रु (हलदू)

इसके पेड़ मध्यम आकार के होते हैं जो सीधे कांटो वाले होते हैं।

इन पर अप्रैल में फूल आते हैं। मई में फल तैयार होते हैं। इसके लाभकारी अंग लकड़ी तथा पते हैं जो वीर्य पैदा करे, व्रणशोशन, त्वचाविकारनाशक है।

जटामांसी

जटामांसी का पौधा प्राकृतिक पैदावार होता है जो हिमालय पहाड़ की 4000 मीटर ऊँची चोटियों पर, उतराखंड, गढ़वाल, कुमाऊँ, जम्मू-कश्मीर सिक्किम, भूटान, नेपाल में पाया जाता है। इनमें अगस्त में फूल आते हैं जो एक मास के पश्चात् फलों का रूप धारण कर लेते हैं।

उपयोगिता—जिन लोगों को दिमागी परेशानी रहती है अथवा जिनके दिमाग पर बोझा बना रहता है उनके लिये यह औषधि बहुत लाभकारी है। इसे अलावा उन्मकाद, अपस्मार, ग्रहवाधा, वात रक्त, नाड़ी दौर्बल्य जैसे अनेक रोगों में लाभकारी है।

आकरभ (अकरकरा)

यह कोमल शाखाओं वाला प्राकृतिक पौधा होता है जिसके फूल तथा मुंडको को मुँह में रखते ही चरपराहट सी होने लगती है। गले में कांटे से चुभने लगते हैं। इसके लाभकारी भाग केवल जड़ है। खुराक—छोटों का आधा ग्राम बड़ों को 1 ग्राम। असल में यह एक विदेशी पौधा है जो अफ्रीका अल्जेरिया एवं अरब में काफी मात्रा में पाया जाता है। हमारे देश में दवाओं को प्रयोग के लिये बाहर से मंगवाया जाता है।

उपयोगिता

1. मुंह के रोगों जैसे मुंह में छाले, जख्म तथा गले में खराश इन रोगों के लिये लाभकारी है।

2. पेशाब रोगों, कम्पवात, अपतान, अपस्मार रोगों में इसका उपयोग होता है।

3. तन्द्रा तथा जड़ता रोगों के कारण कष्ट होता है। उन्हें अकराकर को अदरक के साथ सेवन करना चाहिए।

4. जिन लोगों के गले बन्द हो जाते हैं उन्हें इसके क्वाथ का गंडूष धारण कराते हैं।

आरण्य जीरक (काली जीरी)

काली जीरी का पौधा एक मीटर तक ऊँचा होता है। इसके पते भालाकार, लंबे, नुकीले होते हैं। इस पर अगस्त मास में फूल आते हैं और सर्दी में फल आ जाते हैं। इसकी खेती नहीं होती बल्कि यह प्राकृतिक रूप से ही जन्म लेता है। इसके बीज ही काम आते हैं। मात्रा—बड़ों को 6 ग्राम, बच्चों को 0.60 ग्राम से 1.25 ग्राम तक। इसके बीज जीरक की तरह काले और स्वाद में तिक्त होते हैं।

उपयोगिता

1. लघु, तीक्ष्ण, रस-कटफ, तिक्त विपाक कटु, वीर्य पैदा करने वाला कटफपौषाटिक है।

2. बुखार, व्रण रोपक, कृमि और आध्मान नाशक है।

तगर (तगर मूल)

यह प्रसिद्ध विषनाशक वनस्पति है। यह हिमालय पर्वत की 1200 मीटर से लेकर 3000 मीटर की ऊँचाई तक पाया जाता है। मई-जून में इस पर फूल आते हैं। पुष्प शाखाग्र गुच्छों में गुलाबी श्वेत वर्ण के होते हैं। फूलों का समय अगस्त है इसका लाभकारी अंग मूल स्तम्भ और जड़ है।

उपयोगिता

1. यह नेत्र रोगों के लिये काफी उपयोगी माना जाता है।

2. शिरा रोग, विषनाशक, अपस्मार आदि रोगों में उपयोगी है।

3. साँस रोग के लिये भी अति लाभकारी है।

4. हवन सामग्री में तगर पंचांग का उपयोग किया जाता है।

5. यह वात रक्त, राजयक्ष्मा, उन्माद, कुष्ठ में प्रयोग किया जाता है।

6. निद्रा नाश में तगर चूर्ण लाभ करता है।

भृगराज(भंगरा)

यह काफी ऊँची चोटियों पर पैदा होता है। इस पर अक्टूबर में फूल आते हैं। फल नवम्बर में तैयार होते हैं। इसका प्रयोज्य अंग पंचांग है। पुष्प मुण्डक में सफेद रंग के होते हैं।

उपयोगिता

1. इसका मुख्य संबंध जिगर से है। पित्त स्राव ठीक होता है। अमाश्य और पक्वाशय के पाचन क्रिया में सुधार होता है। पेट दर्द के लिये लाभकारी है।

2. कफ, कास में इसका रस मधु में मिलाकर देने से रोग मुक्ति मिलती है। भृंगराज तीन प्रकार के होते हैं। सफेद पीले और साँवले।

कुष्ठ (कूठ)

कुष्ठ का पौधा छोटे कद का और खुशबू वाला होता है। प्रत्येक वर्ष इसकी नयी जड़ें निकलती हैं। इसके पत्ते अधिक लंबे तथा कम चौड़े होते हैं। अगस्त मास में इस पर फूल आते हैं। फूल गुच्छों में गोलाकार, शाखाग्र एवं बैंगनी रंग के होते हैं। सितम्बर में फल आते हैं। लाभकारी भाग जड़ है।

उपयोगिता

1. कुष्ठ रोग में धनिया तथा कुट का तेल मिलाकर लेप करते हैं। कूठ एवं त्वचा के रोग में शहद के साथ सेवन करने से रोग ठीक हो जाता है।

2. सिर दर्द में माथे पर इसका लेप करने से दर्द ठीक़ हो जाता है।

3. व्रण पर इसका लेप करने से इसके कीटाणु मर जाते हैं।

4. कूट का चूर्ण अरंड के तेल के साथ देने से आमवात रोग में लाभ होता है।

5. मानसिक रोगों में भी इसका उपयोग किया जाता है।

6. कास, साँस रोग, उदर शूल, अतिसार, जलोदर आदि रोगों में भी यह गुणकारी है।

7. मानसिक रोगों में कूठ का व्यवहार होता है।

पुष्कर मूल (पोहकर मूल)

यह उत्तरी हिमालय पहाड़ के समशीतोष्ण प्रदेशों में 2500 से लेकर 3000 मीटर तक की ऊँची चोटियों पर पाया जाता है। अगस्त मास में इस पर फूल आते हैं जो पीले रंग के होते हैं। सितम्बर में फल आते हैं। लाभकारी भाग जड़ है।

उपयोगिता–इसकी जड़ हिचकी, कास, श्वास, पार्श्व दर्द, अरुचि पांडुरोग और सब तरह की वायवादी रोगों के लिये लाभकारी है।

सहदेवी

सहदेवी के पौधे 60 से.मी. तक ऊँचे होते हैं। काँटें पतले तथा पतली शाखाओं वाले होते हैं। फूल जामुनी रंग के, बीज जीरे की भांति काले होते हैं। इस पर जुलाई में फूल आते हैं। अगस्त में फल तैयार होता है। लाभकारी अंग पंचांग और मूल ज्वार, मकई आदि खेतों में स्वजात होते हैं।

उपयोगिता

1. यह विषम बुखार को दूर करती है।

2. तेल बुखार तथा सिरदर्द में इसकी जड़ को सिर पर बांधने अथवा बाजू पर बांधने से आराम आता है।

3. इसे तुलसी के साथ मिलाकर देने से भी बुखार दूर हो जाता है।

दमनक (दमना)

इसके पौधे बहुवर्षायु गुल्मीय तथा दो मीटर तक ऊँचे होते हैं। अगस्त सितम्बर में फल बनकर तैयार होते हैं। इसका उपयोग भाग जड़ तथा पत्ते हैं।

रास्ना (रासना)

इसके पौधे छोटे कद के एक वर्षायु होते हैं। पुष्प समशिख, संयुक्त मुण्डक में बैंगनी रंग के होते हैं। जून-जुलाई में पुष्प आते हैं। इसके बाद फल आते हैं। इसके पत्ते ही आषधि के रूप में काम आते हैं। यह मैदानी क्षेत्रों में आम पाया जाता है।

उपयोगिता–गैस रोग, आमवात, पक्षाघात, गृक्षाघात, गृध्रसीवात एवं बवासीर जैसे रोगों में लाभकारी है।

दुग्धफेनी (दुधीला कानफूल)

दुग्धफेनी 10 से 20 से.मी. तक ऊँचा,प्रसर मूल-कन्दित स्वाद में निम्न, पंचांग दुग्धिल होता है। यह हिमालय की 1800 से 3600 मीटर ऊँची चोटियों पर प्राकृतिक रूप से पैदा होता है। इस पर जुलाई में फूल आते हैं और अगस्त सितम्बर तक फल तैयार होता है। पुष्प शाखाग्र पीत वर्ण के होते हैं। फल रोयेदार होते हैं। इसके जड़ कई गुणकारी है।

उपयोगिता

1. उदर रोगियों को उपचार इसकी जड़ द्वारा किया जाता है।

2. जिगर की खराबी, प्लीहा वृद्धि, पित्त निस्सारक के लिये इसकी जड़ गुणकारी है।

3. इसकी जड़ में शर्करा, निर्यास, स्टार्च आदि तत्व काफी मात्रा में पाये जाते हैं।

झंडू (गेंदा)

इसका पौधा 60 से.मी. से 2 मीटर तक ऊँचा होता है। इसमें सितम्बर और जनवरी में फूल आते हैं फिर फल आते हैं। पुष्प पीले रंग के संख्या में कई होते हैं। इसके लाभकारी अंग पत्ते तथा फूल हैं। इसके पौधे मैदानी क्षेत्रों में आम पाये जाते हैं। कुछ लोग बागों की शोभा बढ़ाने के लिये इसे अपने बागों में लगाते हैं।

उपयोगिता

1. बुखार के लिये उपयोगी है।
2. फूलों का रस रक्तार्थ में उपयोगी है।
3. शोथ रोग में पत्रों का लेप लाभदायक है।
4. आँखों के रोग एवं व्रण में बाह्य लेप करने से आराम मिलता है।
5. कानों के दर्द के लिये फल का रस कान में डालने से लाभ होता है।

आयापान

यह प्रसरणशील एवं 60 से.मी. तक ऊँचा शाकीय पौधा है। इस पर बैंगनी रंग के मंजरी के रूप में फूल खिलते हैं। सर्दी के दिनों में इस पर फूल आते हैं जो शीघ्र फलों का रूप धारण कर लेते हैं। पंचांग इसका प्रयोगिक अंग है।

यह मूलतः अमेरिका का आदिवासी पौधा है। भारत में शोभा के लिये यह उद्यानों में लगाया जाता है।

उपयोगिता—पंचांग अल्प मात्रा में उतेजक एवं वल्य है। काँटों का सेवन करने से शरीर में उष्णता आती है। पसीने आने लगते हैं। बहुत से

वैद्य बुखार तथा सर्दी से बचाने के लिये रोगियों को पसीने लाने के लिये इसका प्रयोग करते हैं।

मयूर शिखा (संहस मूली)

इसके पौधे 15 से 40 से.मी. तक ऊँचे होते हैं। पूरे देश के मैदानी क्षेत्रों में यह आम पाया जाता है। मूल ग्रामीण लोग अपनी परम्परागत चिकित्सा में इसका प्रयोग करते हैं। पुष्प-मुण्डक में समहू वक्ष के रूप में बैंगनी रंग के होते हैं। अगस्त मास में इस पर फूल आते हैं। एक मास बाद यही फूल फल बन जाते हैं। इसके उपयोगी अंग मूल तथा पंचांग हैं।

उपयोगिता—स्थानिक परम्परा में जड़ का उपयोग वल्य तथा रसायन के रूप में होता है। बुखार वाले रोगियों के लिये भी पंचांग का उपयोग किया जाता है।

कासनी

इसके पौधे छोटे कद के तथा भालाकार, दन्तुन अकेले या पत्रकोणोद्भुत होते हैं। फूल अगस्त में और फल सितम्बर में आते हैं। पुष्प मुण्डक में चमकीले नीले रंग के होते हैं। इसकी खेती की जाती है। पंजाब, हरियाणा, जम्मू-कश्मीर, राजस्थान में सबसे अधिक बोया जाता है। इसके लाभकारी अंश पंचांग, बीज, जड़, फूल हैं।

उपयोगिता

1. कासनी की तासीर ठंडी और तर है। इसके फूलों का शर्बत जिगर रोगों के लिये लाभकारी है।

2. यह खून को साफ करता है।

3. पित्त की उल्टी आने पर इसका शर्बत बहुत लाभदायक है।

4. गर्मी तथा गर्मी के बुखार के लिये इसका प्रयोग लाभकारी माना जाता है।

छिक्किका (नखछिकनी)

यह भूमि पर ही फैलने वाली बेल है जो लता के रूप में ही धरती पर फैलती रहती है। अक्टूबर मास में इस पर फूल आते हैं। सर्दी में फल लगते हैं। लाभकारी अंग पंचांग है।

उपयोगिता

1. कृमि, कुष्ठ आदि रोगों में अधिक उपयोगी है।
2. साँस रोग एवं रक्तपित्त में भी यह लाभदायक है।
3. दन्त शूल में पंचांग के कल्क का लेप करते हैं।
4. सुश्रुत ने अतिसार एवं विशूचिका में उपयोगी लिखा है।

चित्रक (चिता)

इसके फूल सफेद तथा लाल रंग के मंजरियों में होते हैं। फल पाँच कोनों वाले होते हैं। बीज लंबे होते हैं। इसके बारे में चरक जी ने लिखा है, "चित्रं बुद्धिं त्रयते इति चेतश्चितृ चितोजनान त्रयते इति।"

अर्थात् यह अग्नि को प्रदीप्त करने वाला होने के कारण बुद्धि की रक्षा करता है।

चरक जी की बात से हमें यह साफ पता चलता है कि यह महान् औषधि मस्तिष्क के लिये अति गुणकारी है। यह बंगाल, उत्तर प्रदेश, दक्षिण भारत में पाया जाता है।

उपयोगिता

1. यह गैस रोगों, खाँसी रोग, दर्द, बवासीर, ग्रहणी, कृमि एवं पांडवनाशक है।

2. उष्ण होने के कारण इससे रक्त स्राव होता है। 8-9 मास तक का गर्भपात हो जाता है।

3. चित्रक के ताजे फूल के लेप से मुँह के छाले ठीक होते हैं।

विडङ (वायविडङ)

यह रोगों को नष्ट करता है तथा इससे हर प्रकार के दर्द कृमि आदि रोगों का उपचार करने में समर्थ है। इस बूटी को आरोही स्वभाव के गुल्मों के रूप में देखा जा सकता है। इसकी शाखायें लंबी, पतली, लचीली और देखने में बेलनाकार, कांडचक्र पर जगह-जगह वातरन्ध के चिन्ह पाये जाते हैं इसके फूल छोटे तथा कुछ पीले कुछ सफेद नजर आते हैं जो मार्च मास में आते हैं। फल अप्रैल-मई में आते हैं। लाभकारी भाग बीज है।

उपयोगिता

1. कृमि नाशक के लिये वायविडङ. सबसे सफल औषधि है।

2. कुष्ठ रोग, कृमि रोग, कृमि रोग में भी इससे लाभ होता है।

3. उदर रोगों तथा अन्य पीड़ाओं के लिये भी यह काफी उपयोगी है।

4. गोल तथा चपटे कृमि के लिए, वायविडङ. का 1 तोला चूर्ण देने से लाभ होता है।

5. रसायन के रूप में वायविडङ. एवं यष्ठि मधुर के चूर्ण को बराबर मात्रा में लेकर ठंडे पानी के साथ सेवन करने से अनेक अन्दर के रोग दूर हो जाते हैं।

मधूक (महूआ)

इसके वृक्ष दूर से ही दिखाई देते हैं। इसका फल बड़ा लंबा और रस से भरपुर होता है। फूल मई के मास में आते हैं। फल जून में आते हैं। इसके उपयोगी अंग फूल, फल, बीज हैं। यह देश के मैदानी क्षेत्रों में आम पाया जाता है।

उपयोगिता

1. मधूक त्वचा का क्षार मधु के साथ देने से लाभ होता है।

पितेशिरो रोग में मधूक फलों का स्वरस द्राक्ष एवं सिता के साथ मिलाकर नाक में एक-दो बूंद डालने से रोग से मुक्ति मिलती है।

2. हिचकी, वमन, गंडमाला में मधूक की नस्वार देने से लाभ होता है।

3. सांस रोगों, दाह, क्षय, क्षत जैसे रोगों के लिये भी अधिक लाभकारी है।

बकुल (मौलसरी)

यह विशेष गुणवान हाने के कारण खाँसी, बुखार, पित तथा विष के दोषों को नष्ट करता है।

इसके सघन चिकने मध्यम कद के वृक्ष होते हैं। इसके फूल सुगन्धित श्वेतवर्ण के अकेले या मंजरियों में खिलते हैं जो मई से अगस्त तक आते हैं। इसका फल लंबा, अंडाकार एवं पकने पर नारंगी पीत वर्ण का होता है। स्वाद में कषाय मधुर होता है। फल जाड़ो में आते हैं। इसका प्रयोज्य अंग पुष्य, फल , छाल हैं। यह भारत के सभी उद्यानों एवं सड़कों के किनारे पाया जाता है।

उपयोगिता

1. दाँतों के हिलने के रोग में बकुल छाल के रस में पिप्पली, शहद एवं घी डालकर कुल्ले एवं गरारे करने से रोग ठीक हो जाता है तथा दांत मजूत होते हैं। मुंह की बदबू दूर हो जाती है।

2. मौलसरी की छाल प्रातः दातुन के रूप में प्रयोग करने से दांत के अनेक रोगों से बच जाते हैं।

3. चरक के अनुसार आसव योनि फल वर्ग में मौलसरी का उल्लेख करते हुए कहा है कि नारी रोगों का उपचार मौलसरी द्वारा हो सकता है।

लोध्र (लीध)

यह व्रण रोहण में अच्छा काम करता है। इसका छाल आँख के रोगों के लिए अति लाभदायक है। लोध्र के मध्यम आकारा के वृक्ष सदा हरे नजर आते हैं। छाल खुरदरी गाढ़े स्तरी रंग की पतली होती है। मई मास में इस पर फूल आते हैं। फल पीताभ-श्वेत स्वृन्त होते हैं। फल अगस्त-सितम्बर में आते हैं। इसका फूल आयताकार या कुछ गोलाकार, मांसल, कृष्णाभ, बैंगनी रंग का होता है। काम आने वाले भाग छाल और फल हैं।

इसके वृक्ष कुमाऊँ से लेकर आसाम, बिहार, छोटानागपुर, उड़ीसा एवं दक्षिण के प्रदेशों में पाये जाते हैं।

उपयोगिता

1. श्वेत प्रदर रोगों में इसका प्रयोग किया जाता है।

2. इसके प्रयोग से गर्भाशय की शिथिलता कम होती है और रक्त वाहिनियों का संकुचन होता है।

3. प्रसूतावस्था में योनि में जख्म हुये हों तो लोध्र का लेप करते हैं। लोध्र के क्वाथ की उतरवस्ति भी उपादेय है।

4. चर्म रोग एवं व्रणों में लोध्र के खाने से लाभ होता है।

5. आँख की सूजन तथा लाली को कम करने के लिए लोध्र का लेप आँख के चारों ओर करते हैं।

6. अतिसार, प्रवाहिका एवं हर किस्म के बुखार में इसकी छाल उपयोगी है।

जाति (चमेली)

यह गुल्मक जैसी आरोही लता है जिसकी कांड धारीदार होती है। दिसम्बर से मार्च तक इसमें फूल आते हैं। इसके पश्चात् फल। इसकी

लतायें हिमालय पर्वत की निचली ढलानों में आम तौर पर पायी जाती हैं। यह प्राकृतिक रूप से ही जन्म लेने वाली लता है। प्रयोज्य अंग पत्र, फूल।

उपयोगिता

1. सिर, आँख, मुख, दाँत, आदि लघु रोगों के लिए अधिक उपयोगी है।

2. कुष्ठ तथा खून के विकारों में उपयोगी है।

3. इसकी तासीर ठंडी है। गर्मी वाले लोगों के लिए अच्छा है।

4. चमेली के फूलों के पत्तों का तेल एक दो बूंद कान में चार-पाँच दिन तक डालते रहने से आराम मिलता है।

तिन्दुक (तैंदू)

इसके मध्यम आकार के सदाबहार वृक्ष नमदार स्थानों पर होते हैं जो सदा चमकते रहते हैं। पुष्प सफेद रंग के गुच्छों में होते हैं, फल गोल आकार के पकने पर लाल रंग के तथा बीज संख्या में 4 से 8 तक निकलते हैं। अप्रैल-मई में इसके फूल आते हैं। सितम्बर में फल आते हैं।

उपयोगिता

1. रस कषाय, मधुर, वीर्य वर्धक, शीतविकपाक, खाँसी को दूर करने आदि में उपयोगी माना जाता है।

2. आग मे जलने वाले प्राणी को तिन्दुक की छाल के काढ़े में घी मिलाकर जले हुये भाग पर लेप करने से जलन कम हाती है और धीरे-धीरे ठीक हो जाता है।

3. शिशुओं की हिचकी में इसके फूल एवं फल का सुक्ष्म चूर्ण को मधु एवं घी के साथ चटाने से लाभ होता है।

पीलू (पीलू बड़ा)

इसके बड़े-बड़े गुच्छे तथा छोटे छोटे टेढ़े वृक्ष होते हैं। फूल- सूक्ष्म, हरिताभ श्वेत। फल एक बीज वाला तथा मांसल होता है। पकने पर फल पीत वर्ण का होता है। इस पर दिसम्बर में फूल आते हैं तथा मार्च में फल आते हैं। यह पंजाब, राजस्थान, मध्यप्रदेश में अधिक मात्रा में पाया जाता है। इसके लाभकारी अंग जड़, पत्ते, फल, बीज, तेल हैं।

उपयोगिता

1. बवासीर रोग में यह अति उपयोगी है।

2. इसके फल का रस बहुत मीठा होता है। इसका बवासीर नाशक रस रोगी खुश होकर पीते हैं।

3. पित प्रशामन तथा विष एवं आमनाशक है।

4. सन्धिवात रोग में इसके बीजों की मालिश करते हैं।

5. बुखार की हालत में जब रोगी कष्ट के मारे तड़पता हो तो उसे पीलू के पत्तों का काढ़ा देते हैं। जिससे उसके पीड़ा ठीक हो जाती है। बुखार उतर जाता है।

6. बड़े पीलू के पत्ते वातनाशक, मूत्रजनन एवं क्षीरजनन हैं। जड़ की छाल को बांध देने से काफी लाभ होता है।

यूथिका (जूही)

यह आरोही गुल्म जैसी लता जाति की वनस्पति है। इसके ऊपर के पत्ते बड़े नीचे के छोटे होते हैं। फूल सफेद सुगन्धी से भरे होते हैं। यह हिमालय की निचली घाटियों में अधिक होता है। इसके अनेक किस्में हैं। जिनमें प्रमुख इस प्रकार हैं--

1. स्वर्ण जाति, 2. मालति-मलिका मोतिया, 3. कुन्दा, 4. गणिका।

उपयोगिता

1. मूत्रघात, मूत्र रोगों में उपयोगी है।

2. फूल ठंडे कटु, लघु, मधुर, पित्तनाशक, व्रण गर्मी को दूर करने में उपयोगी है।

पारिजात (हरसिंगार)

हरसिंगार के इसके फूल सफेद गुलाबी होते हैं जिन्हें रोग पुष्पी कहते हैं। इसके वृक्ष झाड़दार होते हैं। इसके पत्ते लंबे तथा नुकीले होते हैं। इसके फूल फरवरी जून में आते हैं तथा फल जाड़ों में आते हैं।

लाभकारी भाग पत्ते, फल, बीज।

उपयोगिता

1. गैस रोगों में इसके पत्तों का बना काढ़ा काफी उपयोगी है।

2. मलेरिया तथा अन्य बुखारों में इसका स्वरस देने से लाभ होता है।

3. ग्रजेपन को दूर करने के लिये इसके बीजों को जन में पीसकर सिर पर लगाने से लाभ होता है।

4. बच्चों के कृमि के लिए पत्र स्वरस देते हैं।

मुष्कक (सफेद मोखा)

इसके वृक्ष भारत के गर्म क्षेत्रों में पाये जाते हैं। इसके पत्ते हरे गुलाबी रंग के फूलों के साथ बहुत सुन्दर लगते हैं। इसके फल वृक्ष के साथ लटके हुए घंटाकार आकार के होते हैं। अप्रैल, मई में इस पर फूल आते हैं तथा अगस्त, सितम्बर में फल बन जाते हैं।

लाभकारी भाग—काष्ठसार तथा क्षार है।

उपयोगिता

1. बस्ति संबंधी रोग व कृमि रोगों को नष्ट करते हैं।

2. मोखा की जड़ चर्म रोगों को दूर करती है।

3. इसका क्षार सबसे लाभकारी माना गया है।

4. आदिवासी क्षेत्रों में बच्चों के अंडकोश बढ़ने पर इसके फलों को कमर पर बांधते हैं।

5. मोखा के दो प्रकार के वृक्ष होते हैं, सफेद तथा कृष्ण परन्तु सफेद मोखा अधिक गुणकारी है।

त्रिवृत (निशोथ)

निशोथ की इसकी बहुत बड़ी-बड़ी आरोही लतायें होती हैं। इसकी टहनी या फलों को तोड़ने से सफेद रंग का दूध जैसा रस निकलता है। इस पर अगस्त-सितम्बर में फूल आते हैं जो शीघ्र फलों का रूप धारण कर लेते हैं। फूल सफेद रंग के फनल के आकार में गोलाकर व्यास में होते हैं। फल कोषयुक्त व बीज संख में 4-5 काले रंग के होते हैं।

लाभकारी भाग जड़ हैं। इसकी लतायें ललितपुर, मिर्जापुर, चित्रकूट, बिहार, उड़ीसा में पायी जाती हैं।

उपयोगिता

1. कृमि, बुखार, उदर रोग, शोफ, पांडु रोग, प्लीहा का बढ़ना और व्रण रोगों में लाभ होता है।

2. जलोदर, आमवात, बवासीर और वातरक्त जेसे रोगों को दूर करता हैं।

3. सुख विरेचना के लिये निशोथ और बड़ी हर्रे का चूर्ण बहुत गुणकारी है।

वृद्धदारुक (विधारा)

वृद्धदारुक का अर्थ है—बुढ़ापे को नष्ट करने वाला। इसके नाम से ही आप इसके गुणों का अंदाजा लगा सकते हैं। इसकी वेलें लोग अपने घेरों पर घर की शोभा बढ़ाने के लिये लगते हैं। इसकी जड़ लगाने से ही यह लतायें छोड़ने वाली बेल बन जाती है। फूल श्वताभ-पीत, फनल आकार के होते हैं। फल अंडाकार एव लहरदार, बीज कोले होते हैं। जुलाई-अगस्त में इस पर फूल आते हैं। फल-फूलों से एक मास केपश्चात् तैयार होते हैं।

लाभकारी भाग—जड़, पत्ते, बीज हैं।

आम भाषा में घावपत्ता कहते हैं।

उपयोगिता

1. आमवात तथा सन्धि शोथ रोगों में इसकी जड़ देते हैं। पत्तियों को पीसकर शरीर के दर्द वाले भागों पर लेप करते हैं।

2. पेचिश रोगों में इसकी जड़ को पीसकर उसका चूर्ण तेयार करके बच्चों को छोटा चम्मच बड़ों को बड़ा चम्मच देने से रोग से मुक्ति मिलती है।

3. विधारा और असगंध बराबर मात्रा में लेकर चूर्ण बना दूध के साथ एक चम्मच लेने से श्वेत प्रदर ठीक हो जाता है।

4. जलोदर, उदरशूल तथा कास में पत्तों का स्वरस देते हैं।

शंखपुष्पी (शंखा हुली),

यह एक प्रकार की घास होती है। इसके फूल सफेद हल्का गुलाबी रंग लिए होते हैं। फूल आने का समय अप्रैल से जून तक है। इसके बाद फल आते हैं।

इसका लाभकारी भाग पंचांग है।

यह भारत में हर प्रकार की रेतीली तथा पथरीली जमीन पर होता है।

उपयोगिता

1. इससे मानस रोग, पिच्छिल, उन्माद, अपसार, कुष्ठ, कृमि, विष, नींद न आना और भ्रम को दूर होता है।

2. उन्माद रोग में शंखपुष्पी का स्वरस आधा छोटा गिलास देने से रोग ठीक हो जाता है।

कृष्ण बीज (काला दाना)

इसकी भी आरोही लता होती है। इसके फूल तीन रंग के तीन ही खंडों में बंटे होते हैं। ये फूल नीले, गुलाबी, सफेद रंग के होते हैं दूर से ही पहचाने जाते हैं। यह फूल जुलाई-अगस्त में आते हैं जो नवम्बर-दिसम्बर में फलों का रूप धारण करते हैं।

लाभकारी भाग बीज है।

उपयोगिता—इसका रस कड़वा, वीर्य पैदा करने वाला, कर्म तीव्र विरेचना खांसी तथा वात का शत्रु गैस नाशक, खून साफ करने वाला होता है। यह शोथ, जलोदर, आमवत और वातरक्त में उपयोगी है।

कुटज (कूड़ा)

यह छोटी-छोटी पहाड़ियों में विशेष रूप से पैदा होता है। कुटज के बड़े गुल्म तथा मध्यम आकार के क्षीरी वृक्ष होते हैं। इन पर अप्रैल से जुलाई तक फूल आते हैं। फूल सफेद रंग के सुगन्धित गुच्छों में आते हैं। फल सर्दी में आते हैं। लाभकारी अंग छाल, बीज फूल हैं। यह पूरे भारत में पाया जाता है। मात्रा—छाल 2 से 5 तोला। बीज का चूर्ण 2 से 4 माशा।

उपयोगिता

1. अतिसार में इसके बीज वकुटज छाल उपयोगी है।

2. रक्त प्रवाहिका में कुड़ा की छाल विशेष लाभकारी है।

3. बच्चों के रक्ततिसार में कुटज, इन्द्रयव एवं नागर मोथा का काढ़ा देने से लाभ होता है।

4. योनि रोगों में भी कुटज का प्रयोग होता है।

5. बुखार, पेचिश, रक्तविकार वात रक्त जैसे रोगों के लिए काफी उपयोगी है।

सपृपर्ण (छिपवन)

सर्दी के मौसम में इसके फूल खिलते हैं। इसे गुच्छ पुष्पक एवं विषमच्छद भी कहा जाता है। सपृपर्ण के सदारहित ऊँचे एवं सुन्दर वृक्ष होते हैं। काण्ड दुग्धमय ऊपर की अपेक्षा अधोभाग मोटा होता है। काण्ड व पत्तों को तोड़ने पर दूध निकलता है। पुष्प छत्राकार, गुच्छों में हरिताभ सुगन्धित होते हैं। इसमें जनवरी-फरवरी में फूल आते हैं जो साथ ही फलों का रूप धारण कर लेते हैं।

लाभकारी भाग--छाल, घनसत्व हैं। क्वाथ एक से दो तोला। सारे भारत में यह नर्म तथा नम क्षेत्रों में पाया जाता है।

उपयोगिता

1. इसकी छाल 'विषमज्वर' की सबसे लाभकारी दवा है। मलेरिया बुखार की सफल औषधि होने के कारण यह कुनैन की तरह काम करती है। 2.

अनेक प्रकार के बुखारों को छिपवन द्वारा ठीक किया जाता है। इसलिए इसे मानव शरीर के लिए उपयोगी माना जाता है।

3. कलाशोथ में इसकी छाल काफी लाभदायक है।

4. दांतों के रोगों से मुक्ति पाने के लिये इसका दूध दांतों में भरने से आराम आता है।

5. त्वचा पर सपृपर्ण की उतेजक क्रिया होती है। पुराने व्रणों पर छाल का लेप किया जाता है।

करबीर (कनेर)

यह विषैला होने से वीर सदृश है। इसके फूल श्वेत एवं रक्त वर्ण के होते हैं। इसलिए इसे रक्तपुष्पा भी कहते हैं। यह प्राकृतिक रूप से पैदा होने वाला पौधा है। इसके हरे पत्ते लंबे और कम चौड़े व नुकीले होते हैं। इस पर लाल-सफेद रंग के फूल आते हैं। "हमानां मारक इति" अर्थात् यह विषैला होने पर अपनी शक्ति से घोड़ों को मार डालता हैं। इसके पौधे अधिक बड़े नहीं होते परन्तु उन पर हरे पते बहुत अधिक मात्रा में होते हैं। इसके लाभकारी अंग पते तथा जड़े हैं।

उपयोगिता

1. चर्म रोगी, कुष्ठ रोगियों को कनेर के रस से अथवा पतों को उबालकर उस पानी से स्नान करवाने से लाभ होता है।

2. इन्द्रलुप्त में उसका स्वरस का लेप करने से रोगी को लाभ मिलता है।

3. उपदेश में करवीर की जड़ को जल के साथ पीस कर या घिसकर लगाने से रोग जड़ से चला जाता है।

4. मलेरिया बुखार में इसकी जड़ की छाल का चूर्ण देने से लाभ होता है। यह जल पीले कनेर की होनी चाहिए।

5. आयुर्वेदिक की नयी खोज से यह बात भी काफी स्पष्ट हो चुकी है। कि हृदय रोगों में कनेर का उपयोग काफी लाभकारी सिद्ध हुआ है।

सर्पगन्धा (धवलरूआ)

सर्पगंधा भी छोटे कद का पौधा होता है जिसके खण्ड बेलनाकार होते हैं। इसको तोड़ने से चिपचिपा सा दूध निकलता है। इसमें सितम्बर में फूल आते हैं। फूल छोटे गुच्छों में श्वेत गुलाबी रंग के होते हैं, फूल रक्ताभ एवं पकने पर कृष्ण वर्ण के मांसल बीज मसृण रेखाकार होते हैं। मूल-स्वाद में कटु, गंध युक्त, बाह्यस्वरूप झुर्रीदार, अनियतित, धारीदार होता है। इसका लाभकारी भाग जड़ है।

इसकी प्राकृतिक उपज केवल पहाड़ों की तराइयों में होती है।

उपयोगिता

1. इसकी जड़ के रस में तिक्त तथा कटु विपाकी होता है।

2. निद्रा न आने के रोगियों को सर्पगन्धा की जड़ का रस देते हैं। इससे निद्रा खूब आती है।

3. पागलपन तथा मंदबुद्धि लोगों के लियशे भी यह खूब लाभदायक है। इसके लिये इसकी जड़ के रस का सेवन किया जाता है।

करर्मदक (करौंदा)

करौंदा के सदा हरित रहने वाले पौधे होते हैं। इसके फूल सफेद, फल झाड़ी के बेर जैसे खट्टे होते हैं। इसमें फूल मार्च में आते हैं। इसके पश्चात् फल लगता है।

जड़ तथा फल इसके लाभकारी भाग हैं।

पूरे देश के उ़द्यानों में यह आम पाया जाता है। यह प्राकृतिक पौधा है।

उपयोगिता

1. इसका रस अम्ल, तिक्त, वीर्य, उष्ण, विपाक, अम्ल, रक्तपित शामक है।

2. जड़ कटु तिक्त वामक एवं पेशाब को खोलने वाली है।

3. पका फल जिगर के रोगों को ठीक करता है।

4. इसके फलों के रस का सेवन करने से गर्मी मधुराम्ल के रोगियों को लाभ पहुंचता है।

सारिवाश्वेत (अन्नतमूल)

यह एक बहुत शाखाओं वाली लता है। इसकी लताएँ आरोही या धरती पर फैली रहती हैं। फूल नीले रंग के होते हैं। इसके काण्ड एवं पत्तों को तोड़ने पर चिपचिपा सा दूध निकलता है। इसमें जून, जुलाई में फूल आते हैं। फल सर्दी में आते हैं। इसके काम आनेवाले अंग जड़ ही है।

यह गंगा के उत्तरी मैदानी भागों से लेकर पूरब मे बंगाल तक तथा दक्षिण में मध्य प्रदेश, उड़ीसा आदि प्रान्तों में इसकी लतायें पायी जाती हैं।

उपयोगिता—क्षुधा नाश एवं कुपचन रोग में अन्नत मूल देने से अमाशय की शक्ति बढ़ती है तथा खूब खुलकर भूख लगती है।

यह प्रदर, जीर्ण अमावात, रक्तविकार, कास, पांडु आदि रोगों में लाभकारी है।

गैस रोगों, उपदेश आदि रोगों मे भी लाभदायक है।

मेषश्रृंगी (गुड़मार)

यह लंबी लताओं वाली पौधा है जो इसकी लंबी लताएँ चारों ओर फैली होती हैं। यह लताएँ दूसरे वृक्षों की सहायता से ही फैलती हैं। इस पर अगस्त, सितम्बर में फूल आते हैं। दिसम्बर, जनवरी में फल आते हैं।

इसके पत्तों को मुख में चबाने से मधुर स्वाद ग्रहण करने की शक्ति नष्ट हो जाती है, इसलिए इसे गुड़मर कहते हैं।

यह हिमालय की तराइयों में ही पाया जाता है। इसका लाभकारी भाग पते ही हैं।

उपयोगिता

1. मधुमेह रोगियों के लिए इसके पत्तों का चूर्ण हर रोज दो सौ ग्राम दूध या पानी के साथ लेने से लाभ होता है।

2. इसी चूर्ण से जिगर के सारे रोग दूर हो जाते हैं।

3. कास, कुष्ठ, कृमि, व्रर्ण एवं मिष को नष्ट करनेवाला है।

4. इसके पत्तों का झाग जानवरों के नेत्र रोगों के लिए उपयोगी माना जाता है।

अर्क (आक)

यह जंगली और मैदानी पौधा होता है जो स्थानों पर पाया जाता है। इस पर फूल के गुच्छे होते हैं। पत्ते तोड़ने पर दूध निकलता है। पुष्पकाल फरवरी, मार्च और फल मई, जून में आते हैं। फल कोषयुक्त, बीज रूईदार और संख्या में अनेक होते हैं। प्रयोज्य अंग जड़, पत्ते, फूल, क्षीर।

उपयोगिता

1. जड़ की छाल, कटु, तिक्त, उष्ण, पित्त स्रावी, स्वेद जनन, संकोच विकास, प्रतिबन्धक छाल को थोड़ी मात्रा में प्रयोग करने से अमाशय में उतेजक एवं बड़ी मात्रा में प्रयोग करने से अमाशय में दाह होता है। यह कुष्ठ रोगों, गुल्म, रोगों में उपयोगी माना जाता है।

2. दांतों का दर्द, पेट दर्द, कानों का दर्द, कृमि, बवासीर रोग तथा चर्मरोगों के लिए लाभकारी है।

सपृपर्ण (छतवन)

इसके वृक्ष सदाबहार होते हैं। सर्दी के मौसम में जनवरी, फरवरी में उनके पर फूल आते हैं और कुछ समय पश्चात् ही उनमें फल लग जाते

हैं। काण्ड एवं पत्ते को तोड़ने पर दूध निकलता है। फूल छत्राकार गुच्छों में हरिताभ, सुगन्धित होते हैं। बीज पतले, चपटे, रुई से आवृत होते हैं।

लाभकारी भाग—छाल, घनसत्व।

पूरे देश के मैदानी क्षेत्रों में यह आम पाया जाता है। यह प्राकृतिक वृक्ष है, जो प्रकृति के सहारे ही पनपता है।

उपयोगिता

1. इसकी छाल मलेरिया बुखार की उपयोगी दवा है। इसमें वही शक्ति है जो कुनैन में होती है। इसका कोई कुप्रभाव नहीं होता इसलिए इसे मलेरिया बुखार के रोगियों को देना चाहिए। इसका फाण्ट, क्वाथ और घनसत्व प्रयोग किया जाता है।

2. पुराने मियादी बुखार में भी यह गुणकारी दवाई का काम देता है।

3. इसका छाल कुष्ठ रोगों के लिए अधिक उपयोगी माना जाता है।

4. कुष्ठ तथा चर्म रोगियों को इसके क्वाथ को पानी में मिलाकर स्नान करवाने से लाभ होता है।

5. इन्तकृमि में इसका दूध दांतों में भरने से लाभ होता है।

मूर्वा (मरुवावेल)

यह बूटी खून को साफ करती है। इसकी लताएँ लंबी होती हैं। इसके फल छोटे तथा पीले रंग के होते हैं। फल लंबे आकार के होते हैं जिन्हें फलियाँ कहा जाता है। इसमें मई, जून में फूल आते हैं। इसके पश्चात् फल तैयार होता है।

लाभकारी भाग जड़ है।

यह हिमालय की तराई में उत्तर प्रदेश बिहार में पैदा होता है। बाजार में इसकी जड़ श्वेत निशोथ के नाम से बिकती है।

उपयोगिता

1. यह बुखार को दूर करने वाला है।

2. तिक्त रसयुक्त, सारक, गुरु विकार, प्रमेह, त्रिदोष, तृषा, कन्डु, कफष्ठ के लिये बहुत लाभकारी है।

कुपीलु (कुचला)

इसके वृक्ष सदा ही हरे रहते हैं, जो आम वृक्षों जैसे कद के ही होते हैं। इस वृक्ष पर तीन मास तक (जुलाई से सितम्बर) तक फूल आते हैं ओर फरवरी मार्च में फल आते हैं। यह पूरे भारत में मद्रास, कोचीन, त्रावनकोर, कोंकण, मालावार, बंगाल, बिहार, उड़ीसा, में पाया जाता है।

लाभकारी भाग बीज तथा छाल हैं।

इसके पुष्प हरिताभ, श्वेत, अधेलंबी मंजरियों में निकलते हैं। इसके फल गोलाकार या गूदेदार होते हैं जो पकने पर नारंगी रंग का होता है।

कुचला थोड़ी मात्रा में बलकारक और कामोतेजक होता है।

उपयोगिता

1. कुचला के प्रयोग से सब अवयवों की क्रियायें उतेजित होती हैं।

2. नाड़ी संस्थान के ऊपर इसकी विशेष क्रिया होती है।

3. मस्तिष्क इसके प्रभाव से बचा रहता है परन्तु मस्तिष्क के नीचे के भाग जो जीवन के केन्द्र हैं उन पर तथा पृष्ठ वंश की नाड़ियों पर इसकी विशेष उतेजक क्रिया होती है।

4. हृदय और रक्तवाहिनियों के केन्द्र स्थान के उतेजित होने से हृदय को जो शक्ति मिलती है उससे साँस रोग दूर हो जाते हैं। इससे यह बात साफ हो जाती है कि कुचला साँस रोगों के लिये उपयोगी औषधि है।

5. साथ ही पेट के अन्दर की नाड़ियों को साफ करके उन्हें रोग मुक्त करता है। पाचन शक्ति को ठीक करता है।

6. नपुंसकता तथा पेशाब के सब रोगों के लिये कुचला काफी लाभकारी सिद्ध हुआ है। परन्तु इसका प्रयोग करने से पूर्व किसी वैद्य, हकीम से सलाह लेना जरूरी है क्योंकि कुचला जहर भी है और अमृत भी।

कतक (निर्मली)

यह मध्य कद का झाड़ीदार वृक्ष होता है, जो हर समय हरा-भरा रहता है। इसेक पृष्प छोटे, पीताभ, हरितवर्ण के समूहबद्ध रूप में खिलते हैं। फल छोटा, गोल, पकने पर काला मांसल होता है। फल में 1-2 बीज निकलते हैं। इसमें अगस्त में फूल आते हैं। फल मार्च में आते हैं।

लाभकारी भाग–बीज।

उपयोगिता

1. रस मधुर, कषाय, तिक्त, विपाक, वीर्य-शीत, कफ नाशक , जल शोधक लेखन, स्तम्मन, पेशाब रुकने उपयोगी।

2. आंखों के रोगों में इसका सुरमा डालने से लाभ होता है।

किरात तिक्त (चिरायता)

यह एक प्राकृतिक वृक्ष होता है जिसके पत्ते चौड़े तथा नोकदार होते हैं। इसके अधिकतर भाग तथा गुण नीम से मिलते हैं। पुष्प हरिताभ, पीतवर्ण के तथा बैंगनी रंग के चित्रित आभायुक्त और फल छोटे, लंबगोल, बारीक बीज वाले होते हैं। इस पर अगस्त में फूल आते हैं। अक्टूबर में फल आते हैं।

लाभकारी भाग–पंचांग।

यह जम्मू-कश्मीर, सिक्किम, भूटान, नेपाल, दार्जिलिंग की पहाड़ियों पर पाया जाता है।

उपयोगिता

1 पाचन शक्ति को बढ़ाता है। इससे दस्त साफ होती है।

2. खून को साफ करता है।

3. स्वाद में कड़वा होकर भी शरीर के रोगों का शत्रु है।

4. कफ, पित नाशक है।

5. बुखार को दूर करे।

6. साँस की नलियों को साफ करके साँस रोगों से मुक्ति दिलाता है।

त्रायमाणा (माफिसदेश)

यह एक लंबे कद का घने पत्तों वाला वृक्ष होता है। इस पर सितम्बर मास में फूल आते हैं और अक्टूबर तक फल आते हैं। पुष्प नीले रंग के सुन्दर गुच्छों में निकलते हैं।

लाभकारी भाग–जड़ एवं पत्ते।

उपयोगिता–इसका जड़ जिगर की खराबी आमाशयिक शोथ, पांडु रोग, हर प्रकार के बुखार, रक्तविकार तथा इन्द्रलुप्त जैसे रोगी के लिये लाभकारी है। इससे दस्त साफ होता है।

गाजवान (गोजिहवा)

गाजवान का पौधा छोटे कद का तथा प्राकृतिक रूप से जन्म लेता है। इसके फूल बैंगनी रंग के होते हैं, जो जुलाई अगस्त में आते हैं तथा सितम्बर तक फलों में बदल जाते हैं।

लाभकारी भाग–जड़ , पत्ते।

उपयोगिता

1. यह पहाड़ों पर ही अधिकतर पाया जाता है। गवाजवान अफगानिस्तान में विशेष होती है।

2. इसकी जड़ का प्रयोग रोगों में किया जाता है।

3. जहां पर डॉक्टरी सहायता उपलब्ध नहीं होती वहाँ के लोग इसकी जड़ का लेप अथवा जख्मों पर करते हैं।

4. आमाशयिक रोगियों को इसकी जड़ का चूर्ण सेवन करने को दिया जाता है।

5. मूल का उपयोग तेल आदि रंगने में किया जाता है। इसकी जड़ पर हमारे विद्वान कैंसर रोग का उपचार करने के लिये परीक्षण कर रहे हैं।

आकाशवल्ली (अमरबेल)

यह विचित्र प्रकार की लता है जिसका अपनी कोई जड़ नहीं है परन्तु फिर भी यह खूब पनपती है। इसका रंग पीला होता है और सूत के धागों की भांति पतली होती है जो अन्य वृक्षों पर आवृत होती है।

पुष्प छोटा, सफेद रंग के एकलक्रम में दत्राकार गुच्छों में निकलते है। फल गोल-गाल काले, चिकने एवं बारीक बीज होते हैं। पुष्प मार्च, अप्रैल में फल आते हैं। प्रयोज्य अंग—पंचांग।

उपयोगिता

1. लघु, रस, पिच्छिल, रस-तिक्त, कषाय, विपाक, कटु, वीर्य-शीत, कर्म, खांसी, दूर करे।

2. कांड तथा बीज में कस्कुटीन नामक एलकेलाइड पाया जाता है।

कंटकारी (कटेली)

इसके ऊपर सिर्फ कांटे होते हैं। इसलिए इसे कंटकारी कहते हैं। इसके फल भी काँटे, फूल भी काँटे हैं।

पुष्प समूह में चमकीले बैंगनी रंग लिये हुए नीले रंग के होते हैं। फल गोलाकार, पकने पर पीले रंग के एवं अनेक बीज वाले होते हैं।

यह कांटेदार पौधा धरती पर छते की भांति फैला रहता है। इसका

जन्म प्राकृतिक रूप से होता है। दिसम्बर से मार्च तक फूल का समय तथा फलकाल तुरन्त बाद में होती है। प्रयोज्य अंग—पंचांग, मूल।

उपयोगिता

1. लघु, रुक्ष, तीक्ष्ण, रसतिक्त, विपाक-कटु, वीर्य पैदा करने वाला है।

2. हृदय रोगों तथा हर प्रकार के बुखार को ठीक करे।

3. हृदय रोगों में यह काफी लाभकारी है।

4. आधुनिक परीक्षणों के आधार पर यह देखा गया है कि यह तमकश्वास में उपयोगी है।

बृहती (बड़ी कटेरी)

यह कण्टकारी के जैसा होने पर भी गुल्मनुमा होता है इसलिए इसे बृहती कहते हैं। फल एवं काण्ड सदृश होने से इसे भण्टकी कहते हैं।

इसका पौधा 1 मीटर से लेकर 2 मीटर तक ऊँचा होता है। जिसकी शाखाएँ सफेद, तने टेढ़ी और कांटों से भरपूर होते हैं। इसके फूल नीले रंग के और गुच्छों में गोलनुमा फल होते हैं जो पकने पर पीले रंग के होते हैं। दिसम्बर से मार्च तक फूल आते हैं। फल अगस्त में आते हैं।

लाभकारी भाग—पंचांग।

इसके पौधे पहाड़ों पर पाए जाते हैं, जो प्राकृतिक रूप से ही पैदा होते हैं।

उपयोगिता—लघु, रुक्ष, तीक्ष्ण, रस-कटु, विपाट-कटु, वीर्य विपाट-कटफ, वीर्य पैदा करनेवाला, खाँसी नाशक, खून साफ करे, साँसों का रोग ठीक करे, बुखार को आराम करे, काली खाँसी अथवा क्षय रोग में आने वाली खाँसी के लिये अति गुणकारी औषधि है।

काक माची (मकोय)

पंचांग काक सदृश कृष्णवर्ण का कोणकार होता है। यह कुष्ठ रोगों का उपचार करने में समर्थ है। इसके फल गोल होते हैं तथा पकने पर काले एवं रक्तवर्ण जैसे स्वाद में खट्‌टे होते हैं। जो पुष्प काल के पश्चात आते हैं। यह देश के सब भागों में प्राकृतिक रूप से पैदा होते हैं।

उपयोगिता—यह कोषठस्थ अंगों की सूजन विशेषतया यकृतशोथ, अमाशय शोथ, जलोदर आदि में लाभदायक है। सूजन में बाह्य लेप के रूप में प्रयोग करते हैं। मकोय के फल ज्वर, नेत्र रोग, हृदय रोग में लाभदायक हैं। पेट साफ करता है। जीर्ण, चर्म, रोग, दाद में इसका शाक लाभदायक है।

धूत्तूर (धतूरा)

यह पौधा जहरीला होने से यह धातुओं का नाश करता है। यह जहरीला होने से स्वर्ण सदृश मादकता आ जाती है। इसे पौधे की ऊँचाई करीब 80 से.मी. होती है। इसमें कुछ बड़े-छोटे आकार के भी होते हैं। पत्ते बड़े आकार के तथा फूल सफेद रंग के खड़े, नीलाकार, कोणाकार, पाँच खंडों से युक्त होते हैं।

धतूरे के पौधे 1500 मीटर की ऊँचाई तक हिमालय पहाड़ पर पाये जाते हैं, जो प्राकृतिक रूप से जन्म लेते हैं। इसमें जून-जुलाई में फूल आते हैं। अगस्त में फल आते हैं।

लाभकारी भाग जड़, पत्ते, फूल, बीज।

उपयोगिता

1. धतूरा, कुष्ठ कंडू, सांस रोग, बुखार , कृमि, व्रण आदि रोगों में बहुत लाभकारी है।

2. दमा रोगियों के लिये यह विशेष दवा है।

3. शोथ में धतूरे के पत्ते या जड़ को गो मूत्र में पीसकर लेप करते हैं।

हानि—धतूर अधिक मात्रा में सेवन करने से ज्ञानेन्द्रियाँ अस्थिर और बुद्धि लुप्त हो जाती है। जबान और गला सूखने लगता है। नेत्र लाल एवं पुतली विस्तृत हो जाती है। रोगी प्रलाप करने लगता है। अंत में हृदय गति बंद हो जाती है और रोगी मर जाता है।

सावधानी—शुरू में वामक औषध देकर वामन करना चाहिए। बाद में मक्खन या दूध देना चाहिए।

पारषीकयवानी (खुरसानी अजवायन)

यह अरब देशों में पाया जाने वाला प्रमुख पौधा है जो आजकल भारत में भी खूब फल-फूल रहा है। यही कारण है कि इसे यूनानी हकीम अधिक औषधियों में प्रयोग करते हैं।

इसके फूल गहरे जामुनी (कासनी) रंग के होते हैं। बीज फल कोष के लाभकांरी भाग बीज, पते, जड़ हैं।

उपचार—यह की बूटी है। स्वास्थ्य के लिये लाभकारी इस बूटी में अनेक गुण हैं। इसके पौधे से निकलने वाली गन्ध धतूरे से मिलती है।

यह कश्मीर में अधिक मात्रा मे पायी जाती है।

उपयोगिता

1. मर्दाना कमजोरी के रोगियों में वीर्य पैदा करती है जिससे वे शक्तिशाली हो जाते हैं।

2. खून को साफ करती है।

3. नाड़ी दर्दों के लिये उपयोगी है।

4. रात को नींद न आने के रोग का शिकार होने वाले लोगों के लिये यह अति लाभकारी है।

5. इसका उपयोग उन्माद, अपस्मार, अपतन्त्रक, निद्रा भंग, पाड़ी सूल, मानसिक अस्वस्थता में किया जाता है। इसे अधिक मात्रा में सेवन करने से मौत हो जाती है।

ब्राह्मी (जल नीम)

यह नमी वाले धरती पर पैदा होनेवाला प्रसरणशील पौधा है। सफेद आभावाले नीले फूल दूर से ही चमकते दिखायी देते हैं। फल छोटे लंबे तथा गोल होते हैं। इसमें फूल दिसम्बर से मार्च तक, फल इसके पश्चात आते हैं।

ब्राह्मी दो प्रकार की होती हैं। दूसरी ब्राह्मी पर फूल फरवरी से मई तक आते हैं। और इसके बाद फल आते हैं।

दोनों किस्म की ब्राह्मी सारे भारत में उत्तर प्रदेश, बिहार, पंजाब आदि में पैदा होती हैं।

उपयोगिता

1. खून साफ करके फोड़े-फुंसियों के रोगों से बचाता है।

2. लघु, सर, रस-तिक्त, अनुरस-कषाय, मधुर, विपाक-मधुर शोथ नाशक, वल्य तथा रसायन है। शरीर के अन्दर की कमजोरियों को दूर करके शक्ति बढ़ाती है।

मुख्य योगः ब्राह्मरसायन, ब्राह्मीघृत, सारस्वतारिष्ठ, ब्राह्मीवटी, ब्रेन टोन।

इसके मध्यम आकार के पर्णपाती वृक्ष होते हैं। इसके पत्ते काफी लंबे जो 80 सें. मी. तक लंबे त्रिपक्षाकार तथा अभिमुख होते हैं। फलियाँ तलवार सदृश, कठोर, हरी तथा चिकनी होती हैं। पुष्प सवृन्त मंजरियों में खिलते हैं जो जामुनी रंग के होते हैं।

फूल आने का समय–जून, जुलाई। फल आने का समयः दिसम्बर, मार्च। लाभकारी भाग : छाल, जड़।

उपयोगिता

1. लघु, रूक्ष, रसतिक्त, पाचन शक्ति को बढ़ाये, बुखार को दूर करे। थोड़ी मात्रा में सेवन करने से शक्ति आती है।

2. मूल छाल का उपयोग गैस रोगों, आमवात, वात प्रधान रोग, अतिसार रोगों में लाभकारी है।

पाटला (पाडल)

पाटला के पर्णपाती बड़े वृक्ष होते हैं। इनकी छाल चिकनी धूसर वर्ण की होती है तथा हल्के पीले रंग की होती है जो सूखने पर खुरदरी हो जाती है। इस पर मई जून में फूल आते हैं। फल अक्टूबर में आते हैं। फूल लाल एवं भीतर से पीले रंग के होते हैं।

लाभकारी भाग—जड़, सार, छाल, फूल।

उपयोगिता

1. हिचकी रोगियों को इसके फूलों का रस मधु में मिलाकर देने से हिचकी रुक जाती है।

2. मधुमेह रोगों में इसके पंचांग का सार तेल के साथ खाने से रोग दूर होती है।

3. खाँसी तथा बलगमी लोगों के लिये भी यही नुस्खा काफी उपयोगी है।

4. जिगर के रोगों में भी इसे प्रयोग करने से लाभ होता है।

गुण—लघु, रुक्ष, रस-तिक्त, कषाय, विपाक-कटु, वीर्य-उष्ण और फल कषाय, मधुर, वीर्य-शीत, व्रण रोपण, रुचिवार्धक, शोथहर, मूत्रल, अश्मरी नाशन, दाहप्रशमन, पौष्टिक एवं वाजीकरण है।

रोहिततक (रोहड़ा)

इसके छोटे वृक्ष या गुल्म होते हैं, जिनकी शाखाएँ नीचे धरती की

तरफ झुकी रहती हैं। इस पर फरवरी में फूल आते हैं। जो रक्त वर्ण के होते हैं, फिर जून तक फल तैयार हो जाते हैं जो फली के रूप में लंबी टेढ़ी ओर नुकीली होती हैं।

इसके वृक्ष राजस्थान, गुजरात, पंजाब, उत्तर प्रदेश में अधिक मात्रा में पाए जाते हैं।

उपयोगिता

1. जिगर के रोगियों के लिये अति लाभदायक है।
2. यह पेशाब के रोगों में काफी काम आता है।
3. खून साफ करता है।

तिल

यह खेती-बाड़ी करके फल देनेवाला ऐसा पौधा है जिसे किसान लोग फसल के रूप में उगाकर तैयार करते हैं। भारत के मैदानी क्षेत्रों में यह खूब पैदा होता है। इस पर फूल अगस्त, सितम्बर में आते हैं। जो बैंगनी-श्वेताभ वर्ण के नलिकाकार होते हैं। फल अक्टूबर तक आते हैं। रंग भेद से ये तीन किस्म के पाये जाते हैं। काले, लाल, श्वेत।

लाभकारी भाग—बीज एवं तेल।

उपयोगिता

1. पुरानी खाँसी को भी दूर करता है। कफ को मारता है।
2. यह पेट के अन्दर होनेवाले हर दर्द को दूर करता है।
3. गैस रोगों को नष्ट करने वाले तिल गर्म भी होते हैं।
4. त्वचा पर इसका तेल मालिश करने से रोग नहीं लगते।
5. तिलों को पीसकर फिर उन्हें हल्का गर्म करके अर्श पर बाँधने से अर्श रोग ठीक हो जाता है। साथ ही रोगी को इसे मक्खन के साथ मिलाकर देने से रोग शीघ्र ठीक हो जाता है।

6. तिल प्रयोग से संधानिय, व्रणशोधन एवं रोपण, शारीरिक पीड़ा जैसे रोग ठीक हो जाते हैं।

हृत्पत्री (डजिटलिस)

इसकी उत्पत्ति भारत में नहीं है। इसका बीज बाहर से आया है। अब भारत के पहाड़ी क्षेत्रों में इसकी खेती की जाती है। इसमें जुलाई में फूल आते हैं जो तिलपुष्प सदृश श्वेताभ, गुलाबी रंग के होते हैं तथा अगस्त में फल आते हैं। फल कोषीय बीज खाकी धूसरवर्ण के होते हैं।

उपयोगिता

1. इसके पत्ते हृदयावसादक, पेशाब रुकने पर उपयोगी माने जाते हैं।

2. बुखार में बड़ी मात्रा में दाहजनक एवं मादकविष माने जाते हैं।

3. खाँसी, क्षय रोगों मे यह लाभदायक हैं।

विशेष—इसके पत्तों में डिजिटेलीन नाम का एलकेलाइड पाया जाता है। यह हृदय को शक्ति देकर उसके अन्दर के समस्त प्रकार के रोगों को साफ कर देता है। इसलिए दिल के रोगियों के लिये यह बूटी काफी लाभदायक मानी जा रही है। अनेक रोगी इससे लाभ उठा चुके हैं।

श्योनाक (सोनापाठा)

यह कड़वे रस वाला पौधा होता है। इसके फूलों की बनावट शुकनासा के सदृश होती है। इसके पत्ते लंबे होते हैं। इसके पर्णपाती पेड़ होते हैं। इन पर जून, जुलाई, में फूल आते हैं। जो सृन्त काण्डज क्रम से एवं मंजरियों में निकलते हैं। इसमें फल दिसम्बर में आते हैं। फल फली केप में तलवार सदृश 30 45 से. मी. तक लंबी कठोर होती है। बीज चपटे सफेद होते हैं।

लाभकारी भाग—छाल, जड़।

उपयोगिता

1. पाचन शक्ति को बढ़ाकर पेट रोग को ठीक करता है।

2. पेशाब रोगों में लाभकारी है।

3. बुखार के लिये भी अच्छी औषधि है।

4. मूल छाल का प्रयोग आमवात, वात प्रधान रोग, अतिसार, कास, सोथ रोगों में प्रयोग किया जाता है।

गुण—लघु, रुक्ष, रस-तिक्त, कषाय, विपाक, कुटु, वीर्य-शीत, कर्म-त्रिदोष शामकख मूत्रक, ज्वरघ्न एवं पौष्टिक।

बृहद गोक्षुर (बड़ागोखरू)

बड़े गोखरू के छोटे-छोटे पौधे होते हैं जिनकी शाखाएँ धरती पर फैली रहती हैं। इनमें कांटे होते हैं। इसमें पीले रंग के फूल अगस्त, सितम्बर में खिलते हैं। इसके फल पंचांग के रूप में होते हैं। इसके पौधे प्राकृतिक रूप से पैदा होते हैं।

लाभकारी भाग—पंचांग, फल।

उपयोगिता—गोखरू कांटों वाली जड़ होते हुए भी अपने अन्दर अनेक गुण रखती है। विशेष रूप से बलकार, बस्तीशेधन, वृष्य, पौष्टिक शर्करा, प्रमेह, पेशाब रुकना, प्रदर आदि रोगों में यह बूटी बहुत लाभकारी है।

जिन लोगों का पेशाब अपने आप बिस्तर पर निकल जाता है उनके लिये गोखरू के रस को मुलेठी के साथ सेवन करने से रोगी को लाभ पहुंचता है।

मर्दाना कमजोरी, बार-बार पेशाब आना तथा रुक-रुककर पेशाब आने के लिये गोखरू को सुखाकर कूट-पीस कर दूध या देशी घी के साथ लेने से यह सब रोग नष्ट हो जाते हैं।

प्लीहा वृद्धि में पंचांग का रस या क्वाथ पिला दें रोगी ठीक हो जाएगा।

आटरूषक (अड़ूसा)

इसके सदा हरे रहनेवाले गुल्म होते हैं। इसके पुष्प का आकार दो होठों के समान सिंहमुखाकृति में होता है। फूलों के आने का समय दिसम्बर से मार्च और फल अप्रैल में आते हैं।

लाभकारी भाग—पत्ते, फूल, छाल, पंचांग।

यह पौधा एक हजार से लेकर 1500 मीटर ऊँची पहाड़ियों पर पाया जाता है। इसका जन्म प्राकृतिक रूप से होता हैं।

उपयोगिता

1. यह बूटी कास, क्षय एवं रक्तपित नाशक है।

2. खाँसी रोगों को जड़ से उखाड़ने की शक्ति रखती है।

3. दमा रोगियों के लिये अड़ूसा की सूखी पत्तियों का चूर्ण बनाकर उसमें थोड़ा धतूरे की पत्ती का चूर्ण मिलाकर धूम्रपान कराने से दमा का दौरा रुक जाता है तथा रोगी के मन को शान्ति मिलती है।

इक्षुरक (तालमखान)

तालमखान के वृक्ष कांटेदार होते हैं जो अधिक से अधिक एक मीटर लंबे होते हैं। कांड ईख के समान गन्ध एवं शाखा रहित होते हैं। पुष्प समूह में बैंगनी रंग लिए हुए नीले रंग के होते हैं। इस पर नवम्बर से लेकर जनवरी तक फूल आते हैं। इसके पश्चात यह फलों में बदल जाते हैं। फल कोणीय, रेखाकार, लंबगोल तथा अग्र भाग नुकीला होता है। इसमें बीज छोटे-छोटे 4 से 8 तक होते हैं। लाभकारी भाग—बीज, पंचांग क्षार।

तालमखान के वृक्ष नालों के पास तथा धान के क्षेत्रों में पाए जाते हैं।

उपयोगिता

1. सुजाक के रोगियों के लिये पंचांग का क्वाथ बहुत लाभकारी है।

2. अन्य पेशाब रोगों तथा पेशाब रुकने पर इसके जड़ का प्रयोग किया जाता है।

काल मेघ (कालमेघ)

इसके पौधे 30 से 100 से. मी. तक लंबे होते हैं जो गहरे हरे रंग के तथा पर्ण आकार में भालाकार होते हैं। इस पर जुलाई से सितम्बर के बीच फूल आते हैं। फूल द्विकाष्ठी होते हैं। अक्टूबर में फलों का मौसम शुरु होता है। पंचांग स्वाद में तिक्त होता है।

यह प्राकृतिक पौधा है जो देश के मैदानी क्षेत्रों में होता है। यह बंगाल में विशेष रूप से पाया जाता हैं

उपयोगिता

1. जिगर बढ़ने पर इसका प्रयोग लाभकारी है।
2. जीर्ण शोथ तथा बुखार में कालमेघ गुणकारी है।
3. खून साफ करने में भी इसका योगदान अच्छा है।
4. शारीरिक कमजोरी दूर करने में भी कालमेघ अच्छी औषधि है।

उटंगन (उटंगन)

इस बूटी के पत्ते चौकोर तथा फूल सफेद रंग के होते हैं। फल के अन्दर से चपटे बीज निकलते हैं। इन्हीं बीजों को उटंगन बीज कहते हैं। इसकी असली किस्म जिसका मूल रूप विदेशों से आया है। यह पंजाब में पाया जाता है। जुलाई, अगस्त में इस पर फूल आते हैं। सर्दी में फल आते हैं।

लाभकारी भाग—बीज।

उटंगन के बीजों का प्रयोग अधिकतर मूत्र रोगों तथा बुखार में लाभकारी है।

शाक (सागौन)

इसका मुख्य रूप से प्रयोग गृह निर्माण में करते हैं। इसलिये इसे कुछ लोग गृहद्रुम भी कहते हैं।

असल में यह इतना बड़ा वृक्ष होता है जिसकी लकड़ी बहुत मजबूत होती है। इसे फर्नीचर तथा उरवाजों छतो में काम लाते हैं। सारे भारत में यह लकड़ी सागवान के नाम से प्रसिद्ध है। लकड़ी का काम करने वाला हर आदमी इसके गुणों को भलीभांति जानता है। फूल आने का समय जुलाई, अगस्त। इस पर फल सर्दी में आते हैं। फूल श्वेताभ वर्ण के गुच्छों में, फल छोटे व्यास के गोलाकार कोषीय बीज रोमिल कठोर होता है।

लाभकारी भाग—छाल, बीज, फूल।

इसके वृक्ष अधिकतर असम क्षेत्रों में पाये जाते हैं।

उपयोगिता

1. यह शीत, वीर्य, पित्त शामक होता है।

2. फूल, कषाय, रुक्ष, विशद्, वात नष्ट करने वाला, खाँसी को दूर करता है।

3. शरीर के किसी भाग पर दर्द हो तो इसकी छाल, पत्तों तथा फूलों का लेप करने से दर्द को आराम आ जाता है।

सुरसा (तुलसी)

तुलसी एक गुणकारी बूटी भी है। और धार्मिक भावनाओं से ओतप्रोत जड़ी भी। हिन्दु धर्म के लोग बहुत श्रद्धा भावना से इसे पूजा के लिये प्रयोग में लाते हैं।

इसका पौधा छोटे कद का होता है जिस पर छोटे-छोटे फूल अगस्त-सितम्बर में आते हैं जो अक्टूबर में फलों का रूप धारण करते हैं। पर्ण सुगन्धित, पुष्प मंजरी में खिलते हैं। प्रयोज्य अंग पत्र, बीज, पंचांग हैं।

तुलसी प्राकृतिक रूप से भी पैदा होती है। इसके बीज भी बोये जाते हैं। हरी पत्तियों वाले यह पौधे देखने में बड़े प्यारे लगते हैं। इसके पौधे घरों में सर्वत्र लगे हुए पाये जाते हैं।

उपयोगिता

1. तुलसी के पत्तों का काढ़ा बनाकर बुखार रोगियों को पिलाने से बुचार से मुक्ति मिलती है।

2. सर्दी, जुकाम, नजला होने पर तुलसी के पत्तों को चाय में डालकर सौंफ, मुलेठी, अदरक डालकर अच्छी तरह काढ़ा बनाकर, पीने से लाभ होता है।

3. गले की खराबी पेट की खराबी में तुलसी की चाय सौंफ, मुलेठी डालकर बनाएँ। इसमें एक चम्मच शहद डालकर पीने से रोगी ठीक हो जाता है।

4. कतिपय रोगों में तुलसी का स्वरस गुणकारी है।

5. बुखार में तुलसी एवं काली मिर्च मिलाकर कृमि विकार, कुष्ठ, पेशाब आदि रोग दूर हो जाते हैं।

6. आँतों पर तुलसी का वातप्रशमन एवं कृमिघ्न प्रभाव होता है। पशर्वशूल, विष, कृमिविकार, कुष्ठ आदि विकारों में तुलसी उपयोगी है।

पूतिहा (पुदीन)

यह छोटा सा हरे पत्तों से भरा पौधा होता है जो हर स्थान पर पैदा हो सकता है। अक्सर लोग इसकी पनीरी लाकर घरों के आंगनों में भी लगा देते हैं। इस पर हर समय हरे पत्ते नजर आते हैं। इसका पुष्पकाल 7 जून, जुलाई, फल—अगस्त, प्रयोज्य अंग—पंचांग, पत्ते।

उपयोगिता

1. गर्मी में हर प्रकार के बुखार में उपयोगी है।

2. पेट रोगों तथा उल्टी आने पर इसका रस गुणकारी है।

3. खांसी, अतिसार तथा गैस रोगों में पुदीने का प्रयोग लाभकारी है।

द्रोणपुष्पी (गुमा)

इसके फूल गोल, चक्राकार, गुच्छों में सफेद रंग के रोमिल होते हैं। यह एक वर्षायु, मृदु सीधा एवं बहुशाखीय पौधा है। पुष्प काल अगस्त व सितम्बर है। फल का काल अक्टूबर है।

लाभकारी भाग—पंचांग।

इसके पौधे सारे भारत में पाए जाते हैं।

उपयोगिता

1. गर्मी के बुखार, कमला रोग में इसका उपयोग लाभकारी है।

2. तेज बुखार हो तो गुमा रस के साथ शु. टंकण एवं शहद के साथ खिलौने से बुखार से आराम होता है।

3. आहमान तथा उदर शूल में इसका स्वरस सेवन करने से आराम होता है।

4. सिर दर्द में इसका नस्य देते हैं।

जुफा (दयाकुंजी)

लद्दाखी भाषा में इस पौधे को डियांक कहते हैं अतः यह पौधा लद्दाख में ही पैदा होता है। पहाड़ों पर पैदा होने वाले इस पौधे की तासीर भी ठंडी ही होती है। जूफा के एक वर्षायु क्षुप होते हैं। पुष्प सितम्बर, अक्टूबर में आते हैं। फल-नवम्बर में, प्रयोज्य अंग—पुष्प, पंचांग है।

उपयोगिता

1. इसके सेवन से कर्म-कफ ठीक हो जाते हैं।

2. गैस (वायु) रोगों में यह उपयोगी हैं।

3. पित्त रोगों में भी इसका उपयोग लाभकारी है।

4. साँस रोगी कास नाशक, प्रतिश्याय कास आदि रोगों में काढ़ा या शर्बत प्रयोग करने से रोग से आराम मिलता है।

ईसबगोल (ईसबगोल)

यह एक वर्षायु शाकीय वनस्पति है। यह स्वास्थ्य के लिये बहुत उपयोगी पौधा है। इसकी पैदावार प्राकृतिक रूप से हिमालय की पहाड़ियों में होती है। इसकी कई किस्में हैं। फूल काल फरवरी मार्च हैं। फल अप्रैल मई में आते हैं।

लाभकारी भाग—बीज, भूसी है।

यह असल में फारस से भारत आने वाला विदेशी पौधा है जो प्राकृतिक उपज नहीं बल्कि इसकी खेती की जाती है। लेकिन इसकी कई किस्में हिमालय पर प्राकृतिक रूप से पैदा होती हैं।

उपयोगिता

1. ईसबगोल का सेवन अनेक रूपों में औषधियों में प्रयोग होता है।

2. कब्ज तथा पेट की अन्य खराबियों में इसका सेवन पेट को साफ कर अंतड़ियों को नयी शक्ति देता है।

3. जीर्ण, अतिसार, प्रवाहिका, बुखार, शुष्ककास ओर बार-बार प्यास लगने वाले रोगों में इसका उपयोग किया जाता है।

पेचिश रोग में इसका छिलका ठंडे पानी के साथ अथवा दही के साथ लेने से लाभ होता है।

पुनर्नवा (गदहपूरना)

इसे काटने पर यह पुनः नवीन शाखाएँ धारण करता है या इसके सेवन से शरीर नया होता है। इसके कांटेदार पौधे होते हैं। इन पौधों को ऊपर से काट दें तो एक साल के पश्चात नये पौधे उग जाते हैं। अगस्त

में इस पर फूल आते हैं और फूलों केसाथ फल भी आ जाते हैं। काण्ड रक्ताभ वर्ण का होता है। पुष्प छोटे-छोटे सफेद या गुलाबी रंग के होते हैं। फूल गुच्छों के रूप में होते हैं। फल छोटे एवं बारीक बीज वाले होते हैं।

लाभकारी भाग—जड़, पंचांग है।

उपयोगिता

1. पुनर्नवा शोथ, पांडु रोग, हृदय रोग तथा हर प्रकार के शूल के लिये उपयोगी है।

2. इसके प्रयोग से हृदय की संकोचन क्रिया बढ़ती है।

3. पेशाब के रोगों में इसका सेवन उपयोगी है।

4. साधारण बुखार को इसके प्रयोग से दूर किया जा सकता है।

आपामार्ग (चिरचिटा)

यह बीमारियों का नाश करता है। यह मार्ग के चारों और फैलता है। इसकी फल मंजरी, खुरदरी एवं कटीली होती है।

यह पौधा प्राकृतिक रूप से आम स्थानों पर पैदा होता है। जुलाई-अगस्त में इसमें फूल आते हैं और अक्टूबर में फल आते हैं। फूल हरिताभ, सफेद, अधोमुख, अवृन्त लंबी मंजरियों मे, बीज कोषीय स्निग्ध एवं मसृण होते हैं। इसकी एक किस्म हिमालय के पहाड़ों पर मिलती है।

उपयोगिता

1. खाँसी, मेद, गैस (वायु रोग), बवासीर, कंडु, उदर दर्द, हिचकी, शोथ हर, बदहजमी को ठीक करे। जिगर की गड़बड़ी को ठीक करने वाला है।

2. पेशाब संबंधी रोगों को दूर करता है।

3. आँख में फूला पड़ जाये तो इसकी जड़ को शहद के साथ

घिसकर लगाने से फूला दूर हो जाता है। इस रोग के लिये यह अति उपयोगी दवा है। विशेष रूप से गरीब लोगों के लिये तो इसे प्रकृति का वरदान समझना चाहिए।

अमलपर्णी (रेवन्दचीनी, आर्चा)

इसका नाम यूनानी है जो हिन्दी यूनानी से मिलकर एक सा बन गया है। इसका कारण यह भी हो सकता है कि यह पौधा पहले पहल ईरान, यूनान, चीन, अरब आदि देशों में होता था। वहाँ से यह भारत में आया। इसे अमलपर्णी इसलिये भी कहा जाता है। क्योंकि इसके पत्ते, खट्टे होते हैं। इस पर जुलाई से सितम्बर तक फूल आते हैं। अक्टूबर में फल आते हैं। फूल गुच्छों में गुलाबी रंग के होते हैं।

लाभकारी भाग—जड़।

उपयोगिता

1. खाँसी रोगों के लिये लाभकारी है।
2. जिगर बढ़ने पर इसका उपयोग रोग मुक्त करता है।
3. पाचन शक्ति ठीक करे, भूख को बढ़ाता है।
4. वाय बादी (गैस) रोगों से मुक्ति दिलाए।
5. पेशाब रोगों में अति लाभकारी है।
6. बच्चों के आमाशायिक विकृति एवं कुपचन में यह गुणकारी दवा है।

ईश्वरी (इसरमूल)

इसरमूल एक प्रसिद्ध लता है। इसके फूल बड़ विचित्र आकृति के होते हैं जो बैंगनी रंग के होते हैं। इसके फल गोल और चौड़ा धारीदार एवं हवाई छतरी जैसे होते हैं। इस पर सितम्बर में फूल आते हैं। फल सर्दी में आते हैं।

लाभकारी भाग—जड़, पत्ते हैं।

यह बुन्देलखंड, बिहार, उड़ीसा, मध्य प्रदेश, बंगाल आदि प्रदेशों में पाया जाता है।

उपयोगिता—कृमि, खाँसी, रक्तशोधक, पेशाब रोग, गर्भाश्योतेजक बूटी मानी जाती है।

पूतिहा (पुदीना)

यह सदा नर्मदार स्थानों पर ही पैदा होता है। यह बहुत छोटा सा पत्तों वाला पौधा है लेकिन छोटे पौधे के गुण बड़े होते हैं, वाली बात है। इसकी दो किस्में हैं। जंगली तथा घरेलु। इसकी घरेलू किस्म को सबसे अधिक गुणवान माना गया है। इसकी पहचान यही है कि इसके अन्दर सम्पूर्ण गन्ध हाती है। दूसरे इससे शरीर के अन्दर के अनेक रोगों को आराम पहुंचता है।

जंगली पुदीना प्राकृतिक रूप से पैदा होता है। घरेलू पुदीना लगाना पड़ता है। इसकी फसल तो सारा साल रह सकती है।

उपयोगिता

1. यह कटु रोचक, उदूर शूल नाशक, उल्टी को रोकने वाला, अफारा, एवं कृमिनाशक है।

2. पेट रोगों में सबसे सस्ती तथा सफल दवा है।

3. अजीर्ण आध्मान गैस रोगों में लाभदायक है।

4. प्रसूति ज्वर में पुदीने का स्वरस लाभ पहुंचता है।

वास्तुक (बथुआ)

यह एक शाकीय पौधा है जो प्राकृतिक रूप से ही गेहूं के खेतों के अन्दर पैदा होता है। इसका कद छोटा तथा पत्ते हरे रंग के होते हैं। यह बात सारे भारतवासी जानते ही हैं कि बथुआ का साग अति गुणकारी है।

बथुआ के फूल जून-जुलाई में आते हैं। फल फूलों के साथ आते हैं।

उपयोगिता—यह बवासीर, रक्तपित को दूर करता है तथा प्लीहा विकार नाशक है। जले हुए शारीरिक अंगों पर इसका लेप करने से जलन को शान्त करता है। कब्ज में इसका साग दिया जाता है।

पिप्पली (पीपल)

पीपल के वृक्ष बहुत घने तथा छायाकार होते हैं।

यह पालन-पोषण के लिये अति उपयोगी साबित होता है। मानव जीवन में अत्यंत उपयोगी तथा धर्म की दृष्टि से पूज्य ब्रह्मा जी का रूप माना जानेवाला पीपल अपने अनेक गुणों के कारण प्रसिद्ध है। इसे पर फूल जुलाई में आते हैं। फलों का समय अगस्त-सितम्बर हैं। पुष्प एक लिंगी होते हैं। फल लंबे, गोल, शुण्डाकार देखने में शहतूत के समान होते हैं तथा पकने पर कृष्णाभ, धूसर दिखते हैं तथा स्वाद में फल तीक्ष्ण, चरपराहट वाले होते हैं।

लाभकारी भाग—फल, जड़।

यह प्राकृतिक रूप से पैदा होनेवाला एक महान वृक्ष है।

उपयोगिता

1. पिप्पली उर्ध्व भागदोषहर, हिचकी, कास, शूल, उदर रोग, बुखार, आमवत को नष्ट करता है।

2. इसकी जड़ का गर्भाशय, संकोचक एवं पंचनेद्रिय पर इसका अच्छा प्रभाव है।

3. सर्दी के बुखार में इसका रस उपयोगी है।

4. खाँसी रोगों में यह लाभ पहुंचाता है।

5. पीपल की लकड़ी भी अनेक कामों में उपयोग की जाती है।

6. पिप्पला मूल प्रसूति ज्वर, कफ, ज्वर में लाभ करता है।

मरिच (काली मिर्च)

मिर्च-मिर्च की नस्ल में अंतर से दोनों के फलों में भी अन्तर पड़ जाता है।

लाल मिर्च भी तो मिर्च ही है। और काली मिर्च, दोनों के गुण एक दूसरे से विपरीत हैं। इसलिये मिर्च को मिर्च का नाम देकर छोड़ा नहीं जा सकता। काली मिर्च, केवल भारत के केरल, तमिलनाडु, पांडचेरी क्षेत्रों में पायी जाती हैं, जबकि लाल मिर्च मैदानी क्षेत्रों में आम पायी जाती हैं, क्योंकि इसकी खेती होती है। काली मिर्च की आरोही लताएँ होती हैं। फल निकलते हैं जो काली मिर्च बन जाते हैं। कुछ पौधे ऐसे भी हैं जिन पर सफेद मिर्च भी आती हैं।

प्रयोज्य अंग—फल।

उपयोगिता

1. काली मिर्च वातनाशक, लघु-तीक्ष्ण, कटु, वार्य-एष्ण, आद्रफल, मधुर, बुखार को दूर करने वाली है।

2. दुखती आँखे भूरे रंग की काली मिर्च कूट-पीसकर बूरे और देसी घी में मिलाकर देने से रोगी को आराम मिलता है। कुपचन, बवासीर तथा मूत्र विकार में लाभकारी है।

कंकोल (कबाब चीनी)

शीतल चीनी की एक आरोही लता होती है। फल के अन्दर से बाज निकलता है इसके पतले छिलके वाले फलों को कबाब चीना कहते हैं। एवं मोटे छिलके वाले फलों को कबाब चीनी कहते हैं। अगस्त मास में इस पर फल आते हैं, जो शीघ्र ही फल बन जाते हैं। प्रयोज्य अंग— बीज, तेल।

यह भारत के दक्षिण क्षेत्रों में सबसे अधिक पाया जाता है।

उपयोगिता

1. यह तिक्त, लघु, तक्ष्ण, वीर्य उष्ण, वृश्य, मूत्रजनन तथा गैस रोगों के लिए लाभकारी होती है।

2. बवासीर, पुरानी खाँसी, गर्मी, सूजाक रोगों में कबाब चीनी का तेल चीनी में मिलाकर रोगी को देने से लाभ होता है।

3. गले की खराबी में इसे चूसने से लाभ होता है।

मेदासक (मेदा लकड़ी)

इसके हर मौसम में हरे रहने की देन है। इसकी छाल बाहर से कार्की एवं अन्दर से रक्ताभ वर्ण की होती है। पत्तों को मसलने पर सुगन्ध आती है। फल गोल आकार के होते हैं। फूल आने का समय जून से अगस्त और फल सर्दी के मौसम में आते हैं।

इसके वृक्ष भारत के अनेक भागों में पाये जाते हैं। जैसे सराहरनपुर, देहरादुन, मिर्जापुर, पंजाब, बंगाल आदि प्रदेशों में मिलता है।

उपयोगिता

1. छाल का उपयोगी कटि शूल, आमवात, आक्षेप, उन्माद जैसे रोगों के लिए काफी लाभदायक है।

2. तरुण शोथ में फूलों का उपयोग किया जाता है।

3. मोच, चोट एवं रक्तस्राव जैसे रोगों के लिए इसके तेल का लेप किया जाता है।

बंदाक (बांदा)

यह एक ऐसी बेल है जो अमर बेल की भांति दूसरे वृक्षों पर रहकर ही अपना भोजन बनाती है। इसका धरती के साथ कोई संबंध नहीं होता, इसलिये इसकी अपनी कोई जड़ नहीं होती।

इसका जीवन आम तथा महुआ जैसे पेड़ों पर व्यतीत होता है।

इसका फूल मई जून में आता है। फल पुष्पकाल के बाद आते हैं। पुष्प गुलाबी, नारंगी रंग के गुच्छों में नालाकार, फल मांसल, पकने पर लाल रंग के बीज स्निग्ध ओर चिपचिपे होते हैं।

लाभकारी भाग—पत्ते तथा फूल्।

उपयोगिता

1. चोट तथा सूजन पर फूलों तथा पत्तों के जैसा लेप कर देने से आराम मिलता है।

2. इसके फूलों का असर, हृदय एवं मानव शरीर की खून को चलाने वाली नाड़ियों पर अधिक होता है।

3. उन्माद, सांस रोगों, खून की गर्मी तथा बुखार के लिए लाभकारी होता हैं।

4. यह तिक्त, कषाय, मधुर, वार्य-शीत, कफघ्न, वातनाशक, रक्तविकार नाशक, व्रण रोपक है।

चव्य (चाविका)

यह भी एक आरोही लता होती है। इसका फैलाव पीपल के पत्तों के जैसा होता है। इसलिए इसके फलों को गजपिप्पली कहते हैं। गजपिप्पली भी इसी का एक अंग माना जाता है। दोनों के गुण काफी ज्यादा मिलते हैं। फलों का समय सितम्बर होता है तथा फल-फूल आने के बाद आते हैं।

लाभकारी भाग—जड़ तथा फल।

यह जिगर रोगों को ठीक करता है तथा वार्य उष्ण, खाँसी, को दूर करती है। खून की गर्मी को दूर करे।

नागवल्ली (पान)

इसकी बहुवर्षायु लता होती है। भारत में इसकी कई किस्में पायी जाती हैं। जैसे मघही, पान, बंगलापान, महोबा, कपूर, देशीपान आदि।

इसकी एक लता दूसरी लता के सहारे चढ़ती है। फूल आने का समय अप्रैल-मई है। फल आने का समय फूलों के आने के पश्चात् है। यह भारत का आदिवासी पौधा है जो वर्षा वाले क्षेत्रों में अधिक पनपता है। लाभकारी भाग फूल तथा मूल।

उपयोगिता

1. खाँसी के हर रोग के लिए पान उपयोगी है।

2. दमे के रोगियों के लिए भी लाभदायक है।

3. सांसों की नलियों को साफ करने के लिए पान लाभदायक है।

4. भोजन के पश्चात् पान का सेवन करने से लाल स्राव के बढ़ने से अमाशय को उतेजना मिलती है।

जातीफल (जायफल)

जातीफल या जायफल के बहुशाखीय, मसृण कांड के वृक्ष होते हैं। पुष्प छोटे, पीताभ वर्ण के, लंबगोल, अमरूद के फूल जैसे होते हैं। फल लंबे तथा छोटे होते हैं तथा पकने पर रक्ताभ एवं पीताभ एवं पीतवर्ण के होते हैं। इसके फल के फटने पर बीज बाहर निकल आता है जिस पर लाल रंग का जानीदार बीजोपांग आवृत होता है। इसको जावित्री कहते हैं। जावित्री को अलग करने पर गुठलीनुमा बीज प्राप्त होता है जिसे जायफल कहा जाता है।

लाभकारी भाग

1. बीजकोष (जावित्री) 2. बीज- जायफल

यह वृक्ष मूल रूप से मलाया, सिंगापुर जैसे देशों से भारत के नीलगिरि क्षेत्र में पहुंचा है। यहाँ पर इसकी खेती की जाती है। फूल आने का समय अप्रैल में होने के कारण इसके फल गर्मी में ही पकते हैं जिसके कारण यह गर्मी रहता है।

उपयोगिता

1. बुखारा रोग, मलेरिया, संग्रहणी जैसे रोगों में लाभकारी है। सांस रोग, खाँसी, कृमि रोगों की अच्छी दवा है।

2. पुराने संधि शोथ में जावित्री के तेल की मालिश करने से लाभ होता है।

3. सिरदर्द तथा प्रसवोतरकालीन कटिशूल के लिये जायफल को पानी या शहद के साथ मिलाकर देने से लाभ मिलता है।

4. जायफल के प्रयोग से पाचन शक्ति बढ़ती है जिससे भूख अधिक लगती है गैस रोग भी दूर होते हैं।

कर्पूर (कपूर)

इसे हम घनसार एवं चन्द भी कहते हैं।

इसके वृक्ष मध्यम आकार के होते हैं। यह प्राकृतिक रूप में भी पाया जाता है। साथ ही इसे लोगों ने कारोबार के रूप में उपयोग करने के लिये इसके बाग लगाकर धन कमाना शुरु कर दिया है। इन पौधों में इतनी अधिक खुशबू होती है कि दूर खड़े होने पर भी खुशबू आती है। फूल आने का समय अगस्त है और फल अक्टूबर-नवम्बर में आते हैं।

लाभकारी भाग—पत्ते तथा घनसार।

वास्तव में इसकी जन्मभूमि चीन, जापान है। भारत में इसे केवल देहरादून, मसूरी, सहारनपुर तथा बंगाल के कुछ भागों में देखा जा सकता है।

उपयोगिता

1. कपूर द्वारा हम खून भी साफ करते हैं तथा यह खून की मात्रा को बढ़ाता भी है।

2. इसकी औषध मात्रा से अधिक प्रयोग से दाह जन्म एवं मादक

विष की क्रिया होती है। इसको मुंह में रखने से मुंह से लाल स्राव निकलेगा साथ ही गर्मी लगेगी। यहाँ तक कि सर्दी में भी पसीना आएगा।

3. साँस रोग तथा जिगर के लिये भी उपयोगी है।

4. कपूर रक्त के श्वेत कणों की वृद्धि करनेवाला कफन ज्वरघ्न, द्रव्य है।

5. कपूर एक उड़नशील तेल है जो ठोस या घन अवस्था में रहता है। इसे प्राकृतिक कपूर कहते हैं।

दालचीनी (दालचीनी)

दालीचीनी नाम का द्रव्य चीन आदि देशों में पाया जाता है।

इसके वृक्ष सदा हरे भरे रहते हैं। शाखाएँ मसृण, चपटी एवं मृदु होती हैं। छाल पतली तथा मटियाले रंग की होती है। इस पर अप्रैल मई में फूल आते हैं। जो अगस्त में फलों का रूप धारण कर लेते हैं। इसके फल लंबगोलया अंडाकार, गहरे बैंगनी रंग के होते हैं।

लाभकारी भाग–छाल।

उपयोगिता

1. यह गर्म तासीर का पौधा है।

2. इससे हृदय रोग, मुंह के रोग, कृमि, बवासीर, कुष्ठ, (चर्म रोग) कास जैसे रोगों को लाभ होता है। इन सब रोगों की यह सफल दवा है।

3. गैस रोग दूर करता है। गर्भाशयोतेजक, शोणिस्थापन, रक्तगत श्वेतकणों की वृद्धि करने वाला ओर उतेजक है। इसके सेवन से पेट रोग ठीक होते हैं। भूख भी खूब लगने लगती है।

4. राज. यक्ष्माजन्य व्रण में इसका तेल उपयोगी है।

मेदासक (मेदालकड़ी)

ये सदाबहार वृक्ष होते हैं। छाल बाहर से काली तथा अन्दर से हल्के गुलाबी रंग की होती है। इसके वृक्ष भारत के मैदानी गर्म क्षेत्रों में पाए

जाते हैं। फूल काल जून से अगस्त है और फल काल सर्दी है।

लाभकारी भाग—छाल है।

उपयोगिता

1. इसकी छाल को सबसे उपयोगी माना जाता है। उसी छाल से जो औषधि बनती है वे कटिशूल, आमवात, ओक्षेप, अपस्मार रोगों को दूर करने में सहायक होते हैं।

2. खाँसी, दमा, भग्नसंधानकर, वीर्य उष्ण, शोथ हर में भी यह लाभकारी है।

अगुरू (अगर)

इसके वृक्ष मध्यम आकार के हिमालय पर्वत पर पाए जाते हैं जो प्राकृतिक रूप में पैदा होते हैं। मई-जून में इन पर फूल आते हैं जो जुलाई में फलों का रूप धारण कर लेते हैं।

लाभकारी भाग—काष्ठसार तथा उसका तेल।

उपयोगिता

1. इसका उपयाग सांस रोगों, कर्ण रोग, आँखों के रोगों तथा वात वेदना में किया जाता है।

2. इसे आमवात या रक्त में खाने को दिया जाता है।

3. शोथ पर इसका लेप किया जाता है।

4. बुखार, वमन एवं पेट रोगों में इसका चूर्ण सेवन करने से सब रोग दूर हो जाते हैं।

5. कन्छू ,चर्म रोग तथा शरीर के अन्य भागों में पीड़ा हो तो अगरू के लेप से दर्द बिल्कुल ठीक हो जाता है।

6. दमा रोगियों के लिये 1 से 2 बूंद पान में लगाकर साठ दिन के सेवन से दमा, खाँसी दूर हो जाते हैं।

चन्दन

चन्दन का वृक्ष भी सदावहार होता है। इसकी टहनियाँ लंबी एवं लचकदार होती हैं। पत्तियाँ सवृन्त, अंडाकार, भालाकार, आगे की ओर नुकीली होती हैं। काष्ठसार पीताभ रंग का सुगन्धित होता है। फूल नीलारूण वर्ण के छोटी मंजरियों में खिलते हैं। फल जामुनी रंग के गुठलीदार होते हैं। इस पर फरवरी से जून तक फूल आते हैं। फल सर्दी में आते हैं।

उपयोगी—लकड़ी तथा उसका तेल।

इसके वृक्ष लंबे होते हैं तथा दक्षिण भारत में मैसूर, मलावार के जंगलों में पाए जाते हैं जो प्राकृतिक रूप से पैदा होते हैं, परन्तु मानव जाति ने इसे अपनी कमाई का साधन बना लिया है। इसका कारण है कि चन्दन धार्मिक भावनाओं से ओतप्रोत एक गुणकारी वृक्ष माना जाता है।

उपयोगिता

1. चन्दन की लकड़ी का सबसे बड़ा गुण यही है कि इसमें खुशबू अधिक होती है जो देवी देवताओं तथा प्रभु को खुश करने के लिये धूप तथा अगरबतियों के रूप में भेंट की जाती है। चन्दन की अगरबतियों तथा धूप से पवित्र और क्या चीज होगी जो हर धार्मिक स्थल पर प्रभु की उपासना में काम आती है। धार्मिक भावना से प्रेरित हो लोग युगों से माथे पर चन्दन का टीका लगाते चले आ रहे हैं।

2. चन्दन शीतल होता है जो शरीर की गर्मी को दूर करता है। गर्मी का बुखार हो तो माथे व गले पर चन्दन को घिसकर उसका लेप करने से यह ठीक हो जाता है।

3. घिसा हुआ चन्दन ठंडा, स्वेंदजनन, दाह शामक, पिपापसाहार, हृदय संरक्षक एवं शांतिप्रद होता है। यह पित्तसंशमन एवं अन्तर्दाह को नष्ट करने वाला होता है।

बन्दाक (बांदा)

यह आम, महुआ के वृक्षों पर उगने वाला अर्धपरोपजीवी पौधा होता है जो अपने जीवन के लिये दूसरे वृक्षों के सहारे पर आश्रित होता है। इसे फूल गुलाबी, नारंगी रंग के गुच्छों में लालीकार, फल मांसल, पकने पर लाल रंग के, बीज स्निग्ध, चिपचिपे होते हैं। इस पर मई जून में फूल आते हैं। फल काल इन फूलों के आने के पश्चात् शुरू होता है।

उपयोगी–पत्ते तथा फूल।

उपयोगिता

1. खाँसी रोगियों के लिये लाभायक है।

2. गैस रोग से मुक्ति दिलाये।

3. पेशाब रोगों के लिये लाभकारी है।

4. शोथ एवं सूजन पर पुष्प एवं पतियों का लेप लाभदायक है। इसके फूलों का प्रभाव हृदय एवं रक्तवाहिनियों पर होता है।

तेजपत्र (तेजपत्ता)

तेज पत्ते के वृक्ष सदाबहार होते हैं तथा मध्यम आकार का प्राकृतिक रूप से जन्म लेता है। इसकी छाल बाहर से श्वते, स्वाद में मधुर, सुगन्धित तथा चबाने परलसदार होती है। छाल को तज कहते हैं। फूल पीताभश्वते, एकलिंगी, मंजरियों में होते हैं। फल लंबे, गोल, मांसल, अंडाकार, पकने पर बैंगनी, काले रंग के होते हैं। इस पर मई-जून में फल आते हैं।

लाभकारी भाग–लकड़ी, पत्ते, तेल।

उपयोगिता

1. खाँसी तथा सांस के रोगों में यह लाभकारी है।

2. बुखार, वमन, अतिसार तथा पेट रोगों के लिये उपयोगी है।

3. बाजार में सुखाये पत्ते तेजपात के नाम से मिलते हैं। ओर छाल को देशी दाल चीनी के नाम से उपयोग किया जाता है।

एरंड (रैंडी)

यह वायु को नष्ट करता है एवं यह सभी प्रकार के बात व्याधियों का शमन करता है।

छोटे कद का चौड़े पत्तों वाला प्राकृतिक रूप से पैदा होने वाला यह पौधा भारत में आम पाया जाता है, जिस पर जुलाई-अगस्त में फूल आते हैं ओर सर्दी में फल। इसके फूल एकलिंगी, बैंगनी या पीताभ रंग के होते हैं। फल कांटों से युक्त बड़े गुच्छों में होते हैं। प्रत्येक फल में उतक बीज होते हैं। इसके बीजों के तेल को कैंस्टाराइल कहते हैं।

लाभकारी भाग—बीज, तेल, पत्ते।

उपयोगिता

1. वात रोगों में लाभकारी है।

2. सिर के दर्द प्रमेह बुखार, उदर, कटि-बस्ति रोगों को दूर करने में सहायता करता है।

3. एरंड के तेल से आँखों की श्लेरूमल त्वचा मृदु होती है। इसेस कब्ज दूर होकर मन गांठों के रूप में बाहर आता है। पेट साफ करने की बहुत अच्छी औषधि है।

4. शोथ तथा गुम चोट लगने पर एरंड के पत्ते बांधने तथा एरंड का तेल लगाने से आराम आता है।

दंती (दंती)

इसके गुणों में सवसे बड़ा गण यही है कि यह गैस रागों का शत्रु है। इसेक घनी शाखों वाले पौधें पर भालाकार पत्ते होते हैं। जिन पर मई-जून में फूल आते हैं। तथा जुलाई में फल लगते हैं। पुष्प एकलिंगी,

छोटे हरिताभ पीले रंग के होते हैं। फल तीन खंडो वाला होता है।

इसके गुल्म विन्ध्याचल, बिहार, उतरप्रदेश में मिलते हैं।

लाभकारी भाग—जड़, बीज, पत्ते।

उपयोगिता

1. दंती, कफ, पित्त, उदर, आनाह, अश्मरी, कृमि, दर्द, बवासीर, कुष्ठ, रक्तविकार नाशक है।

2. जिगर रोगों के लिये उपयोगी है।

जयपाल (जमाल गोटा)

यह साधारण कद को पौधा सदा हरा रहता है। इसका फल अंडाकार तथा लंबा होता है।

इसमें अप्रैल मई में फूल आते हैं तथा जून में फल आते हैं। पुष्प एकलिंगी, छोटे, शाखाग्र मंजरियों में निकलते हैं।

लाभकारी भाग—बीज ओर बीज तेल।

असल में यह चीन से आया पौधा है जो भारतीय बनकर पूरे भारत में फैल चुका है।

उपयोगिता

1. जमाल गोटा तीव्र रेचन और बड़ी मात्रा में विष है।

2. जिस प्राणी को विरेचन अधिक हो उसे कत्था पानी में मिलाकर नींबू का शर्बत पिलाना चाहिए। यह आमवात, जलोदर, खाँसी रोगों में प्रयुक्त किया जाता है।

आमलकी (आँवला)

आँवला एक गुण अनेक।

गुणकारी आँवले में एक लवणरस को छोड़कर शेष पाँच रस होते हैं।

यह माँ की भांति अनेकों सुख देनेवाला है। इसका वृक्ष मध्यम आकार का होता है। फूल एकलिंगी, श्वेताभ-पीत नर पुष्प अधिक तथा स्त्री पुष्प कम मात्रा में होते हैं। फल मांसल, पीताभ, हरित, अंडाकार छः रेखाओं से युक्त होते हैं। फूल काल मार्च से मई तक तथा फल काल सर्दी है।

लाभकारी भाग—फल।

उपयोगिता

1. शीतल होने के गुण के कारण गर्मी के सब रोगों को दूर करता है।

2. जैसा कि पहले बताया जा चुका है आँवला ही एक ऐसा फल है जिसमें पाँचों गुण पाये जाते हैं।

3. पेट रोगों, जिगर की खराबी, भूख न लगना जैसे रोगों मे त्रिफला चूर्ण का उपयोगी बहुत लाभकारी है जिसमें आँवला प्रधान होता है।

4. सिर के बालों को टूटने से बचाने के लिये आँवला के उबले पानी से नहाएँ तथा आँवले का तेल सिर पर लगाएं।

5. मस्तिष्क की कमजोरी के लिये सुबह उठकर दो आँवले का (मुरब्बा) गाय के दूध के साथ सेवन करने से बुद्धि तेज रहती है।

6. ताजे एवं परिपक्व आँवले पितशामक, पौष्टिक, लय कान्तिवर्धक एवं वाजीकर हैं।

लाभकारी भाग—त्वक, क्षीर, पत्र, वटजटा, फल।

उपयोगिता—रक्तपित दूर करे, विपाक कटु, वीर्य शीत, व्रण रोपण, शोथहर चक्षुप्य, रक्त स्तम्भक, रक्तपित नाशक, बड़ का दूध वेदना स्थापना एवं वर्णरोपण है।

बड़ के कोमल पत्ते, श्लेष्मघ्न और छाल स्तम्भनकर है। जिस रोगी को बार-बार पेशाब आता हो बड़ की छाल का रस निकालकर उबालकर

दो-दो चम्मच तीन-तीन घंटे के पश्चात दिन में चार बार पिलाएँ। रोगी ठीक हो जायेगा।

दांतों के राग में जब दांत सड़ने लगें तो उसका बड़ के दूध से मलकर साफ करें तथा उनमें बड़ का दूध भर दें। आराम होगा। वट जटा के लपे से स्तन कठोर हो जाते हैं एवं चूर्ण को शुक्रमेह में देते हैं।

उदुम्बर (गुलर)

इसका वृक्ष बहुत लंबा होता है। लंबे वृक्ष की जड़ें तथा तने भी मोटे होते हैं। छाल लालिमा लिए भूरे रंग की होती है। छाल को खुरचने पर दूध जैसा स्राव निकलता है। जो बाद में पीले रंग का हो जाता है। फल एवं पुष्प सगुच्छ शाखा एव प्रशाखाओं में लगते हैं। पकने पर फल लाल रंग के हो जाते हैं। पते भी काफी बड़े होते हैं। इसका फूल व फल का काल जनवरी-अप्रैल है। इसके वृक्ष भारत में आम पाये जाते हैं।

लाभकारी भाग—फल, जड़ पत्ते, दूध।

उपयोगिता

1. खाँसी को दूर करे। फल गर्म तासीर के होते हैं।

2. गर्भाशय शोथहर, पेशाब रोग ठीक करे, प्रमेह नाशक, पत्तों का रस शोथहर, वेदना स्थापल, वर्ण्य एवं वर्ण रोपणकारक है।

3. इसका दूध शीतल, स्तम्भक, रक्त संग्राहिक, शक्तिवर्धक है।

4. रक्तस्राव तथा शोथ रोगों में गूलर की छाल एवं फलों का उपयोग लाभकारी है।

5. मधुमेह, मूर्च्छा, दाह, बार-बार प्यास लगना जेसे रोगों के लिये भी यह लाभकारी है।

स्नुही (सेहुण्ड थूहर)

स्नुही कांटों वाले गुल्म पाये जाते हैं। कांड धारीदार और पंचकोणीय

होते हैं। इसके वृक्ष साधारण कद के होते हैं। जिन पर अप्रैल जून में फूल आते हैं। फल फूलों के पश्चात्।

लाभकारी भाग-- जड़, पत्ते, दूध।

उपयोगिता

1. थूहर काफी लाभकारी औषधि है। इसका दूध तीव्र रोचक रोचक होता है।

2. यह खाँसी रोगों मं बहुत लाभदायक हैं।

3. पांडफ, उदर, गुल्म, कुष्ठ, दूषीविष, शोथ आदि रोगों में तो यह अति लाभदायक है।

4. खून को साफ करता है।

5. जड़ का रस तथा काढ़ा जीर्ण, आमवात तथा उपदेश में प्रयोग करने से लाभ होता है।

6. भगन्दर, अर्श में इसके दुग्ध में निर्मित क्षार सूत्र का विशेष प्रभाव है।

कम्पिज्जिक (कमीला)

कमीले के वृक्ष सदा हरियाली लिये मध्यम कद के होते हैं। इनका जन्म प्राकृतिक रूप से होता है। इसके फल तीन शिखाओं से युक्त संपुटी होता है। इसका फल जब पक जाता है तो उसे कमीला चूर्ण कहते हैं।

कमील के बीज का रेणुका बीज कहा जाता है। फूल आने का समय अगस्त तथा फल आने का समय मार्च तक हैं। लाभकारी भाग फलरप्प, कमीला, बीज।

यह वृक्ष हिमालय की पहाड़ियों पर पाया जाता है। यह उड़ीसा असम, बिहार, मध्य प्रदेश पंजाब में मिलता है।

उपयोगिता

1. उदर कृमिनाशक, खून साफ करे, चर्म रोगों को ठीक करने वाला है।

2. पेट रोगों के लिये उपयोगी है।

3. कमीला कृमि पेट के कीड़ों को मारने के लिये उत्तम औषधि है। इससे सारे कीड़े मरकर बाहर निकल जाते हैं।

सातला (तितली)

इसके पौधे प्राकृतिक रूप से गेहूं के खेतों में पैदा हो जाते हैं। इन्हें कोई बोता नहीं है न कहीं इसकी खेती होती है। पुष्प काल दिसम्बर मास है और फल जनवरी में आते हैं।

लाभकारी भाग–पंचांग।

उपयोगिता

1. चर्म रोगों के लिये बहुत अच्छी औषधि है।

2. खाँसी, क्षय रोगियों के लिये लाभदायक है।

पुत्रंजीवा (जियापोता)

इसके वृक्ष अधिक लंबे न होकर आम कद वाले वृक्षों जैसे ही सदाहरत होते हैं। इसके वृक्ष गर्म क्षेत्रों में देहरादूर, बिहार, मध्य प्रदेश मे अधिक पाए जाते हैं। फूल आने का समय जुलाई ओर फल दिसम्बर से मार्च तक आते हैं। इसके फूल पीताभ, हरित, पत्रकोणीय एवं नर तथा स्त्री पुष्प अलग-अलग होते हैं। फल जंगली बेर की आकृति में गोल, मृसण एवं कठोर होते हैं।

लाभकारी भाग–पत्ते, फल।

उपयोगिता :

1. इसकी तासीर ठंडी होने के कारण रोगों को मारती हैं।

2. बुखार तथा प्रतिशयाय में इसके फलों को काढ़ा दिया जाता है।

3. फोड़े फुसियों पर इसके पत्तों तथा छाल का लेप बनाकर लगाने से आराम मिलता है।

एकाकोदुम्बर (कठगूलर)

इसके वृक्ष साधारण कद के होते हैं जो प्राकृतिक रूप से आम स्थानों, खुले मैदानों, नदी-नालों, तालाबों के किनारे पैदा होते हैं। फूल, समान आकार में काफी संख्या में शाखा एवं कांड पर लगते हैं।

लाभकारी भाग—जड़, फल, छाल।

उपयोगिता

1. दमा, खाँसी, क्षय रोगों को ठीक करने में समर्थ है।

2. विषम ज्वर में इसकी छाल का चूर्ण गाय के दूध केसाथ देने से रोगी ठीक हो जाता है।

प्लक्ष (पाकर)

यह भी प्राकृतिक वृक्ष है जो सड़कों के किनारे, मैदानों में जिस पर अनेकों पक्षी घोंसले बनाकर रहते हैं। गर्मियों में थके हारे लोग धूप से बचने के लिये इसके नीचे विश्राम करते हैं। फूल तथा फल आने का समय दिसम्बर से मार्च तक हैं।

लाभकारी भाग—छाल, पत्ते।

उपयोगिता

1. पेशाब के रोगों के उपचार में गुणकारी है।

2. योनि रोग, खाँसी, पित्त, रक्तपित, खून साफ करने वाला, बेहोशी दूर करने वाला है।

3. इसके छाल का काढ़ा, व्रण प्रक्षालन के काम में लाभकारी है।

4. गले की खराबी, नजला, जुकाम में भी कुछ लोग इसको काढ़े के रूप में प्रयोग करते हैं।

तुत (शहतूत)

शहतूत के वृक्ष दो प्रकार के होते हैं—छोटे-बड़े। दोंनों के फलों में भी ऐसा ही अन्तर होता है। दोनो के पत्तों में भी ऐसा ही अन्तर देखने में मिलता है। यह प्राकृतिक वृक्ष है जो आप पैदा होकर प्रकृति के सहारे परवान चढ़ता है इसके फल लंबे दानेदार एवं पकने पर रक्ताभ कृष्ण एवं पीताभ रंग के होते हैं। फूल काल अप्रैल से मई ओर फल का समय जून-जुलाई है।

लाभकारी भाग—छाल, फल।

उपयोगिता

1. इसके फल ठंडे होते हैं। जिन लोगो को गर्मी का रोग लगा हो, नकसीर आती हो, उनके लिये शहतूत का रस उपयोगी है।

2. तूत की छाल, उदर कृमिनाशक है। गले को साफ करता है।

3. जो लोग गाना गाते हैं उन्हें अपना गला साफ करने के लिये इसकी पत्तियों के काढ़े से गरारे करने चाहिए इससे गला साफ हो जाता है।

4. लू लगने पर शहतूत का शर्बत बर्फ में मिलाकर पीने से लू से आराम मिलता है।

बिजया (भांग)

इसके पौधे बहुत छोटे कद के होते हैं। भारत के कुछ क्षेत्रों में इसकी खेती होती है। कुछ लोग इसे शिवजी की बूटी का नाम भी देते हैं।

इसमें कोई संदेह नहीं कि भांग एक नशीली वस्तु है। इसी से गांजा

तथा चरस जैसी नशीली चीजें भी तैयार होती है। फूलों का समय जून-जुलाई और फल फूलों के पश्चात आते हैं ।

भांग के पत्तों पर जो रालदार पदार्थ चिपक जाता है उसे खुरचकर संग्रह किया जाता है जिसे चरस कहते हैं। मादा पौधों से गांजा तैयार होता है।

लाभकारी भाग–पत्ते, बीज, फल।

उत्तर प्रदेश, बिहार एवं बंगाल में यह विशेष रूप से पाया जाता है।

उपयोगिता

1. भांग एक नशीली चीज है। इसकी तासीर ठंडी होती है।

2. इसके प्रयोग से नींद खूब आती है। भूख भी अधिक ही लगने लगती है।

3. इसका अधिक सेवन प्राणी को बेहोश भी कर देता है।

4. कामोतेक, खाँसी को दूर करती है।

5. पाचन शक्ति को बढ़ाती है। काली खाँसी को दूर करती है।

6. बवासीर के रोगियों की पीड़ा को शान्त करने के लिये भांग को दूध में उबालकर, पीसकर उसकी टिकिया बनाकर बांधने से पीड़ा मुक्ति मिलती है।

इस बात का विशेष ध्यान रखें कि भांग में नशा होता है इसलिये उस टिकिया का एक सीमा के अन्दर ही सेवन करें।

लकुच (वडहर, कटहल)

इसके वृक्ष भारत में आम पाए जाते हैं। कुछ तो प्राकृतिक रूप से पैदा होते हैं। कुछ खेती से पैदा होता है। लोग इसके बीज भी बोने लगे हैं। फल जुलाई-अगस्त में आते हैं। फूल एकलिंगी, फल गोल, गांठदार 2 से 4 से. मी. व्यास में पकने पर पीताभ वर्ण के स्वाद में अम्ल होते हैं।

फल के अन्दर कटहल के समान रेशा एव बीज पाये जाते हैं।

लाभकारी भाग—छाल, फल, बीज।

उपयोगिता

1. नेत्रों के लिये अहितकार, मधुर रस, अम्ल, पका हुआ फल मीठा होता है।

2. विरोचन रोग में एक या दो बीज दूध में देने से लाभ होता है।

3. व्रण रोग पर इसके छाल का चूर्ण बनाकर प्रयोग में लाते हैं।

अक्षोड़ (अखरोट)

बादाम की भांति इसकी भी गिरी काम में आती है। इसका पौधा अधिक बड़ा नहीं होता। यह अधिक मात्रा में कश्मीर, हिमाचल के पहाड़ी क्षेत्रों में ही होता है। फूल आने का समय जुलाई-अगस्त है। फल सितम्बर व अक्टूबर में आते हैं। फल लंबे, गोलाकार, रेखायुक्त दो कोष्ठों वाली गिरी धूसर, श्वेत, खाने में स्वादिष्ट एवं तैलीय होती है।

लाभकारी भाग—गिरी, छाल।

उपयोगिता

1. अखरोट एक खुश्क शक्तिशाली फल है। इसका पौधा हर समय हरा रहता है।

2. मधुर, वीर्य-उष्ण, कर्म-वातशामक, कफपितवंधक, खाँसी को दूर करें।

3. अखरोट के तेल का उपयोग बादाम के तेल के स्थान पर भी किया जाता है।

4. अखरोट की छाल से जिसे प्रचलित भाषा में दन्दा कहते हैं। दांतों की सफाई, मंजन, टूथपेप्ट के स्थान पर किया जाता है जिससे दांत मजबूत तथा रोग मुक्त हो जाते हैं।

5. फल के बाहरी छिलके का उपयोग पाँव के कटने पर लेप के तौर पर प्रयोग में लाया जाता है।

6. इसकी गिरी शक्तिशाली होती है। मर्दाना कमजोरियों को दूर करने का यह अच्छा मेवा है।

भूर्ज (भोज पत्र)

यह वृक्ष भारत में आम मिलता है। कई धार्मिक मौकों और विशेष कामों में इसका उपयोग पवित्र मानकर करते हैं। एक और बात मैं पाठकों को बता दूं जो उनके लिये आश्चर्यजनक होगी कि प्राचीन काल का हमारा सारा साहित्य, भोजपत्रों पर ही लिखा जाता था। इस तरह से भोजपत्र कागज का काम भी देता था। जो कई सौ सालों तक सुरक्षित पड़े रहते थे।

भोजपत्र का वृक्ष हिमालय की पहाड़ियों पर कुमायूँ, हिमाचल प्रदेश, सिक्किम, भूटान, कश्मीर में होता है। फूल आने का समय जून-जुलाई और फल शीत काल में आते हैं।

लाभकारी भाग—छाल, भोजपत्र।

उपयोगिता

1. बुखार, खाँसी में उपयोगी है।

2. कर्ण स्राव एवं विषाक्त व्रण प्रक्षालन में भी काफी लाभदायक तथा कामला रोगों के लिये भी लाभकारी है।

3. भूत बाधा एवं ग्रह दोष में इसकी धूप की जाती है। भूज पत्र का उपयोग तंत्र मंत्र के लिये होता है।

देवदारू (देवदार, दयार)

देवदार के वृक्ष बहुत लंबे होते हैं। इसकी शाखाएँ चारों और फैली होती हैं जो काफी कोमल होती हैं। छाल लालिमा लिए भूरे रंग की होती है। यह ऊँचे पहाड़ों पर ही पाए जाते हैं। फूल काल सितम्बर, अक्टूबर है ओर फल का ल अप्रैल व मई है। इसके फल पंखे के आकार के होते हैं।

लाभकारी भाग--लकड़ी, बुरादा, तेल।

उपयोगिता

1. देवदारू का तेल कृमि, कुष्ठ एवं वात को नष्ट करने वाला है।

2. पाचन शक्ति को बढ़ाकर पेट रोग को ठीक करें।

3. काष्ठसार का प्रयोग शोथ, हिक्का एवं ज्वर में करते हैं।

4. दयार की लकड़ी का प्रयोग घरेलू साज-सज्जा दरवाजे फर्नीचर तथा अन्य कामों में पूरे भारत में काम आने वाला है।

सरल (चीड़)

इसके वृक्ष भारत के घने जंगलों में प्राकृतिक रूप से पैदा होते हैं। जो गढ़वाल जम्मू कश्मीर, हिमाचल प्रदेश, कुमायूँ प्रदेशों में होते हैं। इसकी लकड़ी अधिकतर फर्नीचर तथा इमारती काम में आती है। फूलों का समय मई जुलाई तथा फल जनवरी-फरवरी- मार्च में मार्च में आते हैं।

लाभकारी भाग—काष्ठसार।

उपयोगिता

1. पेट दर्द किसी प्रकार का भी हो चीड़ का तेल (तारपीन) पेट पर मालिश करते हैं।

2. सरल वृक्ष में चिरा लगाने से पादर्शक गाढ़ा स्राव रेनिल निकाला जाता है। यह रेजिन विशेष उपयोगी है। इससे तारपीन का तेल ओर बिरोजा तैयार होता है।

3. जीर्ण कास एवं राजयक्ष्मा में गंध बिरोजा बहुत लाभकारी है।

4. इसके प्रयोग से फफ्फुस ओर श्वास नलिका का रक्तभिसरण बढ़ता है।

5. खाँसी कम होती है।

समाप्त

संदर्भ-सूची

1. आयुर्वेद का वैज्ञानिक इतिहास, चौखम्बा, वाराणसी।
2. रचेन्द्र सार संग्रह—व्याख्याकार, इन्द्रदेव त्रिपाठी, चौखम्बा, ओरियन्टालिया, नई दिल्ली, 1986
3. द्विवेदी विश्वनाथ—आयुर्वेद की औषधियाँ तथा उनका वर्गीकरण, जामनगर, 1966।
4. मिश्र विनय कुमार—प्राचीन भारतीय परिप्रेक्ष्य में आयुर्वेदशास्त्र, जानकी प्रकाशन, चौहट्टा, पटना, 2003।
5. शुक्ल आचार्य पं. शत्रुघ्न लाल, आयुर्वेद के चमत्कार, हिन्दी सेवा सदन, मथुरा, 2008।
6. शर्मा, दिनेशचंद्र—वेदों में द्रव्य गुणशास्त्र, जामनगर, 1969
7. ऐतरेय ब्राह्मण—निर्णय सागर, बम्बई।
8. आश्वलायन—श्रौतसूत्र
9. कौटिलीय अर्थशास्त्र—चौखम्बा।
10. कामसूत्र—वात्स्यायन।
11. चरकसंहिता—निर्णयसागर, बम्बई।

ENGLISH

1. Charka Samhita, Jamngar
2. Gupta Z.P., Essentials of Ayurveda, Chowkhamba, Delhi.
3. Classical Uses of Medicinal Plants, Chowkhambha Orientalia, New Delhi.
4. Kamal, Rajiv : Economic Plants in the Veda Janaki Prakashan, Patna, 1992.